JN290064

法思想史講義

A History of Legal Ideas

〈上〉

古典古代から宗教改革期まで

笹倉秀夫[著]
Hideo Sasakura

東京大学出版会

A HISTORY OF LEGAL IDEAS
From Classical Antiquity to the Reformation Era
Hideo SASAKURA
University of Tokyo Press, 2007
ISBN 978-4-13-032340-6

はしがき

　陳腐なたとえだが，思想の歴史は，まことに河の流れに似る．――河は，多くの支流を集めて流れていく．支流たちもまた，それぞれに源流を集め流れてきた．それら無数の流れは，流域から影響を受け，また逆に流域に作用する．その交渉が織り上げていく風景は，どの地点をとってもユニークで美しい（こわいところも数多いが）．流れは，ときには逆巻き滝となり，ときには蛇行して淀み，ときには伏流しまた湧出し，ときには別の流れにひどく染められ，ときには分流し別々の世界に向かっていく…．流れるうちに水質は変わり，住む生物は交代し，景観は変容する．しかしまた河は，それぞれの源流の水を運び続けていく．

　河がつくり出すこのパノラマからは，探訪上の二つの課題が浮かび上がる．第一は，流れが，地勢や地質に規定されることによって，どこでどう生まれ，どこでどう合流しまた分流していくかを明らかにする課題である．第二は，流れがそれぞれの流域にどう作用し作用され，どのような生物をはぐくみ，それらによってどう変容し，しかしまたどのように自分を持続させていくかを明らかにする課題である．

　本書が探訪するのは，古代から今日までの西洋法思想史の河である（本書で「法思想史」は，政治思想史・社会思想史を含み，社会史や文化史・法制史等を基底に置く）．筆者は，学生・院生諸君といっしょにこの河を下り，上のことがらを調査し，その作業をつうじて次の3点を伝えたい．第一に，なによりもこの旅のおもしろさを．人間の英知・共同性と欲望・攻撃性とがせめぎあう，変化に富んだ流れを下っていくのは楽しい．第二に，歴史認識の手法を伝えたい．なかでも，①人間行動がつくる現実の諸関係（経済・政治・文化・法的関係等々），②法律や国家・家族等をふくむ諸制度，③意識（思想・観念），の3要素を相互に連関づけつつ社会事象の発生と変容を見る眼を錬磨したい．第三に，〈西洋的なもの〉に対する感覚を磨きたい．著しく変化しつつも，その中で，変わらないものを保持し続ける，われわれのとは異質の――しかしわれわれをも深く

規定している——世界，その癖・体質・ものの見方考え方に密着できる感受性の開発は大切である．

　こうした訓練においては，具体的な素材と格闘することが欠かせない．そこで本書は，〈事例からメッセージを得る〉道をとる．すなわち，次のようにいくつかのテーマを時の流れに即して追いつつ考える．

　(a)　本書では，「自由」・「平等」・「国家」・「都市」・「市民社会」・「家族」・「政治」・「信仰」・「法」・「法の支配」・「裁判」・「法学」・「大学」などの概念や制度，営みについて，それぞれがどういう源流から成り立ち，それらの源流がどう交渉しあってどのような水となりその後どう変容していったかを，流れをたどりつつ考える．

　(b)　本書では，文化史上のいくつかの大きなテーマについても，同様に流れをたどりつつ考える．①「洗練化」の現象（戦争と農業労働の社会から相対的に豊かになり「有閑階級」が出現した社会への変化にともなって生じる）はどう展開したか，②「紀律化」（教会や都市・国家・諸団体の組織化・統合のため訓練をつうじて精神形成を進めること）はどう展開したか，③「市民軍」思想（自由な共和国を独立自営の中産層を中軸にした市民軍で守る思想）はどう展開したか，④歴史の各段階で女性はどう生きたか・ジェンダーはどうあつかわれたか，等々である．

　(c)　本書では，ある制度や運動が思想・観念[注]に規定されて，どう形成され，やがてどう自己疎外に直面していったかをも追う．たとえば，古代ギリシア・ローマ以来の共和制，キリスト教・修道院・宗教改革，資本主義，社会主義などについて，それらが成長していく中で，初心を見失い変質していく過程をたどりつつ問題点を考える．

　こうした作業を重視したことによって，本書では，変化とともに，〈同様な人間行動の間歇的なくりかえし〉や〈パラダイムの持続性〉，異質のものの同時存在・錯綜の継続が目立つことだろう．とくに近代をめぐっては，〈近代を前近代から切り離す傾向〉が今なお強いので，本書は変化とともに，古代・中世・近世のそれぞれの「旧い西洋」がどういうものであり，それらがどう変容しつつ，あるいは持続・再活性化しつつ，「近代西洋」の主軸部分を形成していったか，を問い続ける．

　本書は思想史の書であるから，重要な数多くの思想家を訪問し，インタビューし，それを総括して考察することを主題にする．そのさいには上の観点から

して，できる限り広い歴史の流れの中で，またテーマ史の中で，かれらに質問し回答を理解する．とくに，〈あなたの根底にあるものは，こういうものではないですか〉，〈あなたは，時代とこう格闘されてきたようですね〉と問いかけるとともに，〈あなたの思想は，このように時代に規定され，このように時代を規定していると思われますが〉と確かめてみる．思想とは，情況の中で，それと対峙しそれを引き受け，あるいはそれを越えようとする者たちの，意志と行為の結晶体なのだから．

注）〔思想と観念〕 本書において「思想」とは，思想家の体系的な思索の産物（理論ないし哲学）を意味する．これに対して「観念」とは，特定の時代・社会（の一部）で共有されている意識や感覚（時代精神ないしマンタリテ mentalité）を意味する．たとえば，労働に関する「思想」は，ルターやカルヴァンの労働観，ロックの労働観，マルクスの「労働の疎外」論などとして，思想家によって生み出されて展開する．これに対して，労働の「観念」は，余暇ないし自由人についての古代以来の見方，近代における，労働・「実業」の讃美と，その反対の「実業」蔑視・リベラル＝アーツ重視などから読み取れる（「思想」と「観念」が相互に作用することは，しばしば起こりうる）．

　これまでの思想史（法思想史・政治思想史（政治学史）・社会思想史等）の多くは，重要な思想家たちを，すなわち「思想」を，相互にあまり関連させることなくオン＝パレード式で——ときには多人数の分担執筆によって——次々と処理するかたちをとってきた．しかしこれでは，河の流れを追うと言いながら，数機のヘリコプターで途中のダムや湖沼，大きな支流との合流点だけの写真を撮って集めて陳列するようなものだ．それらが相互にどう関係し・流れが沿岸社会とどう作用し合い・河は全体としてどういう姿をとるかを押さえるには，カヌーで——本流とともに支流をも——下り，流れに直接触れ・ずぶぬれになりながら感じ考える必要がある．そこで，「観念」の考察も重要となる．「観念」の中でもとくに法・政治・社会にかかわるそれは，社会制度に結晶化しまた法実務・政治・社会生活に現れた，人々の意識のことである．それらの形成と変容，思想やその時代との関係を知ることが，社会とその思想を理解する上で重要である．しかも，そうした思想・観念と時代との相互作用を押さえるためには，法・政治・社会思想史を制度史や社会史・文化史と連結させる必要もある．加えてまた，時にはカヌーを降りて沿岸を探索し山に登って鳥瞰をも得，全景の中で考える必要もある．本書は，これらの点にとくに配慮した．

　上に述べたように本書は，法・政治・社会に関する思想・観念の歴史を，素人なりに広く，①生活諸関係・政治・文化の歴史（家族史・社会史・経済史・政

治史・軍事史・宗教史・文化史等），②諸制度の歴史（国制史・法制史・大学史等），③一般の思想・学芸の歴史（思想史・芸術史・建築史・学問史等）との相互連関の中で考察することをめざす．このため，あつかう事項は，これまでの法・政治・社会思想史の教科書の枠組みをはるかに超える．とくに，各時代の全体的イメージ・個性，諸要素の変化と持続・くりかえし，を鮮明化させるため，たどる歴史は古代ギリシアからEUの最新の動きにわたる．比較史的考察が重要になるので，できるかぎり多くの西洋諸国に眼を向けるとともに，日本をも視野に入れる．法とその思想・観念は，公法・私法・社会法等にわたる法全体の動きの中においてとらえる．

　このため本書は，大部になった．コンパクトな教科書が望まれる時代ではある．しかし，「コンパクト」では描き切れない悠々たる大河が現にある．それを源流からじっくり下ってみてはじめて構造連関や特性が見えてくる，という事情もある．成功したかどうかはともかく，本書がめざしたのは，そういう大河の探訪記である．

　本書は，上・下2巻に分冊されている．この上巻では「第1部　古代」・「第2部　中世」・「第3部　ルネッサンスと宗教改革」をあつかい，下巻では「第4部　近代の形成・展開」・「第5部　近代の変容・現代」をあつかう．

　次の2点についても，あらかじめここでお断りしておく．第一に，本書のすべての箇所はそれぞれが多くの研究書に依拠したものであるが，紙幅の関係上，それら文献のかなりの部分を挙げられなかった．第二に，本書では原語書・第一資料による考察は限定されており，多くは翻訳書および第二次資料に依拠せざるをえなかった．

　最後に，本書の刊行にあたっても，これまでご指導・ご教示いただいた多くの先生・友人の皆様に厚く御礼申し上げたい．この数年間本書執筆に専念できたのは，早稲田大学の快適な研究・教育環境のお蔭である．同僚・職員の方々に深く謝意を表したい．東京大学出版会は，『近代ドイツの国家と法学』(1979)・『法哲学講義』(2002) と並んで本書の出版をも快く引き受けてくださった．編集部の羽鳥和芳氏と山田秀樹氏は，諸事万端を整えてくださり，かつ

温かい励ましと貴重な助言で作業を導いてくださった．心より御礼申し上げる．

なお本書は，文科省科学研究費（①1998-2000：課題番号 10620014，②2001-02：課題番号 13620016，③2004-06：課題番号 16530010）による研究成果の一部でもある．

2007 年 7 月

笹 倉 秀 夫

目　次

はしがき　i
凡　例　xiii

緒　論 ……………………………………………………………… 1

第1部　古　代

1　古代ギリシア ………………………………………………… 7
　1-1　「自由」……………………………………………………… 7
　　1-1-1　アテネの民主主義　8
　　1-1-2　アテネ民主化の経緯　13
　　1-1-3　アテネ民主制を可能にしたもの　14
　　1-1-4　「自由」観念の生成と変容　15
　　　(1)　「自由」の生成　15　　(2)　「自由」の変容　20
　1-2　法と法観念 ………………………………………………… 25
　　1-2-1　裁　判　26
　　1-2-2　刑　法　27
　　1-2-3　民事法　28
　　　(1)　所有　29　　(2)　契約　30　　(3)　家族　31
　　1-2-4　まとめ　33
　1-3　法・政治の思想 …………………………………………… 34
　　1-3-1　ソフィスト　34
　　1-3-2　ソクラテス　36
　　1-3-3　ソクラテス後　39
　　　(1)　クニコス派　40　　(2)　プラトン　42　　(3)　アリストテレス　47
　　1-3-4　ヘレニズム期の思想　58

(1) 普遍性志向——ストア派　59　(2) 自己本位——ピュロンとエピクロス　62

　1-4　まとめ……………………………………………………………64

2　古代ローマ………………………………………………………………66
　2-1　ローマ的「自由」…………………………………………………66
　　2-1-1　〈民主ポリス〉の側面　66
　　2-1-2　疑似〈民主ポリス〉の側面　67
　　　(1) タテマエは民主制・じっさいは寡頭制　68　(2) 公職者への服従　70
　　2-1-3　ローマの帝国化　71
　2-2　法と法観念…………………………………………………………73
　　2-2-1　秩序維持・裁判　73
　　　(1) 初期ローマ　73　(2) 共和制期　75　(3) 元首政期—帝政期　78
　　2-2-2　法律家・法制度　78
　　　(1) 法律家　78　(2) 法制度の特徴　85

3　原始キリスト教…………………………………………………………94
　3-1　イエス………………………………………………………………95
　　3-1-1　〈外面的制度〉対〈清らかな心〉　96
　　　(1)〈律法・儀式〉対〈良心〉　96　(2)〈法・権利・正義〉対〈愛〉　98
　　　(3)〈制度の閉鎖性〉対〈愛の普遍性〉　98
　　3-1-2　社会体制との関係　99
　3-2　使徒たち……………………………………………………………101
　　3-2-1　コスモポリタニズム　101
　　3-2-2　人間の弱さの強調・神の全能化　102
　　3-2-3　過ちを犯した者に対する厳しさ　104
　　3-2-4　現実の政治との関係　107
　　　(1) 権力への服従　107　(2) 現状の肯定　108　(3) 家父長主義　108

【補論1】 ストア派とキリスト教 109　【補論2】 キリスト教と近代意識 110

第2部　中　世

4　古ゲルマン時代以来 ……………………………………………………115
(1)「家」 116　(2) 紛争処理——含む中世中期 117　(3) 所有 126　(4) 契約 127

5　中世中期以降 ……………………………………………………………130
5-1　封建制 …………………………………………………………………130
(1) レーン制 130　(2) 荘園制 132　(3)「家」が基体 133
【補論】「家」と伝統的市民社会 134

5-2　コンミューン運動 ……………………………………………………139
5-2-1　都市の形成と展開 139
(1) 都市の形成 139　(2) 誓約団体運動 140　(3) 都市の自治 143　【補論】ハーメルンの町の例 146
5-2-2　農民と法 149
5-2-3　スイスの独立運動 153
【補論】「スイスの民主主義」について 154

5-3　中世と女性 ……………………………………………………………156
(1) 教会法と女性 157　(2) 女子修道院 159　(3) 宮廷文化・騎士道と女性 161

5-4　キリスト教の運動と思想 ……………………………………………165
5-4-1　修道院運動 165
(1) シトー会 167　(2) フランチェスコ会 168
5-4-2　キリスト教の法思想 174
(1) アウグスティヌス 174　(2) トマス＝アクィナス 178
(3) オッカム 185

5-5　抵抗権思想 ……………………………………………………………192
(1) マネゴルト 192　(2) ジョン＝オブ＝ソールズベリー 193
(3) パドヴァのマルシリウス 194

5-6 法学・法実務 …………………………………………………… 196
　5-6-1　イタリアの法学　196
　5-6-2　フランスの法学（含・人文主義法学）　205
　5-6-3　ドイツの法学・法実務（含・人文主義法学以降）　208
　　（1）ローマ法の継受　208　　（2）〈ローマ法継受〉の是正　210
　5-6-4　イングランドのコモン゠ロー　214
　【補論】伝統による近代　217

第3部　ルネッサンスと宗教改革

6　イタリア゠ルネッサンス …………………………………………… 223
6-1　ルネッサンス期人文主義 ………………………………………… 224
　【補論】「人間の尊厳」と「個人の尊重」　226
6-2　共和制と共和主義思想 …………………………………………… 227
　6-2-1　ヴェネチアとフィレンツェ　227
　　（1）ヴェネチア　228　　（2）フィレンツェ　229
　6-2-2　シヴィック゠ヒューマニズム　230
6-3　マキアヴェリ ……………………………………………………… 232
　6-3-1　マキアヴェリと「政治の発見」　232
　　（1）「政治の発見」とは何か　232　　（2）マキアヴェリにおける「政治の発見」　236
　6-3-2　マキアヴェリと古典的軍事学　242
　　（1）マキアヴェリの軍事学　243　　（2）ヨーロッパの古典的軍事学　249　　【補論】『孫子』との比較　260　　（3）まとめ　262
6-4　ルネッサンスと女性 ……………………………………………… 265
　　（1）女性の身体性　266　　（2）「洗練化」　267　　【補論】ルネッサンスとバロック　269

7　宗教改革 ……………………………………………………………… 272
7-1　ルター ……………………………………………………………… 272

7-1-1　ルターの思想　272
　　　　（1）　内的世界と外的世界の区別　275　　（2）　信仰と外面的なものとの新しい関係　277
　　　7-1-2　ルター時代のザクセン　282
　　　　（1）　1517年前後のザクセン　282　　（2）　1500年代後半のザクセン　284
　　　　（3）　他の国の1500年代　284　　【補論】ルターと親鸞の比較　285
　　7-2　カルヴァン……………………………………………………291
　　　7-2-1　カルヴァン・カルヴァン派の思想　291
　　　7-2-2　カルヴァンと不寛容　295
　　　　（1）　セルヴェートの火刑　295　　（2）　カステリオのカルヴァン批判　296　　（3）　その後の経緯　298
　　7-3　プロテスタントと抵抗権……………………………………300

8　魔女狩り・魔女裁判…………………………………………………304
　　8-1　魔女狩り・魔女裁判とは何か………………………………304
　　8-2　魔女裁判の態様………………………………………………305
　　8-3　異端の追及……………………………………………………307
　　8-4　魔女の追及……………………………………………………308
　　8-5　魔女狩りの克服………………………………………………309
　　8-6　魔女裁判をめぐる省察………………………………………310

事項索引　317
人名索引　323

【下巻目次】

第4部　近代の形成・展開

9　近世の国家と社会

君主による統合／社会全体の変化／身分制的自由

10　近代社会の思想

〈デカルト〉対〈ベーコン〉・〈ヴィーコ〉／ホッブズ革命／ロック／スピノザ／その他の近世自然法学／トピカ的な法学／自由主義対民主主義（モンテスキュー・ルソー）／ドイツ観念論（カント・ヘーゲル）／功利主義（ベンタム・ミル）

11　近代法・近代法学の形成

近代法と近代社会／近代法学の形成

第5部　近代の変容・現代

12　近代法・近代法学の変容

社会的背景／近代法の修正・近代法学の改造

13　もう一つの〈近代〉とその変容

社会史上の構造転換／女性の1920年代／前史＝19世紀前半と後半（ヴィクトリア時代）／1930年代以降

【全体的中間考察】〈西洋〉の変容と持続

14　「近代の疎外」との対峙

マルクス／自由主義と民主主義の再結合へ（ミル・ラスキ）／ヴェーバー／フロム／フーコと「紀律化」

15　社会主義

社会主義思想の形成／スターリニズム／まとめ

16　近時の主な法思想

価値相対主義／「実践哲学の復興」（ロールズ）／ポストモダニズム

17　最近の社会と法

構造の変容／ごく最近の動き

凡　例

① 人名の生年・死亡年・欧文表記，重要語・地名などの欧文表記は，初出箇所で示す．初出箇所は，索引の各冒頭番号が示している．
② 文中の〔　〕は，筆者が挿入ないし省略した箇所を示す．引用文中の下線は，筆者が強調のために記した．本文中の強調箇所は，傍点で示す．
③ 文中の〈　〉は，筆者が要約ないし定式化した箇所を示す．
④ 参考文献は，脚注で示す．
⑤ 本書で「西洋」とは，ヨーロッパとアメリカとの総称である．また，「ヨーロッパ」とは，文化面に重点を置き，上巻では，おおむね旧モスクワ＝ルーシ以西を指す．
⑥ 本書の大部分は書き下ろしであるが，第6章3には，「マキアヴェリ再考（一）・（二）・（三）」（『法学雑誌』41巻2，3号，42巻1号，1995）を大幅改訂の上，使っている．

緒　論

　　　　　　　　本書の中心対象は，法・政治思想史である．法・政治思想史は，
　法・政治哲　　一面では，法・政治哲学の一部門である．法・政治哲学は，四
　学との関係　　つの作業から成り立っている．すなわち，①法・政治価値論
（法・政治の基本価値である，自由・平等・正義・国家・自然などにかかわる価値について考察する），②一般理論（法・政治の特質，法規範・国家の構造，法・政治と道徳の関係，法と国家をめぐる歴史的比較，法・政治と社会変化の関係などをあつかう），③方法論（法学・政治学の方法，法解釈論，法・政治の技法などをあつかう），④思想史（①②③を思想史的にあつかう），である．これらのうち④が，本書の中心対象であるが，法・政治哲学は，これら四つの作業を，理論の歴史をふまえつつ現代的な問題状況にかかわらせておこなうのだから，法・政治思想史は，これら四つの作業のすべてに参加する．

　　　　　　　　法・政治思想史は，他面では，思想史の一部門である．思想
　思想史との関係　史は歴史学と哲学の一部門であるから，法・政治思想史は，
歴史学と哲学の一部門でもある．思想史の対象としては，(a) すぐれた思想家の思想，(b) 一般の人々の思考の営み（観念），(c) 思想運動や制度となった思想（と観念），がある．法・政治思想史は，これらを対象にしつつ，思想を理解しその意味を確認するとともに，思想の形成と変化の構造——社会の関係とその変化にどう規定されて思想が形成され変化していったかとか，形成・変化にはどういうパターンがあるかとかいったことがら——をも明らかにする．

　　　　　　　　このことからして，思想史学の課題には二つのものがあること
　思想史の二　　が分かる．第一は，過去の偉大な思想家（や人びとの経験）から
　つの課題　　　学びつつ思索する課題である．これには，(イ) かれらに「温
故知新」の態度で接し学ぼうとする作業と，(ロ) それとは逆に，かれらを理論的に批判し偶像破壊する作業，(ハ) かれらの思想の影響のプラス面・マイ

ナス面から学ぼうとする作業（教訓主義），がある．第二は，過去の思想現象を対象にし，社会との関係でその形成・変化の構造を明らかにしたり，諸思想の動きが示す法則・傾向性を探ったりする課題である．

　　　　　　　第一の課題は，伝統的な思想史学が中心課題にしてきた．古典の
　哲学する
　　　　　　　勉強は，概してこのような〈偉大な思想家・思想との対話〉を主軸にしている．対話し学ぶという作業は，われわれの生き方のヒントを過去の思想家から得ることである．ヒントとは，思想の内容的メッセージでもありうるし，ものの見方・考え方，すなわち思考方法でもありうる．それはさらに，遠い過去の異質な思想・思考と対峙することによって，われわれの思想・思考を相対化し反省し鍛えることでもある．

　これらの課題を遂行するためには，多くの思想家を考察対象にし，それらをできるだけ内在的に（思想家たちの問題意識に即して），かつ客観的に（思想家たちの思索の全体を押さえ，その人生経験や人間性・性格との関係を考え，またその時代状況との向かいあいを追体験しつつ）理解しながら，同時にそれらに自分の側から問題意識をぶつけ，メッセージを汲み取っていかなければならない．謙虚に向き合えば，100 の思想家からは相互に異なる 100 以上の思想を学び取れる．

　　　　　　　上の第一の課題においては，今日のわれわれのあり方に直接響く
　歴史する
　　　　　　　メッセージを過去に見出し，それを肯定的ないし否定的に受け止めようとするのであるから，過去の思想（と観念）を距離を置いて対象化する作業への関心は，必要ではあるものの，どうしても第二義的になる．これに対して，第二の課題においては，過去の思想を歴史的に相対化して，思想現象としてのその特質や，人間の思想というもの自体の性格を，社会構造や精神構造・文化の歴史的分析，国家史・社会史・政治史などと協働しつつ明らかにすることが中心となる．すなわちここでは，文化史や概念史，歴史心理学や精神史，社会の変化（経済構造の変化，階級関係の変化，国家構造や社会構造の変化，政治関係の変化）に法・政治とその思想がどのように規定され，かつどのように規定作用を及ぼしたかを考える作業が大切になる（これらの作業を前面に押し出すと，思想家個人が消え，その内在的理解が困難になるということが起こる）．この視点は，19 世紀後半以降に〈科学としての思想史学〉において明確になった．

　そのさいには，①偉大な思想家個人に着目し，かれがどのようにして新しい思想運動や社会変革運動を準備したかを考察する作業と，②個々人を超えて社

会関係・社会構造それ自体がどのように動いていき，思想現象や社会運動となって表出したかを考察する作業とが，ともに重要となる．したがってここでも，思想家・民衆に対する内在的かつ客観的理解が前提となること自体には変わりはない．

この第二の課題も，われわれ人間の思考がどのような傾向をもつか，どのように環境に規定されているかを知り，自分たちの思考のあり方を反省するために重要である．

以上二つの課題は，それぞれ哲学的視点と歴史学的視点に対応するから，この点では対立する面をもつ．しかしまた，それぞれの課題を深めるためには他方の課題に支えられなければならない点では協働関係にもある．はしがきで述べたように，本書はこれらの課題をともに追求する．

<small>過去と今日</small>　ところで，この作業をおこなうさいに，重要なことが二つある．第一に，作業中に今日の意識や観念が働くことは避けられない．しかしそれでもわれわれは，今日を基準にして過去を〈不完全な時代だった〉と軽蔑したり，反対に，今日の問題解決へのヒントを過去に求め，過去の〈先駆性〉に感激したり，また過去を基準にしてその後の時代を見，〈この点が失われてしまった〉と嘆いたりするだけであってはならない．これは，ある社会や文化圏（たとえば西洋）を基準にして他の社会や文化圏（たとえば日本）の「不完全性」を批判したり，両者間に「近似性」を発見して感激したりするだけなのが問題なことと，変わらない．

それぞれの時代には，また或る時代のそれぞれの社会・文化圏，諸生活部門には，それぞれのかたちで，また似たかたちで，生活が営まれている．それらにはそれぞれに神が宿っているとともに，その神が似通っていることもある．それらが見せる独自性と近似性とを，できる限り歴史的・文化的コンテクストにおいて内在的に理解しつつ，同時にその作業をつうじて今日の思考を見つめ直し，過去の事例，人間の歩みの軌跡から学んでいく姿勢が大切である．

<small>過去とその前</small>　第二に，われわれは，たとえば近代の制度や基本的な概念がどう歴史上で成立したかをあつかうときに，〈それらは，近代になって突然生まれた〉と思い込んではならないし，逆に〈それらは，すでに前近代に完全なかたちで芽吹いており，その後はそのまま持続するばかりだった〉と思い込んでもならない．それぞれの時代は，前の時代から受け継いだ要

素と，その時代固有の要素とをともに働かせている．ときにはその時代特有としか言えないものを産み出しもする．この点では，われわれはしばしば，ある時代の中に，その前ないし後の時代と一見同じ思想・行動・制度を見出したさいに，疑うことなくそれらを前ないし後の時代のイメージで理解しようとする誤り（アナクロニズム）に陥りがちだという事実に注意することが，重要である．歴史の変容・断絶と連続とをあわせ見る眼が欠かせないのである．

第 1 部　古　代

1　古代ギリシア

1-1　「自由」

　古代ギリシアは，高度の芸術・学問を生み出した．そうした芸術は，彫刻・絵画・建築・陶器・工芸品などに及ぶ．学問は，文学・自然科学・哲学・社会論の分野におよび，内容的には，合理的精神に富み，人間性や善やルール・正義・ポリスへの関心が鮮明である．古代ギリシアはまた，後世の社会・法・政治でも問題となる諸原理・諸問題を実演しもした．このような早い時代に，しかも小さな民族が，のちの全人類が超えられないような数々の文化を遺しえたことは，人類史上の大奇跡の一つである．

　ここでの考察対象は，古代ギリシア，とくにアテネ（アテナイ Athenai）の社会と法・政治である．この点をあつかうさいにもっとも重要な概念の一つは，「自由」である．それが内包する，独立（共同防衛）・共同統治（民主主義）・平等，またそれらと不可分の〈法にもとづく社会生活〉の原則ないし遵法精神との，独自の連関づけが，ここでの主題である．

　ギリシアにおける「自由」観念が人類史においてもつ重要性については，古来，多くの人が指摘している．たとえば，モンテスキュー（Charles Louis de Secondat, baron de la Brède et de Montesquieu, 1689-1755）は，『法の精神』（1748）において，ヨーロッパとアジアとのちがいは，自由の精神と隷属の精神とのちがいであるとし，この意味での「ヨーロッパ」の源泉を古代ギリシアに求める．

　この点に関しては，ヘーゲル（Georg Wilhelm Friedrich Hegel, 1770-1831）が『歴史哲学講義』で述べていることも注目に値する．かれは言う，「東洋はただ一人の者〔君主〕が，自由であることを知っていたのみであり，またいまも依然としてそうである．これに反してギリシアとローマの世界は若干の者〔奴隷に対する自由人〕が自由であることを，ゲルマンの世界はすべての者が自由であることを知っている」（岩波文庫版，

武市健人訳，1971，上巻218頁．同79頁も）．ヘーゲルは，歴史の根底には法則が働いているとする．その法則とは，自由が拡大していくことである．歴史は，古代ギリシアにおいて，それまでの東洋における永い停滞を脱し，〈一般市民〉にまで自由を拡大させた，とヘーゲルは言う．

1-1-1 アテネの民主主義

古代ギリシアには1000に近いポリス polis があった．各ポリスは，核となる都市とその周辺の農村部とから成り立ち，それぞれが独立した政治体であった（この政治体は，今日的に言えば「国家」（＝都市国家）だが，ギリシア人やローマ人にとっては，現代人がイメージするような〈国民とは別の抽象的団体〉ではなく，〈結束したポリス構成員によって体感できる集団〉を意味した．じっさいポリスは，「アテナイ人たち」hoi Athenaioi・「スパルタ人たち」hoi Lakedaimonioi・「ローマの元老院議員と人民」senatus populusque Romanus と呼ばれるものであった[1]）．これらポリスがどのように

---

[1] 国家（polis・civitas）を，抽象的に〈団体〉とか〈装置〉とかとしてではなく，結束して行為している多数の自然人，ないしそれを統率する為政者，の現実の姿において具体的にイメージするのは，古代・中世人の特徴である（山河の姿でイメージすること，また制度・物を共有しあっている面に着目して，「みんなのもの」res publica とすることもあったが）．

　近世に入ると国家は，君主の「家」とダブり，君主が所有し使用する財物（領土・諸制度の姿，および官僚制と軍隊とから成る装置の姿で現出する）としてイメージされる（＝家産制国家．この時代に登場した Staat・state の語は，制度・装置に着目した語である）．しかしこの時代でも，君主主権に抵抗する側は国家をなお res publica と観念し続けた．

　近代に入ると国家は，①（君主に代わった）人民の財物（res publica）だとされ，②また（古代風に），結束した人々そのものだとされた．③しかし，やがて民族主義の昂揚にともなってとりわけドイツ等で，〈国家は，言語・歴史・血・山河を一にする，個々人を超えた集団＝Volk・nation〉と観念されるようになった．④それはまた，国法学の発達にともなって，個々の構成員とは別個独立の主体（「国家法人」ないし「有機体」）として構成されるようになった（国家その他の集団を「法人」とする思考は，古代・中世ではごく部分的にしか見られなかった）．

　── 以上の点は，国家以外の団体の見方の変遷についても基本的に同様である．

　国家のイメージは，上のように時代によってだけでなく，政治思想によっても異なる．民主主

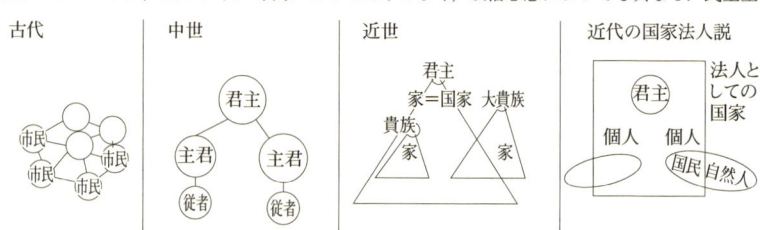

古代	中世	近世	近代の国家法人説
市民の集合体が即、国家．	主君─従者の人的関係の総体が国家．	君主の「家」が国家とダブる．家長としての君主がその所有者．	国家は，君主・国民から独立した主体．君主はその機関．

政治生活を営んだかを，(B.C. 450 前後の)「古典期アテネ」を中心に，見ておこう．

国制は，基本的に民主制 demokratia であった[2]．その特徴は，次の5点に要約できる．

(i) 市民の参加

(a) 最高意志決定機関である民会 ekklesia は，年に 30〜40 回も開かれ，毎回，アテネ市民である成年男子 4 万人中の 6000 人近くが集まった[3]（以下，とくに断らない限り，「市民」は成年男子市民を指す）．民会は，政治・軍事・行政上の重要案件について討議し決議し，公職者（軍事・政治の役職者）を選び監視する場であった．民会では市民は，演説でき，修正案を提案できた．

(b) 立法は，nomothetai（立法委員会）と呼ばれる別の機関でおこなわれた．委員は民会においてクジで選ばれ，案件の重要さに応じて 500〜1000 人で審議した．

(c) 裁判は，後述するように市民が裁判員となっておこなった．

(d) 行政は，市民が交代で公職者となって担当した．①最高の執政官であるアルコン archon は，定員 9 で 1 年任期であり，相互に監視・牽制しあった．②日常業務処理のためにクジでさまざまな役職が選ばれた．市場の監督者，市街・城壁・道路・水道・港湾などの保全員，裁判所事務員，刑の執行者などである（ただし軍や水源管理・祭祀財務などの要職は，有能者を選ぶため挙手で決められた．将軍 strategos は，再任可能であった）．市民は公職者を罷免できた．公職者の事前・事後の審査（評議会がおこなう）は，厳しかった．③国政実務を担当する主要な機関として評議会 boule があった．これは，クレイステネス（Kleis-

---

義は，めざす国家を古代風に〈構成員の総体〉として観念した．自由主義は，国家を近世風に〈道具〉として観念した（民主主義も，既存の国家を批判するさいには，〈国家は支配階級の道具だ〉とするので，この視点に立つ）．また全体主義は，国家を近代風に〈客観的団体＝有機体〉として観念する．拙著『法哲学講義』（東京大学出版会，2002）第 12 章参照．

2) 民主的なポリスは，アテネ以外ではメガラ Megara，アルゴス Argos，シチリア Sicilia 島の諸ポリス（とくにシラクサ Syrakousai），ロードス Rodos 島の諸ポリスなどでも一時期見られた．これらのポリスでもその一時期を除く大半の時代には，またこれらのポリスを除く大半のポリスは，寡頭制ないし僭主制であった．アリストテレス『政治学』1304a；仲手川良雄『古代ギリシアにおける自由と正義』（創文社，1998）504 頁以下参照．〈古代ギリシア＝民主主義〉などと機械的に考えてはならない．

3) 以下については，Uwe Wesel, *Geschichte des Rechts*, 2. Aufl., 2001, S. 115 ff., アリストテレス『政治学』1321b 以下；伝アリストテレス『アテナイ人の国制』（村川堅太郎訳，岩波文庫，1980）第 42 章以下等参照．

thenes, B.C.570頃-507頃）による民主化によって，500名の市民から成る任期1年の機関となった．公職者の監視・事後審査，日常行政・財政の処理，民会への提案の準備などを任務とし，ほぼ毎日会合した（すなわち，評議会こそがアテネ民主制の中枢部であった）．

　市政参加者・公職者・兵役従事者等（総計2万人）には日当が与えられたので，市民は活動しやすかった．アテネ民主主義は，まさに「大工でも，鍛冶屋でも靴屋でも，商人でも船主でも，貧富貴賎を問わず，誰でも」から成る（プラトン『プロタゴラス』319D, 岩波書店版『プラトン全集』第8巻による）と言える（とはいえ，実際には指導者民主主義の要素が強かった．また，指導者や軍事・財政の要職は上層から選ばれた．評議会には下層民は入れなかった．したがって，実態はゆるやかな寡頭制であった[4]）．

　(ii)　平等　　市民間には，平等 isonomia (isos＝「等しい」・「同じ」)があった．平等とは，平等な発言をふくめた政治的資格の平等を意味し，それゆえ民主制と不可分である．

　(iii)　理性の支配　　ギリシアでは理 logos が重んじられた．理にかなうことは認めるべきこと，理にかなわないことに固執すべきでないこと，議論の前提事項やものの道理に反した議論はしないこと，〈自分はつじつまがあわないことを言っている〉と知れば降参すること，理にはすべての人が等しく服すること，が基本的な前提であった．人々は，理づめを尊重した討議による解決を基本にした（とくに三段論法が好まれた）．民会や裁判集会がひんぱんに開かれたのも，この姿勢による．

　ギリシア人にとっては，理づめの見事さを競うことが楽しいゲームであり，議論することや弁論を聴くことは娯楽の一つであった（この点はプラトン (Platon, B.C. 427-347) の一連の対話篇や，長い討議を伝える歴史書・演劇などからも読み取れる）．それゆえ，かれらが集会に参加するのは，義務ではあったが，それに尽きるものではなかった．

　町の中心の広場・そこでの集会のことをアゴラ agora と呼んだが，これはageiro（集める・集まる）から来る．この広場は，単に政治集会の場であっただけでなく，文芸的議論や，日常の交流・語らいの場でもあった．交流・語らい

---

[4]　仲手川良雄編著『ヨーロッパ的自由の歴史』（南窓社，1992）17頁．

は，アゴラ以外の広場，列柱館（59頁），体育場，宴会などでも好んでおこなわれ，議論が重要な位置を占めた．

議論重視の伝統は，学問一般を発達させただけでなく，弁論の規則や技法を究める弁論術（rhetorike）も生み出した（これについては，50-51頁，下巻10-6）．

議論重視の伝統は，その後のヨーロッパにおいても見出される．都市の中心部にある，アゴラにあたる広場を，古代ローマではフォールム forum として，北部中世都市では Marktplatz, market place として設置した．討議による紛争解決，娯楽としての議論の伝統も，種々の法廷・議会，浴場，宴会，宮廷，民衆集会，大学，サロン，コーヒー＝ハウス，秘密結社・クラブなど，新しい形態を次々に創出しながら引き継がれていった．西洋の自由な民主主義を支える公共意識は，この伝統に根ざした市民間での情報・意見交換をつうじて涵養されてきたのである（討議によらず暴力や圧力，因習の力，妄信・迷信に依拠して問題解決をはかることも多かったが）．

　(iv) ルールの支配　ギリシア人は，〈ルールにもとづく社会生活〉の原則（正義・違法）を重視した．かれらはこの原則によって，秩序ある共同生活を確保し，私人間の争いをルールに従って処理し（＝裁判），立法や行政の公正さを維持しようとした．かれらはまた，「自由」（＝反専制）を確保するため，公職者をその上にある（と想定した）法によって規制すること，すなわち「法の支配」をも追求した[5]．

---

5) 正義，違法精神，「法の支配」の原則は，次のようにギリシアの思想家によって強調されている．(a) すでにヘシオドス（Hesiodos, B. C. 8世紀）は，『労働と日々』の中で「正義」dikaion を重視し，〈暴力をふるうな，わいろをつかむな，公正な判断をせよ〉と説いている．(b) 違法精神は，たとえば，ソクラテス（Sokrates, B. C. 469頃-399）についてプラトンの『クリトン』が伝えている．ソクラテスは，〈不当な死刑判決であっても法には従うべきだ〉として脱獄を拒否して死んでいった，と．違法精神はまた，ペリクレス（Perikles, B. C. 495頃-429）の葬送演説に見られるが，この点については後述する．(c) 「法の支配」の思想は，プラトンやソフォクレス（Sophokles, B. C. 496頃-406），アリストテレス（Aristoteles, B. C. 384-322），そしてストア派に見られる．①プラトンは，『法律』Nomoi の中で，「法律が支配者の主人となり，支配者が法律の下僕となっているような国家」である限り，神々が国家に与えた慶福が生きる，と言う（第4巻715D, 他に第3巻700. 岩波書店版『プラトン全集』第13巻，向坂寛他訳，1976）．②ソフォクレスは，悲劇『アンティゴネ』（B. C. 441頃）の中で，〈権力者といえども，その上にある法を破れない〉とする思想をあつかっている．③アリストテレスは，〈人でなく法が支配することが重要だ〉というかたちで〈法にもとづくポリス生活〉の原則を説いている（『ニコマコス倫理学』第5巻6章1134a,『政治学』第3巻10章5節1281a, 第3巻11章19節1282b, 第3巻16章3-5節1287a）．④ヘロドトス（Herodotos, B. C. 484頃-425頃）も『歴史』（松永千秋訳，岩波文庫，1972）において，ギリシア人が「叡智ときびしい法の力」（第7巻102）ないし「法

〈ルールの支配〉は，上述の〈理性の支配〉と不可分である．ルールのうち，人定の公的ルールが法であるから，「法の支配」もここに位置づけられる．Rule of Law は，〈ロゴスの支配〉Rule of Logos という意味での Rule of Rules の一環であった．じっさい，法は「欲情を伴わない理知（ヌース）である」（アリストテレス．後述 57 頁）と考えられた．

このギリシアでも，ポリスが確立する以前は，不法な加害行為に対しては，被害者の属する家族集団が，加害者ないしその家族集団に報復行為をおこなった．この私闘が，秩序維持の道であった．しかし，B. C. 600 年代から法律が整備されていった．アテネのドラコン（Drakon, B. C. 600 頃）やソロン（Solon, B. C. 640 頃-560 頃），スパルタ Sparta のリュクルゴス（Lykurgos, B. C. 800 頃または 600 頃．伝説上の人物とも言われる）などの立法者が輩出した．ドラコンの法律は，農作物泥棒のような軽微な犯罪にも死刑を科すなど厳格さで有名であるが，これは，そのような処理方法によって，犯罪を予防するとともに，被害者を納得させ私闘を防ごうとしたためである．ゴルチュン Gortyn（クレタ Krete 島中央部にあったドーリス系のポリス）で，石に刻まれた，B. C. 450 年頃の法律の一部（全 600 行）が 1884 年に発見された．それを見ると，立法技術は高度な水準に達していたことが分かる[6]（もっともギリシアには，ローマとちがい，職業的な法律家はおらず，実定法学は発達しなかった．アテネの法については後述する）．

（v）排除の構造　民主制とはいえ，それに参加したのは，最盛期アテネで言えば，（4万人程度である成年男子市民のうち）6000人程度であった（総人口は30万人程度．女性や子供らが15万人，奴隷が10万人，その他が1万人いた）．市民であることが絶対条件であったので（非市民は，権利能力を制限されるなど，民事的にも差別された），そうでない人との差異化は厳格であった．とくに B. C. 451 年以降は，ペリクレスの提案で，ともにアテネ人である両親から生まれ，家長の支配する「家」に属していなければ，アテネ市民になれなくなった．

と申す主君」（同巻 104）に服しているとする．ここでは法は，〈紀律のある自由〉に欠かせないものとされている．〈全構成員が法を尊重し，ともにそれに服すのだ〉とする姿勢は，古代ローマや中世の人々においても見られた．

6）ゴルチュンの法は，たとえば，判決前に原告が被告を拘束することを禁止している（第1柱）．強姦の態様に応じて罰金額を定めている（第2柱）．離婚した妻は，持参金の全額，それの果実の半分，彼女が稼いだ額，を返還請求でき，また夫に離婚原因がある場合には，夫の財産を一定額要求できる．夫は妻の財産を勝手に処分できない，等々としている（第2柱）．

1-1-2 アテネ民主化の経緯

(i) 王制　アテネもはじめは王制であった（本書では原則として王制と共和制については，「制」で統一し「政」は使わない．他は，文脈で使い分ける）．B.C. 9 世紀以降，これに代わり王・長老・民会の三部構成が出て来た[7]．その後，一般市民が成長していく．その主軸となったのが，（中産の）独立自営農民であった（本書 14 頁参照）．かれらはその独立性と結束によって，貴族（世襲であり多くの特権をもった者）と張りあえた．この拮抗関係が，その後のアテネの歴史をいろどる．アテネでは，これ以降，貴族支配が崩れていくが，しかしまっすぐ民主制にはいけず，ときには僭主 tyrannos（独裁者）の発生を経験した．

(ii) ソロンの改革　ソロンは，B.C. 594 年の改革で，（中産の）独立自営農民の再活性化をめざした．かれらを救済するために，借金取り消しを断行した．また，血縁貴族制に代わる，財産にもとづく区分を導入した（有産者にのみ役職を開いた）．これを timokratia という．time とは貨幣価値ないし名誉にかかわる価値のことであり，これらを基準にした国制はまだ民主制ではない．しかし，かれはまた，市民参加の民会・裁判を導入した．この点では，民主制への重要な第一歩であった．

(iii) クレイステネスの改革　クレイステネスは，B.C. 508 年の改革で，民主化を推し進めた．すなわちかれは，timokratia を廃止し，百数十の村とアテネ市街とを 140 余りの行政区 demos に分けた（この語が，のちに「民衆」を意味するようになり，「民主制」democratia（＝民衆の支配）に結びついた）．また，都市部・内陸部・海岸部の三つの部をつくり，それら各部を 10 の地区に分け，これら合計 30 地区をクジで三つずつ組み合わせて，合計 10 の部族をつくる．これらの部族から，平均 50 名ずつの評議員が選ばれ（人口の多い行政区にはヨリ多くの評議員が配分された），その総計 500 人で前述（9-10 頁）の評議会が構成される．民会で採択する議案は，この評議会がつくるので，これによって「デモクラシー元年」が画された[8]（クレイステネスのあとは，「正義の人」の誉れ高いアリ

---

7) 当時のギリシアの政治運営のやり方については，ホメロス（Homeros，B.C. 9 世紀頃の人？）の『イリアス』が語っている．ここではギリシア連合軍について，①軍事の統率者＝アガメムノーン，②統率者に服するが独立性の高い貴族的将軍たち＝アキレスやオデュッセイ，そして③将軍たちに率いられた一般兵士，という編成がある．アガメムノーンは独裁者でなく，対外戦争の指揮者にすぎない．そこでは局面ごとに，全員集会での討議が重きを成す．

ステイデス（Aristeides, B. C. 530-468）が改革を担った（その娘が，ソクラテスの第一夫人——有名なクサンティペ（Xanthippe）は第二夫人——となった）．そのあとはペリクレスが，B. C. 460年頃から29年間，将軍として引き継いだ．この3人の民主主義者によって，アテネに民主制が定着した）．

1-1-3　アテネ民主制を可能にしたもの

（i）　神官の政治支配がなかった　　古代ギリシアでは，神官が貴族や市民にコントロールされ独自の支配層を形成できなかった（そもそもギリシア宗教には——日本の氏神信仰と同様——教典・神学がなく，また祭礼は，祭司の秘儀としてでなく，——日本の村祭りが氏子主導であるのと同様——市民の主導でおこなわれたので，解釈や儀式を独占する人々が出てこなかった）．このことが，政治や学問を，宗教に支配されない，合理性に根ざしたものにし，自然哲学や議論を重視する伝統の基盤となった．

（ii）　とくにアテネでは（中産の）独立自営農民・商工業者が健在であった　　B. C. 8世紀頃の詩人ヘシオドス——アテネでなくボイオチア Boiotia の農民であったが——の『労働と日々』には，ポリスから各市民に使用のため，クジであてがわれた土地であるクレーロス kleros を奴隷を使いながら自ら耕す，独立自営の農民が描かれている[9]．独立自営であるうえに奴隷を所有しているので，かれらは，①武装自弁できる財をもち，重装歩兵 hoplites の主軸となりえたし，②余暇 schole を享受できた．かれらはこの余暇によって，政治や軍事訓練に参加できたし，余暇にアゴラ等に集まって交流しあった．かれらの独立自営層としての同質性はまた，③各自の自立意識・名誉感情（誇り）に支えられた，〈尊厳性をもった市民同士の平等〉の意識を可能にした．

　われわれは，（中産の）独立自営農民・商工業者が，その物質的自由と精神的独立性によって，自由で「民主的」な共和政治の担い手となることを，このあとの歴史上で何度も——共和制初期のローマ，独立運動期以降のスイス，ルネッサンス期のフィレンツェ Firenze，16世紀以降のイングランド（ここでは自営農であるヨーマン yoeman よりもむしろ地主であるジェントリー gentry が重要ではあった），独立運動期のオランダ，独立運動期のアメリカなどにおいて——見ることになるだろう（とはいえ，自営農民が

---

8)　木庭顕『デモクラシーの古典的基礎』（東京大学出版会，2003）835頁．
9)　太田秀通『スパルタとアテネ』（岩波新書，1970）61-65頁．

常に「自由」と結びつくわけでもない．たとえばビザンツ帝国（マケドニア朝）の専制君主制は，屯田兵である自営農民を基盤にした（テマ制）．ナポレオン（Napoléon Bonaparte, 1769-1821）やその甥のナポレオン3世（Charles Louis Napoléon Bonaparte, 1808-73）らの「ボナパルティズム」の支持基盤であったのも，フランス革命によって分割地を与えられた小農民であった．戦後日本の保守体制も，農地解放によって形成された自作小農民を永らく基盤にした．自営農民は，経営規模が小さい場合は，企業家意識が育たないため自立的でも開明的でもなく，しかも小さいながら自分の土地があるから，ヨリ保守化・権力追随を強める）．

ペルシア戦争（B. C. 492-479）後，アテネが海洋国として強大になったことが，「市民」に変化をもたらした．〈奴隷を所有する中産の独立自営農民〉などの豊かな市民とは異質の，都市部の中ないし中の下の市民の発言権が強まったのである．海洋国を支える軍艦（三段櫂船）の漕ぎ手として，かれら民衆が海戦に参加し重要な役割を演じたことが，その原因である．かれらを支持基盤にして，ペリクレスのような開明派の民主的指導者が活躍することによって，民主制が確立することになった[10]．

(iii) さまざまな文化圏との接触　地中海を舞台にした貿易と戦争，民族間交通のけっか，因習にとらわれない思考，多様なものを包容する精神など，民主主義の気風がつくられた．

1-1-4　「自由」観念の生成と変容

(1)　「自由」の生成

B. C. 9世紀頃からあった形容詞 eleutheros（「自由な」）が，B. C. 5世紀頃から名詞 eleutheria（「自由」）に成長した（一般に名詞化は，その対象がはっきり位置づけられだしたことを意味する）．eleutheria は，当初は，奴隷に対する〈自由人の地位〉を意味していた．それはまた，〈ポリス内部で専制がないこと〉および〈あるポリスが外部勢力による専制的支配を免れていること〉を意味するようになった（後述のように，やがて，さらに〈私的な自由〉をも意味するようになる）．

---

[10] とはいえ，〈三段櫂船が常に民衆の発言権を強め民主化を進める要因となった〉との一般化は許されない．ポリスによっては，三段櫂船は，一般市民ではなく，奴隷や傭兵が，あるいは重装歩兵となる富裕層が，漕いだからである．仲手川（前掲注2）『古代ギリシアにおける自由と正義』570頁以下参照．

これらに共通するのは,〈自分たちの行為を自分たちで決められる独立性〉ということである.

(i) ペルシア戦争　ペルシア戦争にさいしてギリシア人たちは,この戦争を,〈ダレイオス1世 (Dareios I, 在位 B. C. 522-486) やクセルクセス1世 (Xerxes I, 在位 B. C. 486-465) に率いられたペルシア奴隷の大群〉対〈自由なギリシア市民〉の戦争だと位置づけた.とくにアテネ人は,自由擁護のこの戦争を,ポリスの独立の擁護,および自由・平等なギリシア社会擁護の戦争だと位置づけた.

ヘロドトスは,ペルシアのアジア沿海軍司令官ヒュダルネスの降伏要求にスパルタの使いが次のように答えた,と記している.

> 「ヒュダルネス殿,われらに対するあなたの御忠告は片手落ちと申すものです.ご忠告下さるあなたは,なるほど一面のことは経験済みでおられるが,別の一面のことには未経験でおいでになる.すなわち奴隷であることがどういうことかは御存じであるが,<u>自由ということについては,それが快いものか否かを未だ身を以て体験しておられぬのです.しかしあなたが一度自由の味を試みられましたならば,自由のためには槍だけではない,手斧をもってでも戦えとわれらにおすすめになるに相違ありません</u>」(ヘロドトス『歴史』松平千秋訳,岩波文庫,1972,第7巻135)

後述するような軍事ポリスであるスパルタの市民すら,〈ペルシアに対してギリシア社会の原理である「自由」を守るのだ;そうした自由なギリシアを守り抜くのだ〉という意識をもっていたのである(ここでの「自由」とは,個々人の自由ではなく,ポリスの独立と専制からの自由のことだから,軍事ポリスであることと矛盾しない).

ところで,eleutheria の語幹 leuth (leudho) は,「仲間」を意味する.ドイツ語の Leute (人々,仲間) につながるインド゠ゲルマン系の語である.このことからも,eleutheria とは〈仲間と結束して確保する独立性〉を含意していたことが分かる[11].つまり,それは,第一に,共同体に主体的にかかわる姿勢,す

---

11) 同様に,ゲルマン系の freedom, Freiheit も,「自由」と「仲間」とに関係する.次の一連の語に見られる「fri-」の語幹に着目せよ.——freedom (Freiheit)=自由;friend (Freund)=仲間;Friede=平和.これらで「fri-」は〈仲間とともにあること〉を意味する.仲間とともに自分たちの世界を守る.それが平和であり,自由の状態である(この関係は,フランス革命のスローガン「自由・平等・友愛」を連想させる).「自由」については,仲手川 (前掲注2)『古代ギリシアにおける自由と正義』94頁以下.

なわち「〜への自由」——後述のようにこれが民主主義的自由の特徴である——を前提にしていた．国内外の専制的支配からの自由である点では，各人の自由な生活を守るという「〜からの自由」——これが自由主義的自由である——を意味しており，時代が下るにつれ，この側面が前面に出てくるのであるが，しかしそれでもそれは，「〜への自由」と不可分であった．そしてそれは，第二には，市民が厳しい共同体的統制に服していたことを意味する（そもそもギリシア人は，父に服従するように，もう一つの父であるポリスに服従した．じっさい祖国 patris は，父 pater から来ている）．

(ii) スパルタの例　この，〈仲間と結束して確保する独立性〉としての自由（したがって時には結束が重視され，個々人の自由が極度に制約される）を典型的に示すのが，スパルタ（ポリス名は，正式にはラケダイモン Lakedaimon である．「スパルタ」は，そのポリスの核である都市の名であるが，またポリス名にも使われる）である．スパルタ人は，〈防衛共同体〉としてポリスの生活を貫いた．

スパルタのポリス（全人口 20 数万人）は，三つの身分から成り立っていた．すなわち，(a) ホモイオイ homoioi（総数 3 万人弱）が支配階層で，その内 8000 人前後が成人男性であった（homoios とは，平等・同質の意である）．その下には，(b) ペリオイコイ perioikoi と呼ばれる，スパルタに敗北し従属させられた周辺地域の先住民がいた（peri とは「周辺に」であり，oikein は「住む」を意味する．「スパルタの周辺の農村部に住む人々」の意である）．かれらは，奴隷ではなかったが，重い労働・兵役の義務を負う農奴的な民であった（中世イタリア都市のコンタード contado 支配を想起させる．アテネにはこれは，なかった）．スパルタには，さらに (c) ヘイロテス heilotes と呼ばれる奴隷がいた．かれらは，全人口の 2〜3 分の 1 を占めていた（heilo とは，「押し込める」を意味する）．

自由人男性は，もっぱら軍事・政治にかかわった．クレーロス制にもとづいた農業が基盤であったが，労働はペリオイコイと奴隷にやらせたのである．自由人男性は，7歳から家を離れて共同生活に入り，そこで 20 歳まで教育＝軍事訓練を受けた（訓練は 12 歳から本格化する）．重装歩兵の密集軍団がぶつかりあう集団戦は，強い団結，そのための紀律を不可欠とした．スパルタは，この点をとくに重視した[12]．スパルタでは男子は，兵士向きに赤ん坊の時から選別

---

[12] こうした集団戦の精神とそのための軍事紀律が印象的なかたちで示されたのが，第 3 回ペルシア戦争（B.C. 480-479）におけるテルモピュレー Thermopylai の戦いである．ギリシアの連合

されて育てられた（虚弱児・障害児は，スパルタの背後にあるタイゲトス Taigetos 山中の谷に捨てられた）．男子は，20歳で成人したのち，30歳までは常備軍に編入される．それゆえ，結婚しても配偶者と会うのはまれであった．30歳以後も，60歳までは成人男子は，重装歩兵として戦う．

　生活の全体は，厳しい紀律と相互監視でかたちづくられていた．男子は「共同食事団体」phiditia[13] に加入しなければならず，30歳以後も毎夕そこで食事した（妻子と夕食をしたくても，我慢しなければならなかった）．またスパルタではクレーロスの譲渡が制限され続けた（この制度をペロポンネーソス戦争後まで維持できた．後述（注15）のようにその崩壊が，スパルタの弱化につながった）．徹底した集団主義は，平等を貫徹させたが，同時にその平等に支えられてもいた．

　政治は，①2名の王 basileus，②王をふくめ30名から成る長老会 gerousia（アテネの boule にあたるが，名門の60歳以上の者から成り，終身制），③5名の執行部 ephoros，そして④全スパルタ市民の集会（民会）apella によっていた．①の王は世襲であった（二つの王家は，ヘラクレスの子孫だとされた）．王は，内政上は飾りで，ただ国外での戦役には一人が参加し最高の指揮官となった（戦場でも独裁は許されず，話し合いが大切だった）．②の長老会は，60歳以上の名門の人々が終身で構成した．王の相談役であり民会決定に対し拒否権を発動できた．③の執行部（1年任期）は，民会で選ばれ，行政・司法・外交等を担い，かつ王や市民を監視した．④の民会（30歳以上の男子による）では，執行部の提案をめぐって投票がおこなわれた（集会参加者に発議権・討議権はなかった）．かなり共和制期のローマに近い国制だった．

　なぜスパルタでは，このような体制が必要であったのだろうか．その要因は，第一に，〈仲間と結束して確保する独立性〉としての自由観念から来る集団主義が，上述（16-17頁）のようにもともとギリシアのポリス共通の傾向であっ

　　軍は6000人という少人数で，クセルクセス1世率いる10万人のペルシア軍と3日間わたりあった．とくに王レオニダス（Leonidas, B. C. ?-480）の下に結束したスパルタの300人（他にテスピアイ Thespiai の700人，テーバイ Thebai の300人）の兵は，他のポリス軍が撤退した後もふみとどまって戦い，全滅した（敗けて帰ると恥かしめを受けるので，その代わりに死を選んだ，という事情もあった）．

13) phiditia (syssitia) は，毎夕の正餐をともにする，約15名から成る仲間団体である（philos＝仲間，siteuo＝食べる．syn＝いっしょに）．正式のスパルタ市民になるためには，phiditia の一つに入会しなければならなかった．入会には資格審査で全員の賛同を要した（アテネの血縁的団体 fratoria もこの点は同じであった）．これが統合上の単位だったのである．食費は原則，自己負担であった．食事は，パンとチーズ，イチジク，ブドウ酒，若干の副食品程度で，まずかった．

たことにある（アテネもまた，この原理を最後まで幾分かは保持し続けたし，初期においてはとりわけそうであった[14]．しかしアテネでは，後述のように自由観念の変容も顕著であった）．第二に，スパルタでは，ペリオイコイとヘイロテス——自由人の10倍近い人々で過酷な搾取を受けていた——を支配するために，共同防衛体制が欠かせなかったことにある．第三に，スパルタでは貴族的伝統が強かったことにある．たとえば，長老会や執行部の権威が高かった．しかも，ホモイオイ自身が，一種の貴族であった．なぜなら，かれらは，全人口20数万人中の5000～8000人にすぎなかったからである（ルネッサンス期の寡頭制共和国ヴェネチア Venezia は総人口20万，上層人口8000であった．本書228頁参照．他方アテネでは，長老会などはなく，また市民男子は人口30万人中の4万人であった．それゆえ，スパルタに比較すれば，アテネは市民の町であったと言える）．

　スパルタは，半島内陸部の農業中心の閉鎖的世界であったため，交易・貨幣経済の影響を小さくすることによって旧い気風や体制を，比較的永く維持できた[15]．

[14) 実際には，アテネにおいても，私的自由が尊重される余地は，あまり大きくはなかった．マックス＝ヴェーバー（Max Weber, 1864-1920）は，アテネにおける〈全体の優位〉について言う，「対内的には，ポリスは，軍事主義的団体として，絶対的な主権性をもっており，市民団はあらゆる点で個々の市民を自由に取り扱っていた．〔…〕軍事的・市民的な紀律と秩序とをそこない，あるいは神々の怒りを招いてポリスに不利をもたらす可能性のあるごときおよそ一切の行態〔…〕は，アテナイでは何ごとも自分の望むように生活することができるという——トゥキディデスの伝える国葬演説における——ペリクレスの有名な保証にもかかわらず，厳しく罰せられたのであり，ローマでは監察官の干渉を招いたのである．したがって，原理的には，生活様式の選択についての個人的自由などは問題になりえなかったのであり，また，このような自由が事実上存在していたとするとき，それは，アテナイにおいては，市民民兵軍の戦闘力の減少という代償を伴ったのであった．経済的にも，ギリシアの都市は，個々人の財産を無条件に意のままに扱った．都市は，負債を負った場合には，ヘレニズム時代に入ってもなお，その市民の私的財産や人身を債権者に質入れしているのである．市民は，依然として，何よりもまず兵士であった」（『都市の類型学』世良晃志郎訳，創文社，1964, 334-335頁）．スパルタのみならず，古代のアテネもローマも，第一義的には戦争を常に意識したポリスとして，集団の優位が貫徹したのである（ただし，〈集団主義か個々人の自由か〉の今日的な二項対立——たとえば戦時中の日本のイメージにおける〈集団の優位〉——で見ることはできないだろう．二項が，古代独特のかたちで共存していたと考えられるからである）．
15) このスパルタも，ペロポンネーソス戦争に勝利してギリシアの覇権を握ったため，貨幣経済に巻き込まれ，また土地所有権の自由化（＝永く維持してきたクレーロス制の崩壊）によって貧困者が増大し，市民軍の維持が困難となり急速に国力を失った．強さが弱さを招き，国の繁栄が国の退化を招いたのである．

(2) 「自由」の変容

ギリシア，とくにアテネにおける自由の観念は，戦争や社会変化にともない次のように変容していった．

(i) 古典期　アテネ民主制の変容は，すでにペリクレスの下で，しかもその政策をつうじて進行していた．すなわち，プルタルコス(Ploutarchos, A.D. 46頃-120頃)は，ペリクレスについて書いている．

> 「トゥーキューディデースは，ペリクレースの政治を一種の貴族政治として叙述して，「名目は民主政であるが事実はこの一人者の支配である」と説き，又他の多くの歴史家は，民衆がペリクレースの力で初めて籤による植民地の分割や種々の観覧料や日当の支給を受けるやうになり，その頃の政策のお蔭で悪い癖が附き，節度を以て自力ではたらいてゐたものが贅沢で放縦なものになつたと云つてゐる」(『プルターク英雄伝』河野与一訳，岩波文庫，1952-56，第3巻17頁).

すなわちプルタルコスは，アテネが海上制覇をおこないデロス同盟の盟主となったことによって莫大な財を得たこと，その財がアテネを豊かにしたが，この豊かさが人々を怠惰・放縦にし，アテネにアノミー(みんなで守ってきた価値やルールの力が弱くなること)をもたらしたことを指摘している．じっさい，この頃のアテネは，デロス同盟国からの徴収金，国営銀山からの収益等の他，海上貿易の収益などで潤った．アテネはその金で，国政(政治・軍事・裁判)に参加した2万人もの市民に日当を支給し，公共建築物を建てたり，壮大な祭礼や悲劇・喜劇の公演を催したりした．多くの農民が，この収入・歓楽を当てにして土地を売って市内で暮らすようになった．それは，〈帝国主義への寄生による民主主義〉をもたらしたが，また，ローマの「パンとサーカス」に似た状況をももたらし，民主制の基盤を崩していった(上のところでプルタルコスはまた，アテネの民主制がペリクレスの指導のたまものである；すなわち実態は指導者民主主義であった，と指摘しているのでもある．プラトンも『メネクセノス』で，盛期アテネの政治の実態を「民衆の承認にもとづくアリストクラティア」だとする)[16].

---

16) ヴェーバーも，古代ギリシア・ローマ・中世の諸都市はともに，実際には門閥の支配下にあったと指摘している．「実質的には，古典古代においても中世においても，権力を掌握し・交互に官職に就いていたのは，常に，相互に競争的な立場に立っていた少数の門閥〔…〕であった．〔…〕門閥支配は，中世と古典古代とで類似した特徴を示している．門閥間のフェーデ，追放と力ずくでの帰還，これらの現象は中世にも古典古代にも見られる．」(ヴェーバー(前掲注14)『都市の類型学』199頁).

(ii) ペロポンネーソス戦争期　ギリシア人同士が二つに分かれてあい戦ったペロポンネーソス Peloponnesos 戦争（B. C. 431-404）は，アテネ人によって，今日的に言えば，〈旧ソ連邦型——あるいは軍国日本型——のスパルタ〉と〈自由主義陣営型のアテネ〉との戦争だとされた．すなわち，アテネでは自由の観念が，単に〈共同防衛〉というレヴェルを超えて，〈私的自由〉の問題としても，とらえられだした．アテネ人は，アテネには，〈ポリスの結束と私的自由との美しい調和〉としての〈自由な共同性〉があるとし，この点で全体優位のスパルタとはちがうのだという意識をもっていた．この点は，ペリクレスがおこなった葬送演説（B. C. 431）中の，アテネの国制について述べた次の箇所に鮮明である．

　「われらの政体は他国の制度を追従するものではない．ひとの理想を追うのではなく，ひとをしてわが範を習わしめるものである．その名は，少数者の独占を排し多数者の公平を守ることを旨として，民主政治と呼ばれる．わが国においては，個人間に紛争が生ずれば，法律の定めによってすべての人に平等な発言が認められる．だが一個人が才能の秀でていることが世にわかれば，無差別な平等の理を排し世人の認めるその人の能力に応じて，公の高い地位を授けられる．またたとい貧窮に身を起こすとも，ポリスに益をなす力をもつ人ならば，貧しさゆえに道をとざされることはない．われらはあくまでも自由に公につくす道をもち，また日々互いに猜疑の眼を恐れることなく自由な生活を享受している．よし隣人が己れの楽しみを求めても，これを怒ったり，あるいは実害なしとはいえ不快を催すような冷視を浴びせることはない．〔…〕だが事公に関するときは，法を犯す振舞いを深く恥じおそれる．時の政治をあずかる者に従い，法を敬い，とくに，侵された者を救う掟と，万人に廉恥の心を呼びさます不文の掟とを，厚く尊ぶことを忘れない．」（ツキディデース（Thukydides, B. C. 460-400）『戦史』久保正彰訳，岩波文庫，1966-67，第2巻37）

ここで特徴的なのは，①平等，機会均等と能力主義とが重視されていること，②法の遵守が大切だとされていること，③私生活・その自由が意識的に尊重されていること，④指導者民主主義が前提になっていること，⑤政治倫理が尊ばれていること，である．

ペリクレスは，アテネの社会に見られる自由な雰囲気について，スパルタと対置して，さらに次のように言う．

　「子弟の教育においても彼我の距りは大きい．かれらは幼くして厳格な訓練をはじめて，勇気の涵養につとめるが，われらは自由の気風に育ちながら，彼我対等の陣

をかまえて危険にたじろぐことはない.」(第 2 巻 39)

「理をわけた議論を行動の妨げとは考えず,行動にうつる前にことをわけて理解していないときこそかえって失敗を招く,と考えているからだ.〔…〕しかるにわれら以外の人間は無知なるときに勇を鼓するが,理詰めにあうと勇気をうしなう.だが,一命を賭した真の勇者とは他ならず,真の恐れを知り真の喜びを知るゆえに,その理を立てて如何なる危険をもかえりみない者の称とすべきではないだろうか.」(同巻 40)

ここでは,アテネの特徴として,「自由の気風に育ちながら」というように私的な自由の尊重と,情報公開によって自覚的に結束した市民の見せる〈蛮勇とは異なる,冷静な判断をふまえた勇気〉の重視とが挙げられている.

同時代人のヘロドトスも,古典期のアテネについて次のように言っている.

「かくてアテナイは強大となったのであるが,自由平等ということが,単に一つの点のみならずあらゆる点において,いかに重要なものであるか,ということを実証したのであった.というのも,アテナイが独裁下にあったときは,近隣のどの国をも戦力で凌ぐことができなかったが,独裁者から解放されるや,断然他を圧して最強国となったからである.これによって見るに,圧政下にあったときは,独裁者のために働くのだというので,故意に卑怯な振舞をしていたのであるが,自由になってからは,各人がそれぞれ自分自身のために働く意欲を燃やしたことが明らかだからである.」(ヘロドトス『歴史』第 5 巻 78)

ここでの「自由」とは,第一には,共和制によって広範な市民が政治を担うことであるが,「各人がそれぞれ自分のために働く意欲を燃やした」とあるように,それはまた,個々人の私的な自由を前提にしている.つまりここでも,アテネをめぐって,市民の自由な生活と,それを基盤にした政治参加とが,市民の自立に支えられた愛国心を生むという観念が出ている[17].愛国心とはいっても,それがここで意味するのは,〈自分たちの自由・自分たちの家族が大切だから,それを守るため勇敢に戦う〉という姿勢である——すなわちそれは,近代人が考えるような,個々人を超えた「民族」や抽象的な団体である「国家」のために戦うといったものではない(注 1 参照).(もっとも,アテネ人がこうした自発的愛国心だけで行動したわけではない.前述のように,共同体維持上の

---

17) この観念は,のちにマキアヴェリ(Niccolò Machiavelli, 1469-1527)らのシヴィック=ヒューマニズム Civic Humanism ないし市民軍 militia 思想において,またヘーゲルの『法の哲学』,イェーリング(Rudolf von Jhering, 1818-92)の『権利のための闘争』(1872),そして福沢諭吉(1835-1901)の『学問ノススメ』(1872)中の「一身独立シテ一国独立ス」の思想など,において鮮明になる議論=国民主義の立場である.アテネの人々はこの議論を,その 2000〜2500 年前に展開していたのである.

重い義務からの行動もあった．この点は，あとでソクラテスについて〈第二の父であるポリスに服する〉というかたちでも，見るだろう．）

(iii) アテネ民主制の崩壊期　ペロポンネーソス戦争の第 2 年目の B. C. 429 年，籠城作戦に入っているアテネでペストが流行し，ペリクレスがそれに感染して死亡した．指導者が替わるごとに激変してきたアテネの政治は，こののちそれをくりかえす．すなわちアテネは，大商人クレオン（Kleon, ?-B. C. 422）らが民衆煽動者 demagogos（demos 民衆＋agogos 指導者）として政治をおこなう[18]．アテネではその後，民主政が回復したが，長続きはせず，寡頭政に変わった．国力を消耗したアテネは B. C. 404 年，スパルタに無条件降伏する．

こうしたアテネ社会の変化の中で，自由の概念が次のように変質した．すなわち今や，自由とは，〈共同体から干渉されずに私生活を享受すること〉だと考える傾向が強まった．自由が共同体との密接なつながりを失いだしたのである．自由意識のこの変化を，歴史家ツキディデースは，前述のペスト流行下のアテネをめぐって次のように指摘している．

「そしてついにこの疫病は，ポリスの生活全面にかつてなき無秩序を広めていく最初の契機となった．人は，それまでは人目を忍んでなしていた行為を，公然とおこなって恥じなくなった．金持ちでもたちまち死に，死人の持物を奪った者が昨日とはうって変わった大尽風を吹かせる，という激しい盛衰の変化が日常化されたためである．その結果，生命も金もひとしく今日かぎりと思うようになった人々は，取れるものを早く取り享楽に投ずるべきだ，と考えるようになった．〔…〕今の歓楽とこれに役立つものであればみな，すなわち利益であり，誉れであり，善であるとする風潮がひろまった．そして宗教的な畏怖も，社会的な掟も，人間にたいする拘束力をすっかり失ってしまった．」（ツキディデース『戦史』第 2 巻 53）

〈規範尊重に立った自由〉から，〈自己中心主義に傾き，それゆえアノミー化を招く自由〉への変化である．この傾向は，後述（58 頁以下）のヘレニズム期に，いっそう強まる

---

18) 伝アリストテレス（前掲注 3）『アテナイ人の国制』（第 28 章 3）は，この事情を次のように伝えている．「特にクレオンこそはその無鉄砲な遣り口によって民衆を腐敗させた者と思われる．従来人々は礼儀を保って演説したものであったが，彼ははじめて演壇上で声高に叫んだり罵倒したりし，衣服を巻き上げて民衆に語った．」指導者の質の低下が民衆の質を低下させ，したがってかれらに選ばれる指導者の質が低下していく…．衆愚政治 ochlokratia（ochlos とは愚民の意である）への悪循環的移行である．

彫刻史上の変化に見る

以上のような変化は、澤柳大五郎の『ギリシアの美術』(岩波新書、1964. 以下、本文中に頁番号を示す) がとらえた美術史上の変化と無関係ではない。澤柳は、彫刻の分野において、このB.C.5世紀の古典期には自己抑制が効いた「倫理性」ethos が支配的であったのに対して、B.C.4世紀以降に入ると「感情」pathos を表に出すことが強まっていったと指摘している。

すなわち、古典期アテネにおいては、「自らのプリンシプルによって平静に心的、精神的な生活を規制し、運命を選ぶものなのである。それは今日のように個性に、個人の自由に基礎をもつのでなく、客観的な秩序に、ポリスの公的生活に準拠して居るのである」(231頁)。「肉親に先立たれた人々も、劇しい戦いに斃れるアマゾン達も決して取乱したり絶叫したりしはしない。ただその全身が裡に湛えられた魂の悲壮な息吹きを伝えるのである」(233頁)。人々は、自由だが公的秩序を尊重し、自己制御によって平衡を保って生きていた、と (このギリシア観については、本書下巻157-160頁参照)。

これに対してB.C.4世紀以降は、個性誇示とパトスが強まる。「肉像が多く作られ、それは次第に個性的な相貌を写そうとするようになり、〔…〕競技者の像にさえ個性の写実的表現が見られる。それと共に五世紀のエトス (Ethos) に代ってパトス (Pathos, 情念、劇情) の表現が著るしくなる」(219頁)。そして、このパトスの支配がヘレニズム期にさらに進展する。澤柳は、ヘレニズム期に栄えた都市、ペルガモン Pergamon の大祭壇の彫刻について言う、「ここには新しいパトスが、新しい精神が漲って居る。もう一歩を進めれば溷沌に陥ってしまうであろう錯綜し醗酵するダイナミクな力、〔…〕事実この丸彫に近い厚みを持つ浮彫はその際立った明暗の効果によってギリシア彫刻の枠をはみ出そうとして居る」(242頁)。これは、自己制御によって秩序との調和にある人間を描いた古典様式が後退し、個々人の感情を誇張するマニエリズム[19]が始まったことの指摘である (この変化は、後述する、1520年頃から1620年頃にかけて起こった、〈古典主義からマニエリズムへの変化〉に似ている。本書270頁)。

社会構造上も、このころのアテネには次のような変化が進行していた。すなわち、B.C.5世紀後半以降、土地取引の自由化、相続処分、多人数の購買奴隷による生産などをつうじて独立自営農民が衰退し、一方の、大土地を保有する少数の有力者と、他方の、多数の借地農・無産の都市民との格差が拡大した。無産化した都市民は、ポリスの富への寄生を強め、生産的労働をきらうように

---

[19] マニエリズム manierism とは、既成の秩序をすなおに受けいれることができなくなり、また〈個々人と社会との一体性〉を信じられなくなった人々が、その不安・反抗・心のゆがみを前面に押し出した芸術傾向のことである。そうしたものを体現し芸術家の個性的な表現が前面に出、強い明暗、歪んだ劇的な表情、残酷さ、不健康さ、生々しい肉感性などが特徴となる。小野紀明『精神史としての政治思想史』(行人社、1994) 153頁以下参照。

なった．加えて内乱で多くの人が死亡したり亡命したりして，戦力が低下した．戦術が軽装歩兵化し，職業軍人を必要とするようになって傭兵制が発達したけっか，庶民兵士の伝統の基盤崩壊が起きた．民主制を担える良き指導者も，デモステネス（Demosthenes, B. C. 384-322）のような雄弁家による政治が浸透していくにつれて，いなくなった．政治の場でも徒党が形成されるようになった．こうして，戦争も政治も市民の参加によるものではなくなり，民主制の土台が崩れていった．

1-2 法と法観念

以下の法史学的テーマの考察——法制度・法学・法実務・法生活の考察——は，人々の法観念を析出するためにおこなう（その限りでの，大ざっぱなものである）．中心的に問うのは，〈国家からの自立がかつてどうあり，それに対して国家による統合がどう進んだか〉および〈どういう思考法がとられていたか〉ということがである．この点は，あとのローマや中世，近世についても同様である．

後の記述からも明らかになることだが，古代ギリシア・ローマと中世，さらには近代ヨーロッパの法・裁判の特色は，当事者個々人のイニシアティブが前面に出ることにある．〈国家はまだ弱く，自立した「家」の支配者である家長たちがまずおり，被害を受けた家長が加害者側の家長を連れ出して裁判仲間に訴える．裁判は，原告が自ら展開し，仲間に判断してもらう．執行は自分でやる〉，これが原型である．したがって，裁判は今日的に言えば当事者主義的で民事裁判の性格が濃い．法は，裁判をつうじてかたちづくられ，したがって民法関係が多く，刑法は後の時代になってから出てくる．ここにはまた，〈法はみんなでつくったものだから，誰もがそれに服する〉という，遵法ないし「法の支配」の観念が定着している．

こうした関係は，古代以来の東洋（日本）とは対照的である．東洋では，専制君主が上からの秩序維持のために法を制定し，その違反者を裁判する．したがって，公式の裁判は官僚裁判官が糾問主義的に裁き，法は「律令」すなわち刑法と行政法とが中心で，上からの制定法が主軸を成す．民法はなかなか発達しない．またここでは，法は上から押しつけられたものだから，臣民は〈規制をうまく逃れよう〉とし，権力者は〈自分は法にしばられず，また，法をうまく操作して支配しよう〉とすることになり，どちら側

にも「法の支配」の観念が発達しにくい（ただし「東洋」でもこの例外，ヨーロッパ型への接近が，時々は見られた．たとえば「御成敗式目」（1232 年）は，民事裁判とそれによる法形成，道理の支配・当事者追行主義を基軸にしていた（注 123 参照））．

1-2-1 裁　判

以上の点を念頭に置きながら，アテネの法生活の詳細を見ていこう．まず，裁判について考えよう．前述したように，古典期以降のアテネでは，裁判は市民が裁判員（任期は 1 年，B. C. 4 世紀からは終身制も）となっておこなわれた．『アテナイ人の国制』（前掲注 3）等が伝える，ペロポネーソス戦争後の裁判制度[20]は，次のようなものであった．裁判の日には，地区ごとに割り当てられた人数の市民（総数 6000 人）が集まった．かれらは，公正を期すためクジでその日の担当裁判所をあてがわれた（大人数向けのクジ引き器械があった）．

民事の法廷　　民事の法廷では，係争物の額や内容によって，裁判員が 201 人になったり 401 人になったりした（少額訴訟などには，別の裁判所や仲裁所があった）．訴えは，内容によりアルコンか裁判所役人 thesmothetes かに提起する．通常，裁判は 1 日で終了し，裁判費用も安かった．

審理は，裁判員の前で原告・被告が陳述するかたちで進み，結審後に裁判員が（多数決で）評決する．原告・被告は，制限時間内に陳述を終えなければならなかった．そのさい，根拠になる法律や先例を正確に提示しなければならなかった．証拠・証文の提示も証人の陳述も，制限時間内にすまさなければならなかった．陳述は本人がしなければならなかった（ローマのような訴訟代理人制度はなかった）．したがって市民には，陳述の技能を身につけることが求められた．そのさい，裁判員が法律の専門家ではないので，法解釈技術よりも雄弁が

---

20) ギリシアでは，国事・刑事裁判を grafe，民事裁判を dike と呼んだ．grafe は，重大事件には文書 grafe を使ったためであろう．dike は，慣習，法，民事裁判，訴権，判決，贖罪金を意味する．この語から，dikaios＝正しい，dikaion＝正義，が出た．裁判所を dikasterion と呼んだが，これは〈正義・法 dike を護る steo〉場所の意である．以上からうかがえるのは，〈法は慣習のかたちで積み上げられてきた．そうした法に照らして正しい者を守ることが正義であり，そのための重要な場が裁判所である〉という観念である．これは，後述のゲルマン人の発想に似ているが，ギリシアには「権利」の観念はなかった．〈共同体への結束〉が強いため「権力からの自由」としての自由権を観念できなかったためであり，また訴権的把握のため，私権を実体権的に観念できなかったためでもあった．

重要であった（後述するソフィストたちがこれを教えた）．（法が文言どおり適用され，解釈による柔軟な適用が伝統でなかったことも，法解釈技術やその専門家を産み出さない原因——あるいはそのことの結果——であった.）ただし，法廷では誰かに書いてもらった原稿を暗唱したり読み上げたりすることは許されていたので，そうした原稿を書くことを職業とする人々が出て来た（イソクラテス（Isokrates, B. C. 436-338）や前述のデモステネスなどが有名である）．

民事執行は，勝った原告が自分でおこなった．執行は，財産に対してのみおこなわれた（ローマとちがい，被告を奴隷にしたり，殺したりはできなかった）．執行に抵抗する者は，罰せられた．

刑事の法廷　刑事訴訟には，(a) 私訴と，(b) 公訴があった．(a) 私訴とは，被害者の親族や他人がアルコンに告訴し，告訴が認められれば自分で訴追する刑事裁判である（乱訴を防ぐため，〈評決で5分の1以上の有罪票を得られなかった告訴・訴追人〉は，罰金を科せられ，場合によっては追放に処せられた）．(b) 公訴とは，特定の，瀆神罪や政治犯罪，殺人などについて，アルコンないし裁判所役人が訴追する刑事裁判である．窃盗でも，神殿物や公共物を盗むと，公訴事件となった．

刑事法廷の裁判員は，500人を1単位とし，事件内容によって2, 3単位を合わせた（他に1名の司会者）．（ソクラテスの裁判は，3名による私訴で始まった．裁判員は500人（多数決制）で，280人が有罪，220人が無罪の票を投じた.）刑事裁判も，通常，1日で終了する．刑の執行は，11人会の公職者がおこなった．

民事的刑事裁判　不法な加害行為の多くは，民事上の不法行為だが，懲罰の意味をこめて多額の贖罪金を科すかたちで処理された．たとえば，①妻と姦通した男は，第一義的には，支配権者である夫に対し不法行為を働いたことになり，②窃盗・強盗・暴行・傷害・中傷をした者は，第一義的には，その被害者に対し不法行為を働いたことになり，損害賠償と復讐・懲罰とを兼ねた贖罪金（たとえば窃盗に対しては盗品の価値の2倍）が科された．しかしこれらも，しだいに公的秩序違反として刑事罰が前面に出るようになった．たとえば窃盗犯は加えて5日間さらし者にされ，暴行犯や強姦犯は贖罪金の他に罰金を科された．罰金は，公庫に納められた．

1-2-2　刑　法

前述のようにドラコンは，その法の中に厳刑を数多く規定していた．しかし

ソロンは，それらの厳刑を緩和し，罰金刑を基本にした．かれは，極刑を，死刑（謀殺・故殺犯にのみ科される）と，atimia の刑（反逆罪を犯した者をアウト゠ローにして法的保護を拒否する刑．ゲルマン人のアハト刑に相当する．この刑を宣告された者は，たいてい亡命した）とに限定した．死刑のやり方は，ソクラテスのケース（＝独房で自分で毒杯をあおぎ静かに死んでいった）に見られるように，他の社会（120・124 頁参照）ほどには残酷ではなかった（市民同士の間では，古典期のアテネ人は，他のギリシア人・ローマ人や中世人・近世人とはもちろんのこと，公開処刑や拷問を平気でやった近代人・現代人と比べても，はるかに人間的であった．——歴史上は残酷であることが圧倒的だから，後者を「人間的」だとすべきかもしれないが）．

しかし，B.C. 4 世紀に極刑がふたたび増えた．たとえば，①他人を侵害する行為でも，反社会性の強い行為 hybris と評価された場合には，死刑となった．②瀆神罪は，それまでは祭礼妨害者にだけ科されたのであったが，この時期からは無神論者や瀆神を説いた者にも科され，罰則も追放刑，さらには死刑が加えられた．このけっか，すぐれた知識人である，アナクサゴラス（Anaxagoras, B.C. 500 頃-428 頃．本書注 64 頁参照）やプロタゴラス（Protagoras, B.C. 485 頃-410 頃．本書 34-35 頁参照）が追放され，ソクラテスが処刑された．思想・言論が，制約されだしたのである．

1-2-3 民事法

(1) 所　有

古典期アテネでは，当初の土地分有形態であったクレーロス制はすでに崩壊しており，土地についても〈自立的な支配者 kyrios〉の観念が確立していった（kyrios は，kyros＝支配権力から来る．kyrios がもつ権能である kyria を，ここでは所有権と呼ぶが，それは妻子に対する支配権をも意味するので，他の多くの概念と同様，今日の概念に完全には対応しない．そもそも「所有権」の鮮明な概念は，後述のように（87 頁）14 世紀までなかった）．古典期より前には，土地処分には親族集団による制約があったが，古典期に入ると家長の処分権限が強くなった．しかし土地売買にさいしては，60 日前にアルコンに届け出，売買内容を公示しかつ価格の 1％ の税を払う必要があった[21]．

---

21)　以下の民事法に関する記述は，次のものによった．Hans Julius Wolff, Greek Legal History—Its Functions and Potentialities, in: *Washington University Law Quarterly*, vol. 395, 1975 ; Wesel (fn.

所有には，公共や他人に対する配慮義務が付随していた．のちにワイマール憲法（1919年）は「所有は義務をともなう」と規定した（第153条3項）．しかしそれは，古代や中世では当然のことだった．たとえば，①自分のオリーブ畑でも伐採できる木の数には，年ごとの枠があった．②他人が自分の土地に入って狩猟することを，受忍しなければならなかった．③木や泉は，隣地から一定の距離をとって植えたり掘ったりしなければならなかった．④水に不自由している隣地所有者に，自分の泉の水を一定量利用させる義務があった．⑤馬は定められたように飼育しなければならなかった．⑥家の建築基準も厳しかった．

奴隷所有に対しても，公的な規制があった．①他人の奴隷を殺すと，所有動産に対する不法行為を理由として「贖罪金の訴え」dike blabes を起こされるだけでなく，殺人犯として公訴でも裁かれた．②奴隷所有者も，自分の奴隷を殺すと殺人犯となった（奴隷に対する体罰は許されていたが）．③虐待された奴隷は，一種の駆け込み寺に逃れることができた．その場合は，公職者が所有者にその奴隷を売却することを求めることができた（前述のようにアテネでは奴隷は，人口の3分の1（＝10万人）近くいた．その内の3万人が，ラウリオン Laurion の銀山で働かされていた）．

ギリシア人は，①占有の概念をもたなかった．所有によらない，別の法的所持状態があることは認識していたが，ローマ人のようには，その状態を法的に保護する発想がなかった．②善意取得や時効取得の概念ももたなかった．しかし訴えの時効（5年）はあったので，これを利用して関連問題を処理した．③取り戻しの訴権 rei vindicatio の概念ももたなかった．しかし，別の処理方法を備えていた．すなわち，動産を奪われた場合には，〈自分の利用を妨害している不法行為〉と見，dike blabes によって贖罪金を求めた．不動産を奪われた場合には，たとえば相手がそこに住み着いた場合には「居住者の訴え」dike enoikion によって賃料相当分を請求し，相手がその土地から収穫している場合には「収穫の訴え」dike karpou によって収穫額相当分を請求した（前述のように，裁判でこれらの請求が認められれば，奪われた物自体も自力で取り戻せた）．この場合，相手が借地・借家契約の当事者（で契約に違反した者）か，単なる侵奪者かは，債権・債務の観念が未発達のため，区別しなかった．

---

3), *Geschichte des Rechts*, 8. Kapitel. 桜井万里子『古代ギリシア社会史研究』（岩波書店，1996）235頁以下，等々．

(2) 契 約

　ごく初期のギリシア人にとって契約の中軸を成したのは，（今日的に言えば）債務者が債権者の人格的支配に服する関係であった．したがって，債務不履行の場合には，制裁が債務者の身体にまで及んだ（ソロンが問題にしたのは，このことによって大量に発生した債務奴隷の問題であった．こうしたことは，ローマ初期でも，古ゲルマンの時代でも起きた）．この名残が，ギリシア人が債権・債務の概念を発達させていなかったこととあいまって，契約上の紛争を不法行為にからめて処理する道をとらせた．

　たとえば貸した金を返済しない行為を，ローマ人なら消費貸借契約上の債務不履行としてあつかうのだが，ギリシア人は，不法行為として処理する．すなわち，債務者が，貸し主を裏切って苦痛を与えているとして，また，〈貸した金は，手渡した後も貸し主の所有に属する．期限が来たのに返済しない借り手は，貸し主の所有に属するその金を貸し主が利用するのを妨害している〉として，dike blabes による贖罪金請求で処理した（ギリシア人は，同様の考え方により，Aが自分の金ではなくBから借りた金でCから財物を買ったばあい，その金はBのものであるから，Aがその借金をBに返済し終わるまでは，その財物はBに帰属すると考えた）．

　これは，ローマ人の法的思考に比べると未熟なものであった（「債務」として関係を把握したのは，ローマ人の功績であった．ローマ人は〈借りた金は借り手の所有物となるが，借り手は期限内に元利返済する債務を負担しているので，返済しないと債務不履行が発生する〉と考えた．この方が，〈未返済は所有権侵害〉との観念はなくなるので，懲罰性はうすれ，等価性が徹底する）．しかし，ギリシア的なやり方にはメリットもあった．たとえば，ギリシアでは，返済が遅れると，〈貸し主の所有物である金を貸し主が使うのを，借り手が妨害している〉として，そのことにかかわる損害賠償額を借り手に課す．したがって遅滞利息が自動的に加算されていく．ところが，ローマでは，遅滞利息の請求のためには，予めその旨の契約をしておかねば，別途，訴訟に出るほかなかった．

　売買にはさまざまな形態がすでに発達していたが，法的には売買契約を，それの原型である即金払いにおいて把握した．〈代金が支払われたかどうかが，売買が完成したかどうかの決め手〉としたのである．この前提の下では，動産を買い主に手渡したが，買い主が代金を支払わない場合には，その動産はまだ

売り主のもの，となった．逆に，動産の手渡しがなくとも代金が支払われておれば，その動産は買い主のもの，となった．このため，①〈将来，動産を受け取り，そのときに代金を払う〉契約については，売り主保護には，〈契約の成立を表徴するため買い主から受け取る財物〉を手付け金的に利用した．また買い主保護には，まず〈手付け金手渡しで，すでに現金払があった〉と擬制して目的動産を買い主に属すとみなし，その上で，その所有動産の使用を売り主が妨害しているとして，dike blabes により手付け金の2倍額の贖罪金を買い主に支払わせる，というかたちをとった．②ギリシア人は，瑕疵担保責任の制度を知らなかったので，買い主は，買った物に瑕疵を発見した場合には，1ヶ月以内であれば買った場所にそれをもっていき，5人の公職者と売り主との前で瑕疵の事実を宣言し，その後に，支払った代金について dike blabes を提起する．③他人の動産を自分に売った売り主に対しては，買い主は売り主にその動産の追完を請求する．それが通らなければ，売り主を相手取って支払った代金について dike blabes を提起する．

(3) 家 族

家長権　アテネをはじめとして——スパルタ等を除く——多くのギリシア社会は，家長が支配する「家」oikos——これこそが近代まで続く西洋社会の細胞の一つであった——を重要な政治的・社会的・宗教的単位としていた（「家」・家長の自立は，ローマに比べれば，弱かったが）．上述の kyria の語には，家族員に対する家長の保護・支配権の意味もふくまれていた（後述のように，この点はローマのマヌス manus や古ゲルマン時代・中世のムント Munt・mundium も——権限は manus がはるかに強かったが——同じである）．「家」は，単なる私的生活の場（親密圏）であるだけでなく，公的に大きな意味をもった．たとえば，息子は，「家」に入れられなければ（「家」の自立が弱いスパルタの場合は，注13のように「共同食事団体」に入れられなければ），市民権を得られず，宗教的儀式などにも参加できなかった．

「家」維持のための相続制度　息子たちだけが相続できた．家長は，息子がいない場合には，遺言処分ができた．遺言処分をしない場合には，娘が「相続」する．しかし彼女は，正規の相続者とはみなされず，彼女が結婚して男児を得れば，この男児が（母の父＝祖父の）正規の相続人となっ

た(男児も女児も得られなければ,もっとも近い近親者の男性が,正規の相続人となった).ギリシア人は,こうした制度によって,ポリスの基礎を成す「家」財産の存続を確保しようとした.

女性の地位　結婚は,父親と将来の夫との間の取り決めで結ばれた(娘の意向は法的には問題にならなかった).夫は,正妻の他に同時にもう一人の妻をもて,彼女を正妻と同居させることさえできた(先のソクラテスの例参照.14頁.戦争等で男性が多く死ぬ事情もあった).夫は離婚の自由をもつが,妻は離婚のためにはアルコンに願い出る面倒な手続きを要した.とはいえ,妻の地位がまったく弱いというものではなかった.たとえば,結婚にさいして夫が取得する,妻の持参金(嫁資.貨幣が多かった)は,離婚する場合には同額を妻の父親に返還しなければならなかったので,妻の父親が裕福であれば高額の嫁資が夫への圧力となりえた.

アテネの市民であれば男性も女性も権利能力をもつが,法律行為ができるのは,(18歳以上の)男性市民だけだった.このため女性は,日常的な動産取引を除いて,父や夫に,そして夫の死後は成人の息子に,取引行為を代行してもらわなければならなかった.

女性の〈アテネ対スパルタ〉　ところで,ここで興味深いのは,文明社会が成熟し商工業,文化を発展させ「洗練化」を示した古典期アテネと,常時臨戦態勢下で軍事的な蛮風を保持し続けたスパルタとでの,女性の社会的地位・活動のちがいである.

アテネでは,女性の行動は家長によって厳格に規制された.古典期アテネでは,女たちの部屋は,四方を壁に囲まれた建物のもっとも奥に,ハーレムのようなかたちで置かれていた.アテネでは,妻たちは,祭事に参加する場合を除いて,公的な場ないし社交の場に出ることは少なかった.アテネの女性が受ける教育は,織物や裁縫など家事仕事に限られていた[22].主婦は家事に責任を負い,その点で母として敬われてもいたこと

---

22) しかし,「家」に取り込まれていない,教師・愛人(妾)・遊女などである女性は,自由であり教養があった.ミレトス Miletos からアテネに来たアスパシア(Aspasia, B.C.5世紀)という女性は,ペリクレスの愛人として,上流社会の社交場であった一種のサロンを主宰した.彼女は,プラトンの『メネクセノス』にあるように,ソクラテスに弁論を教えた.また,ポリスが激変したヘレニズム期には,富裕の女性がポリスの公職に就いたし,プトレマイオス朝エジプトのアルシノエ(Arsinoe II, B.C. 316-270)やクレオパトラ(Kleopatra VII, B.C. 69-30)のような個性派の女王も出た.

は事実であるが（この女性の従属は，上述のように自立した「家」を単位としていたため，家長に支配権を与えた結果である．また，スパルタとの比較で考えたばあい，アテネでは家庭重視ゆえの——後述するヴィクトリア時代を連想させるような——主婦婚イメージが支配的であったことも，こうした女性の地位に影響していると思われる）．

これに対してスパルタでは，共同体が前面に出，「家」・家族生活・家長制度が成長しなかった．女性たちも共同体の重要な構成員として，かなりの主体性をもっていた．スパルタの女性は，教育を受け，読み書き，営業，法律行為もできた．若い女性たちは，自分を守れるよう，また強い子供を産めるよう，男性と同様，裸で体育を受けた．彼女たちには花嫁願望はないので，アテネの女性に比べて婚期が遅かった．アテネの未婚女性が裁縫や料理，子育てなど花嫁修行を受けていることを，スパルタ女性はあざわらった．それらは，スパルタでは奴隷がやる仕事だったからである（注6にあるように．ゴルチュンでも，女性はアテネよりは自由であった）．

1-2-4 まとめ

要するに，アテネでも法や司法制度は発達しており，その運用は合理的で理路整然としていた．しかしローマ人に比べれば，アテネ人の法的思考は——法律家の書いた史料がないためそう見えるのかも知れないが——素人臭かった．法概念の精緻化や法理論の構築は，未発達だった．ローマ人をはるかに超えて，精密概念を使い理論的・体系的に哲学し，深い精神性をもった彫刻や建築物を産み出したギリシア人も，法の世界では別人のようだった．

だがこれは，不思議なことではない．その主要原因は，アマチュア法実務にあるのだ．前述のようにB.C.5世紀末のアテネでは，ほぼ毎日6000人もの市民が裁判員として働いた．専門の裁判官も法廷弁護人も法学者も，いなかった．法学校もなかった．アテネ人は，ローマ人とは異なり，貴族的な専門家の支配に懐疑的であった．法曹を信頼し，それに担われた法実務・法学を発達させるには，かれらはあまりにも民主的だったのである．こうしたところで法的技術が発達することは，望めなかった（後代のジャクソニアン＝デモクラシー下でも同じであった．下巻176頁参照．法曹・法実務・法学の土壌ないし栄養分となるのは，民主主義ではなく，貴族主義＝自由主義なのである——民主主義はそれらを規制する役割をもつが）．

1-3 法・政治の思想

以上の「自由」にかかわる制度とその変容をふまえつつ，古代ギリシアの法・政治の思想の展開を追ってみよう．そのさいわれわれはまず，ソフィストによる「社会」・「人間」の覚醒から考察を出発させる．

1-3-1 ソフィスト

ソフィストとは，B.C. 5 世紀中ごろから広まった，ギリシアの各地で若者たちに弁論術や知識を教授し謝礼を受けとった職業的教師たちのことである（前述のように弁論術は，民会や裁判所で成功するためにきわめて重要であった）．ソクラテスやプラトンによって否定的に描かれたので，後生の評価は低く，「詭弁家」などと呼ばれた．しかし，その立場はさまざまである．かれらの歴史的功績は，それまでのギリシア哲学が自然研究中心であったのに対して，社会や人間への関心に立った哲学を展開したことにある．かれらの一部は，(A) 社会制度の正当性を問い，その関連で自然法の思考を発達させた．他の一部は，(B) 人間問題（人間の認識能力・伝達能力の程度や，社会と人間との関係などの問題）の重要性を覚醒させた．

(A) のソフィスト　ここで重要なのは，今までの社会制度（実定法＝ノモス nomos）を批判する基準として，ものの本来の姿（＝事物の本性．自然 physis）を問題にする思考を打ち出した人々である．たとえば，ヒッピアス (Hippias, B.C. 560 頃-490 頃) は，physis に従えば，ギリシア人はすべて同胞だと述べた．アンティフォン (Antiphon, B.C. 5 世紀) は，ギリシア人も非ギリシア人も人間として同胞だと述べた．アルキダモス (Arkidamos, B.C. 4 世紀) は，人間は physis によって自由であるから，奴隷制は人間の本性に反する，と指摘した．カリクレス (Kallikles, B.C. 5-4 世紀) は，自然界では強者が支配するのが法則だから，弱者が支配する国制である民主制は physis に反する，と主張した（この点については，（前掲注1）拙著『法哲学講義』100 頁以下参照）．

(B) のソフィスト　ここで重要なのは，プロタゴラスとゴルギアスである．

(i) プロタゴラス　プロタゴラスは，ペリクレスの仲間で，民主制擁護

の立場をとった．かれは，ペロポンネーソス戦争後に民主主義を失ったアテネで追放刑に処せられた．かれは，〈世界における人間の位置〉を問うた点で，ギリシア思想のパラダイム転換に大きな貢献をした（それは，後のヒューム (David Hume, 1711-76) のそれに比定できるパラダイム転換であった）．すなわちかれは，次のような言明を遺している[23]．

　「万物の尺度は人間である．有るものどもについては，有るということの，有らぬものどもについては，あらぬということの．」(96-97頁)

　「神々については，彼等が存在するということも存在しないということも，その姿がどのようなものであるかということも知ることは出来ない．何故なら，それを知ることを妨げるものは多いから．すなわちそれは知覚することができないのみならず，人間の生命も短いから．」(96頁)

これらの言明からは，現実の諸問題について，神話や神学などによらず，人間の生活上の要求ないし認識能力に照らして考えていこうという，のちの言葉で言えば，人間主義的な，プラグマティックな，姿勢が読み取れる（後者の「神々については…」の言明が，神を冒瀆するものとして追放刑の根拠となった．しかしこの言明は，のちのロック (John Locke, 1632-1704) やカント (Immanuel Kant, 1724-1804) におけると同様，神が人間を超えた存在であるとするものであり，無神論に直結するものではない）．

　(ii) ゴルギアス　　ゴルギアス (Gorgias, B. C. 484頃-375頃) は，人間の能力の限界を問い，そのけっか，懐疑の立場を鮮明に打ち出した．すなわち，かれは，自然をめぐる三つの論点を次のように提示している．「その一つの最初のものは，何ものも有らぬということであり，第二は，たとい有るとしても，人間には把握されないと言うことであり，第三は，たとい把握されたとしても，しかし隣人には決して伝えることも，理解させることも出来ないということである」(101頁)．事物が客観的に存在するかどうかは疑わしいし，人間は，事物を認識できず，伝えることもできない，というのである．

　そうであれば，われわれは，「正」ではなく「正」らしさによって関係をつくっていくほかない．そこで重要になるのが，説得による合意形成である．そして説得には相手に確信を与える技術が必要である．これが弁論術である．こ

---

[23] 以上，訳は山本光雄訳編『初期ギリシア哲学者断片集』(岩波書店，1958) による．

うしてかれは言う，「従って，弁論術は，どうも，正と不正とに関する説得を，知識を授けることによってではなくして，信念をもたらすことによって，作り出す職人である，ということになるようですね．」(101頁)

1-3-2 ソクラテス

ソクラテスは，〈人間への着目〉をプロタゴラスと，〈懐疑の精神〉をゴルギアスと，共有した．しかしかれは，その懐疑から出発しつつも，ソフィストのように〈真理追究を放棄して，共有されている価値や「真理」に定礎して生き，それゆえ弁論術に傾斜していく〉ことを拒否し，何が善であり真であるかを徹底的に追究し直し，その結果によって行動しようとした．かれはまた，ソフィストの〈ノモスを疑う〉姿勢とは反対に〈ノモス尊重〉を貫いて死んでいった．

(i) 懐疑と真の知　　ソクラテスにおける懐疑の精神は，「無知の知」(自分たちが無知であることを自覚すること．自分たちがもつ知を疑い，すべてが不確かであることを確認すること)を説くところに見られる．

ソクラテスは同時に，人間は「真の知」epistheme を獲得することができる，と考える．かれは，「真の知」への道は，日常知や常識を，徹底的に批判・吟味していく中から明らかになるとする．

このような姿勢こそ，哲学の思考の始まりである．われわれはのちに，プラトンが，地上の不完全な知 doxa と天上の「真の知」とを対比し，後者によってこの世界の常識を批判したことにも，同様な思考を見るであろう．われわれはさらに，デカルト (René Descartes, 1596-1650) が，近代的思惟の開始期に，いったんすべてを疑い直し，そこから出発して知を確立していったことにも，この思考を見るであろう．

(ii) 産婆術　　自分が「無知」であることを自覚していたソクラテスは，演説や講義のかたちで〈真理はこれだ〉と示すことはしなかった．かれがとったのは，数人の若者たちとの対話的問答 dialogos を重ね (かれは父からかなりの財産を相続したので，とくに労働する必要はなかった)，相手に率直に質問し疑問点をともに考えていく道だった．かれはそれをつうじて，若者たちに，〈自明だとされていることを疑い，確実なものを少しずつ積み上げつつ真理に向かって歩むこと〉の大切さとその手法とを教えた．産婆術 techne maieutike，すなわち自分が産むのでなく，産む人を助ける手法である (産む人を助けるには，自分

の産んだ経験が役立つが).

　その対話は，次のように展開する．――相手が最初に出した定義や見解に，それと対立する事例をぶつける．すると相手は，その事例が説明できないから，定義・説明をやり直す．しかしそれに対しても，別の事例と矛盾したり，出発点と矛盾したり，奇妙な帰結にいたったりすることを示す．これを受けて相手は，定義・見解をさらに変える．これをもつぶす…．やがて相手は，行き詰まりを自覚し，反省して「無知の知」を自覚し，さらなる探求に向かう[24]（この過程の中では，(a) 事例を一つひとつ検討して，それらの結果から或る程度一般的な概念・命題を獲得していく帰納と，(b) 獲得した概念・命題の連関を吟味し根元的な概念・原理が何かを考えたり，そこからの帰結が何かを考えたりする演繹と，が組み合わされている．(b) においては三段論法と矛盾律が重要な働きをする[25]）．

　(iii)　**実質的価値**　ソクラテスは，このようにして，(a) どういう状態が幸福な状態か，(b) どうふるまうことが人として正しいか，(c) どういう市民が善い市民か，(d) どういうポリスが善いポリスか，などについて中身を示している．

　以上のうち，(a) の幸福とは，ソクラテスにとって，富や名誉よりも道徳性と精神的価値（思慮・哲学する楽しさ）とに満たされて生きることであった．

　(b) の正しいふるまい方としては，ソクラテスにとって，なによりも真実・真理を勇気をもって主張し実践することであった．この点は，ソクラテスが自分の死刑裁判で示した．不利な判決をも恐れず堂々と意見を述べる弁明や，死刑判決後，脱獄を拒否して静かに死を待つ態度に端的に示されている．しっか

---

24) 現代アメリカではこの方法がソクラティック＝メソッド Socratic Method と呼ばれ，小学校から大学院までで使われている（とくにロー＝スクールのそれが有名である．本書下巻177頁参照）．ここでも主眼は，学生たちに，別の論点や見方があることを自覚させること，相異なる多様な事例から一般命題を引き出し（帰納），またそれを適用して新問題を処理する（演繹），仕方を身につけさせることにある．それゆえ，この方法を使う教師には，予め多様な学説や事例を連関づけて押さえておく準備と，教場で学生の意見の帰結を先読みしその行き詰まり先をすばやくとらえる頭の回転とが求められる．

25) これら帰納法と演繹法とは，のちにアリストテレスが，「オルガノン」と呼ばれる論理学書（とくに『分析論後書』や『トピカ』）において整備した．アリストテレス自身，倫理学や政治学の著作において，たくさんの事例を分析し，とらえた共通性によって整理していく作業のかたちで帰納法を駆使した（『政治学』などは，各節の冒頭に命題を掲げ，次にそれをたくさんの事例で根拠づけるかたちをとる．しかしこれも，個々の諸事例から帰納法で命題を得て，それらの命題ごとに整理した叙述方法であり，それら命題からの論理的演繹による叙述ではない)．

りした人間においては知性が支配的であるから，知性が認識した真理が——強い意志力・自己抑制に支えられて——行動を方向づける（これがかれの「知行合一」であった）[26]．

「良心」について　そのさいソクラテスは，自分の内部にあって，知性的判断のけっか「正しい」となったことがらの実行を自分に命令し・「正しくない」となったことがらを禁止するものを，「ダイモーン」と呼んだ．ダイモーンは，ホメロス以来，神の一種であった（daimon は，デーモン demon の語源）．ソクラテスは，それを〈自分の内部にいる，自分の規制者〉ととらえている．古代ギリシアには「良心」の観念はまだなかった．共同体やその規範が明確であり，それが自分を方向づけえた．〈この自分〉がそれらとぶつかる意識がなかったからである．せいぜい〈世間の目〉が気になる程度であった．しかし，このソクラテスには，〈神の内面化〉のかたちで「良心」が覚醒している．

①この内面化していた神が，イエス（Jesus Christ, B. C. 4 頃-A. D. 30 頃）において超越化していったとき，内面に残って超越神と向かい合うことになった意識が，「良心」として結晶化する．そうしたものとしての「良心」は，各個人独自のものとなり主観的心情性を強める．しかしその後，キリスト教は，トマス＝アクィナス（Thomas Aquinas, 1225 (1224) -1274）らに見られるようにアリストテレス的発想と結びついて〈客観的世界秩序に従う〉に傾斜していった．外部規範が内面をもストレイトに規制するギリシア的傾向が強まったのである．この場合には，「知行合一」ないし習慣によって行為することが第一義的となるため，「良心」は後退していく．②良心を再登場させたのは，プロテスタントである．しかしこのプロテスタントも，また外部制度に傾斜していった．③これに対し人文主義が——シェークスピア（William Shakespeare, 1564-1616）に見られるように——「良心」の葛藤を主題の一つにした．しかし，まもなく合理主義と啓蒙主義がやってきて——デカルトやカントに見られるように——理性が感性を端的に支配する構図で思考しだした．このため「良心の葛藤」のテーマは，また後退していった．④「葛藤する良心」の（第四の）覚醒は，やっと 19 世紀後半に来る．

(c) の善い市民とは，ソクラテスにとって，市民としての義務を果たして生きる（ポリスのために尽くし，国法を重んじる）人のことであった．ソクラテスのこの側面は，クセノフォン（Xenophon, B. C. 430 頃-354 頃）の『ソクラテスの思

---

26) 以上のことがらについて，速水は言う，「敬虔，美，節制，正義，勇気，国家，善，等の何であるかを問うて，それらの定義を求め，之に則つて正しき市民生活を実行せしめるのがソクラテスの哲学であり，また事業でもあつた」．速水敬二『古代・中世の哲学』（筑摩書房，1968) 48 頁．

い出』(佐々木理訳, 岩波文庫, 1974) がくわしく伝えている. たとえばソクラテスは, ペロポンネーソス戦争に従軍したさい, 勇敢で忍耐強い, 祖国に対して献身的な兵士だった, と. ソクラテスは, この姿勢を貫いて死んでいった.

じっさい, プラトンの対話篇『クリトン』Kriton でソクラテスは, 不当な死刑判決を受けた自分を脱獄させようと手配してくれた旧友のクリトンに対して, 次のように愛国心と遵法義務とを強調して脱獄を拒否する.

> 「〔ポリスとノモスに〕何かを受けることが指令されたなら, 静かにそれを受けなければならないのだ. 打たれることであれ, 縛られることであれ, 〔…〕傷ついたり死んだりするかも知れないことであっても, その通りにしなければならないのだ. 正しさとは, この場合, そういうことなのだ.〔…〕戦場においても, 法廷においても, どんな場所においても, 国家と祖国が命ずることは何でもしなければならないのだ.〔…〕暴力を加えるというようなことは, <u>母に対しても父に対しても, 神の許し給わぬところであるが, 祖国に対しては, なおさらのことなのである.</u>」(『クリトン』51bc.『世界の名著』6, 田中美知太郎訳, 中央公論社, 1966)

ソクラテスは, 当時一般的であったように, 第二の父ないし親として, ポリスとノモス (法) を見る (前述のように, 祖国 patris は父 pater から来る). 父への服従は絶対である. その父が自分を養育したように, ポリスとノモスは自分たちを養育してきた. したがって市民は, それらに服従しなければならない (Vaterland 祖国, motherland 母国の本来の意味は, こうした父・親への服従の心理にあるのだろう). また, そもそも両親がノモスによって結婚しポリス内で生活したけっか, 自分が生まれた. ポリスとノモスは, 自分の存在そのものだ. かれはこのような考えによって, 死刑執行のために手渡された毒杯を泰然と仰いだ. 前述のギリシア的な〈自由の共同体に結束する〉伝統 (本書 16-17 頁参照) は, こういう現れ方をするものでもあった.

(d) については, プラトンの『国家』をめぐって後で検討する.

1-3-3 ソクラテス後

師と弟子の関係が一般にそうであるように, ソクラテスの弟子たちは, 師の二側面のどちらか一面に傾斜し, そのけっか, 二つの流れに分裂していった.

(i) **各人の幸福・個物を重視する側面** これは, クニコス Kunikos 派が前面に押し出した. かれらは,〈どうすれば幸福になれるか〉を主題にし, 幸福は各人の心のあり方によるとした. したがって, 個々人と, かれに直接かか

わる周りの個物とを議論の対象とし，それらを超えた社会関係やものの本質など客観的なものには関心を寄せなかった．そこからは〈公と私の区別〉とともに，反文化主義・反理論・反哲学の傾向が出て来た．

(ii) 善い社会・永遠のものを重視する側面　これは，プラトンが前面に押し出した．かれは「幾らその一人を善くし正しくしようにも，先ずその属する国家を正しきに置かなくては不可能であると痛感した」[27]．かれの哲学は，個々人の心のあり方論よりも，事物の本質論や認識論，国家論の構築など客観的関係・普遍的価値の問題に向かった．

(1) クニコス派

「クニコス」の名の由来については諸説がある．たとえば，kuon とはギリシア語で「犬」のことであり，kunikos とは，アンティステネス (Antisthenes, B. C. 455頃-360頃) が犬がかみつくように議論を吹っかけたから，あるいはディオゲネス (Diogenes, B. C. 400頃-323) の生活ぶりが野良犬のようだったから，と説かれる．

(i) アンティステネス　アンティステネスは，アテネの中心から8キロ離れた海港ペイライエウス Peiraieus に住んでいたが，毎日アテネに来てソクラテスの教えを受けた．かれはソクラテスの教えに従い，徳性を身につけていること（＝有徳であること，すなわち道徳的に行為できる意志力・知力をもっていること）による魂の平静さ ataraxia が，幸福であるための必要にして十分な条件である；人はこれさえあれば自足的でありうる，とした[28]．感覚的な快楽は，人間を奴隷にして魂の平静さを失わせるから，排除すべきだし，生活上の安楽や装飾はもとより，風習も，社会的道徳も，宗教的儀式も，社会的交際も，魂の平静さを乱す限りは排除すべきだ，とした．

かれは，すべてをこの〈各人の幸福〉の観点から考えたから，各人・個物のみが実在で，それを超えた類や種レヴェルの普遍概念は無用だとした．また，幸福は魂の自足性にあるということからも，哲学・理論は無用であり，したが

---

27) 出隆『ギリシアの哲学と政治』(岩波書店, 1943) 256頁.
28) アンティステネスは，ソクラテスの精神主義に影響を受けた．かれは，ソクラテスの生き方に，「徳がそれだけで幸福をもたらすもの」だということの具現を見た．かれは，この「徳の自足性」autarkeia 確立に役立たない哲学などは学ばなくともよいとした．速水（前掲注26）『古代・中世の哲学』52頁．倫理至上からする実用主義である．

って，個物の他に観念的なものを考える必要はない，とした．かれはこうして，プラトンのイデア論（47頁）に反対した．

かれのこの立場は，後述のピュロン（Pyrrhon, B. C. 360頃-270頃）の懐疑論やエピクロスの唯物論的実証主義ともあいまって，プラトンやストア派の普遍主義・客観主義と対抗する，ギリシアのもう一つの流れの始点，〈個人の覚醒の哲学〉の源流として重要である．

(ii) ディオゲネス　ディオゲネスは，アンティステネスに弟子入りした．すなわちかれは，ソクラテスの孫弟子にあたる．この点で，またアレクサンドロス（大王．Alexandros, B. C. 356-323）とのかかわりが伝えられている点で，アリストテレスと同じ時代人，ヘレニズム期に及んで生きた人である．

かれは，幸福を，魂の平静さに求めた．魂の平静さは，自分の欲望が自然の諸要求を過度に充たそうとし，社会の諸関係に深くかかわろうとすることによって乱される．したがって，「欲望を極度に制限し，求めるところ少なければ少ないほど」，乱されることも少なくなる．こうしてかれは，欲望を少なくして生きる道を求め，清貧の生活に入っていった．

清貧の生活とは，文明化されたもの・社会的なかかわりを脱し，自然の姿に戻って生きることであり，そこでの静けさが，それだけで充足した幸福感を与えてくれる．これ以外のなにものも不要であり，したがって，哲学することなども無用である．こうして，「ディオゲネスに至つてこの派はもはや哲学ではなくなつたとさへ言はれる．キュニコス派はかくて全く非理論的となり，一切の文化，文明は無用のもの，徳にとつて却つて危険なものとして却けられるに至つた」（速水（前掲注26）『古代・中世の哲学』53頁）．

ディオゲネスはこのような自己充足の立場をとったので，社会・ポリスを超克し自分を普遍的なものに直接つなげることができた．「お前は，どこから来たのか」と聞かれたとき，ディオゲネスは，「私は kosmopolites だ」と答えたという．かれにとってポリスに値するのは，ただ一つ，「コスモポリス」，すなわち世界のすべての人々から成るポリスであった．〈個人の覚醒〉が〈ポリスの軽視〉によって，〈公と私の峻別〉とともに，コスモポリタニズムを育てたのである．

(2) プラトン

プラトンについては，その前期の『国家』 Politeia を中心にあつかう（politeia とは理想的なポリスのことである．プラトンの後期については注31参照．）

(i) **政体変化論**　プラトンは，政体が不断に変移していくと見る．すなわち政体は，欲望の増大にともなって変質したり打倒されたりして，別の政体に移行していく．これは，政体の輪廻(りんね)ともいうべき興味深い見方である．

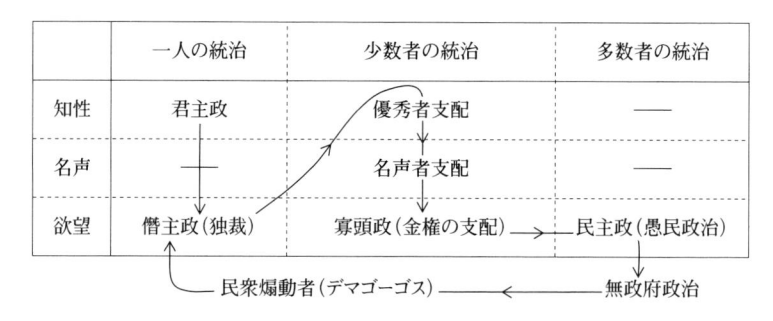

	一人の統治	少数者の統治	多数者の統治
知性	君主政	優秀者支配	─
名声		名声者支配	
欲望	僭主政(独裁)	寡頭政(金権の支配) →	民主政(愚民政治)

　　　　　　└─民衆煽動者(デマゴーゴス)────←────無政府政治

【解説】　政体は，基底にする原理が知性か，名声か，欲望かによって異なり，統治者が一人か，少数者か，多数者かによって異なる．この組み合わせで政体は，図のように分類できる．そして，君主政から僭主政，優秀者支配などを経て民主政にいたる運動がある．この民主政は，無政府政治に移行し，その下で民衆煽動者が権力を掌握し僭主（成り上がりの独裁者）となる．政体の輪廻転生である．

こうした政体変移には次のような構造がある，とプラトンは考えた．

(a) **優秀者支配から名声者の支配へ**　優秀者支配 aristokratia とは，上層の有徳の人々が政治を担う体制である．優秀者支配を担う本人は理性的で質素に生きる．しかし，その家は或る程度は富んでおり，女性たち（母・娘・召使い）は華やかさを好む．こうして息子は，父と母たちとの，「その両方から引かれて中間に落着くことにな」る．すなわち息子は，徳でなく名声，とくに軍事的権威に依拠してその地位を確保しようとし，それに規定されて行為する．これが名声者支配 timokratia である（『国家』第8巻550B．『プラトン全集』11巻，田中美知太郎・藤沢令夫訳，岩波書店，1976．以下，本文中に番号を記す）．

(b) **名声者支配から寡頭政へ**　寡頭政 oligarchia（oligo＝少数．支配者 archon が少数，の意）とは，財産家のエリートたちが統治する政体である．名声者支配から寡頭政への移行は，金銭欲が強くなるところで起こる．「金持の人々が尊重されるのに応じて，徳とすぐれた人々は，尊重されなくなる」．人間たちは，「金をつくることを尊重すればするほど，それだけますます徳を尊

重しないようになる」．富と徳とは，「元来そういう対立関係にある」のだからである（『国家』第8巻550-551E）．

　(c)　寡頭政から民主政へ　　寡頭政から民主政への変化は，まず統治者の内部の世代交代から起こる．寡頭政下の統治者は，徳を重視しないため息子たちを教育できず，そのけっか，息子たちは放縦になる．支配層の放縦が民衆をも放縦にする．こうして民衆は，無制約の欲望に支配されて動くようになる．これが，かれらの自由の中身だ．自由を求める民衆の動きは，最後には統治者をも倒す．こうして民主政に移行する[29]．つまりプラトンにとって，民主政は自由の体制であるが，しかしその自由とは放縦のことである．かれは言う，「まず第一に，そういう人たちは自由であり，その国家は，行動の自由と言論の自由に満ちている，そこでは何人も，自分のしたい放題のことをすることが許されている」（『国家』第8巻557B．ここは『世界の名著』第7巻による）．このような自由は，かれにとって排斥すべきものであった．

　(d)　民主政から僭主政へ　　このような自由を原理にする民主政は，無秩序をもたらし自己崩壊する（『国家』第8巻561CDE）．それは，次のようにして起こる．…民衆は，民主政下でも欲望に支配されて動く．そこで，その欲望を充たすエサで民衆をてなずけて統治者となる民衆煽動者が出てくる．かれは，巧みに勢力を固め独裁化を達成する．これが，僭主である．

　僭主は，当初は，すべての人に愛想よく語りかけ自分が悪魔的存在であることを隠すだけでなく，国民全体に対しても個々人に対しても，たくさんのことを公約する．しかし，僭主は，権力を確かなものにすると，「たえず何らかの戦争を引き起」こすことによって，民衆に〈指導者が必要だ〉という意識をもたせる．かれはまた，戦費調達のため課税を強化し，「人々が税金を払って貧しくなり，その日その日の仕事に追われるようになる結果，それだけ彼に対して謀反をたくらむことができにくくなるようにする」（『国家』第8巻567E）．重税は，権力者をうるおすとともに民衆を思考停止で無反抗にする点で，一石二鳥だ．僭主は，こうして軍国主義化と民衆の飼い馴らしとによって権力を固め

29）　プラトンは言う，「そこで思うに，民主制は，つぎのようなばあいに生まれるのだ．つまり，貧しい人たちが勝利をしめ，他の者たちの一部を殺し，一部を追放して，残りの者に国民権と支配権とを平等に分かち与え，また，それら国家の役職が，おおむね籤できまるというようなばあいに」（『国家』8巻557A）．

ていく．しかし，僭主は，その基盤上で戦争を起こし，そのけっか，民衆の生活を破滅に追いやり，やがては敗北して自分自身をも破滅させる〔ナポレオンやナポレオン3世，ヒトラー（Adolf Hitler, 1889-1945），さらには現在のブッシュ政権を連想させる〕．

　以上のようにプラトンにとって政体の堕落は，欲望が強まることによって生じる．そしてその極限が，僭主政による混乱であった．

　(ii)　国民の役割分担論　　そこでプラトンにとっては，欲望を制御することが，善いポリスであるためには欠かせなかった．かれは言う，「支配の地位につくことになっている人たちが，支配することを積極的に求めることの最も少ない国こそが，最もよく治まり，内乱や抗争の最も少ない国であるに相違ない」（『国家』第7巻520D．ここは『世界の名著』第7巻による）．

　かれは，これらの観点から，とくに統治を担う人々の資質（とそれを生かせる制度の導入と）を重視した．統治を担うのは，総称して「守護者」と呼ばれる人々であり，統治者たちとその補助者たち（主として軍事，おそらく行政をも担当する）である．プラトンは，このうちの統治者たちについて，「全生涯にわたり，国家の利益と考えることは全力をあげてこれを行なう熱意を示し，そうでないことは金輪際しようとしない気持が見てとれるような者たち」（『国家』第3巻412E）であることが肝要だとする．ここでもなによりも欲望を制御できる資質が，必須となっている．

　加えて，政治は公共性を尊重すべきものである．みんなに配慮して自分を抑制する統治者の能力，すなわち「節制」は，この点からも必要である．

　プラトンは，この観点から，統治を担当する哲学者たちやその補助者たちを確かなものにするため，私欲を抑えうる制度（私的所有の禁止・家族制度の排除・縁組みの抽選制・子供を国のものとすることなど）を採用する．プラトンは，統治者たちや補助者たちが「みずから私有の土地や，家屋や，貨幣を所有するようになるとき」には，「彼らは国の守護者であることをやめて家産の管理者や農夫となり，他の国民たちのために戦う味方であることをやめて，他の国民たちの敵」となってしまうとするのだが，これは家族制度によって強まるものだから，家族制度の排除が必要だというのである（『国家』第3巻417AB）．

　ところで，統治者たちは，とくに知性においてすぐれていなければならない．補助者たちには，職業柄，とくに勇気が不可欠である．これに対して生産を担

う者（庶民）に対しては，節制が生産活動に励み健全な生活を営むためにとくに必要である．徳性によるこのような役割分担によって理想状態にあるのが，正義のポリスである[30]．

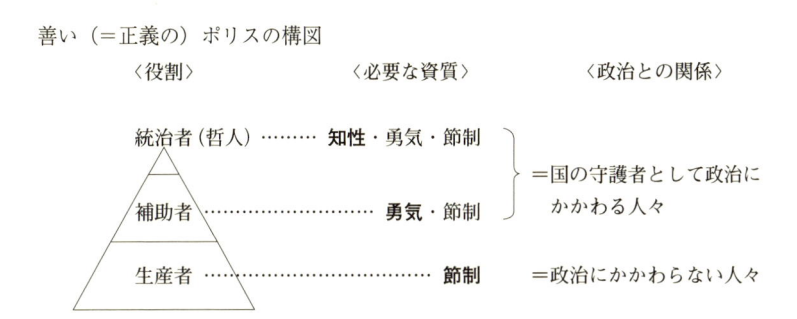

善い（＝正義の）ポリスの構図

〈役割〉　　　　　〈必要な資質〉　　　　〈政治との関係〉

- 統治者（哲人）……… **知性・勇気・節制**
- 補助者 ……………………… **勇気・節制**

　＝国の守護者として政治にかかわる人々

- 生産者 ………………………………… **節制**　＝政治にかかわらない人々

【解説】 統治者たちと補助者たちが政治にかかわる人々である．統治者たちに必要な資質は，知性・勇気・節制である．補助者たちには知性はあまり求められず，生産者にはさらに勇気もとくに求められない．

プラトンのポリスにおいては，以上のようにその役割に応じた資質が求められる．かれはしたがって，子供をその資質に応じて選別し，将来の役割分担に合わせようとした．すなわちメリトクラシーの立場である．たとえば，統治者や補助者の階層の子供でも，すぐれていなければ，「いささかも不憫に思うことなく，その生まれつきに適した地位を与えて，これを職人や農夫たちのなかへ追いやらなければならぬ」．逆に職人や農夫たちの子でも，すぐれていれば，「これを尊重して昇進させ，それぞれを守護者と補助者の地位につけなければならぬ」，とかれは言う（『国家』第 3 巻 415C）．

プラトンは，このような開かれた階層区分をもちそれぞれの徳性が発揮されるポリスだけが，上述の政体の輪廻を脱却できるというのである．

修道院との近似　プラトンのこのような構想は，国家論としてはユートピア的である[31]．しかし，そこでの原理提示は，まったくの架空物だった

---

30) 以上に出てくる，知性（思慮）・勇気・節制・正義の四徳を並べることは，プラトンの『国家』第 4 巻 427 に見られる．それはまた，かれの『法律』第 1 巻 631C 以下や第 3 巻 688，第 12 巻 963 に，ヨリ明確に出てくる．これらの四徳は，のちに「枢要徳」virtì cardinales, cardinal virtues と呼ばれ，ジェントルマン（gentile uomo, gentleman）である上で欠かせない徳として，西洋の社会で不断に強調され続けた．この伝統は，20 世紀に入っても続いた．

31) 晩年のプラトンは『法律』の中で現実主義的なポリス構想を打ち出している．たとえば，こ

というものではない．それは，先に見たスパルタの国制を連想させる．しかもまた，それは，次のように，キリスト教の修道院が原理とするところと酷似してもいる：

　人間にとってもっとも問題のあるのは，我執 self-love＝エゴイズムであるが，これが猛威をふるうのは，人が私有財産および家族を得たところにおいてである．とくに家族は，エゴイズムを美化し，かつ物欲や権力欲を強化する．なぜなら人は，「子供や将来の子孫のため」だとして——自分では自己犠牲の美徳を重ねているつもりで——，本来利己的である蓄財活動・権力獲得に励むものだし，家族がまた，マイ＝ホーム主義に見られるように，エゴイズムの強化とつながる．財産や権力は，自分だけでは費消しきれないほど集積しても，〈子孫に遺してやりたい〉との考えに動かされると，さらに獲得したくなるからである．

　歴史上の修道院運動は，この認識をふまえて，①それらの問題を除去するために，修道士の間での共有（財産の私有を否定）と独身主義（家族の否定＝蓄財の防止）と脱世俗（＝権力欲の防止）とを原理とした．修道院はまた，②管理が賢明におこなわれるために，その統治は，もっとも賢明なすぐれた人々——プラトンにおける哲人に対応——に担われるべきものとした．たいていの修道院はさらに，③もっぱら信仰に従事し，それゆえ独身である修道士たち——献身の勇気が大切——と，直接信仰活動にはかかわらないで，修道院の雑務や運営上の労働をおこなう人々——節制が大切——とを，厳格に区別した．これらの点において，修道院は原理的に前期プラトンの国家論構想と酷似している（プラトンの場合は，独身主義ではなく，家族の共有であったが）．

　それでは，こうした修道院的共有で人は物欲・権力欲から解放されたか．歴史を見ると，そうは言えないようである．修道院自体が永続の団体，一種の「家族」になり，〈自分たちの団体・家を大きくしたい，後輩＝子孫に多くを遺してやりたい〉という衝動を生むからである．人の我執は，かくも根絶しがたいものなのである．

　こではプラトンは，混合政体論をとる（第3巻693D以下，701E）．これは，善い国制は君主制と貴族制と民主制のそれぞれの原理を組み合わせたところにある，とする立場である．かれはまた，〈最善のポリスは徹底した共有制を基本にするが，本書ではその最善のポリスではなく，次善のポリスを論じる〉として，土地や家を各人に属するものと認め（第5巻739以下），結婚・家族・相続を各人に保障する（第4巻721，第5巻740）．かれはさらに，金銀の保有は認めないものの貨幣の使用は認め（第5巻742以下），農業を基盤とした経済活動の自由を保障する（第5巻743以下，第11巻913以下）．この点で『法律』はアリストテレスの国家論に近いのだが，アリストテレス自身は，『法律』は『国家』と基本的に変わらないとする（『政治学』第2巻6章）．

(3) アリストテレス

アリストテレスは，プラトンに対して両義的な位置にある．かれの教説は，次の (i)・(ii)・(iii) の 3 点において，プラトンに対立する面と似ている面とをあわせもつ．両者を比較しつつアリストテレスの思想を論じよう．

(i) 根本的な哲学的立場

(A) 対立点——「イデア」対「形相」　この点について，両者が対立するのは，次のところである．**プラトン**は，現実の彼方にイデア idea の世界があるとする立場をとった．イデアとは，経験によってとらえられる個々の事物の彼方にある，思弁（経験を超えて直観と論理とによって真相を把握する思考）を働かせてとらえられる事物の真相（本質）である．プラトンは問う：われわれは幾何学で〈純粋な三角形・円・球〉をあつかうが，そのようなものはこの世に事物としては存在しない；花や芸術品についても，人はそれを通してその向こうに，完全で永遠の〈美そのもの〉を予感する；このようにわれわれは，この世の事物を超えて，それとは別にあるイデアを知っている；ということは，この世とは別に，イデアだけでできている世界があるということではないか，と．

この問題にプラトンは，対話篇『パイドロス』27 以下で次のように答えている．〈…魂は，かつては天空のイデアの世界にあった．しかし，魂は，そのイデア界を離れ，虚ろな姿が動くだけの地上に墜ちて人間の肉体に宿った．そのけっか魂は，イデアの世界を忘れてしまった．しかしこの地上でも魂は，まずエロスや美の世界に触れることによってイデアの世界のことを想い出し始める．魂は，さらに数学を学ぶことによって，イデアの記憶をさらによみがえらす．そして哲学を学ぶことによって，完全にイデアと結びつく．このようにして本来性を取り戻した魂は，その担い手が死ぬと，その肉体を離れイデアの世界に立ち戻り，そこで永遠・理想の生を生きる〉と．

この立場は，プラトンの学問論にも反映する．事物の真相をとらえるのが学問である．しかし，真相，イデアは，この世の事物とは別にある．したがって，事物を観察し分析して得た諸データだけからでは，真相・イデアは得られない．この世の事物を超えた，思索と直観（ひらめき）とが欠かせない，と．

そもそも事物を観察し分析して得た諸データから一定の一般的な命題を引き出す作業（＝帰納）自体がそういうものである．帰納には二種類のものがある．第一の帰納（完

全な帰納)は,一地方で突然死んだ大量のニワトリを一羽一羽検査して,そこから「死因は,鳥インフルエンザのウィルスによる」と結論するような帰納である.ここでは特別な思索・ひらめきはいらない(正しさの度合いは,サンプル数による.決定的な証明は,ウィルス実験による).第二の帰納(不完全な帰納)は,ニュートン(Sir Isaac Newton, 1643-1727)がリンゴなど物の落下の観察から「引力の法則」を導き出したときのような帰納である.この場合には,個々の現象を超えて意味連関を直観し構成する能力(=カントのいう反省的判断力)が欠かせない.このさいには,データが少なければ少ないほど,また,引き出す命題が普遍的であればあるほど,人は思索・直観に頼らざるをえなくなる.

こうしたプラトンとは異なり**アリストテレス**は,普遍的なもの,すなわち形相 eidos と呼ばれる本質は,それぞれのものに(それぞれのものを構成する物質的素材 hyle=質料に支えられて)内在しているとする.それゆえかれは,事物観察からできるだけ豊富なデータを得るとともに,できるかぎりそれらの分析に即して,度を超さない程度の一般的概念・命題を獲得する帰納を重視する(こうした点で,かれは実証性を大事にする).

(B) 近似点——純粋形相(としての神)　似ているのは,次のところである.アリストテレスは,そうした形相は低次のものから高次のものへ階序構造を成しており,その頂点には純粋の形相である神が位置している,とした.それゆえ,この神に関するところでは,形相は事物から隔離して,プラトン的・イデア論的に存在していることになる.そしてこうした究極の存在を探求する学である「形而上学」は,かれの場合にもプラトンにおけると同様,経験・そこからの帰納を超えたものを把握する思索・直観の傾向をもつ.

(ii)　学問の厳密度

(A) 対立点——「学知」対「賢慮」　この点について,両者が対立するのは,次のところである.**プラトン**の念頭にあった学問モデルは,幾何学である(かれの学園,アカデメイア Akademeia の入口には,「幾何学の既習者でないと入れない」とあった.かれは,青年は 17・18 歳までに数論・幾何学・天文学・音楽理論を学ぶべきだとした.プラトンが幾何学を重視したのは,イデアへの眼を養う上で必要と考えたためであろう.しかし幾何学で鍛えられた思考は,また,概念からの論理的帰結を引き出す思考——それはかれの対話篇に頻出する——や,『国家』におけるように「正義」の原理で国家論を体系的に構築するさいの思考としても,有効であった).

これに対して**アリストテレス**は，二種の学問モデルを区別し，対象に応じた両者の独自価値を考えた．すなわちアリストテレスは，『ニコマコス倫理学』において，学問に要する厳密さは，すべてにおいて同一ではあり得ない．学問対象のちがいに応じて異なる，とする．かれによれば，(a) 数学や物理学等では対象の構造や運動が一様なので，それに即した厳密な論理展開が可能であり必要である．これに対して，(b) 政治学や倫理学では，「考察の対象であるうるわしいことがらとか正しいことがらとかは多くの差異と揺曳を含んで」おり，一概に規定できない．また逆説がまといつく：「いろいろの善からかえって害悪が生じている例も決して少なくはない．これまでも，或るひとびとはその富のゆえに，また他の或るひとびとはその勇敢のゆえに滅んだのである」．だからここでは，「だいたい荒削りに真を示すことができるならば，つまり，おおよそのことがらを，おおよその出発点から論じて，同じくおおよその帰結に到達しうるならば，それをもって満足しなければならないであろう．」(第 1 巻 3 章，高田三郎訳，岩波文庫，1971-73, 上 18 頁．以下，巻と章，頁番号を記す．)

　こうしてかれは，(a) 数学・物理学などの思考に必要な知としての学知 episteme に対する，(b) 政治や倫理実践の場で必要な知（＝実践哲学的な知）としての賢慮（思慮）phronesis の独自性を強調した．かれによれば，賢慮は，——普遍的な法則を構築するだけでよい学知とは異なって——個々の場面で〈もっとも妥当なものは何か〉を判断できるものでなければ意味がない．たとえば，もし，人が「軽い肉は消化がよく健康にいい」ということは知っていても「いかなる肉が軽いか」を知らないならば，その人は健康食をつくれない．それよりは「鳥の肉は健康にいい」と知っている人の方が，身体に健康をもたらす（第 6 巻 7 章，230 頁）．こうしたメニュー・処方箋を豊かにするには，経験を積み上げていく他ない．抽象的な推論・思弁ではなく，経験的に集めた豊かな情報とそれらの適切な処理（帰納による諸命題の獲得と整理）の手法とを心得ている知が，生活を支える．

　二種の知はまた，習得の適齢期をも異にする．(a) 学知は，青年でも十分にマスターできる．ここでは学んだことが即座に通用するものであり，賢慮的な知のように，場に応じた細かい使い分け・使いこなしを要しないし，命題（法則）の中身を自分の経験で満たし，適用可能にする必要もない．(b) これに対して賢慮は，経験によって形成されていくものであるから，人の成長につれて

——経験が積み上げられるにつれて——その中身を豊かにする．こうしてかれは言う，「数学は抽象によって成立しているが，これに対して，こうした〔実践的〕学問の領域にあってはもろもろの基本命題が経験に基づくものなのであり，したがって年少者は，後者の場合にあっては確信に達せず，ただことばをあやつるにとどまるしかないが，これに対して，数学のあつかう本質（ト・ティ・エスティン）というものは年少者にとっても決して明晰を欠くものではないのである」（第6巻8章，233頁），と（じっさい，数学者や論理学者は，若くして大家となる）．

　賢慮を重視するということは，知の習慣（常識）を重視するということでもある．なぜなら，実践哲学では，人類の知が習慣のかたちで積み上げられ，われわれを方向づけるからである．それゆえ，「習慣における嚮導のよろしきを得ているひとは根源的な端初を既に把持しているというべく，でなくとも容易にこれを把握しうるに相違ないのである」（第1巻4章，21頁），と言える．

　以上に見たアリストテレスの見解からは，〈プラトンの教育論や社会に対する態度〉への反発がうかがえる．プラトンが重視した幾何学では，まず直観によって議論の基点を見出し，それを出発点にし厳密な論理によって相互関係・全体を獲得していく．①しかしこの手法だけでは，自然や社会の多様な現象はあつかえない．多様な現象の考察には，多方面からデータを集め，それらから妥当な帰結を一つひとつ引き出しつつ再構成していく以外に道はない．②加えて，プラトン的手法では，討議をつうじた意志形成はできない．討議は，それまでの確認点や常識を基礎にした意見提示，それらのすり合わせ・説得によっておこなわれる（弁論術がその典型である）．確認点・常識とは，社会生活をつうじて積み上げた黙約・経験知とそれを場面ごとに使いこなせる知のことである．プラトンには，これら①・②のための装置が欠けており，かれの手法で社会理論を構築すると，道を誤る（後述する「理科馬鹿」の道が待っている）[32]．

　このような立場からアリストテレスは，『トピカ』（弁論術の書）を書き，ま

---

32) もっとも，プラトンが，一面的に思弁的であったというものではない．かれは『パイドロス』第49節で，自分の方法は，「多様にちらばっているものを総観して，これをただ一つの本質的な相へとまとめる」ことと，それにもとづく，多様なものの精密な分類にある，と言う．プラトンもまた，豊かな素材をふまえた帰納——最終的には「ただ一つの」ものをめざすものではあったが——を重視するのである．現にソクラテスの対話集の中には，その姿勢で展開されたものが見られる．

た『ニコマコス倫理学』や『政治学』を書いた．それらにおいては，豊かなデータと常識や経験知である諸命題（必ずしも必然的ではない）とを基礎にしつつ，まずそれらの間の共通点・差異点に着目して類に分け，類を種に分け，種をさらに亜種へと分けていく．そして，個々の論点について，データ間に内在している共通原理を見出し連関づけたり，それらからの実践的帰結を考える．こうしたことのけっか，たとえば『政治学』は，空想的な理想国家論ではなく，生活の観察に基礎を置き，それゆえ結論において実践可能な，かなり保守的な国家論を展開している（経験重視が保守・改良の立場に，思弁重視がラディカリズムに結びつくことは，近世・近代においても，〈イギリス 対 フランス〉ないし〈自由主義 対 民主主義〉の対比のかたちで再現する）．

　(B)　近似点──「自然」（「事物の本性」）　似ているのは，次のところである．アリストテレスもまた，政治学や倫理学を，じつは経験的データや賢慮だけによって構築していない．かれも，かれなりに，事物の本性（「自然」physis）を考え，それに結びつけて議論する．たとえばかれは言う，「さて先ず第一に，互いに他なくしてはあり得ないものは，一対となるのが必然である．たとえば男性と女性とが出産のために一対となるが如きである（そしてこのことは人の選択から起こるものではなくて，他の動物や植物においてのように，自分のようなものを別に自分の後に遺そうと欲することが生来のものだからである）」（『政治学』1252a. 以下，本文中に欄外番号を記す．訳は，山本光雄訳，岩波文庫，1961，による）．こうした「自然」は，人間観察・経験から帰結するものの，かなりの程度に一般化されたものであり，しかも経験の産物でありながら〈必然〉として位置づけられ，アリストテレスの社会論を規定する．それは，たとえば次のケースに見られる．

　かれは，第一に，それぞれのポリスに特有の法，すなわちポリスごとの生活の必要に対応した実定法と，人間の生存にとって必要不可欠な条件を反映した「自然における法」，すなわち人間の自然にもとづく自然法とを区別する．自然法は，普遍的に妥当しかつ不変であり，ときには実定法を破る（『弁論術』1373b-75b）．かれは，第二に，ポリスの成立をも事物の展開の論理にもとづかせる．すなわち，かれは，男女が結合し子供が生まれ奴隷等が組み込まれて「家」ができ，それが集まって「村」ができ，たくさんの村が集まって「国」polis ができるとする．「国」は，したがって人間にとって必然である．「国が

自然にあるものの一つであるということ，また人間は自然に国的動物であるということ，また偶然によってではなく，自然によって国をなさぬものは劣悪な人間であるか，或は人間より優れた者であるかのいずれかである」(1253a) と（個々人から出発し，家・村を経てポリスを導き出すこの思想は，のちにルソー (Jean-Jacques Rousseau, 1712-78) らの近世自然法論やヘーゲルの社会論で再活用されることになる．本書下巻注74・80参照）．

かれはまた，奴隷制度や，男の支配，親の支配を肯定するさいにも「自然」概念を使う．かれは言う，「支配することと支配されることとはただ必然なことに属するばかりでなく，また有用なことにも属するからである．そして生れる早々から或る場合には相違があって，或るものは支配されるように出来ており，また或るものは支配するように出来ているからである」(1254a)．こうしてかれは，「夫が妻子を支配するのは，<u>男性は自然的に女性よりも指導的であ</u>」るからだとし (1259b)，また，「外国人はギリシア人に比べ，またアジア人はヨーロッパ人に比べその性格が<u>本性上一そう奴隷的であるために</u>，主人的支配を少しも不満に思わないで堪え忍んでいる」(1285a) とする．

これら，賢慮を重視する立場と，原理論的に「自然」を重視する立場とは，アリストテレスにおいてどう関係しているか．考えられるのは，次のような構造である．第一に，アリストテレスは，「自然」によって議論の大枠を獲得するとともに，個々の実践的問題（〈この場合にはどうふるまうか〉について）は賢慮に依拠して処理していった．これは，グロティウス (Hugo Grotius, 1583-1645) やプーフェンドルフ (Samuel Pufendorf, 1632-94) らの近世自然法論においても見られることである．第二に，「自然」の具体的な中身を獲得するさいに賢慮が働いた．かれは，現状の観察や経験から，ある中身をもった「自然」を帰納させるのであるが，そのさいに，歴史的に蓄積されて現時点で常識化しているものが「自然」の中身となったのである．この手法は，かれの学問に豊かさをもたらした．しかしこのようなかたちで現状から出発したため，アリストテレスは，当時の社会の諸関係を「自然」であると無批判に肯定する傾向に陥った．プラトンが現実のかなたに基準を求めそれによって当時の社会の諸制度を批判した手法は，アリストテレスはとれなかった．

(iii) 社会論

(A) 対立点——〈全体優位〉対〈個々人重視〉　　この点について，両者が対立するのは，次のところである．**プラトン**が「国全体が出来る限り一つで

あること」を求めたのに対して，**アリストテレス**は個物重視の立場からこれを批判した．すなわちかれは，社会論において，家族や村，ポリスなど個々の制度を，それぞれに重要な役割を負担しているものとして評価した．かれはまた，個々人重視の立場をとった．かれは，個々人の自由や多元性を擁護する立場をとり，その観点からプラトンを批判した．それは，次の諸点においてである．

　（イ）**個々人の多様性・自主性尊重**　アリストテレスは言う，「けれども国は一つになることが或る程度以上に進んでいけば，もはや国でさえないということになるのは明らかである．何故なら国はその本性上一種の多数であって，より以上に一つになれば，国は国たることを止めて家になるだろうし，家は人になるだろうから」(1261a)．ここには，私的なものを規制してポリス統合を確保しようとするプラトンに反対する立場から，〈国は多様に活動する個々人を前提にし，その個々人が多様に関係しあうことを保障するべきだ〉という認識が示されている．

　アリストテレスは，国は，このような多様性を基盤にしつつ，しかしポリスとしての結束をも確保する必要があると考える．先にペリクレスに見た（21頁），〈個々人の自由〉と〈社会的結束〉との同時追求の姿勢である．では，ポリスとしての結束は，何によって確保するか．かれによれば，それは教育による．アリストテレスはこの立場を，プラトンの共産制批判の中で示している．

　　「しかし国は，さきに述べられたように，多数であるから，教育の力によってそれを共同的なものにし，かくて一つのものにしなければならない．そして教育を採用しようとし，またその力によって国が優越したものになるだろうと信じるその人が，上述のような手段によってその国民を正しくし得ると思い，慣習や哲学や法律によってそうし得ると思わないというのは奇妙なことである．」(1263b)．

　各人に自由を保障しつつ，同時にそうした各人を，善い慣習とか法制度とかといった社会生活をつうじて教育し公共意識のある主体にしていこうという立場である．これこそが，のちにヘーゲルが重視することになる「制度的倫理」(Sittlichkeit の追求）の立場である．

　（ロ）**ポリス運営における個々人の幸福の尊重**　アリストテレスの以上の議論の根底にあるのは，ポリス運営において個々人の幸福を重視しようという立場であった．次のようなアリストテレスの言明が，この立場を示している．

　　「さらにまた，ソクラテスは守護者たちからその幸福さえも取り上げながら，国全

体を幸福にするのが立法家の務であると言っているのである．しかし全体はその部分の全部か或は大多数か或は一部かが幸福をもたないなら，幸福であり得ない」(1264b)[33]．

　(ハ)　共産制構想の批判　　以上のような主張には，すでにプラトン的な共産制構想に対する批判がふくまれているが，アリストテレスはさらに，人間の傾向性＝自然の観点からも，プラトン的な共産制を批判する．かれは言う，

　「大多数の人々にとって共同なものは気遣われることの最も少いものだからである．何故なら彼らは自分のものといえば最も多く気にかけるが，しかし共同のものは余り気にかけないか，或はそれぞれの人に係わりのある範囲において気にかけるかであるから．」(1261b)．

　プラトンは人間の欲望を警戒したため共産制の導入をはかった．アリストテレスもまた，人間のエゴイズムを警戒する．しかしかれは，このエゴイズムゆえに共産制はうまくいかない，と見たのである．

　アリストテレスが代わりに提起するのは，独立自営者層に基礎を置くポリスであった．かれは言う，「財産は節制ある生活と共に物惜しみせぬ生活をするに足る程度のものでなくてはならぬというのが一そう善い規定である」(1265a)．ぜいたくを追求するのでは，政治が欲望に支配される．しかし，あまりに貧しいと，物質的にも精神的にも政治を担う余裕がなくなる．かれは，『ニコマコス倫理学』で，徳は中間にあると述べているように，『政治学』でも健全な社会のためには，中間程度の生活をできる人，すなわち余暇を享受できる程度の独立自営者層，具体的には，質実剛健な中産農民が多いことが重要だとする(1319a)．前述したように，中産農民を基盤とすることが自由な政治にとって重要であることは，古代ギリシアの政治が示しているところであり，かつその後の歴史においてしばしば主張されたことでもあった．

　(ニ)　市民の参加を広くする　　国を真に強化するためには，単に個々人の

---

33)　プラトンが〈個々人の幸福〉を考えていなかった，とするアリストテレスの理解は，正しくない．「幸福」の中身が，両者でちがうだけである．すなわち「幸福」の中身として，アリストテレスは，きわめて物質的・日常的なもの（＝家族をもち物質に恵まれて生きること）を考えている．これに対して『国家』におけるプラトンは，理想主義的な幸福（＝国民が理性的な政治を生きること・正義が実現されているポリスの中で生活すること）を考えている（もっともこのようなプラトン的幸福は，エリートにとっては価値あるものかもしれないが，庶民にとってはそうではないだろう．アリストテレスは，プラトンとは対照的に，幸福を庶民の目線で考えているのである）．

多様性を前提にし中産農民を基盤にするだけでなく，かれらを政治に参加させることによってポリスへの関心を涵養することが欠かせない，というのが，アリストテレスの立場であった．すなわちかれは言う，「しかしかれら〔農夫や職人〕が国民権に与らないとすれば，どうしてそのような国制に対して好意を持つことができるであろうか」(1268a)．アリストテレスは――先の葬送演説におけるペリクレスに似て――，このように参加を〈社会生活をつうじて各人を教育する場の一つ〉としても重視してもいる．〈参加は最良の政治教育の学校〉という考えである．

しかもかれによれば，政治参加を上のようなかたちで組み入れることによって，国政は，衆知を集められるので意志決定の質が高まるし，また腐敗する可能性が減少する．

> 「けれども国は多数のものから出来ていて，皆が持寄った宴会がただ一人の人の単純な食卓よりは立派である程度に個々の人より優れているのである．この故にまた大衆も多くの場合どのような一人よりも善く判断するのである．その上，多数は一そう腐敗し難いものである．――ちょうど多量の水のように，大衆も少数者よりは腐敗し難いものである．」(1286a)．

後述するように（本書 194-196 頁参照），アリストテレスのこの〈民衆の政治参加〉論が，中世においてパドヴァのマルシリウス（Marsiglio dei Mainardini, Marsilius of Padua, 1290 頃-1342）の思想の基盤になるのでもあった．

(B) 近似点――古代的発想等　似ているのは，次のところである．

(イ) 共同体重視　アリストテレスもまた，古代ギリシア人として共同体を重視した．アリストテレスは言う，

> 「自然には，国は家やわれわれ個々人より先にある，何故なら全体は部分より先にあるのが必然だからである．例えば全体としての肉体が壊されると，人が石の手と言う場合のように〔…〕．各個人はもしそれが孤立させられた時に自足的でないとすれば，国に対して，ちょうど部分が全体に対するような関係においてあるであろうからである」(1253a)．

これは，先にわれわれが見たギリシアの集団主義の伝統と照応した，共同体論の思想表現であると言える．

(ロ) 政治生活中心　アリストテレスは，最善の国では，国民は生業から解放され，もっぱら政治に専念できなければならないとする立場をとった

(1278a)．この点でアリストテレスは，プラトンと同様（本書注35参照），スパルタを理想としていた形跡がある（1294b，1328b-1330a．ただしスパルタに批判的な面もある．1333b，1338b）．じっさいアリストテレスは，理想の国においては，戦士は若い自由民が，統治は年長者が，生産は奴隷がおこなう，としている（1329a）．

(ハ) 平等論と自由論
① 平等について　アリストテレスは，均分的正義（整正的正義，算術的均等）と配分的正義（比例的均等）とを区別する．均分的正義とは，相手のちがいを考えずに一律に同じものを同じ量だけ与えることである．これに対して配分的正義とは，次のように相手の必要や資格に応じてそれにふさわしいだけを与えることである．かれは言う，「徳や政治上の能力に関してそれほど不等である人々なのに，等しいものに値するものだと認められるなら，不正を受けることになるだろうから．というのはかような人はいわば人間の中の神のようなものであろうから．ここからして明らかなことは，また立法もその生れや能力において等しき人々を問題にしなければなら」ない，と（1284a）．配分的正義は，このように一方でメリトクラシー（＝有能な人に，それにふさわしい資格を与える）を支えるものである．アリストテレスのこの議論は，プラトンの『国家』における役割分担論と思想を共有している（配分的正義は，後述のように，現代に入ると〈必要とする人にヨリ多くを与える〉というかたちで，社会福祉・社会法の考え方の原理となる．本書下巻186頁以下の「補論」参照）．

② 自由について　かれは，自制を内在させた自由を大切だとする．かれは言う，「何でも人の欲することを為すという自由は人間どものそれぞれのうちにある悪を防ぐ力をもっていない」（1318b）．アリストテレスが極端な民主主義を批判するのも，この自由観からであった（われわれは，同様の民主政論をプラトンについて見た．本書43頁）．アリストテレスは，極端な民主主義においては，自由が無制約となるため，〈自制を内在させ，ポリス的結束（共同性）を大切にする自由〉が育たないと見たからであった（1310a）．

(ニ) プラトンの『法律』とアリストテレスの考えとの近似　プラトンの『国家』とアリストテレスの『政治学』とは，内容をかなり異にする．しかし，プラトンがその晩年に書いた『法律』は，『政治学』に中身がかなり近い．『法律』の中身は注31で紹介したので，それに対応するアリストテレスの議論の

みを以下に示す.

① 混合政体論　アリストテレスは，望ましい政体——かれはこれをプラトンと同様に politeia と呼ぶ——は，寡頭制と民主制との混ぜ合わせで民主制的要素がヨリ強い政体だとする (1293b). かれは，政体は「多くのものから混合されれば，されるほど優れている」(1266a, 1294b)，と言う．そうした混合政体においては，すぐれた人の思慮を寡頭制によって，市民の衆知と政治的教育とを民主主義によって，ともに確保できるからであり，また，民主制の柱である民衆が寡頭制の柱である貴族を押さえることができ，貴族は民衆の堕落によって衆愚政治が発生するのを防止できるからである.

アリストテレスは，この混合政体によって，権力同士を規制させあわせ，腐敗を防ぐとともに，民主制と貴族制のそれぞれの良さを生かそうとしたのである[34].

② 〈法にもとづく社会生活〉　アリストテレスは言う，「法律がもし正しく設定されていれば，それが主権者でなくてはならぬ」(1282b)，「法律は欲情を伴わない理知（ヌース）である」(1287a) と．先にペリクレスにおいて見たように (21頁)，法の遵守の強調は，ギリシアにおいて重要な伝統であった（前述のようにソクラテスも『クリトン』で法の遵守の立場をとり，自分に対する誤った死刑判決にも従った）．しかし，アリストテレスにおいては，法は，理知として高く評価されている．これは，単純に法の遵守を強調することを越えて，〈法にもとづく社会運営〉，すなわち法にもとづく共同統治（民主政）と権力者（とくに君主）を法によって規制することとを，展望するものである（注5参照）.

以上のように見てくれば，アリストテレスの立場は，本書でのちに（下巻10-8-2）あつかうヘーゲルらのドイツ自由主義に近いことが分かる．一方で共同体を重視し，しかしまた他方でプラトンの共産制を批判して個々人の自由を強調し，加えて民主主義に対して一線を画しつつもその民主主義の要素も或る程度はとり入れようとした点で，アリストテレスの置かれた政治地図上の位置は，のちにヘーゲルやイェーリング，ヴェーバ

---

34) このような混合政体論は，今日までさまざまな政治論において支配的であった．しかも，今日におけるたいていの国家は，実際には混合政体をとっている．すなわち，立法権は，民主主義的な要素をもった下院と，貴族制的な要素をもった上院とから成る．司法権は，貴族制的な要素を基本とする（たとえば，法のすぐれた専門家が法実務を担当する．ただし，国によっては陪審制や参審制など，今日では民主主義的である要素をも加味している）．そして行政は，君主と類似した，大統領や首相を頂点とする（ここにも市民参加制度はあるが）．

ーらのドイツ自由主義（＝国民主義的自由主義）者が置かれたそれに，その限りでは近似したのであった[35]．

1-3-4　ヘレニズム期の思想

マケドニア Machedonia のフィリポス2世（Philippos II, B. C. 382頃-336）の軍勢は，カエロネア Chaeronea において，アテネとテーバイ Thebai の連合軍を敗り，ギリシアを征服した．かれが B. C. 336年に暗殺されたのち，その子アレクサンドロスによる大帝国の建設が進む．かれの急死のあとの混乱の中で，ギリシアの諸ポリスは，寡頭政によりつつ一定の独立性を回復し，ローマ軍の進出にも軍事的に抵抗した．しかし，最終的にはローマに敗北し，B. C. 146年に属州化された．この，アレクサンドロスが戴冠した B. C. 336年から，クレオパトラがローマと戦って死ぬ B. C. 30年までの間を，ヘレニズム期と言う．

このヘレニズム期に花咲いたのが，ヘレニズム文化である．世界都市が出現し，それらを結んだ交易が盛んになった．多くのギリシア人が，兵士として，官吏として，また移民となって，東に移動していった．人々はそのけっか，「アテネ人」・「スパルタ人」といった枠を越えて，大帝国としてのポリス，コスモポリス kosmopolis を観念するようになる．そして広く人間性や，すべての人間に妥当する法，そうしたものをふまえた自分の生き方，を問題にしだす．しかしまた他方では，自分たちが参加するポリスが崩壊したけっか，人々は，集団や社会への関心を失い，自分の家族や自分たちの世界に閉じこもる思想傾向（今日的に言えばマイ＝ホーム主義や「個人主義」）を示すようにもなる．

こうして，ポリスという中間的な組織が力を失い，〈普遍的な世界〉と〈私という個別〉とが直接に向かいあう関係が鮮明になった．前者の普遍性への傾斜はストア派に，後者の自己本位への傾斜はピュロンの懐疑論とエピクロスとに，典型的に表れている（この二分化は，ソクラテスの弟子たちの二分化の再現である．なお，キリスト教における〈普遍的な神と個々人とが直接的に向きあう構造〉も，

35）アリストテレスのこの立場は，随所で示したように，先にペリクレスの葬送演説に示されていた立場ときわめて近似している（アリストテレスが民主主義に対して条件付き賛成でしかない点は大きなちがいではあるが）．このようなアリストテレスに比べると，プラトンは，スパルタ讃美がヨリ強く，ペリクレスとは対照的な立場をとる．

この〈普遍世界 対 個人〉の構造と無縁ではない．そして，後述するように，キリスト教は，普遍性優位の点ではストア派に近い）．

(1) 普遍性志向——ストア派

　ストア派を代表するのはゼノン（Zenon, B. C. 335 頃-263 頃）である．かれはアテネのアゴラにある「壁画で飾られた列柱館」stoa poikile（stoa＝柱：柱の並んだ，商店等が入った歩き談義向きの長い建物，poikilos＝絵で飾られた）で，弟子たちとゆきつ戻りつしながら議論したので，かれの学派をストア派という（つまり，「柱(ストア)」ではなく「歩き談義」がこの学派のセールス＝ポイントなのである[36]）．

　ゼノンは，宇宙 kosmos の構成要素を，ヘラクレイトス（Herakleitos, Heraclitus, B. C. 550 頃-480 頃）にならって，火 pur であるとする．火は燃焼して気の風 pneuma となって宇宙に充満する．やがてそれらが冷め，物質となる（こうした見方は，ビッグ＝バン的宇宙論を連想させる．下巻 337 頁）．動物も人間も，この物質から成る．身体も精神も同じ物質から成るが，精神の方がヨリ精妙に構成されている．物は，その物質の精妙度・活性度によって区別される．すなわち，鉱物は無機性 hexis の段階にとどまり，植物は成長する有機性 physis の段階に，動物は意識をもつ psyche（anima）の段階にあり，人間は理性 logos をもつ段階にある[37]，と．

　ストア派のこの立場は，〈万物の自然は同一であり，それらを貫いて普遍的なもの，理性が作用している．人間はその理性を自覚しそれにしたがって行動することによって，その本来の自然にかなった生き方をすることができる〉[38]

---

36) アリストテレスの学派をペリパトス（散歩）学派と言うのも，この「歩き談義」の習慣と関係する．地中海地方では，今日でも町広場や回廊，中央駅のホールなどに男たちが集まり，三々五々，ゆきつ戻りつ立ち止まりつしつつ議論しあう光景を目にする（ちなみに，イタリアやスペイン，スイスには，夕食前に老若男女が正装して町の大通りや湖岸等に繰り出し，仲間とゆきつ戻りつしつつ語らう習慣——イタリア語で「パッセジャータ」passeggiata と言う——もある）．ヨーロッパの他の地でも，人々は街路や公園，散策路を歩きつつ語らう．仲間との散歩談義は，ヨーロッパ的伝統の一つである．

37) ストア派のこの世界像は，アリストテレスのそれに似ているものの，アリストテレスが形相・質料二元論であったのに対して，ストア派は質料一元論であり，精神的なものも物質の一種だとしたところが，ちがっている．

38) ギリシア語で kosmos は，「宇宙」・「世界」とともに「秩序」を意味している．すなわち，ギリシア的発想では，世界は秩序正しく構成されている．人は，その秩序をわきまえて行動するとき，正しく行動したことになる．ストア派の哲学は，したがってこの点では典型的にギリシア的であることになる（ちなみに，化粧品 cosmetic も花のコスモスも，この「秩序」に関連する）．

とすることによって，次のような実践的帰結をもたらす．第一に，国を越えて妥当する理性，法則を重視する自然法の思想をもたらし，しかもそれを宇宙論にも結びつけて提示した．そうした自然法には，すべての人間が共通に服するのであるから，ストア派は，本質的にはコスモポリタニズムに結びつく[39]．

それは第二に，理性重視の道徳論をもたらす．個々人は，各自の生活においても理性によって法則をとらえ，理性によって感情を抑えて法則に従った行動をとるべきである．このようにストア派は，理性的なものを重視し感性的なものを低く見，理性による感性の支配，すなわち強力な克己の立場を説くのであった．いわゆる「ストイック」はここにかかわる（それは，端的に理性の命令に従う点では，カントの「断言的命法」に似ている．下巻注82参照）．

たとえばストア派に属するクリュシポス（Chrysippos, B. C. 280-207）は，次のように第一と第二の立場をあわせた自然法的道徳論を展開する．「徳に従って生きるということは，自然的に生起することがらの経験に即して生きるということと同じである．というのは，われわれの自然〔本性〕は全宇宙の自然の部分をなしているからである．それゆえ，生の目的は自然と整合性を保って，すなわち，自分自身の自然と全宇宙の自然とに従って生き，すべてに共通の法が，すなわち，万物に遍く行き亘っている正しき理――それはまた，全宇宙の管理の主導者たるあのゼウスと同一なるものであるが――がいつも禁止していることはなに一つ行動に移すようなことをしない，ということになる」[40]．

〈人間は理性の命令に従っておれば，感性の要求が満たされなくとも幸福である〉とする点で，ここでも理性ないし徳の自足性の立場が出ている．

第三に，〈この世界には法則が支配しており，すべてが必然性の関係にある〉とする見方が出てくる．ストア派は，この見方によって，恣意的な自由意志を否定する．しかし，ストア派はまた，他方では，上述のように克己＝自己制御を強調することによって，訓練をつうじて強い倫理的性格，すなわち徳性を身につけることを説くものでもあった．こうしてストア主義は，歴史の中では，人間の意志・主体性・精神性を確立する運動の主軸となった．

---

[39] 「自然即ち理性の前には萬邦兄弟であり，ゼウスの国の民たる凡ての個人にとつては共通な法律があるのみである．かくてストアの個人主義は世界市民主義であつた．このストア主義はやがてローマ法における自然法の思想に発展して行つたものである．」速水（前掲注26）『古代・中世の哲学』137頁）．

[40] 山本光雄・戸塚七郎訳編『後期ギリシア哲学者資料集』（岩波書店，1985）102頁．

ストア主義と西洋エリート　ストア派は，クニコス派や後述するエピクロスと同様，禁欲を重視した．しかし中身は，両者で異なる．ストア派は禁欲を，社会に参加する主体のあり方として重視した．これに対してクニコス派・エピクロスは，脱社会の方向をとった[41]．たとえば，クニコス派・エピクロスは禁欲の立場から，政治などの社会活動に参加することを避けるのに対して，ストア派はそれらに参加することを前提にし，その活動の中で〈禁欲・自制によって立派に行動すべきだ〉とする．このようにストア派にあっては，自分への関心と社会への関心は不可分一体であった．

　ストア派のこの立場は，ローマにおいて社会のリーダーたちの心をとらえ，政治倫理として受け入れられた．たとえば，ギリシアのロードス島に留学してストア主義を学んだキケロ（Marcus Tullius Cicero, B. C. 106-43）は，『義務について』において，脱社会的な哲人の生き方を評価しつつも，それ以上に，社会で主体として生きる生き方を高く評価し（第1巻21・26節），「祖国に役立つ」（第1巻17節）ことをもふくめた，市民として果たすべき社会的義務を論じた．かれはまた，同書や『国家』，『法律』などにおいて，自然法理論を展開し，人間の平等や，あるべき倫理的政治家像を説き，現行法を相対化した．帝政期のセネカ（Lucius Annaeus Seneca, B. C. 4頃-A. D. 65）や，ローマの五賢帝最後の人，マルクス＝アウレリウス（Marcus Aurelius Antoninus, A. D. 121-180）もまた，ストア派の立場から，〈理性的な自己制御〉を主軸としつつ政治の主体として生きる生き方の倫理を提示している．ストア主義的自然法観念は，ガイウス（Gaius, A. D. 2世紀．本書注62・注72参照）やウルピアーヌス（Domitius Ulpianus, 170頃-228）らの法学者にも継承され，法実務とも結びついた．

　ストア主義の上の立場は，ルネッサンス期前後に，古代ローマへの関心が高まるにつれ，またジェントルマン意識が高まるにつれ，ヨーロッパ人の心を再びとらえだした．すなわち，近世においてリプシウス（Justus Lipsius, 1547-1606）らによってストア主義が再活性化され，リーダーとして社会を正しく生きるための〈理性的な自己制御〉を押し出す「新ストア主義」が結晶化していく（本書下巻18-20頁）．この新ストア主義は，20世紀にいたるまでエリート教育の一主軸であり続け，近代における社会のリーダー，すなわち貴族・ジェントリー・教養専門職（professional と呼ばれる，弁護士・大学教授・公証人・医者・文筆家など．専門教育とともにリベラル＝アーツ liberal arts の教育を受けている）から成るジェントルメンの精神的自立の背骨を形成するものとなった．それは，中国において儒教が士大夫の背骨となり，近世日本において朱子学や禅宗がサムライの背骨を形成し，1900年頃までの知識層の資質をも規定した——ともに強い自己制御を柱にしていた——ことと，パラレルの現象であった．

---

41) Johannes Hirschberger, *Geschichte der Philosophie,* 11. Aufl., 1976, Bd. 1, S. 268.

(2) 自己本位——ピュロンとエピクロス

(i) ピュロン　　ピュロンは，本を遺さなかった．ディオゲネス゠ラエルティウス（Diogenes Laertius, B. C. 3 世紀）によると[42]，ピュロンは 30 歳頃に，かれの先生がアレクサンドロスのインド遠征に加わったので，同行した．そしてインドで賢者と交わり，魂の平静さこそが幸福の中身であること，そのためには清貧に生きるべきこと，を学んだ．

後年ピュロンは，懐疑論を説き，それをこの幸福論とも結びつけた．かれによれば，われわれの認識は，事物がそのつど見せる，われわれにとっての状態を把握はできるが，事物の性質や本質を把握することはできない．現に，ある事物の本質が何かをめぐっては諸説があり，しかも決め手がない．したがってわれわれは，本質を求めず，事物をあるがままに受け止め，それによって生きてゆけばよいのであって，それを超えたさまざまな議論によって心を乱される必要はない．このためには，分からないことについては「分からない」とすなおに受け止めること，「判断留保」epoche をする心構えが大切である．そのことによって，魂の平静さが確保できるからである．また，社会の諸制度については，絶対的なものを求めて騒ぎを起こすのではなく，これまでの慣習・了解事項を不完全であっても受け容れ静かに暮らせばよい[43]．

ピュロンの立場を継承した人々（新ピュロン主義者）は，この立場から，社会制度については，〈それがそもそもどうあるべきか〉ではなく，〈それがどうであるか〉と——現代の言葉を使えば実証主義的に考える思考と，〈それは，自分の幸福のためにどう役立つか〉と，「個人の覚醒」に支えられて社会制度を道具（装置）として位置づける——現代の言葉を使えばプラグマティックな——思考とを，準備したのである（速水（前掲注 26）『古代・中世の哲学』164 頁以下）．

(ii) エピクロス　　〈自己本位〉を打ち出したもう一人の思想家に，エピクロス（Epikouros, B. C. 341 頃-270 頃）がいる．かれは，病気で苦しんだけっか，肉体的・精神的な苦から逃れることが幸福だと考えた．幸福は，そうしたものから自由な状態，すなわち魂の平静さにある，と．かれはアテネに緑と花いっ

---

[42] 山本・戸塚訳編（前掲注 40）『後期ギリシア哲学者資料集』39 頁以下．
[43] 速水（前掲注 26）『古代・中世の哲学』120 頁以下．ピュロンの，以上のような考え方は，モンテーニュ（Michel de Montaigne, 1533-92）ら多くの人文主義的モラリストの中軸となった．それはまた，多分にヒュームを先取りしている．ヒューム自身は，自分はピュロンとちがうと言っているが（本書下巻 118 頁参照）．

ぱいの学園を開き，仲間たちとの静かな学究生活を享受した．

　エピクロスのこうした議論はまた，かれの唯物論と深く関係している．かれは，原子論者デモクリトス（Demokritos, B. C. 460頃-370頃）の思想を勉強しそれを引き継いだ．ただかれは，デモクリトスとは異なり，〈原子は，その重さによって落下していくが，途中で自分の作用で脇にそれることがある．このため，原子同士の衝突・結合が起こり，そうした原子の結合によって物質，世界，人間が成立する〉と考える．ここからは，〈すべてのものは原子から成るが，そのことによって自由の可能性もある〉という見方が帰結する[44]．

　かれは，人間をもこの観点から説明する．すなわちかれによれば，人間の認識は，外部の物質から発せられる原子（のエネルギー）が人間の肉体に備わっている感覚に反応するところに可能となる．感覚から得た情報が，肉体の他の部分である魂に作用する．魂は，原子の中でも特殊な，すなわちもっとも軽くて自由な原子の結合による（＝魂も物質の一つである）．この魂のありか，すなわち精神作用の場は，肉体の一部である心臓である．

　以上のようにして魂の作用は肉体と不可分にあるのだから，肉体の死が魂の作用の死でもあるということになる[45]し，魂を平静に保つためには肉体のそれにふさわしいあり方を考えなければならないことにもなる．こうしてかれは，魂の平静さの条件としては，欲望を制して清貧に生きることを挙げた．かれは言う，「わずかなものに満足できない人，こういう人は，じっさいのところ，どんなものにも満足しないのだ」．また，心を乱されずに生きるためには，社

---

44) エピクロスの唯物論は，かれの次のような認識論と結びついている：かれは，すべての認識は，感覚に根ざすとする．ところが，感覚は，観念的なものを把握できない．したがって，観念的なものについての議論は，感覚的知見から推定するか，確実な命題から論理的に構成していく他ない．そのさい使う推論（三段論法）において重要なのが，類推の作業である．類推は，未知のものを，それが或る既知のものと似ている重要な点をてがかりにして，それに既知のものの知を及ぼして理解していく作業である（類推については，本書80-81, 203頁；下巻注66参照）．

45) 魂の平静さをもっとも妨げるものは死への恐怖である．エピクロスはこの死については，上に述べたことに関連させて次のように考えた．「死は，われわれにとっては何ものでもない．なぜなら，（死によって）分解されたものには感覚がないが，感覚のないものは，われわれにとっては何ものでもないからである」．「死は，もろもろの悪の中でもっとも恐ろしいもの（とされている）けれども，それはわれわれにとって何ものでもないのである．なぜなら，われわれが存在している時には，死はわれわれの許にはないし，他方，死が傍にきている時，その時には，われわれがもう存在していないからだ」（山本・戸塚訳編（前掲注40）『後期ギリシア哲学者資料集』59頁）．死が来たときにはわれわれはいない．肉体が死ねば魂も死に，したがってわれわれの意識はまったくなくなるから．したがって，われわれは死に出会わない．それゆえ死について思い煩うことはない，と言うのである．

会との交わりを断つべきだとした．かれはこうして,「隠れて生きよ」Lathe biosas. をモットーとし, 清貧で静かな生活の中で自分を尊重しつつ生きようとした．ここにも「個人の覚醒」がある．

このようなものとしての幸福さえ得られれば, 他のものはいらない．かれは, アンティステネスと同様, 人は幸福だけで自足的に生きられる, と考えたのである．かれのこのような立場からは, ポリスはそれ自体が目的ではなくなる．すべての目的は, 自分の幸福であり, ポリスを含めた他のものは, そのための手段にすぎないものとなる（とはいえ, かれは友情や友との静かな交際は大切にした.〈公と私の区別〉は, ここにもその萌芽をもつ, と言えよう）．エピクロスによれば, ポリスは, 人々が「互いに加害したり加害されたりしないために相互に結んだ契約」の産物である．法もまた, 個々人の相互関係を確保するための道具である．かれもまた,〈法は秩序維持にとって有用でなければ, 正しい法ではない〉と, 法道具主義的に考えたのである（速水（前掲注26）『古代・中世の哲学』123頁以下）．

後述する, ラスキ (Harold Laski, 1893-1950) の, 幸福概念を中軸にした自由主義的国家観・法論の源流, およびホッブズ (Thomas Hobbes, 1588-1679)・ロック的な, 個人を主軸にする国家観の源流は, クニコス派に端を発したのであったが, エピクロスや新ピュロン主義者によってさらに確かなものとなった．

1-4 まとめ

以上のギリシアの歴史が語っていることをまとめると, 次のようになる．
　(i) 国家生活の変化や社会の構造の変化が, 人間の意識の変化をもたらすこと（後者が前者に作用しもするが）．
　(ii) 国家生活の変化や社会の構造変化が, 不可避であること．このことは, 次の2点において確認される．すなわち, 第一に, 経済をはじめとした生活水準の向上が, そうした変化を不可避的に生じさせるという点．第二に, 歴史には次のような不可避な逆説 paradox があるという点．①すなわち,〈富は貧困への道である〉・〈強さは弱さへの道である〉といった逆説がある．——ある国が富んで強くなると, 私的生活が豊かになり自分にこだわる意識が強まり共同体への結束がゆるむ；このためその国は, 政治的に弱くなり他の国に攻撃さ

れて亡びる；こうしてその国は，ふたたび貧困に戻る．②また，〈民主主義の敵は民主主義自身である〉という逆説がある．——民主化が進むと個々人は自由となりかつ福祉を享受する；そのけっか，人々はマイ＝ホーム主義化し政治に無関心となり，また国家に依存するようになる；こうして民主主義が後退する．

　(iii)　古代アテネ史は，その後の人類の営みの豊かなリハーサル会場である．すなわちそれは，第一に，民主主義，およびその民主主義の崩壊過程（衆愚政治）を最初に体験した．それは第二に，〈スパルタ　対　アテネ〉というかたちで，ポリス生活上の二つの原理の対立，すなわち〈集団主義　対　個々人の自由尊重〉を最初に体験した．それは第三に，〈（中産の）独立自営農民が民主制の核であり，それを失うと民主制は衰退していく〉という事実を最初に体験した．それは第四に，多様な思想を早熟的に展開させた．それらは，自然法思想，哲学的懐疑論，人間中心ないし個人中心の思想，議論・教育における問答法 (Socratic Method)，実践哲学の方法論（アリストテレス）などに及んでいる．

2 古代ローマ

2-1 ローマ的「自由」

2-1-1 〈民主ポリス〉の側面

ローマも一つの地中海的ポリス（＝都市国家）である．共和制期ローマは，アテネなどに一時期見られた民主的なポリスと近似する面を見せた（「ポリス」にあたるラテン語は，キウィタス civitas である．ローマ人は，ポリスの人的結合面でなくその基盤である制度・財産面に着目して res publica とも呼んだ（注1参照）．人口は，B.C. 500 年頃で5万人，B.C. 200 年頃で50万人（半分が奴隷）であった．なお，先と同様，以下でも「ポリス」・「民会」・「所有」・「不法行為」等々の概念を使うが，どこまで古代ギリシアと同じか，また，どこまで今日の概念による読み込みでしかないか，等の

アテネ		ローマ	
年(B.C.)	出来事	年(B.C.)	出来事
前史	王制	前史	王制
		509	共和制導入（貴族，氏族の長たちが毎年交代で統治．2人のコンスルによる統治に向かったとの説もある）．
594	ソロンによる民主化	494	平民が貴族政治に抵抗しモンテ＝サクロ（聖山）に立てこもり要求貫徹．護民官（貴族の統治者に対し拒否権を発動できた）を置く．
		451-449	十二表法——不文法による貴族の法独占を平民が成文法化によって破る．
508	クレイステネスによる民主化	445	貴族・平民の間の通婚が認められる．この頃公職が平民に開放された，との見方もある．
		367	リキニウス・セクスティウス法により，コンスルの一人分を平民に開放．
460 頃	ペリクレスによる民主化	342-	平民のコンスル就任が本格化．
		287	ホルテンシウス法．平民会の決議が最高の意志となる（これが貴族をも拘束する）．このことによって平民会はケントゥリア民会と同格となった．

問題はある). 近似点を示せば, 前頁の表のようになる.

この表に見られるように, ローマにおいても〈民主ポリス〉へ向かう動きがあった(その運動の基底には, 独立自営の農民や手工業者の成長——ギリシア的な重装歩兵戦術がローマに採用されたことにともなって政治的意味を増大させた——があった[46]). この〈民主ポリス〉の側面をまとめると, 次のようになる. ①法的には平民 plebs(都市ローマの商工農業者)と貴族 patricius が平等である(市民間平等の重視). ②〈ルールの支配〉を前提にした. ③公職は, たいていが1年交代で, 10年間は再任できなかった(王制に対する警戒からである). ④最高の公職は, 複数定員制であった(これも王制への警戒心からである. 同じ役職者は, 相互に独立しており, 合議しないばかりか, 同僚に対し拒否権を行使できた). ⑤民会 comitia(本書68-70頁参照)をつうじて市民が政治にかかわった. ⑥ギリシアと似て, 〈仲間と結束して確保する独立性〉を尊重した.

後述のように, 共和制期の内実は, 寡頭制であった. しかし, 王制への警戒, 民会の尊重, 〈法の遵守〉の原則など〈民主ポリス〉のタテマエと結びついた〈ローマ的自由 libertas〉は, それなりに強い規定力をもち, グラックス兄弟の改革, カエサル(Gaius Julius Caesar, B. C. 100-44)暗殺, 元首制の形式をとったことなど, 歴史の諸局面で大きな意味をもった.

2-1-2　疑似〈民主ポリス〉の側面

しかしローマ人によれば, 民主主義は幻想であった. 〈それが証拠に, 寡頭制のローマは世界を支配し, 民主主義のギリシア人たちはことごとく自由を失ったではないか〉とかれらは論じた. この点で, ローマにおける「自由」の観念は, アテネのそれとは, 〈共同防衛〉の点では共通であったが, 〈共同統治〉, すなわち民主主義の点では, 異質であった[47].

---

46) ネル Knut Wolfgang Nörr『ヨーロッパ法史入門』(村上淳一訳, 東京大学出版会, 1999) 17頁以下参照.

47) 「完全に誰でもが, 身分の上下, 貧富の差, 識見の有無にかかわりなく, それぞれにまともな見解やら, 見当外れの意見を国事について持ってよいばかりか, 公表さえ許される建前だというのは, ローマ人には想像もつかない思想であった. 〔…〕ここに述べたように, 規律と服従に縛られた自由という考えがローマ国家の全体的構成に基本的意義をもった.」(E. マイヤー Ernst Meyer『ローマ人の国家と国家思想』鈴木一州訳, 岩波書店, 1978, 213頁. 他に, 吉村忠典『支配の天才ローマ人』三省堂, 1981, 70頁参照. 以下のローマの記述については, 片岡輝夫教授の, 東京大学法学部におけるローマ法の諸授業にも多くを負っている.)

ギリシア人も，このちがいを認識していた．たとえばスパルタ王ナビス（Nabis, 在位 B. C. 207-192）は，ローマの政治家フラミニヌス（Titus Quinctius Flamininus, B. C. 227 頃-174 頃）に次のように述べた．「スパルタのことを貴国（ローマ）の法律や制度に押しはめて考えて下さっては困る．いちいち細かいことは言わないが，貴国では国民各自のもつ財産の額によって騎兵や歩兵を選ぶ．そして少数の者が財産において他の者にまさり，民衆は彼らに屈従することを望まれる．しかし，わが国の立法者（リクルゴス）は，貴国で元老院と呼ばれるような少数の者の手に国家権力が握られることを望まず，また国家の中で，ある特定の身分が優越することも欲しなかった．むしろ，財産も名誉も平等にすることによってこそ，国家の防衛を担う者が多数存在しうると信じたのである」[48]と．gerousia や ephoroi をもったスパルタの国制は共和制期ローマのそれに近かった（本書 17-19 頁参照）が，それでも民主主義の発想も強かったのである（このギリシアでも，アテネが古典期であったころには一部のポリスで，ヘレニズム期おいてはほとんどのポリスで，ローマに似た寡頭制が見られたのではあった）．

(1) タテマエは民主制・じっさいは寡頭制

上述した，平等な権力参加を求める平民の闘争は，実は，富裕平民が，貴族との同権をかちとるために平民たちを総動員して起こした闘争であった[49]．この闘争のけっか，貴族と富裕平民との間での融合が進み，かれら新しい支配層による寡頭制色が強まった．すなわちローマの共和制下では，旧貴族や少数の富裕平民が元老院議員となったが，その最高位の人々（コンスル consul を出した家系）が，ノビレス nobiles と呼ばれる新貴族層を構成した．かれらを中核とする有力者は，クリエンテス clientes と呼ばれる被保護人[50]を支配し（この制度を patrocinium と呼ぶ），かつ被保護人でない平民をも手下につけ動員した．

民会は，〈全市民の参加〉の側面はもっていた．しかし，アテネに見られたような民主的民会とはなりえなかった．民衆は有力者に操られて動いたし[51]，四つの民会では〈有力者が勝つ〉ようなしくみがそれぞれに次のように働いて

---

48) 吉村（前掲注 47）『支配の天才ローマ人』114 頁．
49) E. マイヤー（前掲注 47）『ローマ人の国家と国家思想』61 頁．かれらはのちに，その経済的基盤として奴隷制農場 latifundia を拡大した．B. C. 200 年頃に奴隷の数が，ローマの人口 50 万人の約半数にまでなったのはこのためである．
50) クリエンテスには，2 種類がある．共和制初期までのそれは，貴族の氏族（gens）に属した隷属民を意味した．共和制中期以降は，パトロンの保護下に入った平民を意味した．
51) マイヤー（前掲注 47）『ローマ人の国家と国家思想』239 頁．

いた.

　(a)　ケントゥリア民会 Comitia centuriata　　この民会が, もっとも重要であった. というのも, ここでローマの法律が制定され, コンスル, 監察官 censor, 法務官 praetor などが選出され, 重要案件が議決されたからである. 集会はコンスルによって招集される. すべての市民が自分が所属するケントゥリア centuria (centum＝百. 本来は軍隊の単位) ごとに集まり議論に参加する. そしてそこからの代表が1名ずつ, 総計193名で最終投票をおこなう. ケントゥリアを構成する市民は財産によって七つの階層 (クラシス classis. 今日の class 階級・クラスの語源) に分類されていた[52]が, 人口の5％にすぎない最上層の二つの階層が多くのケントゥリアをもっていた. すなわち騎士階層のケントゥリアが18, 市民層中の富裕者の歩兵ケントゥリアが80あった. このため, この民会では, 最上層の2階層が最終投票権者193名中の98名を占めた. かれらはこのしくみによって, 高級政務官職を独占し, 高級政務官経験者しか元老院議員にはなれなかったので, 元老院議員 (独自の階層となる) をも独占した.

　(b)　トリブス会 Comitia populi tributa　　この民会は, 按察官や財務官など下級公職者を選出し, 重要な政治裁判の裁判所設置をも決めた. B.C. 241年頃にはローマ市民は, 35のトリブスに分属していた (tribus とは, 政治の単位としての地区のことで, アテネの demos に対応する). 都市部の市民には四つのトリブスだけが宛てがわれ, あとは農村部市民のトリブスであった. そして民会では各トリブスの代表が投票する. このけっか, トリブス会では農村部が優位に立ったが, 農村部は有産者の拠点であったので, けっきょくかれらが牛耳った.

　(c)　平民会 Concilium plebis (のちに Comitia plebis tributa)　　この民会は, トリブス会と同様にトリブスを単位としたが, 貴族を排除した, 平民だけの集会で, 護民官 tribuni plebis によって招集された. この集会の決議 plebscitum がローマ市民全体を拘束することが, ホルテンシウス法によって認められ, 平民会は, ケントゥリア民会と同格になった. 護民官は, ここで選ばれた (護民官職は, B.C. 495年に設けられた, 貴族から平民の利益を守るための役職であった. 当初2名, 最終的に10名. 任期1年, 10年間再任禁止). しかしこの公職は, 元老院

---

52) ローマでは, 財産額によって平民を五つの階層に分け, 階層別に歩兵を装備した. やがてその内の, きわめて豊かな平民は騎兵となり (これがB.C. 2世紀以降, 騎士階層となった), きわめて貧困な平民は装備義務を免れた. こうしてローマの平民階層は七つになった.

が権威をもっていたため変質した．すなわち護民官たちは，あとで元老院に入れてもらいノビレスになれることを期待して，元老院に妥協・協力することが多かった（日本の，高級官僚や大企業の労働組合幹部のような姿勢である）．

　　(d)　クーリア会 Comitia curiata　　この民会は，早くから形骸化した．ここでも上部の階層が多数派を占めるしくみが働いていた．

　以上のようなしくみによって，ローマの国制は，民主制の外観をもった寡頭制が実態であった（民主制の外観をもった寡頭制は，古代ギリシアの多くのポリスでも見られた．考えてみれば，現代のアメリカや日本も，この点で似たり寄ったりである）．

(2)　公職者への服従

　　(a)　ギリシアにおいても，ポリスに強く結束した市民たちは，その公職者に服従した．しかしローマには，それ以上のものがあった．高位公職者 magistratus たちは，特別の名門の出身者で罷免制がないうえ，絶大な権限をもっていた[53]．コンスル，独裁官，法務官・属州総督ら政務官（「官」といっても名望家のボランティア職である）の権限を imperium と呼ぶが，それは，民会への提案権，投票結果を採択するかどうかの判断権，軍事指揮権，刑事上の権限——coercitio と呼ばれる，逮捕・拘束の権限と死刑・追放刑をふくむ裁判権（科刑はかれらの裁量行為であった）——などから成っていた．高位公職者はこうした権限によって，権威 auctoritas の高い存在であった．

　　(b)　ギリシアとちがい，一般市民が公職に就くことを支える制度が弱かった．たとえば，公職者は，クジで選ばれなかったし，日当が出なかった．

　　(c)　ローマでは強い紀律 disciplina（discere＝学ぶ）が重視された．スパルタと同様，ローマは不断に戦争を意識して生活する軍事ポリスであり，〈共同防衛の必要〉からする軍隊の論理，すなわち命令する者への服従・規律遵守・不断の訓練が，生活を規定した．

---

[53]　シュルツ『ローマ法の原理』(Fritz Schulz, *Prinzipien des Römischen Rechts,* 1934，眞田芳憲・森光訳，中央大学出版部，2003，183 頁以下）；吉村（前掲注 47）『支配の天才ローマ人』25 頁．magistratus は，magis（より大きい）に由来する．（master＝Meister・maître も，これに関連する．）magistratus の語と対照的なのが，（近世以降の）minister である．この語は，minus（より小さい）に由来する．同じ「公職者」の語でも，magistratus は（主権者である）市民よりも権威があるが，minister は（主権者である）王ないし国民に仕える者だということである．

（d）民主制とはあいいれない制度が重要な意味をもった．その典型が，元老院 senatus である．元老院は，高級公職経験者・有徳者が議員になり，終身制であった．議員数は，当初 300 名，のちに 600 名になった．法で定められた正式の機関ではなかったが，政治的に重要であったこと，議員たちが社会的に実力と権威をもっていたこと，政務官たちのように短期間での交代がなかったことなどによって，ローマ政治上で決定的な意味をもった．

独裁官 dictator（dicto＝決定する）もまた，この点で重要である．これは，元老院の決議にしたがって 2 人のコンスルの 1 名が指名した．任期は最長 6 ヶ月で，主として危機管理，とくに戦争指揮のために全権を掌握し，任務完遂後すぐ退任した．しかし，民主制に対する危険性をもっており，じっさい，のちにスラ（Lucius Cornelius Sulla, B.C. 138 頃-78）やカエサルによって悪用された．

2-1-3 ローマの帝国化

B.C. 4 世紀より帝国拡大が始まり，平民も戦利品の配分で満足させられた．安価な穀物が植民地から入ってくるため，ローマ農民の経営は苦しくなった．また，ラティフンディウムの拡大によって，土地を奪われたり競争に負け経営難に陥ったりする農民が増大した．

<small>民主ポリス
理念の蘇生</small>　この状況を打開しようとして，〈民主ポリス〉理念，すなわち〈市民参加による共和制〉を掲げて行動に出た人々がいた．なかでも有名なのが，グラックス兄弟である．護民官となった兄ティベリウス（Tiberius Sempronius Gracchus, B.C. 162-132）は，当時の疲弊した農民を救い，〈民主ポリス〉の核である（中産の）独立自営農民を取り戻すため，大土地所有者が占有している公有地を農民に再分配することを企てた．この政策は，元老院議員ら有力者たちの激しい反対を招いた．この過程で，同僚の護民官が反対派に動かされて改革法案に対し拒否権を発動したさい，ティベリウスは，その拒否権行使を無視した．かれはまた，護民官職の続投を狙った．これらは，ローマの護民官ルールに反する行為であった．このため有力者の抵抗はいっそう強くなり，かれは，続投を決める選挙の日に殺された．兄の遺志を継いで護民官となり奮闘した弟ガイウス（Gaius Sempronius Gracchus, B.C. 153-121）も，自殺に追いやられ，同士 3000 人も殺害された．ローマは，このあと内乱状態に入っていく．

元首政　内乱の中でカエサルが権力を集中していったが，〈ローマ的自由〉，とくに共和制，を脅かす危険人物だとして暗殺された．カエサルの跡を継ぎローマの最高権力者となったアウグストゥス（Augustus, B.C. 63-A.D. 14）は，注意して〈ローマ的自由〉の骨格（共和制・元老院・民会・法の遵守）を堅持する外見を保った．かれが選んだ称号の「元首」princeps は，本来は，「元老院の同等者中の第一人者」primus inter pares という意味をもっていた．しかしかれは，やがて終身のコンスルに就任する（B.C. 19）など，権威を高め実質的に皇帝となった．かれの時代には自由よりも政治的安定を求める傾向が強く，また「パンとサーカス」で権力に飼い馴らされた人々の間には，皇帝化を容認する雰囲気が高まっていた．人間は，自分の意志によって生きようとする肉食動物の血をもっているが，群れてボスに服従したがる草食動物の血をももっているのである．

専主政　ディオクレティアヌス（Diocletianus, 在位 284-305）の即位は，専主政期の始まりとされる．かれは，自分を「主にして神」dominatus et deus と呼ばせた．dominatus は，dominus＝家長に由来する．後述のように家長は，家族員に対し絶対的な支配権（家族員に対する，生殺与奪・売却の権限に支えられた強力な命令権限）をもっていた．今や皇帝は，この意味での支配ができる専制君主になった．「元首は法律を超えている」Princeps legibus solutus. の命題は，法学者ウルピアーヌスの個人的・文脈的見解にすぎなかった（D. 1. 3. 31）．しかし皇帝ユスティニアヌス（Iustinianus I, 在位 527-565）がコンスタンティノポリス Constantinopolis 市民の反乱（ニカ Nika の乱，532）を武力で平定し強権化した頃から，文字どおりの意味で通用するようになった．

民主ポリス理念残照　それでもなお，〈法を尊重するのが皇帝の尊厳にふさわしい〉という遵法思想や，〈皇帝は市民から，共同体管理を託され権限を委譲された〉という——〈民主ポリス〉理念の名残である——原理は，あとまで残った．この原理は，ビザンツ帝国においてすら，その終わりまで働いた．このことは，そこでも元老院による皇帝選出の手続きがあったことや，練兵場ないし戦車競技場ないし宮廷での皇帝即位式で，市民が「皇帝万歳」を唱える儀式が欠かせないものであったことに現れている（軍人皇帝の伝統を反映して，兵士の喝采も欠かせなかった）．こうした原理が働いたため，ビザンツ帝国皇帝の地位は安定せず，1453 年の帝国瓦解にいたるまでの間に，89 人中 43 人の皇帝が反乱でその座ないし生命を奪われた．

2-2　法と法観念

2-2-1　秩序維持・裁判

(1)　初期ローマ

　ポリスの統合力はまだ弱かった．ごく最初は氏族 gens が社会の基底となる組織であったが，その解体後は，「家」familia が社会生活上で重要な意味をもち，それを家長が統率していた．家長は，第一に，秩序維持のために重要であった．「家」は一つの公的・政治的な自治団体であり，その統制のために，家長には強力な家長権が付与されていた．第二に，初期ローマでは家族単位の農業生活が主軸であったため，家長によって経営の統合・農業財産の一体的保全をはかることが重要であった．これも強い家長権の基盤となった．

　家長権の中身　たとえば，(a)　実際に行使されたか否かは別として，家長は，家族員に対し生殺与奪・売却の権限をもっていた（十二表法第4表．スコット（S. P. Scott）の *The Civil Law* (1932) による．以下，同じ)[54]．成人の息子でさえ，軍人や元老院議員，コンスルになっても，父親が生きている限り父親の家長権から自由にはなれなかった[55]．息子が勝手に契約したら，父親が債権を取得する（父親は，債務は負わない）．父親が死んだ場合には，息子は，重度の障害者でないかぎりは，14歳で後見人不要となる（25歳になるまでは，未成年者として，その法律行為は取り消しうるものであったが）．家長以外の者には——今日的に言えば——行為能力がなく訴訟能力もなかったから，すべての裁判は家長同士の闘いの場としてあった．

　(b)　ローマ人は，〈自由な人格〉・〈自由な所有〉・〈契約の自由〉を事実上，制度化していたが，これも家長が，「家」の内では完全な支配権（＝所有権）を有し，それを基盤にして「家」の外の社会においては相互に自立的な主体（＝自由な意志をもった人格で契約の主体）であったことの反映である．つまりそれは，〈人は個人として自由である〉という思想（「近代的な個人主義」）にもとづいたものではない（後述のように，

---

54)　家長や債権者がもったこのような残酷処置の権限は，ひんぱんに行使されたとは言えない．ローマ人は，宗教や倫理を尊重し，また隣人・親族の批判をおそれ，権限行使を自粛したからである．Stephan Meder, *Rechtsgeschichte*, 2002, S. 26. この点は，イェーリングも1854年に『ローマ法の精神』第2巻第1分冊で指摘している．拙著『近代ドイツの国家と法学』（東京大学出版会，1979）28頁以下．

55)　『ユスティニアヌス法典』の中の *Institutiones* 1. 12. 4 は，〈今日では君主権が家長権に優位するので，息子は，君主の名によって，軍人や元老院議員やコンスルになれば，家長権を脱する〉としている．家長の権限は，専主政下で制約されたのである．

近代の「近代的な個人主義」自体が，19世紀末まで社会主体であった家長の姿（137頁）を反映したものであった）．

(c) ローマ人が，私的団体や共有，多数当事者の債権・債務について，独自の団体的法理で構成せず自然人に着目した構成を貫いたのも[56]，また，科刑上で連坐制を否定したのも[57]，家長が不法行為を犯した家族員を相手方に引き渡すことによって責任を免れた（noxae datio の制度）のも，一匹狼的である家長の姿と無関係ではないだろう．

公的規制 しかし，こうした家長も，共同防衛，戦争を不断に意識したローマにおいては，共同体的統制・紀律，公職者の権威に服してもいた．ポリスの統合が強まるにつれ，この面がしだいに前面に出て来る．

この点は，たとえば十二表法（第7表）の次の規定に現れている：①タリオ（「目には目を，歯には歯を」の罰則）の制度が，罪と罰を釣り合わせるため導入されていた（たとえば，他人の脚を切断した者は，自分の脚を同様に切断される）．②死刑や罰金刑が定められた（たとえば，夜間に作物をだめにした成人は絞首刑・未成年は折檻の上で父が賠償，家畜を駆って畑を荒した者は，その家畜を没収．また，骨折させた者と傷つけた者とを区別して罰金が科された）．科刑は，加害行為が私法上の不法行為と刑法上の犯罪とで区別されたことを意味する[58]．③（傷害罪の場合を除いて）故意と過失が区別されていた．これも，被害に対する反応が客観的・合理的なものとなっていたことを意味する．④債務の取り立てにおいても，度を越すことは犯罪となった．⑤昼間に凶器をもたずに侵入して来た窃盗犯は，殺してはならない（この場合は，政務官が鞭打ちして被害者に奴隷として売却するよう引き渡すか，現行犯で逮捕されたのでない場合には盗品の価値の2〜4倍の贖罪金で処理する），といったかたちで，自力救済が限定されていた（ただし，夜陰に乗じて侵入して来た窃盗犯や，昼間に侵入して来た窃盗犯でも凶器を用いて抵抗した場合には，証人たちの面前では殺してもよかった）．

---

56) 古代ローマ人は，〈構成員とは別個の法的主体として動く私法人〉を原則として認めなかった（前掲注1参照）．かれらは，私的団体を，①組合 societas，すなわち結合した個々の構成員が権利・義務の主体である団体として，もしくは，②その団体の長である自然人が所有する財産として，構成しただけであった（もっとも，特定の財産関係——たとえば休止相続財産や財産面での公法人——は，独自の権利・義務主体として把握した）．
57) 以上，原田慶吉『ローマ法の原理』（弘文堂，1950）第9章．
58) Meder (fn. 54), *Rechtsgeschichte*, S. 27 ff.

家長とポリス　こうして，ともに強力な，〈家長の自力執行〉と〈ポリスの結束〉との並存が永く続くこととなった．それが鮮明なのは，ローマの裁判の仕方をめぐってである．詳細は後述するが，その特徴は，〈原告は，和解が成立しなければ，被告を法廷へ自力で連れていく．裁判は当事者本位の原則をとる．判決の執行も原告が自分でおこなう〉点にある．

たとえば判決の執行をめぐって，次の点が問題となる．(a) 人を殺した者は，裁判にかけられるが，故意による殺人のときには，被害者の家長（ないしその同等者）が判決を得て加害者を殺害したり奴隷にしたりする．過失致死の場合には，判決により加害者側から贖罪の品として雄羊を差し出させる（十二表法第7表参照）．(b) その他の自由人に対する不法行為の場合には，被害者側は，行為の対象となった財物の価値よりも大きい額の贖罪金（たとえば上述のように窃盗の場合は，盗品の2～4倍であった）を取り立てる権限を判決によって得，実行した．(c) 初期の債務法においては，債権者は，債務を期限後30日以内に履行しない債務者を，法務官の前に連行し，判決を得て60日間拘束する．その間に履行がなければ，債権者は債務者を債務奴隷とするか，殺害するか，債務者の身体の一部の肉を切り取るかできた（十二表法第3表参照）[59]．

(2) 共和制期

(i) **民事裁判**　B.C.2世紀以降に確立した民事裁判の態様は，次のようなものである．

原告は，被告を法務官の前に召喚する．対人訴訟のばあい，召喚された者は，出頭しなければ，法務官によって罰金を科される．対物訴訟の場合は，出頭しなければ，敗訴し争訟物が原告に移転する[60]．

原告と被告とは，まず法務官の前で事件について陳述する．法務官は，〈だれを審判人 iudex にするか〉，〈事件がどの訴権 actio（注68参照）をめぐるものであって，したがって審判人はどういう争点事実を認定すべきか〉を指示した

---

[59] この過酷さの原因としては，(a) この債務法が貴族による平民支配の道具であったこと（民主化の後もこの関係を廃棄できなかった），(b) 農業社会であったため債務関係が少なく，債務者はたいていが貧困者だったので，債務者不信が強かったこと，(c) 古代ギリシア時代や古ゲルマン時代以来，近代の債務者監獄制度にいたるまで，契約の不履行を（民事・刑事未分化の）不法行為だと見て債務者を追及する思考が働いていたこと，などが挙げられる．

[60] ガイウス『法学提要』(Gaius, *Institutiones*；佐藤篤士監訳，敬文堂，2002) vol.4, §183. 原田慶吉『ローマ法』（有斐閣，改訂版，1993）386頁参照．

方式書 formula を発行する[61].

　原告と被告とは，次に法廷の審判人のもとにいく．審判人は，上記方式書にもとづき審判する（かつては訴訟提起は厳格な形式（動作・言葉）にしたがう法律訴訟 legis actio としてあったが[62]，B. C. 150 年頃の法律である「アエブティウスの法」lex Aebutia de formulis によって，ローマ市民間の取引にも方式書が導入されてから，法実務の形式主義はしだいに減っていった．法務官が事件の中身を調べ，それが或る訴権に連関すると認定して方式書を発行してくれれば，裁判を受けられるようになったからである）．審判人は，原告と被告の合意によって，あるいはクジによって選定された．審判人には，はじめは元老院議員だけがなれたが，グラックス兄弟の時代に騎士階層が，さらに富裕市民が加わった．B. C. 70 年に審判人名簿に 900 人が登録されるようになり，その後アウグストゥスがその数を 4000 人にした．各裁判には通常 1 名が配置された．

　この法廷では原告と被告とが，自分で，あるいは弁護人によって陳述する（弁護人も，法務官や審判人と同様，専門の法律家ではなかった）[63]．最後に審判人が

---

61) 法務官とは民刑事裁判担当の政務官のことである．B. C. 367 年に創設され，当初は定員 1 名であった．B. C. 242 年に，外国人を担当する法務官 1 名が新設された．その後，属州担当の法務官も追加され，最終的にはアウグストゥスの時代に 16 名になった．
　政務官は就任にあたって施政方針を市民に告示する．法務官職を担当する政務官は，それまでに出されていた法令やこれまでの法務官告示を確認したり，新原則をつくったりして告示した．任期の途中にも必要に応じて告示を出した．方式書は，それらにもとづいてつくられた．後任者は，前任者や同僚のやり方を無視しても法的にはかまわなかったが，事実上，継続を重視した（今日の大陸法系諸国の裁判官もそうであろう）．法務官の任期は 1 年であったが，これらの告示が書記によって保存され蓄積して，法務官法と呼ばれる規範が形成されていった．法務官法と，市場にかかわる裁判権をもっていた按察官の法的告示とを総称して，名誉法 ius honorarium と言う．名誉法は，市民法 ius civile とは別の法群を成した．両者が融合するのは，専主政期においてである．
62) 初期の法実務では，未開社会特有の儀式・形式重視の傾向が強いうえに，十二表法が神聖なものとされていたこともあって，文言にこだわった不合理な法運用が目立った．ガイウスが伝える興味深い例によると，ある人が無断でブドウの樹を切られ，（無断でブドウの樹を切られた）ことを理由に訴えを提起したが，退けられた．十二表法（第 2 表）には〈ひそかに他人の樹木を切った〉者に贖罪金を科す規定があるが，「樹木」でなく「ブドウの樹」を切られたとして訴えたため，退けられたのである（ガイウス『法学提要』第 4 巻 11 節）．（この厳格主義がなくなると，「類推」が可能となり実務が柔軟化していく．）
63) ローマの民事裁判では，雄弁・レトリックは，ギリシアほどには重要でなかった．なぜなら，ここでは審判人は，前述のように法務官の争点決定に従って，淡々と争点事実の認定をするだけだったからである．しかし刑事裁判は，多数の陪審員の前での生の対決のかたちでおこなわれたので，弁論の意味も大きかった．こうして，たとえばキケロは，刑事弁護の弁論記録はたくさん遺したが民事弁護の弁論記録はあまり遺していない，ということになった．吉原達也「キケロの弁論術教科書と法廷弁論」（植松秀雄編『法とレトリック』，科研費報告書，1997）．

決定を下すが，判決理由は示さないし判決を記録することもなかった．

前述のように，当初は民事裁判では，勝った原告は自力での執行を認められただけであった．しかし，やがて公的執行としての競売制度が導入された．競売にはすべての債権者が参加できた．財産の一部売却で債務を弁済できる場合でも，債務者は破産宣告を受け，全財産が競売に付された．競売では弁済しきれない場合は——債務者を奴隷にしたり殺害したりするのではなく——労働で支払わせるようになった．

(ii) 刑事裁判　　上述のように当初は，放火や押し込み強盗，窃盗などでも，私訴（市民男性が告訴し自分で訴追する裁判．本書 27・120 頁をも参照）で処理した[64]．無罪判決が出たときは，告訴・訴追人は，濫訴したと認定されれば，罰せられ告訴権も失う．逆に告訴・訴追人は，被告人が有罪になると報償を受け，死刑判決が出れば被告人の財産の一部を得た．

審理は，政務官が主宰し，数十名の陪審員（最高時で 75 名）たちの面前で訴追人と被告人とがわたりあう対審形式であった．陪審員は，上層の者に限定されていた．すなわち当初は貴族だけがなれ，やがて騎士階層が加わった．陪審員は，討議なしに投票した．訴追人・被告人双方に弁護人が付いた．

帝国が拡大した B.C. 3 世紀以降，警察機構とともに刑事裁判が整備された[65]．(a) 上層市民で逮捕され無罪を主張する者は，公訴され，陪審を前提にしつつ政務官によって糾問的に裁判された．政治犯罪は，トリブス会で審議していたが，第二次ポエニ戦争勝利後（B.C. 201-），民会が形骸化したため，また政治事件が複雑化したため，元老院が専門家に処理させるようになり，特別刑事裁判所が随時設置されるようになった．(b) 奴隷や下層民の容疑者は，下級の公職者に委ねられた．自白した者や現行犯は，裁判抜きで処分された．そのさい奴隷には拷問が科せられた．

スラが，B.C. 80 年に常設の刑事査問会を整備し，特定の，国事犯，不敬罪，殺人，国有財産侵奪などを裁判した．この査問会で裁かれる犯罪行為は，その後しだいに拡大していき，裁判構造に大きな変化が生じた．

共和制期においても懲役刑はなく，刑は罰金・死刑・追放刑だけであった．

---

64) 以下，Wesel (fn. 3), *Geschichte des Rechts*, S. 167 ff.; Wolfgang Kunkel, *Römische Rechtsgeschichite*, 1972, S. 64 ff. による．

65) Wolfgang Kunkel und M. Schermaier, *Römische Rechtsgeschichite*, 13. Aufl., 2001, S. 81 ff.

放火や押し込み強盗，窃盗，犯罪目的で武器を携行することなどは，死刑が科された．

(3) 元首政期―帝政期

元首政期が進むと，民事訴訟では，官僚である裁判官が裁判する特別の手続きが導入され，これが帝政期に一般化する（それでも審判人制度は，相続などの重要裁判では残った）．裁判は，皇帝の裁判官によって皇帝の名においておこなわれ，判決の執行も公権力によっておこなわれるようになった．訴訟手続きが厳密に規定され，皇帝の裁判にいたるまでの上訴が制度化された（この上訴制度は，のちにキリスト教会における裁判に採用され，近代の民事訴訟の一つの原型ともなった）．皇帝の判決は，とくに民事訴訟において，法革新に寄与するところ大であった．

刑事裁判においては，共和制期の構造が継続した．陪審員による裁判が主流であったし，私人による告訴・訴追が基本であった．しかし，しだいに警察機構や専門裁判官制が確立し，これによる特別裁判所の管轄事件が拡大した．帝政期のA.D. 2世紀以降，刑が重くなり，むち打ち刑や重労働が加わり，監獄制度も始まった．

2-2-2 法律家・法制度

(1) 法律家

(i) 法律家の誕生　十二表法に見られるように法が成文化された後も，法の運用は，貴族だけがなれた神官・鳥占い官が独占していた．しかし，B.C. 300年頃から平民も神官・鳥占い官になれるようになったし，法実務が宗教から分離されてもいった．B.C. 200年頃以降，法実務へ騎士・平民が参加することによって，〈法の合理化〉が進展していく．

ギリシアにおけると同様，政務官も，審判人・陪審員も，訴追人も弁護人も，専門の訓練を受けた法律家ではなかった．しかし，かれらの背後には，法的な助言をおこなう専門の法律家（iurisconsultus＝法のコンサルタント，別名をiurisperitus＝法の識者という．法学者とも訳されるが，真の法学者は，トップ＝クラスの人々だけであった）がいた．かれらの活躍が，ローマの法生活の質を比類ないものにした．法律家の始まりは，貴族である元老院議員層の名望家が法的な助言

をおこなったことにある．やがて騎士階層出身の専門的法律家も一般化した．かれらは，その仕事について手数料を受け取らなかった．富裕層であったから，名誉を重んじたから，パトロンの義務だったから，そして高級公職を得るための先行投資であったからである．

(ii) 古典期に地位上昇　　法律家の地位が上昇し，かつ優秀な法学者が輩出しだしたのは，アウグストゥスの時代である．かれは，貴族再強化策の一環として，すぐれた法律家に「元首の権威にもとづく回答権」ius respondendi ex auctoritate principis を与えた（回答権をもたない一般の法律家も，その権威を高めた）．ハドリアヌス帝期 (Hadrianus, 在位 117-138) には，かれらの見解が一致したばあい，それが法的効力をもつようになった．こうした元首政期からセウェルス朝期末まで (B.C. 27-A.D. 235) を，ローマ法上の古典期と呼ぶ．

法律家たちは，権威に支えられつつ，紛争の法的処理方法，契約書・遺言書の作成，法務官の方式書の改訂，審判人の事件処理などについて，鑑定・助言 responsa をおこなった（法廷弁論は，別に弁論家が担当した）．かれらはまた，後輩の養成もおこなった．

(iii) 法学の発達　　トップ＝クラスの法律家たちは，法の学問的加工にも従事した（たとえば，アウグストゥス下の二大法学者の一人，ラベオ (Marcus Antistius Labeo, B.C. 50 頃-A.D. 18 頃．元首制に反対であったため，回答権はもてなかった) は，半年間はローマで実務や弟子の養成に従事し，他の半年間は別荘で法学の著作に専念した．——天才でも，集中できる時間がそれくらいはないと，研究成果が挙がらないものなのである）．著作物としては，市民法や法務官法の注釈，法学入門の教科書，個々の法制度・法実務の解説などがあった．

体系書においては，かれらは，〈類 genus—種 species—亜種 sub-species…〉の分類方式を使った．すなわちかれらは，これまでの法律 lex や法務官法や法律家の回答，そして法学書などのエキス部分である諸命題（これを「法文」と呼ぶ）——これらの総称が法 ius である——を素材にし，それらを分類しつつまとめ上げていく．すなわちかれらは，①まず法や正義一般を論じ，②次に法を公法と私法とに分け，③私法を「自然法」ius naturale と「万民法」ius gentium と「市民法」ius civile とに分け，④市民法を「人の法」と「物の法」と「訴訟の法」とに分け，⑤物を，有体物と無体物とに分け，また今日言うところの，所有権と制限物権等々とに分け，⑥有体物を公共の物とそうでない物

等々に分ける…，という風に展開した（分類は，法学が精緻化すればするほど，無限に細かくなっていく）．こうした作業のためには，諸法文・諸制度をめぐって，重要語を定義したり，新しい概念や法原則を考え出し，それらでまとめあげたりすることが必要である（前述のように，こうした手法は，アリストテレスらギリシア人の学問にも見られた[66]．本書51頁．今日のわれわれも使っている）．

　かれらは，こうした作業によって，法や法実務の鳥瞰的理解を可能にするとともに，法制度・法関係や法文の相関を鮮明にし，個々のケースを法文の実際目的や内在する理性・正義を考え，拡張解釈や縮小解釈，類推などで処理できやすくした（以下，本書では，個々の法律・法文がそれぞれ有している命題を法命題と呼び，そこから抽出された一般的命題を法規則と呼ぶ．これは，サヴィニー（Friedrich Karl von Savigny, 1779-1861）の使い方である．他の多くの法学者は，個々の法律・法文が有する命題を法規と呼び，そこから抽出された一般的命題を法命題と呼ぶ）．

　(a) 分類（帰納による場合分け）による実用化の例としては，次のようなものがある：ウルピアーヌスは，錯誤について，①目的物の錯誤，②名前の錯誤，③材料の錯誤などを区分し，それぞれについて諸ケースを検討して，①の場合は無効，②の場合は目的物が同じであれば有効などと整理した (D. 18. 1. 9: Ulpianus).

　(b) 上位概念の獲得の例としては次のようなものがある：アクイリウス法 lex Aquilia (B. C. 286頃) の第3条が他人の財物を不法に「焼く，砕く，引き裂く」行為を有責としていることをめぐって，法学者たちは，「砕く」とは「破壊する」という一般的な意味だと構成して適用した (D. 9. 2. 27. 13). ガイウスは，「破壊する」とは「損害を生じさせる」というさらに一般的な意味だと構成した（『法学提要』*Institutiones*, 第3巻217節）．こうした上位概念は，ヨリ広い適用を可能にする．

　(c) 目的ないし基本原則をふまえた解釈の例としては，次のようなものがある．

　(イ) アクイリウス法の第1条が他人の「家畜である四足動物」を殺す不法行為について規定している点について，当初想定されていた動物は，牛・馬・らば・ろばだけであったが，ローマの法学者は，①〈山羊や羊も，立法者は当然ふくめていた〉と解釈し

---

[66] ガイウス『法学提要』および『ユスティニアヌス法典』の中の *Institutiones* 参照．ヴィレーは，アリストテレスの『トピカ』などに見られる，弁証術の手法（＝概念や命題・一般的準則を分類・整理し，それらを場面に応じてうまく適用して相手を納得させる技術）が，キケロや，かれといっしょにロードス島に留学した法学者セルウィウス（Servius Sulpicius Rufus, B. C. 106頃-43）をつうじて法学の世界に浸透し，一定の効果を挙げたとする．Michel Villey, *Leçons d'histoire de la philosophie du droit*, 1957, pp. 161-183；Villey, *Le droit Romain*, 1945, I-3. 法学者ラベオも，ギリシア哲学や弁証術に造詣が深かった．

た(これは,今日的に言えば,〈立法者意思はこれだ〉とする宣言的解釈である).そして次に,②「家畜である」とは〈飼い馴らされている使役動物だと立法者は考えていたはずだ〉と目的ないし基本原則を構成し,そこからの演繹で〈飼い馴らされた象やラクダの殺害にも適用できる〉とした.さらに,③鶏をも,客観的に見て〈飼い馴らされている使役動物〉に入るとするようになった(②は立法者意思に結びつけた類推であり,③は立法意思を媒介にした類推である).(西村隆誉志『ローマ損害賠償法理論史』,青葉図書,1999,121頁以下参照).

(ロ) ガイウスは,〈ある人の奴隷たちが集団で不法行為をした場合に,その奴隷主に対して贖罪金として加害奴隷全員の引き渡しを請求できるか〉の問題をめぐって,奴隷たちが集団で窃盗した時にはその窃盗行為を一人がやったこととして処理するルールを引き合いに出し,このルールの目的ないし基本原則は,〈一人の奴隷を差し出せばよく,奴隷全員を奪われることはない〉ことにあるのだから,当該ケースも同様に処理すべきだとした(Gaius, in: D. 9. 2. 32).(これは立法意思にかかわらせた類推である.)

(iv) 法学の特徴

即物性　ローマの法律家の思考の特徴は,第一に,即物的だったことにある.すなわちかれらは,(a)〈目に見え手に取れるものを離れ高度に抽象的な概念・命題の操作に深入りすること〉を好まなかった[67].かれらが,家族について(近世日本の「御家(おいえ)」のような抽象物を考えず)家長の姿において考え家族法を家長の権限問題として構成したのも,団体について,公法上のものや特殊なものを除いて,「法人」を問題にせず団体構成員の姿において考え,かれらの組合ないし共有として構成した(本書注1・注56)のも,その即物性の現れである.かれらはまた,(b) 個々のケースを超えて一般化に走ることを好まなかった.かれらは,個々のケース・関係・対象に即して(=カズイスティックに. casuisticは, casus=case から来る)処理した.

じっさいかれらは,「意思表示」とか「不法行為」とかといった一般概念を使っていない.このため,かれらの法学書には,ケースの処理方策・法律の規定・学説を羅列しているだけのように見える面もある(そもそもローマ人は,十二表法ののち,後述の『ユスティニアヌス法典』にいたるまでは,法典化を追求しなかったし,『ユスティニアヌス法典』にしても,分類手法でケースの処理方策・法律の規

---

[67] 法学者ヤウォレヌス(Iavolenus Priscus, 79-138)の言葉に,「市民法におけるすべての定義は危うい(小さなくいちがいが出ただけで崩壊するから)」Omnis definitio in iure civili periculosa est. (D. 50, 17. 202) というのがある.

定・学説を羅列しているものの，法の体系化はめざしていない）．かれらの訴権の考え方も[68]，このカズイスティックな思考の反映であると言えよう．

論理性　しかし第二に，ローマの法律家は，先にも示したように，かれらなりに論理的思考，帰納・演繹の方法を使った．かれらは，そのことによって，法制度を原理的に説明したり，法律・法文の法命題から法概念や法規則を得ることによって，法を直接の対象を超えて柔軟に適用できるものにし，逆に不適切な広い適用や矛盾を規制し，また法的安定性を確保しようとした[69]．

この論理的思考には，しかし思弁性はない．萌芽的にはプラトンらに見られ，またのちにはデカルト的哲学やドイツ近代法学に見られることになる思考，すなわち〈事例に極度の哲学的加工を加えて一般原理・基本概念を獲得し，それらの全体を原理から論理的に展開し体系構築をする〉というようなやり方は，ローマの法律家には縁遠かった．

今日のわれわれ——とくにドイツ法学の流れをくむ者——は，さまざまな法律・法文や言説を対象にすると，〈そこには或る根本原理・法則が——ただ一つ——隠されているはずだ〉と考えそれを探ろうとする．われわれは，法律・法文や言説間に矛盾や例外があれば，不安になる（前述のようにプラトン的な思考の人々も，そうであった）．しかしローマ人は，〈概念同士に矛盾のないこと〉や〈唯一の原理からの一貫性・体系性〉にこだわらなかった．かれらは，その場の妥当な解決を重視したのであって，そのけっか矛盾や例外あつかいを生じさせることや，複数の原理を並立させることは，さほどの欠陥ではなかった．じっさい，それによって複雑な現実への眼や，多様な処方箋への眼

---

68) ローマ人は，保護に値する法的関係を個々の訴訟をつうじて積み上げていった．人が他人を相手どって，或る物の給付や或る関係の形成を求めて訴えてきたとき，法務官は，その要求の前提が〈自分があらかじめ公示した，裁判上の救済を与えうる紛争パターンに該当する〉と判断（＝訴権を認定）すれば，受け付ける．そして争点を確定して，審判人に，争点事実があるかどうか検討するよう事件を送付する．訴権は，既に確定しているものから，類推や政策的判断によって新たなものが生み出されていった（しかし A. D. 130 年からは，訴権の新設には立法機関による決定が必要になった）．イングランド法が令状 writ によってしたのと同様，訴権を少しずつ増やしていくかたちで，実質的に ius（＝実体法・実体権）を確立させていったのである．

69) この点を強調するのは，イェーリングの『ローマ法の精神』第 2 巻第 2 分冊（1858）である．拙著（前掲注 54）『近代ドイツの国家と法学』342 頁以下参照．Kunkel und Schermaier (fn. 65), S. 147；シュルツ（前掲注 53）『ローマ法の原理』45 頁以下も，同旨である．

ベーレント『歴史の中のローマ法』(Okko Behrends, 河上正二訳著，日本評論社，2001，33 頁）は，ローマの法律家は，原理的思考を方法論的に整備しては示さなかったが，「個々の問題ごとの法的思考の背後で，明確な体系と依るべき一般準則を明らかに意識しながら法的処理の当否を考えていた」とする．そうであるとすると，後述のアクィナスの思考（本書 181 頁参照）を先取りしていたことになる．

が開かれ，それらをふまえた柔軟な法運用への道が開けたのである．（同様の思考態度は，後述のようにルネッサンス期以降の人文主義にも見られる．本書 270 頁．）

(v) 二つの学派　古典期の主要な法学派としては，サビーヌス (Sabinus, A.D.1 世紀) を中心とする学派と，プロクルス (Proculus, B.C.20 頃-A.D.70 頃) を中心とする学派とがあった．どちらかというと，サビーヌス派は，法律・法文の目的や法制度の基本原則を読み取り，個々のケースを，それらに合致するように処理し，実質的正義，法の柔軟性を確保しようとした．これに対してプロクルス派は，端的に表示され・確認しやすい一義的ルールを確定しそれを適用するという――今日的に言えば，法律実証主義的な――手法によって法的安定性を確保しようとした（プロクルス派はラベオの弟子たち，サビーヌス派はラベオのライバルだったカピトー (Gaius Ateius Capito, ?-A.D. 22. かれは回答権の保持者であった) の弟子たちが多かったという）．

たとえば，①〈(今日言うところの) 行為能力がいつ始まるか〉について，サビーヌス派は，法律・法文から，〈行為能力は性的成熟に達した時点から始まる〉という基本原則を読み取り，それに照らして，個々人について〈性的成熟に達しているか〉を調べる方向をとったのに対して，プロクルス派は，法律・法文から，〈女子は 12 歳から，男子は 14 歳から〉という一義的なルールを確定し，それによって画一的に処理した．②〈物と物との交換は売買か〉をめぐって，サビーヌス派は，法律・法文から，〈売買とは信義則による，価値に着目した交換契約である〉という基本原則を読み取り，物と物との交換も，この点で売買だとしたのに対して，プロクルス派は，法律・法文から，〈売買とは物と金銭との交換行為である〉という規則を確定し，物と物との交換は，この点で売買ではないとした．③〈加工された物は，材料の所有者に帰属するか，加工者に帰属するか〉について，サビーヌス派は〈材料が本質的に持続している事実〉に着目して前者を選び，プロクルス派は〈材料の持続〉よりも〈目に見える加工の作用〉に着目して加工者に帰属するとした（ガイウス『法学提要』第 2 巻 79 節）．④遺贈について，サビーヌス派は相続制度の本質からして，〈受遺者が知らなくとも相続によって移転すれば受遺者に帰属する〉としたのに対して，プロクルス派は目に見える〈個々人の意思〉に着目して，〈受遺者が認諾してはじめてかれに帰属する〉とした（ガイウス『法学提要』第 2 巻 195 節）．

両派のこのちがいがどういう思想と結びつくものかを説明するのは困難である．しかし一般には，前述した，ヘレニズム哲学の二つの潮流のちがいに対応

している，とされる．すなわち，サビーヌス派は，ストア派の自然法論の立場（普遍性志向）をとり，個々の法規定の根底にそれぞれの基本原則（道理）ないし本質が横たわっていると考え，具体的ケースをそれに適合させるかたちで処理しようとした．これに対してプロクルス派は，前述のピュロンらの懐疑論の立場をとり，法を或る法則の発現と見るよりも，社会統制のための道具と位置づけるので，統制が効率よくいくよう画一的基準を重視しかつ目に見える個々人の行為や意思に着目したのである，と[70]．

(vi)　その後　A. D. 284 年以降の専主政下では，法学者による学問法ではなく皇帝の勅令が法実務の主軸となり，また官僚裁判官が法解釈を独占するようになった．学問活動と実務との架橋が後退したことによって，ローマの法生活はしだいに慣習に支配され卑俗化（概念の厳密性・観念性を失い単純素朴化すること）していった．たとえば共和制末期までに確立した〈観念的・絶対的な所有〉は，卑俗法（Vulgarrecht, vulgar law）の下で質を落としてゲルマン法上の所有（ゲヴェーレ Gewere）に近いもの（即物性が強く占有権を所有権並に保証する．逆に，所有権の効力を相対化する）になった[71]．

ユスティニアヌス帝が，法学者トリボニアヌス（Tribonianus, ?-542 頃）らに命じて 533-534 年に法典を編纂させた．この法典（本書では『ユスティニアヌス法典』と呼ぶ）は，やがて 4 部編成となった（後述のように中世のイタリアでその中の *Digesta*（= *Pandectae*『学説集成』）の写本が再発見されたあと，5 部編成であつかわれた．16 世紀以降は，『市民法大全』*Corpus Iuris Civilis* と総称された）．

その内の，① *Institutiones* は，教科書風の概論であり（institutio は「教育」の意），法律とは言えないものであった．これは，ガイウスの『法学提要』*Institutiones*[72] 等に見られる構成――第 1 巻：人をめぐる諸ルール（人・行為能力・結婚・親子などをめぐる諸規定），第 2・3 巻：物をめぐる諸ルール（有体財産・相

---

70)　以上，ベーレント（前掲注 69）『歴史の中のローマ法』97 頁以下参照．
71)　柴田光蔵「ローマ法学」（『法学史』碧海ほか，東京大学出版会，1976）40 頁以下．吉野悟『ローマ所有権法史論』（有斐閣，1972）第 6 章．
72)　1816 年にドイツの歴史法学者ニーブール（Barthold Georg Niebuhr, 1776-1831）が，ローマへの旅の途中に立ち寄ったヴェローナ Verona の大聖堂図書館で，ガイウスの『法学提要』の古写本（5 世紀のもの）を発見した．これによって，『ユスティニアヌス法典』編纂時（6 世紀前半）の恣意的な挿入 interpolatio や改ざん compilatio を免れた，古代ローマの法の世界がよみがえった．（たとえば，それによって法律訴訟や方式書訴訟などの姿が再現された．）佐藤篤士監訳（前掲注 60）『法学提要』参照．

続・債務・不法行為などめぐる諸規定），第 4 巻：訴訟行為をめぐる諸ルール[73]——にならった構成をとっている．後述するようにこの構成（中身は変わるが）が，フランス民法典（1804）などの近代法典でも採用された．② *Digesta* は，それまでの時代の法律家が書いた書物からの言説の切り集めであり，これも法律とは言えないものであった（digero＝摘要する．pandectes＝すべてを含んだ）．これに対して，③ *Codex iustinianus*（勅法集）は，元首政期から 534 年までの勅令や決定から成り，④ *Novellae* は，534 年以降ユスティニアヌス帝によって出された勅令や決定から成る．

(2) 法制度の特徴

ローマ法の特徴の一つは，すでに共和制末期までに，結社の自由，年少者保護，所有の自由，自由な契約，遺言の自由（十二表法で認められていた），良俗違反を無効とする原則，衡平，ある程度の〈公法と私法の分離〉・〈法と道徳の区別〉など，近代法につながる諸原則を，実質的に準備していたことにある（「実質的に」とは，〈かれらが明確な概念をもっていたわけではないが，今日の眼で見れば諸関係からしてそれに近づいている〉との意である）．この点ではローマは，「私的自由」を，アテネ以上に発達させていた．

しかしそうした自由は，今日のように各個人に人間であることにおいて——人権として——保障されていたわけではない．また，商品交換関係が発達したことの反映として出て来たものでもない．逆にそれは，国家的統合がまだ弱い農業社会の伝統を背景としている．前述のように（73-74 頁），そこでは家長が社会活動・秩序維持の中核として，独立した地位にあった．このことを反映してローマ法の名宛人は，「個人一般」ではなく「家長」なのである．以下，所有・契約・不法行為・女性の地位について，特徴を見ておこう．

(i) 所　有

包括性と絶対性　　古代ローマ人が，所有 dominium（＝proprietas．dominium は domus＝家長の支配圏から，proprietas は pro＋patris「先祖の物」

---

[73] ガイウスは，『法学提要』の第 1 巻 8 節で，「われわれの法は，人に関するもの，物に関するもの，訴訟に関するものに分かれる」と述べている（前掲注60）．『ユスティニアヌス法典』の中の *Institutiones* も，「すべてわれわれの法は，人にかかわるか，物にかかわるか，訴訟にかかわる」と述べている（第 1 巻 2 章12）．

から来る）の広範な自由をはじめて実質的に確立した．自由な所有とは，保持・利用・処分が自由で，同一物に異なった二つの所有権能が帰属する関係を認めないこと（＝一物一権主義．この状態を「所有の包括性」という）を意味する．ローマ人はこのために，保持や利用を促進し，それらを保護するさまざまな訴権を制度化した（＝所有物取り戻し訴権 rei vindicatio や否認訴権 actio negatoria など．これらによって，ほとんどの他者による侵奪・妨害・不当な指図が排除できた．これを「所有の絶対性」と言う）．こうした所有制度への動きは，第二次ポエニ戦争後のローマ社会における，中産農民の分解・それによる共同体的諸関係の衰退・都市生活の進行にともなって顕著になり，共和制末期に頂点に達した．

それでもローマ人は，所有物を使用するときには，家長権を行使するときと同様，公法上の制約や家族・宗族（男系親族）関係上の配慮，良俗による規制，シカーネ禁止の法理[74]などに服していたのであるから，その広範な権限の外見から想像されるほどには近代的意味で「個人主義」的ではない．

観念性　所有にかかわるローマ人の思考は，(a) 物を現に占有していない所有者が，現に占有している者に対しても主張することができた点（所有物取り戻し訴権は，現に占有していない所有者が，その所有の正統性を証明できれば，無権限の占有者などから無条件で取り戻せる権限を前提にしていた）と，(b)「所有」を物の利用態様によって〈賃料徴収を内容とする所有〉・〈耕作を内容とする所有〉というように区別することはしなかった点とにおいて，ゲヴェーレに見られる思考に比べ，観念性・抽象性をもっていた[75]．

---

74) ローマ法には「自分の権利を行使する者は，何人をも害するものではない」といった原則があったが，その例外として，〈他人に害を加えることのみを目的とした，権利の行使は許されない〉という「シカーネ禁止」の法理があった．この法理が，19世紀中葉以降，フランスの裁判等をつうじて，権利濫用の法理に発展していった．末川博『権利濫用の研究』（岩波書店，1949）．

75) これは，民族性のちがいによるより，（法学の発達のちがい，および）生活関係のちがいによる．ローマ法は，しだいに都市生活向けになっていった．都市部の土地は，〈所有者は誰か〉が比較的明確であった．これに対してゲルマン法は農村生活向けであった．農村部の土地は，長い間利用されなかったり管理が行き届かなかったりして所有者が不明確であることが多い．このため裁判では，公然かつ平穏的に利用している者を所有者だと推定せざるをえない．これがゲヴェーレ的な即物思考である．

　ちなみにローマ法は，物権の対象を有体物（触れられる物 res quae tangi possunt）に限定したのであったが，ゲルマン法は，無体物（地代・特権・領主権・官職・称号など）をもゲヴェーレの対象にした．ゲルマン法の方が観念的・抽象的に思考しているかのようであるが，しかしこれも，ゲルマン法が種類を問わず人が現に自分で利用しているものを保護対象にしたことによる．

(a) について補足しておこう．ローマ人は，所有，占有 possesio，所持を区別した．たとえば，ウルピアーヌス (D. 41. 2. 17. 1) は，所有が「所有者の意思に反しても所有であり続ける」のに対し，占有は「占有の意思をなくすと即，占有でなくなる」とする Dominium nihilo minus eius manet, qui dominus esse non vult, possessio autem recedit, ut quisque constituit nolle possidere. ローマでは所有は，今日的に言うと，物の完全な支配権で，主体から独立した客観性＝観念性をもつ．他方，占有は，〈物を自分の所有物として所持する意思 animus domini をもって現に所持している状態〉を保護するところに成り立つ（前述のようにギリシア人は，この占有を法的にとらえられなかった．後述のようにゲルマン人は，上のようには所有と占有を区別できなかった）．

　占有に関してさらに二つの補足をしておく．第一に，ローマ人が新所有者から保護した占有は，animus domini をともなった占有，すなわち自主占有だけであった．これは，ローマが，家主・地主ら有産者を，借家人・借地人より優先したからである．たとえば，家主・地主が家・土地を第三者に売却したばあい，この第三者は，借家人・借地人（永小作権を除く）に対し立退きを請求できる．借家人・借地人は，自分の所有物として所持する意思をもっていない占有者，すなわち他主占有者にすぎないので対抗できなかった．かれらは，賃貸借契約を根拠にして，元の家主・地主に立退きによる損害の賠償を請求できるだけであった（今日的に言えば，「売買は賃貸借を破る」のである）．

　第二に，ローマ法では占有の方が所有より本源的であった．占有は元々は，初期の，各世帯に使用のためあてがわれた土地（ギリシアのクレーロスにあたる土地で2ユゲラ＝約40アール）の利用権と結びついていた．市民は，この土地を侵害された場合には，ポリスに保護を求めることができた．この保護が，政務官の発する特示命令である．こうした配分制度が崩れ，私有地化していくなかで，占有とは異なる所有の関係が出て来た．日本民法典などが「占有訴権」を明示的に保障しながら，「所有訴権」を明記していないのは，この事情による．

　ところで，以上のところで〈ローマ人が自由で観念的な所有をもっていた〉とするのは，あくまでも「実質的に」の限定付きでのことであった．〈自由な所有権〉を最初に明確に定義したのは，ローマ人ではなく，後述の後期注釈学派に属するバルトールス (Bartolus de Saxoferrato, 1314頃-57) であって，14世紀中葉のことである．かれは所有権 dominium を，「有体物を，法の許す範囲で自由に用益・処分する権利」ius de re corporali perfecte disponendi nisi lex prohibeat. と定義した．これは，ウルピアーヌスの上述の法文 (D. 41. 2. 17. 1) への注釈の中に出てくるが，ウルピアーヌスの上の定義自体には，当時，所有がなお強い共同体的関係下にあったため，また上の法文が〈所有と占有との区別〉という文脈でのものであったため，バルトールス的中身はない．

**要式行為を
めぐって**　　所有物の移転には，要式行為（儀式・形式をふまえること）をともなうものとそうでないものとがあった．要式行為の一つが握取行為 mancipatio である．これは，農業社会において重要で家族的規制に服していた，土地・奴隷・家畜・耕作道具の所有物譲渡にともなう要式行為であった．この行為にさいしては，証人5名以上と，青銅の天秤と銅片とをもった者1名とが同席し（すべてローマ市民である家長），買い主が売買の目的物（たとえば奴隷）を片手でつかみ，〈わたしは，この奴隷が法によって自分のものとなること，それをこの銅片と青銅の天秤によってわたしが買うこと，を宣言する〉という旨のきまり文句を唱え，別の手につかんだ銅片で天秤をたたき，売り主にその銅片を渡す（代金はもちろん別途支払う），という形式がとられた（ガイウス『法学提要』第1巻119節）．なぜ銅片と天秤かというと，かつては売買の代価は，買い値に相当する量の銅片を天秤で計って支払ったからである．行為は，この様式さえふまえておれば，たとえ詐欺・脅迫によるものであっても，効力あるものとなった．そうした強い効果を付与するためには，公示性を高める必要があるが，小共同体であった頃のローマでは，上の要式行為がそれに役だった．

握取行為は，即金払を念頭に置いている．先にギリシア人について見たのと同様，ローマ人は当初は，〈あらかじめ契約し，何日かあとに引き渡しないし支払いがおこなわれる〉という信用売買を念頭に置いていなかったのだ．

土地・奴隷・家畜・耕作道具以外のもの res nec mancipi の所有物譲渡には握取行為を要しない．しかしこの場合にも，単なる意思の合致（＝合意）だけでは移転しなかった．後述（次頁）の iusta causa が必要であった．

(ii)　契　約

(a)　有名契約・要式行為　　ローマ人は，個別の関係ごとに訴権を設定したため，法的に保護すべき契約類型を限定し，それらに名を付けた（＝有名契約 contractus. このカズイスティックな処理の伝統を克服するには，近世自然法論の意志理論を待たねばならなかった）．かれらはまた，そうした契約が成立するためには，決められた形式を忠実にふむことが必要だとした（＝要式行為）[76]．

---

76)　法律訴訟や要式行為などでこれまでにもしばしば問題になったが，初期ローマの特徴の一つは厳格な形式主義にある．(a) 形式主義は，未開社会では広く見られる．一般に未開人は――子供におけると同じく抽象的なものを観念的にとらえる思考が未発達だったので――目に見える形

上述の握取行為と並ぶ，要式行為の典型は，問答契約 stipulatio である．問答契約では，債務者は，債権者が発する〈決まり文句〉の問いに，厳密に対応する文言を使って即座に答えることを要した（たとえば，spondesne?「あなたは誓約するか」に対してspondeo「わたしは誓約する」，dabisne?「あなたは与えるか」に対して dabo「わたしは与える」と答える必要があった）．この形式は，本来は無償の，次いで利子付きの，消費貸借契約用のものであったが，やがて一般化した．

しかしながら，共同体が拡大し社会活動が活発になってくると，このような形式主義は不都合になり，その緩和策がとられだした．この事態に対処するため，無方式の免除約束などについて，〈信義（仁義）bona fides 尊重の立場からその拘束力を認めさせる〉という解決策がとられた．

とくに第二次ポエニ戦争後，外国貿易が盛んになり外国人相手ないし外国人同士の契約が盛んになった（すでに B.C. 242 年には外国人を担当する法務官 praetor peregrinus が設けられていた）ため，有名契約・要式行為は，ますます実用的でなくなった．そこで法務官たちは，無名の契約であっても，①当事者の一方がすでに履行している契約，②有名契約に付随する無名の契約，は保護しだした．法務官たちはまた，要式行為をともなわない契約（無方式合意 pactum）であっても，弁済約束や引受契約などは保護した．加えて，無名の契約でも問答方式による契約や，贈与約束などの無方式の契約は，立法によって保護された（しかし，この段階においても，単なる譲渡の合意だけではだめで，〈なぜ契約をする必要があったか〉の理由——たとえば贈与契約の時の結婚記念日とか誕生祝いとかいった事実（これらを，iusta causa「もっともな原因」と呼ぶ）——が現に存在している必要があった．〈個人の意思が合致しておれば十分だ〉とはしなかったのである）．

このような経過をふまえ，ローマ市民でない人々にも通用する法としての万

象に頼ろうとする（逆にかれらは，目に見えるものに目に見えない不思議な力・意味を読み取る能力を備えていたとも言える）．こうしてかれらは，偶像・象徴物・聖遺骸・聖遺物・口にする語句・自然現象・儀式にこだわった．なかでも儀式は，重要な関係が形成されていることを公示し，人々を納得させるとともに証人として確保する上でも効果的であった．(b) これに加えて厳格な形式は，民衆に対する貴族の優位を保障するものでもあった．初期ローマでは，貴族が宗教や政治・法実務などを独占していたのであるが，かれらだけが形式に習熟し得たことが，その座を確かなものにしたのである（事情は，古代ユダヤ教会の律法主義や，平安時代の有職故実にこだわる格式主義でも同じであった）．(c) さらに，考えてみれば，裁判とは，〈儀式・形式を活用することによって，生の対立を，それが発生した生の現実とは別の土俵上で別のかたちで闘うべきものに変え，その闘いをつうじて収束に導く〉という制度であり，この点で今日でもかなりの儀式性・形式主義をもっている．

民法が発達した（万民法は，外国人に適用されるローマの法である．なぜ適用可能だったかというと，多くの国で共通の制度を内容にしていたからである．たとえば，売買や賃貸借，海や沿岸の共同利用がそうである．――これに対して自然法は，自然において共通のもの＝人間と動物に共通のもの（たとえば結婚して子供を産み育てること），ないし人間の本性を基礎としたもの，にかかわる．ローマ人は，奴隷制については，〈人間の本性に反し自然法に抵触するが，多くの国で見られる制度だから万民法にはかなう〉と認識していた（たとえば D. 1. 1; *Institutiones* 1. 3. 2））．

　(b)　錯誤による無効　　ローマ人は，当初は，要式行為を重視したのでその行為において表示されたことにこだわった．しかし，やがて，当事者の真意が重視されるようになり，錯誤が問題になりだした．すなわち，〈契約の目的物は何であったか〉など重要な諸事項について契約当事者の一方が錯誤しておれば，その錯誤に重大な過失がない限り，〈重要な意思の不一致があった〉として，契約を無効にするようになった[77]．そしてローマ人は，この段階で留まった．近代社会におけるように契約が普及すれば，取引の安全を尊重して，本人の意思よりも，表示された意思の方をふたたび重視するようになる（表示主義）のだが，古代ローマの法生活の水準では，そこまでの必要はなかった．

　(c)　買い主の危険負担　　前述のように（88 頁）ローマでは当初は，〈即金払い・即引き渡し〉が念頭に置かれていたため，〈契約時に所有物は，買い主に移転する〉という観念が支配的であった．このため，特定物をあとで引き渡す契約で，引き渡し前にそれが滅失しても，その滅失に売り主の責任がなければ，（今日いうところの）危険負担は買い主が負う（不特定物の売買の場合は，売り主の危険負担となるが）．ローマ人は，この不都合に対処するためには，〈他人の物を所持している者は，それを適切に保管する責任を負うという原則〉 custodia を活用して，売り主の責任を問うた．「古典期」に入ると，〈引き渡しがあってはじめて買い主が危険を負担する〉という説も出て来た．

　(iii)　不法行為　　前述のように十二表法は，市民の身体・名誉に対する，（今日いうところの）不法行為に対しては被害者が贖罪金を得ると定めていた．しかしやがて，特定の殺人はもっぱら公序に対する犯罪として刑事的に処理されるようになった．強盗行為を働いた犯人や，自分の奴隷を殺害した犯人に対

---

77)　ベーレント（前掲注 69）『歴史の中のローマ法』190 頁以下にくわしい．

しては，刑事上の私訴と民事上の訴訟提起とが同時に可能であった．窃盗犯に対しては，刑事・民事のいずれか一方を選択することになったが，どちらをとるにせよ，加害者の懲罰が制度の目的であった．

物（奴隷・家畜・物品など）に対する不法損害（自由人である子供に対するそれも）は，アクイリウス法によって民事的に処理された．ここではじめて，今日の不法行為損害賠償のように，損害と賠償が等価であることが原則になった．ユスティニアヌス帝の時代には，成人の自由人への不法損害（傷害に限られ，殺害は含まない）にも準訴権（法務官の職権によって賠償させる道）がとられるようになった．

しかし，自由人への加害を物の損傷と同じかたちで処理することには反発があった．このため，広く殺害をも含む自由人への加害が本訴権によって処理されるようになるには，後述する注釈学派の時代（13世紀）を待たなければならなかった（今日のような不法行為による損害賠償制度が確立するのは，17世紀後半以降の自然法論においてである[78]）．

(iv) **女性の地位**　女性は差別されていた．たとえば，(a) 嬰児殺し・嬰児遺棄は古代社会には多かったが，とくに女児が犠牲となった．(b) 娘は，息子や召使いとともに家長（父親）の支配権（マヌス）の下にあり，父親の死後も，死ぬまで婦女後見に服したのであって，この点で行為能力をもっていなかった（婦女後見は，成人女性が服するものとされた後見の制度である．これは，「古典期」には限定的になり——女性は自分で財産管理ができた——，そして5世紀には，完全に消滅した）．(c) 女性はまた，結婚すれば，夫の支配権に服した（それゆえ妻は，夫に対しては娘が父親に対するのと同じ地位にあった）．結婚によってマヌスを夫に移す行為は，握取行為としておこなわれた（前述のように握取行為は，ほんらい家畜や奴隷，所有物の売却にさいしてとられる要式行為である[79]）．このばあい，女性の財産も夫の物となった．夫の買春行為や姦通は犯罪ではなかったが，妻

---

78) 原田慶吉（前掲注60）『ローマ法』219頁以下．
79) ガイウス『法学提要』第1巻116-123節．古代ユダヤについての田川の次の言明は，かなりの普遍性をもつ．…女性は男性の財産であった．本来，財産には責任能力がない．「ところが「女」という財産は，罰を受けるときに限って主体的な意志のある人間とみなされ」た（田川建三『イエスという男』，三一書房，1980，296頁）．（奴隷もまた，罰を受けるときは，責任能力ありとされた．）この点について言えば，責任があるから追及されたのではなく，追及するために〈責任あり〉とされたのである．なぜ追及したか．腹いせ＝復讐心と再犯防止とのためである．それに，民事上の行為能力と，刑事責任能力とは別だという点もある．

のそれは犯罪となり，離婚の正当事由となった．有産層において結婚は，当該男女の愛がなくとも父親同士が政略的に判断して成立させた．夫による一方的離婚も多かった．女性には参政権がなかった．

　しかしそれでも，ローマ女性の法的地位は，他の古代ポリスに比べれば高かった．たとえば，①彼女たちは，父親からの相続においても兄弟と平等であった（貴族や農民の家では，世襲財産は長子に相続させたが，この場合でも〈兄弟姉妹間の相続は，ほんらい平等である〉という原則は尊重されていた）[80]．②ローマ女性は，ハドリアヌス帝期には，遺言の自由も得た．③ローマ女性は，一定の事由があれば離婚請求ができた．④アウグストゥスは，もともと自由人である妻が3人の子を産むと，夫の後見から自由になるとした．⑤握取行為の形式をとらない結婚（自由婚）もすでに十二表法に規定されており（第6表），これが共和制期末には一般化した．この結婚の場合には，妻は，実家の父親のマヌスに服し（父親が死ねば，婦女後見下に入る[81]），民事的には夫とは対等の地位にある．すなわち，妻の固有財産（妻の父が娘（妻）のために設定した嫁資をふくむ）や，婚姻中に彼女が得た財産は，妻（ないしその父）に帰属し，彼女はそれを自由に処分できた（夫婦別産制・行為能力承認）[82]．嫁資は，夫が管理・使用できるものの，離婚のさいには妻に同額を返還する義務があった（妻が子供なしで死んだ場合には，妻の父親に返す．妻の父親も死んでいる場合には，夫のものとなる）[83]．このことによって，ギリシアにおけると同様，夫は妻を配慮してあつかわねばならなかった．

　一般女性の法的地位さえ，以上のように低くはなかったが，ローマの上層の女性は，独自の女性社会をもち，そこで活発な活動を享受した．とくに第二次ポエニ戦争後のローマでは，彼女たちは，家の中で重要な役割を演じるだけで

---

80) M. Corbier, Familiy Behaviour of the Roman Aristocracy, Second Century B. C.-Third Century A. D. in : S. Pomeroy ed. *Women's History & Ancient History,* 1991, pp. 185-191.

81) 婦女後見によって，女性の行為能力は制限されていたが，しかしローマ人の法的思考は，ここでも融通の利くものだった．すなわち女性は自分の意思どおりに財産処分ができるよう，①信頼できる男性（老人）に頼んで，かれと結婚したかたちをとるとか，②解放奴隷を後見人にするとかの工夫をした．ベーレント（前掲注 69）『歴史の中のローマ法』154 頁．

82) 自由婚が妻を幸せにするとは限らない．結婚生活に嫁の実父が介入することが避けられないからである．しかし自由婚は，貴族・騎士の娘と平民の息子との結婚のばあい，息子の家族にとって——嫁とその財とを完全には支配できないというマイナスはあるが——それでも望むところであった．貴族・騎士関係者が家にいることになり，ステータスが上がるからである．

83) 吉野悟『ローマ法とその社会』（近藤出版社，1976）82 頁以下．

なく，古典期アテネの女性とは異なって，男性とともに社交や行事に参加しもした．彼女たちは初等教育を受けた．ギリシア語や哲学の教養を身につけた女性も少なくなかった．上部の階層においては，女性たちの交流の場である浴場や女性たちの集い，夫人が名士たちとともに過ごす集いが盛んであった．一部には，政治的に重要な働きをする女性も輩出した[84]．

このような事情の背景にあったことがらとしては，①農業中心社会から都市生活の比重が増した社会へと変化したことによって，「家」的な諸制度が衰退したこと，②ポリスが市民を直接規制する面が強くなり，家長中心の伝統が弱化したこと，③後述（本書161-165頁参照）する「洗練化」が，植民地からの収奪と奴隷からの収奪（ラティフンディウム経営），対外貿易などがもたらした莫大な富によって進行したこと，が考えられる．

---

84) 次の女性たちがそうである：①グラックス兄弟の母コルネリア（Cornelia Gracchus, ?-B. C. 100），②マルクス＝アントニウスの妻フルウィア（Fulvia, ?-B. C. 40），③アウグストゥスの孫アグリピーナ（Agrippina Major, ?-33），④彼女の娘でネロ（Nero, 在位 54-68）の母であったアグリピーナ（Agrippina Minor, 16-59），⑤カラカラ帝の母ユリア＝ドムナ（Iulia Domna, 170頃-217）．

　彼女らの内，①スキピオ＝アフリカーヌスの娘であったコルネリアは，夫の死亡後，息子たちの教育に専念し，かれらが改革運動に立ち上がる上で大きな影響を与えた（古典的な「教育ママ」であった）．息子たちの死後，彼女は，自邸に多くの名士を招き交流した（ローマ女性主宰サロンの走りである）．②フルウィアは，3度目の結婚でアントニウスと結婚し，オクタウィアヌスやキケロを相手にして政治的に活躍した．③アグリピーナは，夫ゲルマニクス（Germanicus Julius Caesar, B. C. 15-A. D. 19）の遠征に従軍した．また，夫を殺害したピソ（Gnaeus Calpurnius Piso, A. D. 7 年にコンスル）を徹底的に糾弾し，自殺に追いやった．④その娘のアグリピーナは，息子のネロを皇帝につけ，その統治に介入した．ネロからうとまれるようになってもひるまず，最後には殺された．⑤ユリアは，セウェルス帝（Septimius Severus, 在位 193-211）の妻として遠征に従軍し，また争う二人の息子の間に入って共同統治に道を開き，その一人が相手を殺してカラカラ帝（Caracalla, 188頃-217）となった後は，かれの遠征に従軍した．キーファー Otto Kiefer『古代・ローマ風俗文化史』(1933, 大場正史訳, 桃源社, 1978, 28頁以下).

3　原始キリスト教

ヘーゲルは，前述の『歴史哲学講義』の中で，東洋人と古代ギリシア・ローマ人とを比較したうえで，キリスト教について次のように言う．

「ギリシャ人においてはじめて自由の意識が登場してくるので，だから，ギリシャ人は自由です．しかし，かれらは，ローマ人と同様，特定の人間〔自由人〕が自由であることを知っていただけで，人間そのものが自由であることは知らなかった．プラトンやアリストテレスでさえ，知らなかった．〔…〕ゲルマン国家のうけいれた<u>キリスト教においてはじめて，人間そのものが自由であり，精神の自由こそが人間のもっとも固有の本性をなすことが意識されました</u>．この意識は，まずはじめに，精神のもっとも内面的な領域である宗教のうちにあらわれましたが，この原理を世俗の世界にもうちたてることがさらなる課題であって，その解決と実行〔フランス革命〕には，困難な長い文化的労苦が必要とされました」(ここは，長谷川宏訳，岩波文庫，1994，上39-40頁)．

このような世界史的意味をもったキリスト教における自由とは，具体的にどういうものだったか．結論から言えば，イエス自身は，特定の「自由」観念を採用して，それを現実化しようとしたわけではない．しかしその教えは，客観的には新しい「自由」観念を示すことになった．そしてその後，キリスト教が発展していく中で，その「自由」観念は，多方面に作用していった．

以下では，まずイエスの思想を検討する．中心的な素材は，かれの生涯を伝える，新約聖書中の四つの福音書である（引用する福音書の言葉がイエス自身のものなのか，福音書を書いた人々のものなのかは，筆者には問う力がない[85]）．

---

85) 田川によれば，イエスの死後，まず「マルコによる福音書」がA. D. 70年までに書かれた．その叙述はもっとも信頼できる．ついで「マタイによる福音書」と「ルカによる福音書」が，「マルコによる福音書」やその他の資料をふまえつつ書かれた，これらでは形成されつつあった正統主義の立場から来る脚色がかなり強くなっている．「ヨハネによる福音書」は，ヨハネ独特の哲学を福音書のかたちで展開したものである．田川建三『原始キリスト教の一断面』(勁草書房，1968) 他．

3-1 イエス

イエスが登場する時代のパレスチナはローマの属領であり，統治を委ねられた領主のヘロデ（Herode，在位 B. C. 37-4）が圧政を敷いていた．民衆は，かれらによる収奪（重税）・抑圧や飢饉によって苦しめられていたばかりか，ユダヤ教によっても苦しめられていた．第一に，民衆は，エルサレムの神殿から，神殿税（人頭税であった）の他に，収穫物の10分の1を献納物として収奪されていた．第二に，宗教的なエリートであったファリサイ派と律法学者は戒律・儀式に固執し[86]，民衆は，戒律・儀式をまもる余裕がなかったので蔑視されていた（加えて，イエスが活動したパレスチナ北部のガリラヤ Galilaia の人々は，永く異民族に支配され，解放後もエルサレムの人々によって差別的にあつかわれていた）．絶望感に襲われた人々は，救いを新しいタイプの「救い主」に求めるほかなかった．人々がイエスに求めたのは，「救い主」ないし「救いの預言者」であった．

この状況下でイエスが提示したのは，〈戒律とか儀式とかといった外面的なものにこだわるのではなく，心の底から悔い改めることによって神に結ばれ救いにあずかる〉という道であった．

かれは述べる，「心を尽くし，精神を尽くし，思いを尽くして，あなたの神である主を愛しなさい」（「マタイによる福音書」第22章37節．以下，訳は『新共同

---

86) ユダヤ教の律法主義・形式主義は，ユダヤ的伝統が歴史の経過の中で本来の生き生きした意味を失った（自己疎外した）結果であった．ユダヤ人は，バビロン Babylon 虜囚（B. C. 586-538）の時代に，神殿や祭事・言語の自由も失った．この状況下で民族としてのアイデンティティを確保するために，自分たちに固有の「国民的生活の外的特徴」を保持しようと努めた．そこで当時成立したユダヤ教は，こうした努力を教義にまで高めた．このため，もともとは生活習慣にすぎなかった事項が宗教的に意味づけられ，戒律となり儀式となり，やがてそれらを厳しく守ることが自己目的化していった．イエスの時代，宗教エリートたちは派閥争いに明け暮れ，主導権をとっていたファリサイ派は，そのためもあってことさら戒律・儀式に固執した．「宗教家らは自ら義人をもって標榜し，他の律法三昧に耽る時間も資力も能力もない輩を「罪人」と呼んで軽蔑した．」波多野精一『基督教の起源』（岩波文庫，1979）24-25頁；田川（前掲注79）『イエスという男』113頁以下．神自身が，盲従を求める専制君主となったのだ．このような状況下では，「よろこび進んで神意を行うという素直な心根は次第に消え失せる」（波多野・同上『基督教の起源』17頁）．宗教において，ひからびた律法が生きた人間を締め上げ生気を奪いとる．〈守らなければ，神から罰を受ける．守れば，神から報酬が受けられる〉という信仰——心の底から湧き出る信仰心とは無関係の，恐怖心と利益とに駆られた信仰——になった．

訳聖書』による）と，自分を空しくして（＝我執を棄てて）ひたすら神に救いを求めることが大切だと言うのである．かれの有名な次の語も，このことにかかわっている．

> 「求めなさい．そうすれば，与えられる．探しなさい．そうすれば，見つかる．門をたたきなさい．そうすれば，開かれる．だれでも，求める者は受け，探す者は見つけ，門をたたく者には開かれる．あなたがたのだれが，パンを欲しがる自分の子供に，石を与えるだろうか」（「マタイによる福音書」第7章7-8節）[87]．

神の救いを心から求めることは同時に，すなおに神の意に沿って行動することをも意味する．イエスが「わたしに向かって，「主よ，主よ」と言う者が皆，天の国に入るわけではない．わたしの天の父の御心を行う者だけが入るのである」（「マタイによる福音書」第7章21節）と述べているのは，この点にかかわる．

こうした切実な悔い改め，神への帰依に対しては，神もすなおに応えてくれる…．この確信からくる喜び，それに満ちた新鮮な内的宗教性，生き生きした精神を，イエスは，外面的なものにこだわって形骸化したユダヤ教の中で，再活性化させようとした．この根本からは，次のような点が帰結した（以下で提起されていることがらは，単にユダヤ教をめぐる問題であるだけでなく，ユダヤ教にも似て，規則一本槍でいこうとし，また自分の権利に凝り固まろうとする〈法律人間〉が陥りがちな傾向に反省を迫るもの，法に対する道徳の輝きを示すものでもあろう）．

3-1-1 〈外面的制度〉対〈清らかな心〉

この対置は，有名な「山上の説教」（「マタイによる福音書」第5-7章．「ルカによる福音書」第6章）に，次のようなかたちで示されている．まずここから，イエスについての考察を始めよう．

(1) 〈律法・儀式〉対〈良心〉

律法・儀式といった制度は外面的な・表層的なものに留まるので，それに固執すると偽善を生む．大切なのは，心の輝きである．イエスは言う，

---

[87] 使徒の一人であるパウロ（Paulos, St. Paul of Tarsus, 3頃-64頃）も同様に言っている．「口でイエスは主であると公に言い表し，心で神がイエスを死者の中から復活させられたと信じるなら，あなたは救われるからです．実に，人は心で信じて義とされ，口で公に言い表して救われるのです．聖書にも，「主を信じる者は，だれも失望することがない」と書いてあります」（「ローマの信徒への手紙」第10章9-11節）．

「見てもらおうとして，人の前で善行をしないように注意しなさい．さもないと，あなたがたの天の父のもとで報いをいただけないことになる．だから，あなたは施しをするときには，偽善者たちが人からほめられようと会堂や街角でするように，自分の前でラッパを吹き鳴らしてはならない」(「マタイによる福音書」第6章1-2節).

「祈るときにも，あなたがたは偽善者のようであってはならない．偽善者たちは，人に見てもらおうと，会堂や大通りの角に立って祈りたがる．はっきり言っておく．彼らは既に報いを受けている．だから，あなたが祈るときは，奥まった自分の部屋に入って戸を閉め，隠れたところにおられるあなたの父に祈りなさい．そうすれば，隠れたことを見ておられるあなたの父が報いてくださる」(同第6章5-6節．同第6章16-18節も).

イエスが，外面よりも内面をいかに重視し，その内面の輝きによって行動することをいかに尊んでいるかが，手にとるように分かる．ほんらい善いおこないも，〈人に注目されたい〉として実行すると，そのことだけで，汚れたものとなる（人はここに，カントにおける〈動機の純粋性〉問題を連想するであろう．本書下巻10-8-1参照．その連想は正しい．しかし，イエスは次の諸点で，カントをも超えたかたちで，各人の〈心のあり方〉・良心を問う).

法ないし道徳についても，そうである．〈犯罪行為や道徳違反行為に出なかった人は，善人だ〉と言えるか．行為には出なかったが，心に不純な意欲をもっていたという場合はどうか．この問題をめぐって，かれは言う，「あなたがたも聞いているとおり，「姦淫するな」と命じられている．しかし，わたしは言っておく．みだらな思いで他人の妻を見る者はだれでも，既に心の中でその女を犯したのである」(同第5章27-28節)[88]．行為には出なくとも，みだらな意識をもったこと自体がすでに犯行だ，とイエスは言うのである（カントやストア派では，みだらな心をもっても，理性がそれをコントロールすれば，道徳にかなう．イエスでは，もったことだけで問題なのである).ここでは良心は，自分の外面の行動のみならず内面の意識をも監視するところまで，研ぎ澄まされたものとなっている（イエス自身が，「良心」とか「自由」とかの概念化にこだわったわけではないが).

先にイエスがユダヤ教の厳格な律法主義を批判したことを見た．イエスにお

---

[88] イエスの使徒たちも，同様に，良心を大切にして生きている．たとえばその一人であるヤコブ（Yaaqob，44年頃，ヘロデの迫害によって殉教した）は言う，「人がなすべき善を知りながら，それを行わないのは，その人にとって罪です」(「ヤコブの手紙」第4章17節).

ける，良心のこのような先鋭化は，たとえ律法を犯す行為に出なくても，心にやましいところがあれば犯行だとするのであるから，この点ではヨリ厳格に自分を検証する姿勢をもたらしたのだとも言える．イエスは，けっして厳格主義者ではなかったが，誠実さを大切にしたのである．

(2) 〈法・権利・正義〉対〈愛〉

　法や権利は，自分と他人の区別をした上で，その区別立て＝区画を不可侵だとする．そして，その区画を侵す者，法を破り権利を侵害する者に制裁を加えることによって，秩序を維持しようとする．これが正義の関係である．これに対して愛は，自己放棄によって，自分と他人との区画そのものを廃棄する．秩序は，そのことによってもっと積極的に維持される．イエスが次のように言うのは，この意味においてである．「あなたがたも聞いているとおり，「目には目を，歯には歯を」と命じられている．しかし，わたしは言っておく．悪人に手向かってはならない．だれかがあなたの右の頬を打つなら，左の頬をも向けなさい．あなたを訴えて下着を取ろうとする者には，上着をも取らせなさい」（「マタイによる福音書」第5章38-40節）．この精神が定着するならば——みんながこの立場をとるならば——，〈法・権利・正義〉を積極的に乗り越えた，生き生きした人間関係が実現するのである．

　それは，刑法をめぐっては，〈法律で刑を定めて人々を威嚇し，かつ違反者を逮捕して制裁を加え苦しめる〉ことによってではなく，〈自分に害を加える者をもゆるし，その立場を理解して受け容れる〉ことによってこそ，社会の秩序もヨリ生き生きと維持できるという立場である．民事法をめぐっては，〈お互いが自分を放棄し自分の権利にこだわらない；自分から物を奪おうと訴訟を起こした者に，すすんでそれを与える〉ことによって，争いもなくなる，という立場である．人々が愛（心の底からの温かい気持ちで，惜しみなく与え自分を捨てる心情）をもって行動するなら，法は不要になり廃棄され，それでいて秩序が守られる．否，もっとはつらつとした関係が定着し，社会の共同性が輝く．人は，お互いによろいを脱ぎすててはじめて，いだきあって温めあえる．

(3) 〈制度の閉鎖性〉対〈愛の普遍性〉

　法や権利は，人間を利害関係でグループ化し相互に対立させる．これに対し

て愛は，そうした関係を超える．法は，家族やポリス，民族といった狭い共同体に固執し，その内部の者たちだけで仲良くすることを前提にする．これに対して愛は，もっと広い共同性，人類規模での，あるいは人間の枠をも超えて，連帯しようとする．

> 「あなたがたも聞いているとおり，「隣人を愛し，敵を憎め」と命じられている．しかし，わたしは言っておく．<u>敵を愛し，自分を迫害する者のために祈りなさい</u>」（同第5章43-44節）．
> 「自分を愛してくれる人を愛したところで，あなたがたにどんな報いがあろうか．徴税人でも，同じことをしているではないか．自分の兄弟にだけ挨拶したところで，どんな優れたことをしたことになろうか．異邦人でさえ，同じことをしているではないか」（同第5章46-47節）．

この立場から，イエスは，次のような意味深い逆説を提示する．「わたしが来たのは地上に平和をもたらすためだ，と思ってはならない．平和ではなく，剣(つるぎ)をもたらすために来たのだ．わたしは敵対させるために来たからである．人をその父に，娘を母に，嫁をしゅうとめに．こうして，自分の家族の者が敵となる」（同第10章34-36節）．ここでイエスは，〈家族を超えた，もっと広い結びつきに眼を向けることの大切さ〉を，ショッキングなかたちで表明しているのである．

イエスのこれらの言明は，かれの時代の人々にとって，否，中世・近世・近代，そして異国のわれわれにとっても，衝撃的である．疑ってもみなかった法的正義をも相対化し，すなわち自明の防御壁をも打ち破って，〈別の考え方をせよ〉と良心に深く突き刺さってくるものだからである．

3-1-2　社会体制との関係

イエスは，社会的にも——とくにユダヤ教指導部に対し——批判姿勢を示した．すなわち，① イエスは，ユダヤ人が伝統にしてきた〈律法の絶対化〉を否定した．たとえば，「マルコによる福音書」第2章27節には，安息日の話が出てくる．ユダヤ教によれば，安息日には一切仕事をしてはならない．それなのに，空腹のイエスたちは，麦の穂をちぎって食べようとした．祭司たちが，それを知って咎めた．これに対してイエスは，「安息日は，人のために定められた．人が安息日のためにあるのではない」と言い切った（「マタイによる福音

書」第12章1-8節も参照）．信仰ではルールの形式的遵守よりも，切実に神を求める心が大切だからである，と．

② イエスはまた，許可を受けてエルサレム神殿内に店を開いていた商人たちを，〈神を商売の道具にしている〉と非難して追い出した（「マルコによる福音書」第11章15節．「ルカによる福音書」第19章45節）．宗教を心の底から大切にする者は，宗教を金もうけ──自己放棄とは対照的な我執の行為──のために使うことなどできないはずだからである（商人たちが献納のための物品を売っていたとすると，神殿は，人々から献納を受けて儲けるだけでなく，人々がそれらを買うため商人に支払った莫大な代金を商人から所場代としてピンハネすることによっても，儲けていたことにもなる．イエスがそこを突いたのだとすると，上の行為は，神殿権力に対する全面対決であった）．

③ イエスはまた，ユダヤ人の社会で差別されていた，貧者・障害者・ハンセン病患者・売春婦・収税請負人・女性・サマリア人ら賤民との行動を共にした．

④ その反対に，ユダヤ人社会の頂点にあった祭司たちの行状に対して批判的であった（「マタイによる福音書」には，「律法学者たちとファリサイ派の人々，あなたたち偽善者は不幸だ．杯や皿の外側はきれいにするが，内側は強欲と放縦で満ちているからだ」（第23章25節）などという批判がたくさん出てくる）．

⑤ イエスは，〈救済にあずかれるのは，ユダヤ人だけか他の民もか〉などという区別立てをしなかった．これも，ユダヤ教の立場とは，正反対であった．

⑥ 愛の立場をとるイエスは，富や家族に固執することを止めるよう訴えた（「マタイによる福音書」第6章9-24節，第12章46-50節）．これも，ユダヤ教とは正反対の立場であった．

*

要するに，イエスが説いたのは，ひたすらの心をもち，愛によって，制度や狭い人間関係を乗り越え，「自分」への固執をも乗り越え，相互に自分を与えあう関係に入ることであった．愛は惜しみなく与える[89]．愛の人は，すべてに

---

[89] イエスは言う，「だから，人にしてもらいたいと思うことは何でも，あなたがたも人にしなさい．これこそ律法と預言者である」（「マタイによる福音書」第7章12節，「ルカによる福音書」第6章31節）．パウロも次のように言っている，「兄弟たち，あなたがたは，自由を得るために

固執しないから,「失う」という感覚をもたない,それゆえ警戒心も抵抗心ももたない.この軽快さが,人々に,かれらがこれまで経験しなかった積極性を与える.これがイエス的な「自由」の核心である(その後,キリスト教は,このようなイエス的「自由」の他に,①良心の問題,内面的世界の独自性にかかわる「自由」や,②叙任権闘争や王権との確執,さらには宗教戦争に見られる〈世俗権力からの宗教的世界の独立〉としての「自由」などをも生み出していったのだが).

3-2 使徒たち

イエスの死後,かれの使徒たちは,お互いに結びつきあって信仰を固めようとした.その中では,〈イエスは,死からよみがえり天に昇っていった〉,〈神の子であるイエスが,人間の贖罪のための犠牲の羊となってくれた〉,〈イエスは,メシア=キリストである〉といったことがしだいに確信となっていった.かれらは,イエスが生前に語りおこなったことを自分の思想にし人々にも伝え,イエスによる救済にともにあずかろうとした.イエスの教えはこうしてキリスト教になり,信仰共同体・宣教団体が成長していった.だが,それはまた,キリスト教を,イエスの思想から次のように別れさせる——継承・発展ももちろんあるが——ことにもなった.

3-2-1 コスモポリタニズム

パウロは,次のように言う.「聖書にも,「主を信じる者は,だれも失望することがない」と書いてあります.ユダヤ人とギリシア人の区別はなく,すべての人に同じ主がおられ,御自分を呼び求めるすべての人を豊かにお恵みになるからです」(「ローマの信徒への手紙」第10章11-12節).ここに見られるのは,全能の唯一神の前には民族や国民のちがいも消えるとする,コスモポリタンな立場の表明である.

イエスの死後,使徒たちの一部には,〈ユダヤ人だけがキリスト信者になれるのだ〉とする選民思想が前面に出て来た.こうした状況下でキリスト教内コ

召し出されたのです.ただ,この自由を,肉に罪を犯させる機会とせずに,愛によって互いに仕えなさい.律法全体は,「隣人を自分のように愛しなさい」という一句によって全うされるからです」(パウロ「ガラティアの信徒への手紙」第5章13-14節).

スモポリタニズムを推し進めたのは，パウロとペトロ (Petros, ?-67頃) であった．パウロは，ユダヤ人であったが，タルソス Tarsos (Tarsus)——小アジアのキリキア Cilicia の首都でヘレニズム文化の一大拠点であった——に生まれ，ローマ国籍をもち，ギリシア文化の教養を身につけていた．かれやペトロの情熱的な伝道によって，キリスト教内でコスモポリタニズムが定着し，イエスの教えは，ギリシアやローマに広がっていった（イエス自身は，「ユダヤ」に固執しなかったが「コスモポリタン」の意識もとくにもっていなかった．〈キリスト教徒でなければ救われない〉という発想もなかった．かれはただ，救いを求める人々に，救いの道が開けていることを伝えたのであった）．

3-2-2 人間の弱さの強調・神の全能化

キリスト教は，後年になると，しだいに人間の弱さや汚れ・「原罪」を強調し，またそのことと不可分に，人間の対極にある（父なる）神やイエスを絶対化していった．この傾向は，後述するように晩年のカルヴァン (Jean Calvin, 1509-64) にいたって，〈人間は「原罪」を負っており，自分の行為で自分を救えない．そればかりか，圧倒的に全能である神は，誰を救うか・見捨てるかをもう決めてしまっており，その決定を人間が変更してもらえるすべはない〉という考えにまで達した．

　このような立場は，イエスのものではなかった．かれにおいて神は，〈自分を絶対化し人間を無力者呼ばわりして絶望感をもたせ，その上に君臨しようとするような専制君主〉ではなかった．イエスの神は，もっと温かい，愛情あふれる慈父であった．イエスの神は，「羊を百匹持っていて，その一匹が迷い出たとすれば，九十九匹を山に残しておいて，迷い出た一匹を捜しに行」く羊飼いであり（「マタイによる福音書」第18章12節．「ルカによる福音書」第15章4節），また，財産分与で得た金をもって家出し，その金を使いはたして自分のところに帰って来た放蕩息子を，心から喜び抱きしめる優しい父親であった（「ルカによる福音書」第15章11節以下）．

人間の無力性を強調し，厳しく自己反省を迫り，それだけに神への服従をヨリ前面に押し出すことは，すでに使徒の一人であるパウロにおいて顕著になっていた．かれは，「ローマの信徒への手紙」で次のように言う，

　「このようなわけで，<u>一人の人〔アダムのこと〕によって罪が世に入り</u>，罪によって死が入り込んだように，死はすべての人に及んだのです．すべての人が罪を犯し

たからです．〔…〕しかし，恵みの賜物は罪とは比較になりません．一人の罪によって多くの人が死ぬことになったとすれば，なおさら，神の恵みと一人の人イエス＝キリストの恵みの賜物とは，多くの人に豊かに注がれるのです．〔…〕一人の人の不従順によって多くの人が罪人とされたように，一人の従順によって多くの人が正しい者とされるのです」（「ローマの信徒への手紙」第5章12-19節）．

パウロがここで言っているのは，アダムが神に対して罪を犯したこと（エデンの園でイブとともに禁断の実を食べたこと——しかしイブは，ここでは人としてあつかわれていないのか，その罪を問われていない）が，その後のすべての人が罪を犯す契機となり，このためすべての人間が死を免れない罪人となった．しかし，それとは正反対に，今度はイエスが，罪人であるわれわれ人間のために十字架上で贖罪の死を遂げてくれたことによって，われわれは救いにあずかれるようになった，ということである．ここでは原罪の思想——のちにアウグスティヌス（Aurelius Augustinus, 354-430）で明確になる（『神の国』第13巻14章以下[90]）——は，まだ鮮明ではない．パウロは，われわれが罪人であるのはアダムの原罪によるのではなく，それが前例となってわれわれそれぞれが犯す罪による，と考えるからである．しかしそれでも，ここには，人間がけがれた無力な存在であり，したがって救いは，神が，〈イエスによる贖罪〉をよしとしてわれわれをゆるし手をさしのべてくれるところにあるという，〈無力の人間と偉大な神〉の関係が出ている．

神の絶対化は，パウロの別の箇所にも現れている．たとえば，かれは言う，「神はモーセに，「わたしは自分が憐れもうと思う者を憐れみ，慈しもうと思う者を慈しむ」と言っておられます．従って，これは，人の意志や努力ではなく，神の憐れみによるものです」（「ローマの信徒への手紙」第9章15-16節）．すなわち自分の救いは，人間が自力で可能にするのではなく，自分の弱さを自覚して，神に救ってもらうことをひたすら求めることがなければならないと言うのである．

ここからはまた，「神の道具」という観念が出てくる．たとえば，パウロが次のように使っている意味においてである．「あなたがたの五体を不義のための道具として罪に任せてはなりません．かえって，自分自身を死者の中から生

---

[90] アウグスティヌス『神の国』（服部英次郎訳，岩波文庫，第3冊，1982）．しかし，アウグスティヌスにおいて原罪は，洗礼によって消えるから，それほど深刻なものではなかった．

き返った者として神に献げ，また，五体を義のための道具として神に献げなさい」（「ローマの信徒への手紙」第6章13節）．この意味において，人間中心的な自由意志論も否定される．すなわちパウロは言う，「あなたがたの内に働いて，御心のままに望ませ，行わせておられるのは神であるからです．何事も，不平や理屈を言わずに行いなさい」（「フィリピの信徒への手紙」第2章13-14節）．人間が意志することさえ，実は神がそう仕向けているのだというのである．

　パウロは，このような立場から，これまでのギリシア・ローマ的主知主義を否定する．知識は，自分をおごらせ謙虚な心を失わせるからである．

> 「だれも自分を欺いてはなりません．もし，あなたがたのだれかが，自分はこの世で知恵のある者だと考えているなら，本当に知恵のある者となるために愚かな者になりなさい．この世の知恵は，神の前では愚かなものだからです．〔…〕ですから，だれも人間を誇ってはなりません」（「コリントの信徒への第一の手紙」第3章18-21節）．

　もっとも，ギリシアにおいても，前述のようにソクラテスなどには，「無知の知」からの出発があった．そしてこの「無知の知」は，パウロの前提とするところであった．「ただ，知識は人を高ぶらせるが，愛は造り上げる．自分は何か知っていると思う人がいたら，その人は，知らねばならぬことをまだ知らないのです」（「コリントの信徒への第一の手紙」第8章1-2節．「造り上げる」とは，「人格を形成する」の意）．このように，時代や場所，立場はちがっても，最良の知性は，同じ基底的な考え方に達するものなのである．

　知識は，人間を傲慢にする．そうした知識を否定したパウロは，知識より大切なものとして，美しい心情，愛を前面に押し出した．かれは言う，「たとえ，預言する賜物を持ち，あらゆる神秘とあらゆる知識に通じていようとも，たとえ，山を動かすほどの完全な信仰を持っていようとも，愛がなければ，無に等しい」（「コリントの信徒への第一の手紙」第13章2節）．

　キリスト教は，このように人間の自己反省を強め，その上に立ってギリシア的知性主義の対極に向かう，もう一つの道を切り開いたのである．

3-2-3　過ちを犯した者に対する厳しさ

　イエスは，過ちを犯した人を厳しく追及することはしなかった．そういう人をもかれは，ゆるそうとした．かれは，人間の弱さを知っていたので，過ちを

犯した人（姦通した女や売春婦など）のために祈り，心から悔い改めるよう優しくさとすだけだった．イエスは，自分を裏切ったユダ（Iudas Iskariotes）に対してさえ，悲しそうな表情は見せたが，追及はしなかった（「マタイによる福音書」第26章25節，「ルカによる福音書」第22章48節）．

　ところが，福音書から「使徒言行録」に移ると，われわれは，過ちを犯した者に対する追及の厳しさに印象づけられる．たとえば，① ペトロは，イエスを裏切ったユダの死を，次のように報告している．「ユダは不正を働いて得た報酬で土地を買ったのですが，その地面にまっさかさまに落ちて，体が真ん中から裂け，はらわたがみな出てしまいました」（「使徒言行録」第1章18節），と．これは，「マタイによる福音書」第27章3-5節と対照的である．ここには，ユダは，イエスを裏切ったことを後悔し，裏切りの報酬を返そうとした；相手が受け取らなかったので，「ユダは銀貨を神殿に投げ込んで立ち去り，首をつって死んだ」とある．ペトロが言うようには，ユダは，金で土地を買ったのでもなければ，悲惨な事故死で死んだのでもなく，かわいそうに心から後悔して自殺したのである．

　② ペトロはまた，アナニア（Anania）とサフィラ（Safira）の夫婦を追及して悶死させた．この夫婦は，信者の集団に加わろうと，私財を売却しその金を持参して来たのだが，売却金の一部を万一の時の自分たち用に残した（われわれがやりそうなことである）．これをペトロは厳しく咎めて，二人を悶死させたのである（「使徒言行録」第5章）．

　③ ペトロはまた，サマリアSamariaで魔術によって生計を立てていたシモン（Simon Magus）が，聖霊を受けさせる能力をもつペトロに敬服し，かれからその力を伝授してもらおうとお金を差し出したとき，いきなり「この金は，お前と一緒に滅びてしまうがよい」等々と糾弾している（「使徒言行録」第8章20節）．

　史実か記録者の創作かはともかくとして，これらの言行は，イエス自身からはとうてい出て来ない[91]．

---

91) 「ルカによる福音書」第16章19節以下が伝えるイエスの，富者とラザロとをめぐる話の冷酷さ（＝富者は富んでいたという理由だけで地獄に落ち，神にいくら頼んでも救い出してもらえない）は，この点で特異である，すなわちイエスらしくない．ブルトマン『イエス』（Rudolf Bultmann, *Jesus*, 1926. 川端純四郎・八木誠一訳，未來社，1963）107頁；田川建三『キリスト教思想への招待』（勁草書房，2004）179頁以下．

過ちを犯した信者，さらには非信者・異教徒に対する厳しい態度は，キリスト教が確立していくにつれて強まる．深い自己反省をおこない，自分を向上させようとすること自体は悪いことではない．しかし，自分に厳しい人間たちは，たいていのばあい，過ちを犯した者に対しても厳しくなり，かれを容赦なく追及する潔癖主義者となって非人間化する．それは，とりわけ，かれらが或る目的達成のための組織の一員となったところで激しくなる．〈組織を維持し拡大する〉という目的によって厳格さが助長され，非人間的追及が，大義によって肯定されるからである．ペトロも，宣教のため，組織維持のために行動しだしたとき，厳格主義化した．われわれは，そうした組織のメンバーとして行動する人間たちの攻撃性・非人間性を，後述のように，キリスト教の進展にともなって生じた，異端審問や魔女裁判，カルヴァンらの厳格主義などに関連して，さらに見ることであろう．

その後の非人間化　加えてキリスト教は，イエスやその使徒たちが去ったあとで，理性との結びつきを強めていった．イエスらの強調した〈美しい心情〉は，知性や階層，性別に関係なくすべての人が等しくそれによって輝きうるものだった．否，むしろ身分が低く貧しい，無学の人々の方がヨリ輝きうるものだった（イエスは子供の純粋さを愛した）．〈美しい心情〉はまた，誤った人々を厳しく追及する姿勢をもたないものだった．

これに対し〈理性〉が前面に出てくると，すべてが逆転する．知的エリートが無学の人々の上に君臨し，人々を監視し，過った者を厳しく糾弾するようになる．そしてこれが〈組織維持〉の要請と結合すると，さらに非人間性が増す．「紀律化」Disziplinierung が進み，禁欲生活が強調されだし，冷酷さが助長されるのである（禁欲について言えば，イエスは禁欲主義者ではなかった．かれは，酒を愛した（ワインの味が分かっていたので，カナの婚礼での最初の奇跡の時には特別おいしいやつをセレクトしてつくり出した．「最後の晩餐」の時には，後生の信者たちが罪の意識なくどんどんワインを飲める配慮もした＝赤ワインを自分の血だとした）．かれは，健啖家であり，子どもや子羊，小鳥，花を愛でた．結婚を消極的に見たり性的禁欲を説いたりは，しなかった．しかし，すでにパウロにおいて，反対の傾向が強まった）．

キリスト教は，中世以降，さらに非人間化を強めた．途中で，フランチェスコ（Giovanni Francesco Bernardone, 1181/82-1226）らによって，〈すなおさ〉，〈やさしい心〉，〈花や鳥や太陽のすばらしさを喜ぶ感情〉の人間性を取り戻そうという動きはあったものの，キリスト教は，教皇庁によっても，宗教改革派当局（とくにカルヴァン派の）によっても，〈理性〉，〈組織維持〉，そのための「紀律化」への傾斜をさらに強めた．

修道院では，笑いさえ制限されるようになった（注175）．（後述のように，人間性の取り戻しが起こりだすのは，人文主義や啓蒙主義においてである（教皇庁の腐敗も，〈人間らしさの取り戻し〉への努力の一環だったのかも知れない）．このうち人文主義者，とくにモラリストたちは，古典の勉強から得た豊かな教養によって人間性を生き生きととらえようとした．モラリスト的人文主義者は，それゆえ一つの原理で人間やものを見ることはなかった．しかし17世紀後半以降，この人文主義をも駆逐して繁茂した啓蒙主義は，「理性」を原理とし，それからの全体の展開，理性原理にもとづく社会改造，その一環としての「紀律化」などに傾斜したため，〈理性〉指向に陥ったキリスト教とは異なるものの，〈理性〉によるもう一つの，人間性の抑圧，非人間化をももたらした．）

3-2-4 現実の政治との関係

ペトロやパウロらイエスの使徒たちにおいては，前述したイエスの革命性はなくなる．以下，この点を見ておこう．

(1) 権力への服従

ペトロは言う，「主のために，すべて人間の立てた制度に従いなさい．それが，統治者としての皇帝であろうと，あるいは，悪を行う者を処罰し，善を行う者をほめるために，皇帝が派遣した総督であろうと，服従しなさい．〔…〕すべての人を敬い，兄弟を愛し，神を畏れ，皇帝を敬いなさい．召し使いたち，心からおそれ敬って主人に従いなさい．善良で寛大な主人にだけでなく，無慈悲な主人にもそうしなさい」（「ペトロの第一の手紙」第2章13-18節）．パウロも同様な立場にあった．「人は皆，上に立つ権威に従うべきです．神に由来しない権威はなく，今ある権威はすべて神によって立てられたものだからです．従って，権威に逆らう者は，神の定めに背くことになり，背く者は自分の身に裁きを招くでしょう」（「ローマの信徒への手紙」第13章1-2節）．

この姿勢を非難することはできないだろう．我執を捨てる・自己を放棄する精神が，〈抵抗しない〉という態度と結びつくのは，自然であったからである．加えて，もしかれらが権力に反抗していたら，キリスト教は，弾圧されつくし歴史から消えていたかもしれないからである．

しかしイエス自身は，「キリスト教」を組織化して広めることを目的にしてはいなかった．かれはただ，救いを求めて来る人々に手をさしのべ希望を与えようとしただけであった．だから，権力にさほど頓着する必要はなかった．し

かもイエスは，権力を神のはるか下にあるものと見ていた．これに対しかれの使徒たちは，出発点においてすでに，イエスの教えを広めることを目的とした組織の一員であった．社会に打って出るそうした組織は，どうしても国家とかかわることになる．組織の拡大・維持のためには，権力に対し敏感にならざるをえなかった．内に厳しく外に妥協——これが組織維持の条件なのである．次に述べる〈現状の肯定〉も，ここから来る．

(2) 現状の肯定

パウロは言う，「召されたときに奴隷であった人も，そのことを気にしてはいけません．自由の身になることができるとしても，むしろそのままでいなさい．というのは，主によって召された奴隷は，主によって自由の身にされた者だからです．同様に，主によって召された自由な身分の者は，キリストの奴隷なのです」(「コリントの信徒への第一の手紙」第7章21-22節)．自己を放棄すること，ならびに心の中で神と結びつく関係を大切にすることは，外部に対してこだわらない姿勢をもたらす．それはまた，〈外部秩序が自分にどういう意味をもつか〉に関心をもたず，したがって外部権力の悪さをも気にしない姿勢をもたらす．来世への救いを求めることが，現世への無頓着を生むのでもある．この姿勢は，一つの生き方ではあるし，〈内面的自由を護ろうとする〉意識の表れでもある．しかしこの姿勢だけだと，自由でない外部世界で権力が肥大して暴走し，やがては各人の内面をも侵すようになることを防げない．これは，のちにルター (Martin Luther, 1483-1546) 以降のドイツ知識人を見舞うことになった問題傾向の走りである．

(3) 家父長主義

パウロらには，家父長主義が顕著である．パウロは言う，「妻たちよ，主に仕えるように，自分の夫に仕えなさい．キリストが教会の頭であり，自らその体の救い主であるように，夫は妻の頭だからです」(「エフェソの信徒への手紙」第5章22-23節)．使徒たちといえども，当時の慣習・習俗からまったく自由に，偏見なく思考することは，困難だった．

イエス自身は，家父長主義的偏見からも自由であった．そもそもイエスの描く父親は，

やさしかった（本書110頁）. それだけではなく, イエスの思想においては, 神は心の底から救いを求めるすべての人を救う. つまり, すべての人は神の前に平等であり, 各人が神にいたる道を自分で歩む. 神の愛は, 家族制度や団体・国家を越えて一人ひとりに直接及ぶ. 神に結びついた人は, それゆえ相互にそうした人としてつながり, 狭い人間関係やその中での上下関係を超える.

使徒たちに見られた強い家父長主義が, その後のキリスト教においても——〈人を平等にあつかう〉イエスの姿勢と共存しつつ——規定的になった. とりわけプロテスタンティズムにおいては, ①聖書主義（本書274頁）をつうじて使徒たちのこの姿勢が影響するとともに, ②禁欲主義から来る性・女性の蔑視が作用し, また③近世において単婚小家族的な家父長主義が再強化されたことをも反映もして（これらの点については137頁等参照）, 家父長主義が強化された. 男性が, 単に政治的・社会的にだけでなく精神的にも責任をもつ者として——すなわち子供や妻の信仰を導き監督する者としても——家族の支配者となる. キリスト教の家父長主義は, こうして近世・近代の一特徴となったばかりか, さらに19世紀のヴィクトリア時代に, 資本主義の成長にともなってプロテスタントが再活性化したことによって再強化され（本書下巻228頁）, 20世紀の遅くまで西洋の社会と文化を規定した.

【補論1】 ストア派とキリスト教————————
　ストア派と原始キリスト教との間には, ヘレニズム期以降の精神としての共通性と, 〈ギリシア世界 対 非ギリシア世界〉を反映した異質性とが, ともに見られる.
　すなわち, 共通性としては, ともに各人の心の問題を重視した点が挙げられる. 両者はともに, 高い道徳的な意識を強調した. 両者はまた, 人間を超えたものを重視した. それの前において, 人は皆平等であり, 各人はかれの心の世界で自立し, 国や民族を越えて相互に結びつく, とされた.
　しかし, 異質性も顕著である. 人間を超えたものは, ストア派にとっては〈世界の法則〉という, 人のかたちをとらないものであり, キリスト教にとっては神という, 人のかたちをとったもの（＝人格神）であった. 両者はまた, 人間観においても正反対である. ストア派は人間の本質を理性に求めた. 〈理性による感性の支配〉が理想であった. これに対して, 原始キリスト教においては, 理性は人間を傲慢にするものであり, 美しい心情こそが大切であった. さらに, 自分を救うのは, ストア派では人間自身であり, キリスト教では絶対的な神であった.

以上を図表化すれば，次のようになる．

		ストア派	原始キリスト教
似ているが，中身がちがう点	人間の内的本質を重視	人間の内的本質は，理性	人間の内的本質は，心情
	超個人的な摂理の支配	法則の支配	神の支配
	すべての人の平等	人間の本質にもとづく平等	神の前の平等
	コスモポリタニズム	人間本質の共有からくるコスモポリタニズム	神を信じる者同士としてのコスモポリタニズム
	禁欲の倫理	理性による自己統制	神の道具としての禁欲
明らかな相違点	求むべきもの	人間の求めるべきは理性・強い自制心	人間の求めるべきは愛・美しい心情
	人間の本性	人間の本性は善	人間の本性は弱さないし悪
	救済	自力による救済	神による救済
	神の観念	人格神ではない	人格神

【補論2】 キリスト教と近代意識————
　以上に見た原始キリスト教の思想は，どの点で近代意識の土壌をつくったか．
　(i)　個々人が神と直接向かいあう関係を主軸にしたこと
　(a) 自我の覚醒　　近代的自由は，一面では，人間のすばらしさへの確信，自尊心や自分の世界を大事にする意識といった〈自己主張〉に結びつく．しかしそれは，他方では，自分の罪・無知・無力の自覚とも結びついた〈自己否定〉に定礎している．自分の罪・無知・無力の自覚は，孤独になったときや，自己主張が挫折したとき，また自分をはるかに超えたものと向きあうときに起こる．キリスト教は，人を，神と直接向きあわせることによって，人が自分の罪深さや無知，弱さを痛感し，自分の性格や行為について真剣に考え，自分とは何か，どう生きればよいのか，といったかたちで自己反省を進め，究極の自己否定から再出発する道を切り開いた．〈今までの自分〉を否定した自分だけが，伝統的な制度の支配や自然の支配，常識・ドグマの支配から独立し，自分の意志によって新しく社会や環境をつくっていく出発点になる．
　キリスト教は，アウグスティヌス以来，原罪の思想を定着させ，また告解や懺悔を制度化することによって（年に1度は告解することが，インノケンティウス3世 (Innocentius III，在位 1198-1216) によって1215年に開催された第4回ラテラノ Laterano 公会議で義務化された），上記の方向へしだいに進んでいった．
　(b) 良心の覚醒　　神と向かいあう関係はまた，〈他人が見ていなくともつねに神が見ている〉という意識をもたらすことによって，個々人の道徳的良心，それによる自己支配を鋭くさせる．なぜなら，こうした点においては，――ヴィクトル＝ユゴー (Vic-

tor Marie Hugo, 1802-85) が『レ＝ミゼラブル』(第1部第7編3) において言っているように――,「彼の良心,すなわち神」ということになるからである.

(c) 個人の尊厳　　その関係は,さらに,〈神に直接向かいあえる存在者〉としての各人の尊厳性を確認させる.そしてそのことによって,各人が「人格」persona のもち主であり(下巻注108),また相互に平等であるという意識を促進する.

(d) 精神的自由　　この関係は,信仰の世界を他人や外部権力から自由な場とするものでもあった.神が絶対不可侵である以上,その神と結びつく各人の心も〈絶対不可侵である〉ということになるからである.信仰の世界のこの超越性が,カステリオ(Sebastianus Castellio, 1515-63) あたりから,良心の自由・思想信条の自由の基盤となっていく(本書296-300頁).

(e) 自由人の共同　　この関係は,神を共通項にして各人が,同じ弱い存在,神に同じように救われた存在として,相互に結びつくことを可能にもした.それは,「共同防衛」(本書16頁以下)とは異質の共同性であった.そうした共同性は,キリストの精神にもとづいて新しい社会を共につくるための基盤となるとともに,近代化によって孤独になった近代人に対して,失われた共同性を想起させ相互援助を促進するものでもあった.

(ii)　制度に対する主体性　　①キリスト教は,〈外面的な律法をはじめとする社会制度をただ遵守せよ〉とすることに疑問を出し,それらにかかわるさいの各自の意識のあり方を問題にした.このことは,人が社会と向きあう態度に反省をせまり,社会に対する主体的な意識を目覚めさせた.②〈神がその意志によって世界を創造したのだ〉という考え方は,〈神に似た存在としての人間――君主ないし人民――がその自由な意志によって人間世界＝社会を創造するのだ〉という考え方を或る程度は準備した(本書175頁以下・189頁参照).

(iii)　神の道具　　後述するように,〈神の道具としてそれにふさわしく生きる〉という観念は,生活の「紀律化」をもたらすとともに,〈神によってあてがわれた生き方を全うする〉という,「天職」calling, Beruf の観念と結びつくことによって,その職業において勤勉に生きるという考え方をもたらす.これは,新しい社会変革のエネルギーの源泉となりうるものであった.

　以上において検討したのは,近代精神が発達する上で原始キリスト教の思想が一つの土壌をどのように提供したかの問題である.しかしこのことは,キリスト教思想のみが成長し近代精神となったとか,近代精神は原始キリスト教思想の土壌で順調に成長していったとか,と論じるものではない.

　近代精神は,人文主義や啓蒙主義がそうしたように,成育していく上では,〈権力化し教条化して新しい科学精神や社会的運動を抑圧するカトリック〉と戦わなければならなかっただけでなく,ルター派キリスト教の〈内面と外面を区別してひたすら内面に向

かう傾向）や，カルヴァン派の非人間的な厳格主義・狂信性・権威主義・不寛容をも，克服しなければならなかった．

　キリスト教はまた，逆に近代を修正するものでもあった．近代において一方で強まった，自我・権利主張・個人主義・あくなき営利活動・便宜さの追求といった諸原理——主軸を成すのは我執である——は，キリスト教の原点であった〈愛による自己放棄〉・〈我執の克服〉とは反対の方向に向かうものでもあった．①このため人々は，〈そうした我執がキリスト教の原点に合致するものであることを証明し実践する必要〉に直面した．たとえば，〈自分を愛し主張することは，自分の中にもある人間性を愛し擁護する，普遍性につながる行為だ〉といったヒューマニズムで我執を飾ったり，〈私益の追求が世の繁栄をもたらし公益に寄与する〉といった経済理論をもち込んだりしなければならなかった．②人々はまた，そうした近代の諸原理が，近代社会の高度化にともなって深刻な問題を生むようになったとき，キリスト教に根ざし，連帯や反「もうけ主義」を掲げて対処していった．

　西洋近代精神の強さは，相互に支持しあい・かつ牽制しあう異質の諸原理が，このようなかたちで共存している点にあると言えよう．

　さらに言えば，キリスト教が近代社会を準備することになったかどうかは，思想によるよりも，環境と，それに対応して採用された組織原理とによる．(a) 西ヨーロッパでは，キリスト教会は，国王の政治権力と並ぶ別の権力であった．教会が国王と対立するとき，等族 Stände や修道院が教会側につくことが多かった（等族とは，王の支配する国の内，または諸侯（聖俗の有力領主）の支配する領邦国家の内で，高位聖職者，貴族・騎士，都市民・農民の代表者などの諸身分の代表が，王・諸侯（君主）に対抗して相互に結束したものを指す）．そしてキリスト教会は，都市・経済・法制度・大学教育・意識の発展に即応して，自身の行動態様・組織を改革しつつ，近代の諸原理に適合するものに変容していった．

　(b) これに対して，ビザンツ的東ヨーロッパでは，キリスト教会は，帝国皇帝による中央集権的専制体制に組み込まれた東方正教会の姿をとった．このビザンツ世界では，11世紀以降に封建化は見られたものの，西ヨーロッパに見られた，伝統的市民社会，等族，自由都市などの形成を見なかった（ノブゴロド Novgorod の共和制や，モスクワ大公国の貴族的伝統も，近世が近づくにつれ後退し，19世紀にはツァーリズムの強化によって解体された）．このけっか，ビザンツ的東ヨーロッパにおいてはキリスト教会は，近代社会の担い手のエートスに結びつけなかった．

第2部 中世

4 古ゲルマン時代以来

　本書では，①西ローマ帝国崩壊（A.D. 476）以前の時代を古ゲルマン時代と呼び，②西ローマ帝国の崩壊後，カロリング朝の崩壊（987）までを中世初期と呼び，③カロリング朝崩壊後，13世紀末までを中世中期，④14世紀以降，イタリア＝ルネッサンス期が最高潮に達する15世紀末までを中世後期と呼ぶ（そのうち13世紀＝ゴシック様式開花期が中世の最盛期である）．ただし，叙述の都合上，本書では古ゲルマン時代も第2部であつかい，ルネッサンスは第3部であつかう．

　376年の西ゴート族のドナウ渡河に始まる民族大移動は，大陸中央部では5世紀の終わりには終結した．多くのゲルマン人は，自給自足的な農業を生業とするようになった（ライン河・マイン河・ドナウ河以南の地やイングランドには，かつてローマ人によってつくられた町が残っていたが，そこにもゲルマン人が住み着いた）．これらゲルマン人は，軍役を離れ武器保有権を失い有力者への従属を強める．これにともなって貴族的土地所有（荘園制）が拡大していった．こうした西ヨーロッパに，メロヴィング朝，ついでカロリング朝の王朝が成立した．この国王に直属する不完全自由人（Königsfreie）もいた．

　初期中世の王たちは，一円的な直接支配を知らなかった．王たちは，自分の部下の他，部族の長である有力者を伯に任命し，主従関係を媒介にして統治しようとした．有力者たちは，その土地を支配し，独自の荘園をもっていた．かれらは，広大な荘園の内部で，警察権や徴税権を行使し独自に裁判をおこなっていた．王は，中央行政庁（王宮）をもたず，官吏に王国内を巡回させて行政をおこなうとともに，自分自身も，所有地内にある滞在拠点Pfalzや，自分に服する有力貴族・聖職者の館を，宮廷員たちとともに巡回し，存在を直に印象づけるとともに，そこに貴族たちを集めて政治問題を処理した（王妃や王族も独自に巡回した．王たちを滞在させるのは貴族にとって一種の納税・奉仕行為であった）．王

たちは，国の重要事件や一般犯罪は自ら裁判した（帝領伯 Pfalzgraf に裁判を代行させもした）[92]．王たちが，このように自分と主従関係に入っている者の土地にしか統治を及ぼせなかった「国家」を，〈人的結合の集積としての国家〉と言う．

王権がある程度強ければ，以上のやり方でも十分に統治はできた．しかしこの体制では，王権が弱まると，たちまちに国内は分散状態になる．じっさい，有力者たちは，その権限を強め，しだいに自立し領邦君主化していった．〈王権がこの状況を克服し，領域全体を国家として統合する動き〉を確かなものにしていくのは，中世後期以降のことである．

(1)　「家」

古ゲルマン時代以来，人々は有力者の支配下にあったが，それら有力者の統合力もまだ強くはなく，また生活は自給自足的であったので，「家」house, Haus が重要な意味をもった．「家」とは，中・上層の階層においては，夫婦とその子供，および多数の独身の召し使いたちによって構成された集団であり，保護と防衛・生産の拠点として政治生活・社会生活の重要単位であった．たとえば，「家」の基盤である家屋敷は，家神をまつった聖なる領域であり，有力者も容易には介入できなかった．現行犯を追跡していても，かれがその家屋敷に逃れ込んだら，追跡を止めなければならなかった[93]．家屋敷は，教会施設と並ぶ宗教的アジール Asyl（日本の「駆け込み寺」的なもの）の一つでもあったのである（この慣習は，バルカン半島などで今でも見られる）．このような「家」単位の自立を「家の平和」と呼ぶ[94]．

家長は，自治的な「家」の統括者であるだけでなく，家族員と家産との所有者であった．家長には家族員を懲戒・売却・殺害することも許された．家長の支配権をムントと言うが，これはローマのマヌスと同一の語源から来る語であり，それゆえ家長権の質は，初期の古代ローマのそれと似ていた（もっとも古代ローマと異なり，息子は，自分で稼いだ金は自分で使えたし，独立世帯をもてば父の

---

92)　以下については，ネル（前掲注46）『ヨーロッパ法史入門』55頁以下；勝田有恒他編著『西洋法制史』（ミネルヴァ書房，2004）第5章参照．
93)　Clausdieter Schott (Hrsg.), *Rechtsgeschichte—Texte und Lösungen*, 8. Aufl., 2001, S. 10 ff.
94)　今日でも，「家の平和」は，民事不介入・親権の尊重，住居侵入者に対する一定の自力執行の許容などのかたちで残っており，また官憲による家宅捜査にも制限がある．このことが父親の暴力，ドメスティック゠バイオレンス（DV）の温床となってきたのでもある．

ムントから離脱できた).

　それでも中世前期には,「家」の背後には親族集団がいて, 家長がそれぞれの「家」の構成員の保護・防衛, 家畜・土地などの財産の保全上の義務を果たしているかを監視し, また義務遂行にさいして助力しあった[95]. とくに王族・貴族などの名家の「家」では家門が重視されるので, ——地域にもよるが——親族から成る黙約共同体 (家団) が家長をコントロールした[96]. 親族集団が重要であったことは, 相続にも反映している. 〈血がつながっていること〉が尊重されたので, 子がいない場合は, 傍系が, 場合によっては養子となって, 相続した (男児がいない場合は女児が相続し, その婿 (婿養子ではない) が主君への奉仕などを代行した). ——これに対して中世後期以降の日本では広く赤の他人を養子に迎えもした (「家」の統合を確保するために古代ローマ人は家長に着目した. 中世・近世人は (ヨーロッパでも日本でも) 家産・家禄・家名を確保するために血に着目した. 中世後期以降の日本人は, それに加えて他人養子をも広く採用した, と言える[97]. ともに目に見えるものに着目して動いた点では共通である).

(2)　紛争処理——含む中世中期

(i)　古ゲルマン時代

(A)　私闘　　古ゲルマン時代以来の, 公権力が弱い社会では, 私闘が秩序維持の正当な手段とされていた. 私闘とは, 紛争を当事者 (家長に率いられる家集団) 同士が実力に訴えて決着させることであり, 当時の言葉ではフェーデ Fehde と呼ばれた. 紛争処理に裁判制度を利用することもあった. しかしその

---

95)　かつて〈古ゲルマン時代は,「ジッペ」Sippe, すなわち男系の血族集団を核とした共同体が社会の単位だった〉とされた. しかしこの説は, 現在では否定され,「家」が前面に出ている. Wesel (fn.3), *Geschichte des Rechts*, S. 267 f. それでもフェーデや相続の時をはじめとして, 近親者ないし親族集団が意味をもった. 勝田他編著 (前掲注92)『西洋法制史』46頁以下.

96)　マルク・ブロック Bloch, Marc Leopold Benjamin『フランス農村史の基本性格』(1931, 河野健二訳, 創文社, 1959) 212頁以下. 戒能通孝『古典的世界の没落と基督教』(新泉社, 1969) 243頁以下.

97)　古代ローマには赤の他人を養子にする制度があったが, 賢人皇帝に見られるように, すぐれた人物に自分の地位を継がせるためという個々人本位の発想によるのであり,〈「御家」を守るため〉という集団主義的発想によるのではない. 西洋の今日の養子制度も,〈養子の幸福〉を本位とする. (実子が父を継いで皇帝になるときも, 統治は一代ごとに完結したもの——たまたま父のあとに子がその能力が認められて座に就いただけ——としてあつかわれた.) 西洋でも旧家では先祖を誇りに思うが, これも偉大な個々人 (家の英雄) に対する崇敬から来るものであり,「御家」への執着や「ご先祖様」崇拝といった, 集団主義から来るものではない.

場合には原則として，当事者同士（家長同士）がそれに同意する必要があったし，原告が勝訴してもアハト刑（追放され，誰もがかくまってくれず，財産も奪われる．立ち退かなければ，誰にでも殺される，という内容の刑）などを除いては，判決の執行は，私人である原告が自分でやった．

「私闘」・「私人」とはいっても，上述のように親族集団や「家」は公的秩序の一部として自治をもっていたのだから，闘争したり判決を原告が自分で執行したりすることも，紛争の立派な公的処理＝正義の実現の一つであった．加えて，家長は家族員がフェーデ沙汰を起こすことを禁止し，違反者を処罰するなど治安に努めた．また，私闘は，単なる憎悪に駆られ復讐心からおこなわれるのではなかった．それは，〈傷つけられた者の不名誉は，傷つけた者の血によって雪がれなければならない〉という，未開社会によくある，形式尊重ないし互酬性の尊重から来るものでもあった[98]．それゆえ，私闘が常態だったといっても，報復がくりかえされ無秩序化したというものではない（そういうことも起こったが）．

家長は，自分ないし身内に対してなされた，名誉毀損・不倫・殺人・傷害・強盗・自分の奴隷や家畜の殺害等を理由にして，加害者ないしその身内（同等者以上の）との間で，ルールを遵守しつつ正式に宣言して敵対関係に入る．そのさい，フェーデ行為の究極のかたちは，加害者ないしその身内との間での戦争（＝血讐 Blutrache・Blutfehde）であった．フェーデの決着のつけ方としては他に，犯人の引き渡し，贖罪金（一般的には Busse，殺人に対するそれを Wergeld と呼ぶ）の支払い，当事者間で合意してする決闘 Zweikampf, duel もあった．身内が被害を受けたとき，フェーデに出るのは，家長の，身内に対する義務であり，社会的権利であった（これと，裁判において当事者が申し出ておこなう裁判上の決闘 gerichtlicher Zweikampf, duel judiciaire, trial by battle（本書121頁参照）とは，区別されなければならない．また，現行犯に対しては即時の実力行使が認められていたが，今日的に言えばこれは，私闘ではなく正当防衛である）．

しかしながら，すでに中世初期以来，人々は，私闘を制限する動きをも示した．後述する「ラントの平和」Landfriede（本書141-142頁参照）に連続していく動きである．たとえば，①貴族ではない者の家集団がおこなう復讐行為は，

---

98) ホイジンガ Johan Huizinga『中世の秋』(1919, 堀越孝一訳，中央公論社『世界の名著』55, 1967) 432頁以下.

しだいに非合法化されていった．②貴族同士の実力行使は，相手の城に限定されるようになった．そしてその城は，破壊してもよいが，それを奪い取ったり城用の建材石などを持ち去ったりしてはならなかった．③また，まず仲裁裁判による贖罪金支払いでの解決を試みることを義務づける制度が発達した．贖罪金は，贖罪・懲罰と損害賠償を兼ね備えており，故意か・とっさの気分による犯行か，過失か・無過失かによって額が異なり（〈無過失の事故では贖罪責任を問われない〉とするようになったのは──それを原則にした刑法が発達しだした──中世盛期以降である[99]），また，被害者が男か女か・何歳か・その保護者がどういう身分に属するかなどによっても額が異なっていた．贖罪金は，家畜で支払われることが多かった（家畜は，個々の家族にではなく親族集団に属していた）．（こうした事情は，ギリシアやローマの初期の社会と同様である．そこにおいても，各人による制裁・紛争処理が基本であり，それがしだいに限定されていった．）

私闘は，その後（11世紀以降），カロリング朝が衰退・消滅して中央の権力が弱まった状況下で，実力によって秩序を防衛する必要が強まったため，ふたたび盛んになる（イングランドでは王権強化にともない早くになくなった）．

(B) 裁判　中世においては，裁判もまた団体自治の一環であった．すなわち，小は村から大は帝国にいたるまで，身分ごとに分かれた裁判団体が，それぞれの裁判集会 Ding[100] を管理・運営した．そこでは領主や国王などが裁判を招集し，主宰し判決を宣告するが，判決の中身は，集会で認められた判決人が決める．領主や国王も，そうした判決を尊重する[101]．そのさい判決人は，名望家であるが法の学識者ではなかったし，領主や国王による制定法は少なかったので，慣習や先例──身分ごとにかつ地域ごとに多様であった──を参考にし，また話し合いによって「正しい法」を「探し出し」て判決をまとめ上げ

---

99) ドイツでは，1200年頃には，「刑罰」Strafe という語が登場し，それまでの「損害」Schaden と並んで使われだした．Wesel, (fn. 3) *Geschichte des Rechts*, S. 336 f. このことは，その頃から，秩序違反による権利侵害に対して君主や都市の公権力が本格的に介入し始めたこと，それが可能なだけ権力確立が進みだしたことを意味する．

100) Ding とは，もともとはインド＝ゲルマン語で tenkos, ローマ語で tempus, すなわち「時間」のことであり，Ding は定期的な集会を意味した．これが，裁判集会，またそれを核とした裁判団体 Dinggenossenschaft を意味しだした．

101) 荘園内の裁判所も，荘園領主が主宰し宣告もするが，相互に結合し裁判団体を構成した隷属農民たちは，その仲間の中から判決人を選んだ．高柳信一『近代プロイセン国家成立史序説』（有斐閣，1954）10頁以下．

た．これを法判告 Weistum という（weisen は，指し示すの意である）．つまりここでは，〈法は，領主や国王ないし裁判団体員が制定するものではなく，それを超えた不変の法がある．領主や国王も団体員もともに，そういう法に服する〉という観念が基底となっている（ただし，同時に〈いくら旧いルールでも，正しくなければ一時たりとも法ではない〉Hundertjahre-Unrecht noch keine Stunde Recht. という原則もあった．先例・旧い法がすべてを決するのでなく，正義感覚が大切だったのである．なお，判決の決定にさいして意見が分かれたときは，多数意見をとった．『ザクセン = シュピーゲル（ラント法）』II. 12. 10, II. 55, III. 69. 1 以下）．こうした「みんなが法にともに服する」の観念（＝「法の支配」）と実務とが見られる団体を，法共同体 Rechtsgemeinschaft と呼ぶ[102]．それは，〈ルールの支配〉の下でポリスの共同運営を追求した古代ギリシア・ローマの伝統のゲルマン版と言える．

　こうした事情のため，近世にいたるまで人々は，自分たちより下層の者が自分たちを裁判することを，受け入れなかった（＝同等者裁判 iudicium parium に固執）．このようなところでは，〈その身分・その地域の特殊法が，ヨリ広い範囲に通用する一般法を破る〉が原則となる．これは，〈法は，人を身分に関係なく「人格」として把握し，そのことによって一般的に妥当する〉という近代の原則とは正反対である．本来，法はそういう差別性と不可分だったのである（古代の市民法もそうであった）．

　裁判集会には，(a) 公的利益侵害や破廉恥罪に対するものと，(b) 個々人の利益の侵害にかかわるものとがあった．

　(a) の裁判集会について　重大な公的利益侵害の罪（反逆や姦通）を犯した者は，役人が訴追した（公訴）．その他の公的犯罪には，私訴があった．犯罪によって異なる死刑（絞首，車ざき，火あぶり，穴埋め，溺死など），またはアハト刑が科された．出廷しない者にも，アハト刑が宣告された．

　(b) の裁判集会について　個々人の利益を侵害した者に対しては，被害者ないしその家族が告訴・訴追人となって裁判がおこなわれた（告訴人が被告を召喚し，対審をつうじて被告の有罪を証明しなければならなかった）．刑事事件はもちろんのこと，民事事件も，たとえば債務不履行は，〈違法に給付をしない不

---

[102] Marcel Senn, *Rechtsgeschichte—ein kulturhistorischer Grundriss*, 2. Aufl., 1999, S. 111 f.;「法共同体」概念は，村上淳一『近代法の形成』（岩波書店，1979）2頁以下で，重視されている．注151参照．

法行為にあたる〉として，債権者が，フェーデを行使するか，和解するか，訴えを提起して贖罪金（不法行為の種類・態様によって額が異なる）を受け取るかのかたちで処理した[103]．この点で徹底して当事者本位である（イングランドのコモン＝ロー裁判は，この当事者本位の伝統を維持し続け，そのことによって今日一般的である（当事者主義的な）刑事訴訟のさきがけとなった．「1 周遅れのトップ＝ランナー」効果である）．

さて，(b) において，被告が認諾するか，証拠が明白であれば，判決で処分が命じられる．

雪冤手続き　認諾がなく明白な証拠もないとき（真偽不明のとき）は，雪冤(せつえん)手続きに移行する．すなわち裁判主宰者は，被告の有罪・無罪を調べる特別の手続き（訴追人と被告の双方が対象となる）に移るよう命じ，また，その手続きにおいて被告が無罪を証明できなかったときの処分方法を指示し，その手続きを担当する者に移送する．

雪冤手続きにおいて被告が無罪と判断されるのは，第一には，被告と宣誓補助者（被告が信頼できる人であることを保証する者）とが宣誓し，それが受け容れられた場合である．第二には，宣誓手続きを選ばなかった場合におこなわれる神明裁判において，有利な結果が出た場合である（女性には宣誓能力が認められなかったので，神明裁判しか道はなかった）．

神明裁判は，刑事裁判において活用された．例としては，（イ）訴追人・被告をそれぞれしばったまま水につけ，沈んだ方を正しい者と判断するやり方（溺れる前に引き上げた），（ロ）双方を焼けた鉄や熱湯に触れさせ，数日後に火傷が早く快方に向かった方を正しい者と判断するやり方，があった（上の（イ）において，水に沈むのは，正しい者が水の清浄な要素に親和したからであり，（ロ）において火傷がなおり，下記（ハ）において決闘に勝ったのは，正しい者を神が加護したからだ，との判断が基底になっていた．ただし決闘については，〈剣術のうまさが結果を左右しがちなので，正当な神明裁判ではない〉という意見があった）．（ハ）前述した，訴追人と被告との間でおこなわれる裁判上の決闘も，神明裁判の一種である（裁判上の決闘は，イギリスでは 1819 年まで残った）．女性や老齢者・病弱者・

---

103) こうした，民事制裁と刑事制裁の混同は，近代に入るまでなくならなかった．たとえば，19 世紀末まで残った，後述する（注112）債務者監獄は，債務不履行を一種の犯罪行為と位置づけて弁済不能者を収容する施設である．

聖職者などが決闘を選んだ場合には，代りに闘う者が選ばれた[104)][105)]．

こうした雪冤手続きは，現代人には非合理に感じられる．しかし，この手続きに入るのは，審尋を尽くしても真偽が不明である場合だったという事実を見逃してはならない．今日であれば，そういう場合には〈証明責任を果たしたかどうか〉によってケリをつける．すなわち民事事件では証明の優位によって，刑事事件では検察官が証明責任を果たさなかったとして（＝「被告人は無罪」として）処理する．要は，判断が困難な場合に，どういうかたちで決着をつければ，人々の納得を得られるかである．これは，中世でも今日でも変わらない．この観点からは，神明裁判は，中世においては人々の納得を得るのに最適の道であり，その点で「合理的」だった[106)]（今日において刑事事件で，真偽不明のばあいに無罪とする決着の仕方でみんなが納得するのは，それが〈刑事裁判に欠かせない〉決着方法であるからではなく，今日では「疑わしいときは被告人の利益に」In dubio pro reo. の原則（有罪とすることに合理的疑いが残るばあいには被告人を無罪とする）が――被告人の人権擁護に効果的だとして――一般に承認されているからにすぎない）．

(ii) 中世初期

それまでの裁判構造が基本的に継続し，諸身分は，それぞれの裁判団体をもっていた．しかし他方で王は，①現行犯として逮捕された者を殺してもよいケースを，窃盗・放火・強姦に限定したり，②和解を推し進めたり，③国王裁判所を確立したり，④刑事立法を拡大し処罰事項を増やしたり，⑤王権による強制執行を拡大したりするなど，上からの秩序化をしだいに強めた．

国王裁判所――高位者の紛争を管轄するとともに民衆の裁判の上級審として

---

104) ヴァーグナー（Richard Wagner, 1813-83）の歌劇『ローエングリン』*Lohengrin* (1850) の第一幕を参照．ここでは，弟殺しの私訴を受けたエルザ姫の身の潔白は，真偽不明のため裁判上の決闘で雪冤すべきものとなった．女性が決闘することは例外的なので，裁判官である王は，代闘者を求めた．しかし，告訴者が勇者なので誰も名乗りを上げない（代闘者は，殺されるか傷つくかするし，軽傷で負ければ腕を切り落とされる）．そのとき白鳥に導かれた神秘の騎士が登場し，彼女の代闘者となり，勝利した．彼女は無罪となり，告訴者は追放される（＝アハト刑に処せられる）．（追放された告訴者は，居残って魔女の助力でエルザをみごとに心理的に陥れ，白鳥の騎士との結婚を破局化させる．ちなみに，この結婚式での行進曲（「婚礼の合唱」）は，日本の婚礼でよく使われるが，〈新婦の猜疑心による離婚〉への序曲なのである．）

105) ミッタイス H. Mitteis『ドイツ法制史概説』（世良晃志郎訳，創文社，1971）第 9 章；コーイング H. Coing『近代法への歩み』（久保正幡・村上淳一訳，東京大学出版会，1969）40 頁．

106) 山内進『決闘裁判』（講談社現代新書，2000）65 頁以下参照．

も機能した——は，王自身または宮廷伯が裁判官となった．宮廷伯は，王とレーン契約を結んだ騎士であった（王に従属する，装置としての小官僚ではない）．かれらは，俸給のほか贖罪金の一部などをも受け取った．かれらは，法に関してはアマチュアではあったが，裁判そのものが実定法に厳密に根ざしたものではなかったし，裁判には判決人など多様な参加者が任務を分担していたので，務められた．主要な法源は，法判告を原型とし，それに王が手を加えた法である各部族法であった（たとえば，507年から511年の間に成立したサリカ法典 lex Salica, 643年発効のランゴバルド法 edictum Langobardorum など．これらは，不法行為に関する罰金 Busse を定めた規定が中心であり，所有関係や取引などの民事的行為に関する規定は少ない．これらの法は，かつては純ゲルマン的（ドイツ固有）な法だとされていたが，クレッシェル（Karl Kroeschell）らは，これらにローマ法の影響が濃いことを指摘している）．これが属人主義的に適用された．

(iii) 中世中期

(A) 世俗裁判

自生的世俗裁判の変質　話の関連で，中世中期についてもここで見ておく．前の時代の，諸身分の自生的な裁判は，しだいに王による裁判によって追いやられていった．インノケンティウス3世下の第4回ラテラノ公会議は，聖職者が神明裁判に関与することを禁じた．イングランドでは，これを受けて1219年，ヘンリー3世（Henry III, 1207-72）が，決闘を除く神明裁判を禁止した．このためこれ以降，12名の陪審員による裁判がしだいに定着していき，イングランドの裁判は，〈王の名による裁判〉の要素を強めた（すでにヘンリー2世（Henry II, 1133-89）が，1166年のクラレンドン法によって12名の起訴陪審員の制度を導入していた．これが判決陪審員の制度を生み出したのである）．ドイツでも，判決人（7人）が常置となったことによって，民衆が裁判集会を自分たちで担うことはしだいに遠のき，審判人 Schöffen 制度に近づいた[107]．諸身分の裁判所は，裁判官であった宮廷伯 Graf がしだいにその訴訟指揮を強化していったため変質し，高権的なグラーフ裁判所 Grafending になっていく．

---

107) これら陪審員や判決人・審判人は，担当する事件についてよく知っていることが前提となっていた．それゆえかれらは，証人と裁判官の役割とをともに果たした．〈神による裁判〉から〈人による裁判〉への傾斜の条件ができたのである．鯰越溢弘編『陪審制度を巡る諸問題』（現代人文社，1997）31頁以下．

124　第2部　中世

贖罪から刑罰へ　12世紀以降，後述する「ラントの平和」が浸透するにつれ，公的利益侵害でない犯罪についても，体罰刑が広まった．『ザクセン＝シュピーゲル（ラント法）』Sachsenspiegel（1221-24．レプゴー（Eike von Repgow, 1180-1235）が書いた，ドイツ＝ザクセン地方の古来の法の記録本）では，贖罪ではなく刑罰が支配的となっている．当時の刑罰の中身は，罪に応じて，斬首（貴族向け），絞首（非貴族向け），車ざき，火刑，切り刻む，棍棒で頭を殴って殺す，首から下を穴に埋めて死ぬのを待つ，自分で縫い上げた革袋に入れ溺死させる，烙印を押す，むち打ち，髪を剃るなどと，アイデアに富んでいた．これら残酷刑は，18世紀において啓蒙主義のヒューマニズムによって廃止されるまで続いた．そうした残酷刑の執行は，多くが公開された．これは，ローマにおけると同様，見せしめのためであるとともに，一種の見せ物，つまり人々の娯楽に供するためでもあった．ホイジンガ（Johan Huizinga, 1872-1945）が言うように，中世の人々は，憐れみ深かったが同時に残忍でもあった．ときには神も感動するほどに信心深く慎ましやかであったが，ときには神があきれるほど悪魔性をむき出しにした[108]（ただし，重罪犯でないばあい，死刑でも金を払って免除される道があった）．

(B)　教会裁判

教会の組織整備　ローマのヴァチカン Vaticano 地区に，殉教した使徒ペテロの墓があった．その上に建てられた教会堂と，そこから東に5キロのラテラノ Laterano 宮殿とを拠点にして教皇庁がかたちづくられていった．教皇庁の権威は，信者数・施設・財産の増大，巡礼や「神の平和」や十字軍などの諸運動，神聖ローマ帝国皇帝の聖別（聖油によって単なる貴族から皇帝に高める儀式）などをつうじて高まり，12・13世紀に頂点に達した．教皇庁は，ヨーロッパの教会を，教皇の官房庁と各種裁判所とを中心とした，官僚機構や法の整備などによって統合し統治した．教会の裁判所は，聖職者，貧困者

[108) 中世には，中世固有のメンタリティーや観念が働いていた；近代のメンタリティー・通念で中世を見てはならない，ということである．この点については，ホイジンガの次の指摘が興味深い，「裁判ということを考えるとき，なにかわたしたちは，臆病になり，動揺する．そういった感覚は，いっさい，中世人には欠けている．責任能力の考慮，裁判官の誤判の可能性，個人の過誤には社会もまた責任があるという考えかた，かれに苦痛を与えるかわりに矯正することができないものだろうかという疑問は，いっさい問題にはなっていない」（前掲注98）『中世の秋』99頁）．近代の裁判原則，正義感覚，人権意識が通用しない世界があったのである（だからといって，中世人が不自由・不しあわせであったわけではない）．

の係争事件，一般人の結婚・遺言・宣誓にかかわる事件などを裁判した．

その準拠法である，キリスト教会の法の総体を教会法（カノン法）と呼ぶ．教会法は，教皇の勅令や教会会議・公会議の決定，聖書の規定，偉大な神学者（教父）の文書などから成る．ニケーア Nicaea の公会議（325）の頃から教会関係法の蓄積が始まった．1140 年頃にボローニア Bologna の修道士グラティアヌス（Johannes Gratianus, ?-1160 頃）が私的に編纂した教令集 Decretum Gratiani は，初期の法集成として有名である．

教会民事裁判　キリスト教会は，専主政期ローマの裁判制度を手本にして，教会法の整備，審級制，官僚裁判官・法廷書記（文書化のため）・弁護士・公証人等の制度化，証拠・証人調べ手続きの整備，公判の記録化をとり入れた裁判制度を確立した．これらは，キリスト教会が，統一した中央集権的な組織をもち，また合理的な思考を発達させていたから可能になった．12世紀以降，法学が発達してくると，教会裁判においても，条文間の整合性・体系的連関を尊重しつつ法を運用する姿勢や，証拠調べの厳密化などが見られだした．これらは，学問的・職業的に訓練され合理的に思考できる（法学部で養成された）裁判官によってはじめて可能になるのであって，形式遵守や呪術性が強い中世の世俗裁判所や，裁判所に素人が参加する陪審・参審制度の下では，採用されがたい制度である（フランスでは，13世紀以降，この教会型民事裁判が，王のイニシアティブで世俗裁判にしだいに取り入れられていった）．

教会刑事裁判　刑事裁判では，キリスト教会は，当初は古代ローマ・古ゲルマン時代的な，〈私人が弾劾人となる制度〉を採用していた（下記のようなキリスト教会独自の雪冤手続きも，ここにルーツをもつ）．しかしキリスト教会はやがて，〈告発を受けて官吏が逮捕し訴追する制度〉を導入した．カタリ派を弾圧したインノケンティウス 3 世が，その大改革の一環として制度化した糾問裁判 inquisitio がそれである．糾問裁判は，日頃から「悪評」のある実権者が告発された場合で，誰も訴追者にはなりたがらない——そういう者を訴追することには危険がともなうから——ときに開始する（つまり，今日の大学におけるアカハラ委員会のようなものである）．この裁判では，職権で裁判官が被告・証人を審問し，証拠調べ・鑑定依頼をおこなう．訴追者と被告が法廷で対質することはない．証人に対する反対尋問もない．黒白を決しがたいとき（真偽不明のとき）には雪冤宣誓に移る．すなわち，被告人が，裁判官の面前で聖

書に手を置いて無罪を誓い，あわせて裁判官が求める数（通常12人）の宣誓補助者が本人の品性を保証する宣誓をする．この雪冤宣誓を全うすれば，無罪となる[109]．

糾問裁判は，出発点においては合理性をもっていたのだが，後述のようにその後，都市の裁判所や異端審問・魔女裁判，「絶対主義」下の裁判でも使われ，問題があることを露呈した．

(3) 所 有

動産については，所有権者は自由に処分できた．不動産についても，相続権者に異議がない限り，家長が——親族集団の介入なしに——自由に処分できるようになった．

従来の学説は，古ゲルマン時代から中世にかけては，公権力が弱く，証文が未発達で，また人々が抽象的に思考しなかったため，動産についてはそれを所持している者，不動産についてはそれを用益している者（借地人・小作人である耕作者，地代・奉仕を得ている地主）が，所有者だとされた，としてきた（前述のように，ローマ法では，永小作人は別として，借地人・小作人は，animus domini をもたないため，新所有者に対抗できる占有権者とはなりえない）．一つの土地で或る人が耕作し他の人が地代を徴収する関係は両立しうるので，一つの土地に二種の所有が共存することもあった（＝排他的な所有権・一物一権主義はなかった），と（他に，期限付きないし譲渡禁止付きの所有もあった）．従来の学説は，これを「ゲルマン的所有」と呼んだ．以下は，この説を前提にして論じる．

上にあるように，ゲルマン的所有の思考的特徴としては，即物的（＝「観念的」の反対）であることが挙げられる（注75参照）．ゲヴェーレは，自分が物を直接に手渡した相手，あるいは自分から物を奪った相手，との間でだけ妥当するのである．相手がその物を第三者に譲渡・質入れ・賃貸借等したり奪い取わ

---

[109] この雪冤宣誓は，民事訴訟では近代に入っても残った．たとえば，1877年のドイツ民事訴訟法は，1933年の改正まで，真偽不明の場合には，裁判官が当事者のどちらかに裁判上の宣誓をさせるとしていた（そのさい〈どちらに宣誓をさせるか〉——1933年の改正以降は〈どちらを勝たせるか〉——は，証明責任遂行の優劣による．〈誰がどういう証明責任を負担するかの規準を実体法に求める〉という原則をとるのが「客観的証明責任論」であった．並木茂『要件事実原論』，悠々社，2003，52頁以下）．他方，近代の刑事訴訟では，真偽不明のときは被告人を無罪とするようになった（本書122頁）ので，雪冤宣誓は不要であった．

れたりしたばあい，その第三者に対しては，自分から直接には返還請求できなかった（『ザクセン゠シュピーゲル（ラント法）』II. 60. 1）．（ただし，自分のものを盗んだBから，そうと知らずに買ったCに対しては，返還請求できた．）

古代ローマ（本書87頁参照）とは異なってここでは「売買は賃貸借を破らず」とされたが，これも，古代ギリシアと似て債権観念が未発達であったこととともに，この即物性——現に所持している者に着目する——から来る[110]．

（4） 契 約

契約においても即物的な思考が見られる．たとえば契約は，今日のドイツ法や日本法のように単なる口約束だけで成立することはなく，儀式をともなった約定行為による契約（要式契約）や，現に物を引き渡し代金を受領することによって成立する契約（要物契約）のかたちをとった．これらは，ローマ法における握取行為や問答契約と似た発想によっている．儀式をおこなって公衆の目に確認させ，関係発生を公知にし，かつ将来の紛争の証拠準備ともするのである（たとえば不動産売買は，Dingにおいて売買内容を宣言し，相続権者全員が同意し，承認の判決を得るという要式契約によった．結婚も，証人ともなる人々の面前で，定められた形式で誓約行為をすること（＝要式性をみたすこと），および性交すること（＝要物性をみたすこと）によってはじめて成立する）．

しかしローマ法と異なりゲルマン法は，法によって定型化された契約（有名契約）だけを有効とするものではなかった．無名契約でも有効であった．共同体思想の強いゲルマン法の世界では，債権者と債務者とは一種の共同体を成している，と考える．そこでは「信義誠実」bona fidesが重視されるので，当事者は，どのような契約であれ，結んだ以上その履行を求められた[111]（ローマ法が裁判規範として契約法を制度化し，それゆえ救済を定型化された契約に限定したのに

---

110) 中世人は，このように即物的であった．しかしかれらはまた，現象を，その背後に働く超越的な力，神や悪魔や魔力と結びつけて説明した．この点では，観念論的であった．これに対して近代人は，現象をそうした観念的な力には結びつけず，独立にそれ自体の運動において理解しようとする——そうでない人も多いが——点で，即物的である．しかし，近代人は，現象の表面的理解では満足せず，その背後に法則や本質を想定し，それらが発現したものとして現象を理解しようとする点では，観念論的である．〈即物的〉と〈観念論的〉とのケースが，両者で逆転するのである．

111) ミッタイス『ドイツ私法概説』（世良晃志郎・広中俊雄訳，創文社，1961）238頁以下；勝田他編著（前掲注92）『西洋法制史』236頁以下．

対し,ゲルマン法は共同体関係を形成する行為にかかわる行為規範として構成した,とも言える).

　契約の不履行は,第一義的には,違約罰約款や差し押さえで処理された.しかしそれでも,債務不履行を〈犯罪でもある不法行為〉と考える伝統は,債務者監獄の制度[112]に見られるように,19世紀末まで残った.

「ゲルマン法」への異論　　こうした「ゲルマン法」の観念は,近時,疑問視されている.たとえばクレッシェルは,「ゲルマン的所有」概念が,19世紀のドイツ自由主義者たちがその立場——市民的自治・たくましい自立を重視するリベラリズム——を投影して歴史を恣意的に構成したものであることを指摘した.また石川武は,「ゲルマン的所有」論の重要な論拠とされてきた『ザクセン゠シュピーゲル』には,(a)〈正当な所有者だとされるためには,先祖からの相続や主君による授封が必要である〉という旨の法文や,〈裁判で相続や授封によって取得したことを証明できれば,現にそれを支配している無権限者に対しても勝てる〉という旨の法文があることを示し,現実に支配しているだけでは所有者だとは見なされなかった,と指摘する[113].(b)石川は,「二重の所有権」についても,主張を根拠づける規定は見受けられず,逆に,『ザクセン゠シュピーゲル』は小作人を所有権者とは認めていない,と指摘する.

　この点について筆者は,クレッシェルらが「ゲルマン的所有」ないし「ゲルマン法」のイデオロギー性を指摘した点は,大いに評価する.しかし,石川が指摘するような態様のものが『ザクセン゠シュピーゲル』上のゲヴェーレであるとしても,そのことだけでは,従来指摘されてきた(もう一つの)ゲヴェーレの存在が否定されたとは言えない,と思う.①法や古文書に出てこないからといって,「二重の所有権」が現実に発生していなかったと言えるか.形式上は領主に帰属する土地上で,農民が永年,アルメンデAllmende＝common(日本の入会地に似た共同利用地.農民の共同放牧,木材・草・泥炭・木の実などの採取のための土地)として利用してきたり,自由に狩猟・漁撈などをしてきたことは,中世前期にも十分ありうる(逆に,農民たちの土地上に領主が狩猟権

---

112) 債務者監獄 debtor's prison, Schuldturm は,債務の弁済不能者を収容する監獄であり,収容手続きは債権者のイニシアティブでおこなわれた(取り立てと報復が目的であった).イギリスでは 13 世紀には定着し,19 世紀が過ぎるまで残った.ディッケンズ(Charles Dickens, 1812-70)の家族は,かれが少年期に収容された.*Little Dorrit* (1855-57) など参照.Sir William Searle Holdsworth, *Charles Dickens as a Legal Historian* (Storrs Lectures on Jurisprudence, 1927).

113) クレッシェル『ゲルマン法の虚像と実像』(石川武監訳,創文社,1989) 267 頁以下;石川武「ザクセン・シュピーゲルにおけるゲヴェーレ」(『北大法学』37 巻 2 号,1986);同「Eigenewere 考」(『北大法学』37 巻 5 号,1987) 参照.これに対して,石川論文のあとでも,石井紫郎「財産と法——中世から現代へ」(岩波講座『基本法学』3,1989);山内進編『混沌の中の所有』(国際書院,2000) 30 頁以下などは,なお従来のゲヴェーレ概念を維持している.

等を有していることもあった).この場合などには,(記録にはないが)事実上,「二重の所有権」,あるいは〈ゲヴェーレとは呼ばれないが,土地に対する一種の用益無体財産権であるものが,一つの土地上で重なりあっている関係〉が発生していたと見る他ないのではないか.領主の領域支配は,近代的な排他的・独占的土地所有権ではなく一種の無体財産権であり,したがってその対象の土地に関して別の用益無体財産権が並立しうるからである.②中世的・ゲルマン法的なものを持続させたイングランド法でゲヴェーレに当たるシージン seisin との比較からいっても,①の可能性が強いのではないか[114].③また,『ザクセン＝シュピーゲル』の記録が,この点については,どこまで史実を反映し,どこからは――領主の立場を反映したりする――一面的な認識であったのかの問題も残る.日本でもそうだが,前近代において,農民たちの事実上の権利享受状態を,権利として文言化した成文法（＝権力者の法）や法の記録が存在しえただろうか,と思う.しかしこれらは,ズブの素人の疑問にすぎない.

---

[114] 栗生武夫「入会の歴史」（東北帝国大学『法学』9巻9・11号,1940）；井ケ田良治『法を見るクリオの目』（法律文化社,1987）15頁以下；中田薫「王朝時代の荘園に関する研究」（1906,『法制史論集』第2巻,岩波書店,1938）.

5　中世中期以降

5-1　封建制

われわれが日常的に使う「封建的」という「中世」と不可分の言葉は，主として「家父長的」という悪い意味をもつ（たとえば，「うちの親父は封建的だ」，「封建的体質の企業」等々と使う）．ところがわれわれはまた，中世を論じるときに，『マグナ゠カルタ』や自治都市などを「近代的」自由の源流としてあつかう．「中世」のこの2側面は，実際にはどういう関係にあったのだろうか．

中世を論じるときには，それを構成するレーン制と荘園制との，二つの関係に着目する必要がある．

(1)　レーン制

レーン制 Lehenswesen とは，狭義における封建制のことであり，中世中期において発達した，封主と封臣との間での独特の主従関係である[115]（これに対して，広義における封建制とは，荘園制度を基盤とした，中世社会全体のしくみそのものを指す）．この制度は，カロリング朝（751-987）の衰退・消滅後の不安定な社会状態に対応するための，特殊な人的保護の制度として発達した．ここでは相対的に弱い騎士が，自分たちの生命・財産の安全を確保するために，ヨリ強い騎士の保護下に入る．すなわち，ヨリ弱い騎士は，いったん自分の土地をヨリ強い騎士に寄進して服従・奉仕を誓う．その見返りとして，そのヨリ強い騎士（封主）は，寄進されたその土地や，別の新しい土地をそのヨリ弱い騎士（封臣）に授封し終身的に，やがては世襲的に，用益させるとともに安全を保障す

---

[115] 10世紀に入ると騎馬戦術が普及し，騎士身分が形成された．貴族身分は，血統によるものであって，本来は騎士身分とは異なっていたが，やがて重複する．両者は，たいていは荘園領主であった．

る[116]）（つまり寄進・授封・奉仕は，関係を実感できるためのフィクションであった．寄進する土地なしに奉仕する者に，封主が自分の土地を授封することもあった）．

封臣の自立　この関係においては，独立した自由人（＝家長）同士の双務契約が主軸となっており，そのけっか，次の6点において封臣の自立が確保される[117]．すなわち，①封は，封臣の義務違反がない限り，封主の恣意で没収できない．②封臣は，封主に義務違反があれば，主従関係から離脱できる．③封主に対する封臣の義務は無限ではなく，慣習法で限度が定められていた（たとえば無償での従軍は40日までで，それを超える従軍には封主は手当を支給した．封臣は，レーンされた財からの収入の10％程度を払えば従軍を免れた）[118]．④「わたしの封臣の封臣はわたしの封臣ではない」Homo vassali mei non est homo meus. とされた．自分に直接に奉仕している者が自分の封臣であり，その封臣に奉仕している「封臣の封臣」は，自分の封臣ではなかった[119]（ただしイングランドでは，人々は封民として国王に直接服してもいた）．⑤封臣は，別の封主とも並行してレーン契約を結べる．⑥封臣は，封主の軍事行動に自弁で部下を引き連れて参加するので，戦場においても独自の判断を留保している．

名誉感情　ところで，以上の関係から来る，封臣の自立性が，かれらの強い名誉感情の基盤となる．とりわけ中世中期において，騎士の間で「名誉」がますます重要な価値となっていった．名誉感情は，一方での，他人からの評価を気にする他者指向性（「恥」の感覚や，他人より高い地位に就こうとする衝動など）と，他方での，自尊心・プライド，すなわち物質的利益や情況に左右されず自分を堅持するという精神的独立性（ただし，これらも他人からの評

---

116) 授封を意味するドイツ語 leihen から，Lehenswesen の語が来た．leihen された財 Lehensgut をラテン語では feudum と呼ぶ．ここから feudalism・Feudalismus が来た．

117) 石井紫郎編『日本近代法史講義』（青林書院，1972）の第一論文．中世中期には，以下の本文の記述が妥当したのは，主としてフランスとイングランドにおいてであった．ここでは，貴族が騎士であった．これに対してドイツ等では，領邦君主の家人の中からミニステリアーレ Ministeriale が成長して騎士になった．このため，主君に対する騎士の独立性が相対的に弱かった（ドイツでも13世紀以降は，騎士の地位が高まって貴族をも騎士層に入れるようになっていくが）．
ヴィンター J. M. van Winter『騎士』（佐藤牧夫・渡部治雄訳，東京書籍，1982）．
　中世後期になると，イングランドやフランスでは王権が強くなり，臣下にはヨリ厳格な——近世的——忠実義務が課せられるようになった．これに対してドイツ等では，プロイセンなどを例外として，領邦君主が弱いままだったので，臣下は比較的永く，中世的な独立性を維持した．

118) Robinson et al., *European Legal History*, 3. edition, 2000, p. 31.

119) ヴェーバー『支配の諸類型』（世良晃志郎訳，創文社，1970）107頁．

価を気にする動機——やせ我慢・見栄を張ること——に影響を受けてはいる）を育てる．これらの意識が中世でも重要な働きをした．それは，その良い帰結に限って言えば，第一に，〈尊敬される者になろう〉と意識することによって，倫理・正義ないし貴族的作法を尊重する姿勢，すなわち自己規律・徳性を強化した．第二に，〈主君も自分もがともに，ある高次の価値に拘束されているのだ〉と考え，権力を超えた法（自然法や正義）によって主君を相対化する政治的自由の意識を支えた．また第三に，自己向上へのエネルギーになるとともに，〈打算では動かないぞ〉・〈騎士の様式美＝「武士は食わねど高楊枝」こそが大切だ〉とする姿勢（ヴェーバーの言う「距離化の感情」Distanzgefühl）によって，騎士的マナー・文芸・深い宗教性をも育てた[120]．これらこそが，騎士的伝統の文化史的意義である[121]．

(2) 荘園制

以上のような騎士たちを支える生活基盤は，荘園（古典荘園）であった．それは直営地と託営地とから成っていた．荘園領主と，かれの荘園でかれに人格的に支配されつつ働く農奴との関係は，自由人と非自由人の関係であった．古典荘園は，農業生産が高まった12・13世紀に衰退し，それに代わって純粋荘園が広がる．すなわち，城塞を拠点にヨリ広い地を一円的に支配し裁判権を及ぼす裁判領主たちが出——かれらの中からさらに領邦君主が成長していく——，その下で農民たちは，身分的隷属からは相対的に解放されたが，ヨリ高い地代などの経済的負担や軍役などの負担を負う身（農奴的臣民）となっていった．どちらの型の荘園にしても，領主による家産制的な専制支配 patrimoniale Herrschaft が特徴である[122]（農奴解放がおこなわれたあとも，小作人・農業労働者

---

[120] 『丸山眞男講義録』第5冊（東京大学出版会，1999）75頁以下参照．

[121] 〈各自が独立し名誉をもった尊厳ある存在である．そうした主体が自分たちの独立を共同の力で確保するのだ〉という観念は，古代ギリシアやローマでも，戦士的市民の名誉感情に支えられてあった．これら，独立と共同（名誉と連帯）の結合は，近代に入っても〈西洋的なもの〉の主軸の一つを構成し続ける（本書下巻251頁以下参照）．

[122] 注1で述べたが，家産制国家は，或る者が支配者となることを，〈自分は，土地・人民・統治の施設や装置をも自分の財産にした（＝自分の「家」の財産（家産）中に国家も入って来た）〉と考えるところに成立する．ここでは家長である支配者（君主）が，臣民をも官吏をも——自分の「家」の人間に対すると同様に——専制的に支配する（patrimonial の patri は pater 父の，monial は money と同様，財産に関係する）．堀米は，「およそ政治における身分関係の無視は専制主義（despotism）の特徴であるが——家父長制的，家産制的専制にあっては，しばしば身分

に対する地主の政治的支配は——日本と同様第二次世界大戦後まで——広くヨーロッパで存続した).

(3) 「家」が基体

これら二つの関係を統合するものは，何であったか．私見によれば，それは「家」(本書 116-117 頁参照)である．「家」では，家長のみが自由人であり，家族員はその専制的支配に服する非自由人であった．上述した (1) の「レーン制」は，その（貴族・騎士である自由人の）家長同士の関係であり，相互の関係は双務契約を基本とする．ある家長の独立は，他の家長も，かれらの上位にある権力も，侵せないので，関係形成は契約のかたちをとるのである[123]．これ

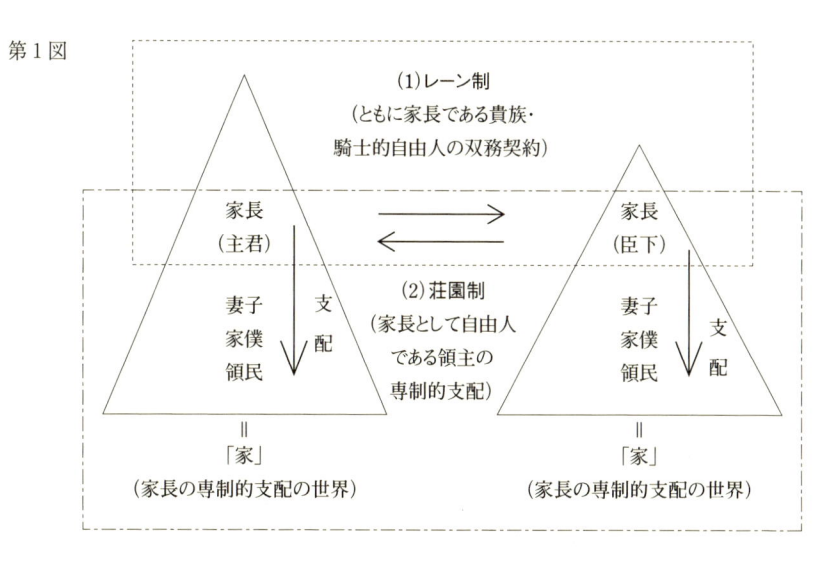

第1図

```
┌──────────────────────────────────────────────────┐
│            (1) レーン制                          │
│         (ともに家長である貴族・                  │
│          騎士的自由人の双務契約)                 │
│                                                  │
│      △                              △          │
│   家長      ⟶                   家長           │
│  (主君)     ⟵                   (臣下)         │
│    │                                │           │
│   支│                              支│          │
│   配↓   (2) 荘園制                 配↓          │
│        (家長として自由人                         │
│  妻子   である領主の           妻子              │
│  家僕   専制的支配)            家僕              │
│  領民                          領民              │
│                                                  │
│    ‖                                ‖           │
│  「家」                           「家」         │
│ (家長の専制的支配の世界)    (家長の専制的支配の世界) │
└──────────────────────────────────────────────────┘
```

そのものが消滅し，支配者以外の一切の臣民は人格の独立を認められない」，と述べている．堀米庸三『ヨーロッパ中世世界の構造』(岩波書店, 1976) 64 頁．実際にはこういう事態が起こったのは，近代のロシアのツァーリズムと日本の天皇制くらいである．

[123] 日本の封建的主従関係の場合もこれに似る．日本でも中世には，この双務契約関係が広まり封臣の自立性が強まり，このけっか，御成敗式目（貞永式目, 1232 年）に見られるように自然法観念や「法の支配」・抵抗権・当事者主義・判例法による私法形成がめばえた．ただ，ヨーロッパとちがい日本では，封土は封主が「召放（めしはなち）」によって一方的に回収できたし，封主と封臣の人的関係が密となり，かつ封臣が封主の「家」に「御家のため」の観念をもって組み込まれる．このため，〈家長同士の双務契約関係〉の要素がうすらぎ，〈全人格的な服従〉への傾斜が前面に出る．もっとも，ヨーロッパでも近世が近づくと，封主の「家」が封臣を呑み込みだす．これが注 122 で見た，家産制国家への動きである．

に対して (2) の「荘園制」は，家長とその専制的支配下にある人々との関係である．前頁の第1図は，この (1)・(2) の関係の共存を示す．

このようにして，日常用語の「封建的」という言葉が結びつく「家父長的」の側面は「荘園制」にかかわっており，これに対して中世的自由の関係は「レーン制」にかかわっている．

【補論】「家」と伝統的市民社会──────────────
　(i)　古代　「家」を主軸とした上述の構造は，すでに古代のギリシア・ローマにもあった．すなわち，そこでは次の第2図があてはまった．

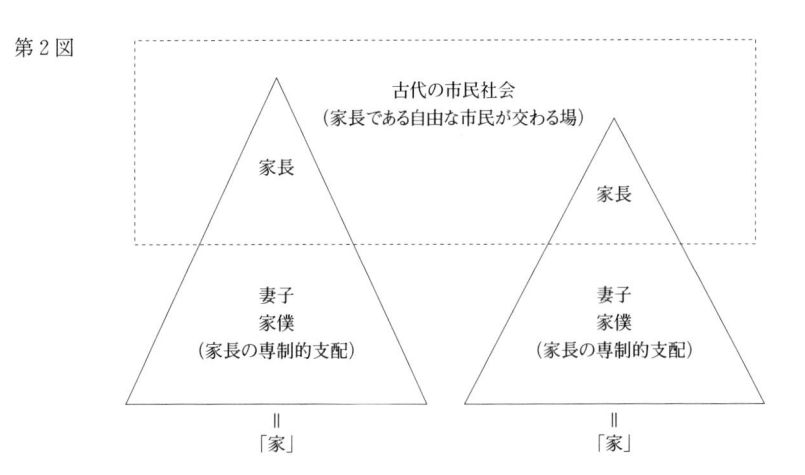

第2図

```
┌─────────────────────────────────────────┐
│           古代の市民社会                 │
│    (家長である自由な市民が交わる場)      │
│     ▲                      ▲            │
│    家長                    家長          │
└────/──\────────────────────/──\─────────┘
    /    \                  /    \
   / 妻子 \                / 妻子 \
   / 家僕 \                / 家僕 \
  /(家長の \              /(家長の \
  /専制的支配)\           /専制的支配)\
 ─────────────          ─────────────
       ‖                      ‖
      「家」                 「家」
```

　家長が専制的に支配する「家」oikos, familia に対しては，他の家長も公権力も安易に介入できない．この家長は，「家」の外でポリス規模で交わる．その場＝「市民社会」を，ギリシア人は koinonia politike，ローマ人は societas civilis と呼んだ．ここでかれらは対等で自由な市民同士として，政治的・非政治的活動を展開する．

　(ii)　中世以降　この〈対等な市民である家長同士の交わり〉としての伝統的市民社会は，中世の相互に異なる身分の間でも，第一に，取引や学問，討議の自由な交わりの場には出現した．ここでは次の第3図があてはまった．

　ここで自由な取引等の主体としては，聖職者，貴族・騎士，都市民，自由農民などが挙げられる．かれらは取引主体としては身分関係を超えて対等に関係した．この点で，第1，2図と第3図は似る．古代と似た構造が，その限りでここでも見られる．

　第二に，中世ではまた，聖職者，貴族・騎士，都市民，自由農民などが，それぞれの身分内では，等しく配慮され尊重されるべき家長同士として政治・宗教・文化的な交渉

第3図

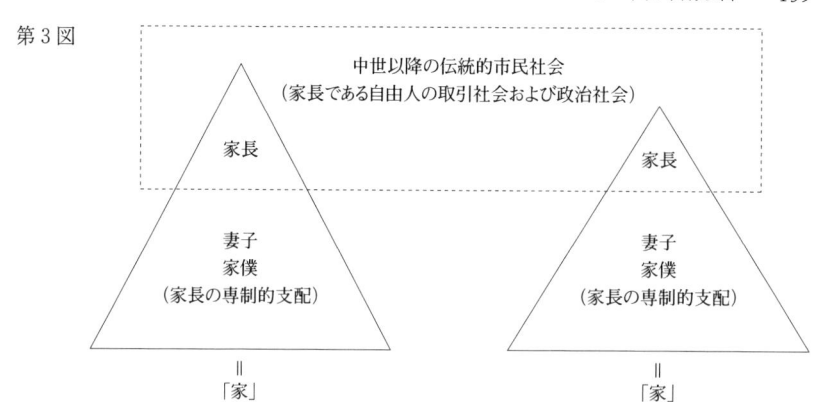

```
        中世以降の伝統的市民社会
      (家長である自由人の取引社会および政治社会)
```

（左の三角形）
家長
妻子
家僕
（家長の専制的支配）
＝「家」

（右の三角形）
家長
妻子
家僕
（家長の専制的支配）
＝「家」

をもっていたのでもあった（自分より下位の身分の者に対してはそうした感覚はなかった）[124]．それゆえ同一身分内のこの関係にも，上の第3図は妥当する．すなわち，ここでも市民社会は，取引関係に限定されない自由な主体間の交渉の場——政治的かつ経済的でもある伝統的市民社会——としても現出していた．

　第三に，かれらがそれぞれの身分内で団体（Einung＝一揆）を結成し，それを単位にして身分を越えて政治的に交渉するところにも，伝統的市民社会が出現した．とりわけ諸身分が等族として国王・諸侯と関係しあうところで，そうだった（国家的統合は，中世にはイングランドを除いて概して弱かったが）．ここでは，君主・諸侯は，その限りで，その下の等族構成員に対して「同等者中の第一人者」の関係にあった．

　(iii)　近世　　近世が近づくにつれ，フランス・イングランドでは王による統合が強まった．ドイツやイタリアでも有力な諸侯が地域一円の支配者（領邦君主）となった．そうした王・領邦君主（君主）たちの「家」に，封臣たち，さらには臣民たちの「家」が組み込まれていった．このため，国家は家長である君主の所有物とみなされ，それに組み込まれた臣下や臣民は，家長である君主に人格的に従属するようになる．注1でも示したように，これが，近世における「家産制的支配」，すなわち「絶対主義」である[125]．この新国家はstato・Staat・state等と呼ばれ，それと並行してsocietas civilisの

---

124) 「ところが，同等身分ではないものたちを相手にするとなると，たんに，騎士道熱も冷めはてる．これには，まったくおどろかされる」（ホイジンガ（前掲注98）『中世の秋』219頁）．多くの中世人は，自分より低い身分の者を，自分と同じ市民ないし人間だとは観念できなかった．人々はまた，同一身分内・都市内でも門閥・仲間同士で固まっていた．この仲間団に属しているか否かで人を峻別する傾向の激しさは，イタリア・スペインなどでは今日でも目撃できる．

125) この構造をもっとも鮮明なかたちで理論化したのが，ジャン＝ボダン（Jean Bodin, 1529（または1530）-1596）の『国家論』Les six livres de la République（1576．書名中のla Républiqueは，イングランドのCommonwealthと同様，「国家」の意味である）における主権論である．かれにとって君主による主権確立とは，家族間抗争の最終的勝者としての一家長が，領域とその全住民とを家父長として所有することであった．それゆえ，王が国家を治めるのは，家長がその「家」

語からはしだいに政治性がうすれ，経済的・私法的色彩が強まる．

しかし，家産制的支配を徹底しきれた国家は，19世紀ロシア等を除いては，実現しなかった．君主に抵抗する等族や地方主義が強かったからである（下巻9-3参照）．そのけっか，〈自由人の交わりの場〉という本来の societas civilis も生き続けた．したがって，たいていは次の第4図程度のものとなる．

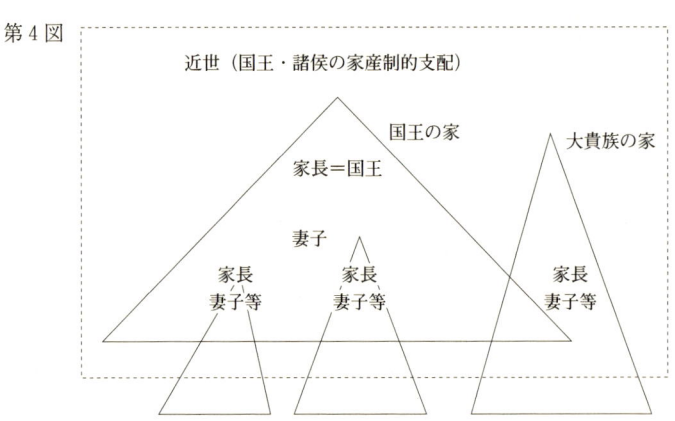

第4図 　近世（国王・諸侯の家産制的支配）

国王の家　　大貴族の家
家長＝国王
妻子
家長　　家長　　家長
妻子等　妻子等　妻子等

国王・諸侯の家が臣下の家を部分的に吸収＝家産制

近世後期以降，君主は，家産国家の観念を脱却していく．①すでに初期から〈国家は君主の私的財産ではなく公共物 res publica＝common wealth＝Gemeinwohl であり，君主はその運営を担当しているのだ〉との考えが強まっていた．王権神授説はその一つである．君主制を肯定する人文主義者たちも，君主の統治を〈人民の委任〉にもとづけていた．そして後期に入ると，啓蒙主義に影響され，〈君主は公共に奉仕する者である〉とすることが強まった．②ドイツで「国家法人」説が唱えられる（19世紀後半．この点については，本書下巻171-174頁以下参照）．③これらに対しイングランドでは，〈君主は君臨するが統治はしない〉という方向がとられた．

(iv) 近代　　近代に入ると伝統的市民社会や市民法からは，身分制的な関係がうすれ，〈自由で平等な主体の交わりの場〉の側面が拡大した．抽象的な「人格」を軸とす

を治めるのと同じことであった（『国家論』, I-2-40）（戒能（前掲注96）『古典的世界の没落と基督教』236頁以下参照）．ボダンは同時に，王権神授説をも採用している．かれはまた，ローマ法の伝統である〈市民から君主への権限委譲〉の観念をも採用する．この点については，〈市民が権限を君主に無条件に譲渡したのだ〉とする．ただしかれは，絶対君主を制約するものとして，神の法や自然法，臣民の既得権（個々人が国家形成より前から享受している権利）をも強調している（佐々木毅『主権・抵抗権・寛容』, 岩波書店, 1973, 96頁以下）．〈臣民は，君主の「家」に組み込まれたとはいえ，それぞれの「家」をもっている以上，「家」を基盤とした自立性はもっている〉とボダンは——中世的にも——考えたのである．

る近代私法や，人権・民主主義を軸とする近代憲法などの諸要素が成長していったのである．社会の伝統的構成要素であった中間団体は，革命直後のフランスを除いて，逆に活性化した．

しかしこの近代でも，「家の平和」の観念が弱くなったものの，家長による家族の統合は残ったので，先の第3図の構造は，基本的には変わらなかった．家族は，単婚小家族——夫婦と子供を核とする——を基本にし，それゆえまた〈愛情〉が重要な要素となっていった[126]．けれども近代初期は，農業だけでなく商工業でも家族経営が一般的であった．この〈家計と経営の一体性〉の下では，家長は，保護者として家族員を法的に代理するばかりか，家族経営の統率者としても権力をもつ（家長はさらに，家族に対する宗教的な指導者でもあった）．19世紀末にいたっても，資本主義は，親族内での経営・融資・取引などでなお家族関係を重要な構成要素の一つにしていたし，ヨーロッパではその後も職人的な家族経営が残った（家には召し使いも，かなりいた）．加えて，19世紀後半，ヴィクトリア時代には女性の家庭回帰・主婦婚が広まり，夫だけが社会主体として家庭を代表するようになり，家父長主義が再強化された（この点については，本書下巻13-3-3参照）．

こうした事情のため，フランス民法典などの近代私法やフランスやドイツの私法学は，財産法においては男女の区別をせず自由・平等を保障しながら，家族法に関しては強い家父長主義を採用した（女性は，行為能力等を奪われた）[127]（フランス民法典は，それ以外の点でも旧い慣習法を受け継いでいる．否，本書157頁で述べるように，女性は中世後期には行為能力をもつようになっていたのだから，それら慣習法からの後退が見られた）．そしてこの矛盾については，〈家族の外の社会は闘争ないしドライな競争の社会

---

126) ストーンは，近世以降1800年までの単婚小家族形態について，三つにタイプを分けている．第一は，単婚小家族だがなお親族のつながりが大きな意味をもっていた家族 open lineage family（1450年から1630年），第二は，親族のつながりは弱まったが今度は家父長制が強まった単婚小家族 restricted patriarchal nuclear family（1550年から1700年），第三は，こじんまりした家庭的な親密圏としての単婚小家族 closed domesticated nuclear family（1620年以降）である．この第三の，上層中産層やジェントリーに見られた家族形態の世界においては，個人意識が高まり，愛が重視され，夫権や父権の制限が相対的に強まった．そこでは，女性が生産活動から離れ，家庭に専念するようになる．要するに，いわゆる近代家族への動きが見られたのである．L. Stone, *The Family, Sex and Marriage in England 1500-1800*, 1977.

127) たとえばフランス民法典は，1970年代にいたるまで，妻の行為能力を制限し（第217条，1124条），夫の支配権，妻の服従義務を課し（第213条），妻の姦通を広く離婚原因としながら（第229条），夫の姦通は，夫が愛人を家に住まわせた場合にしか離婚原因としなかった（第230条）．またナポレオン刑法典（1810）は，1975年まで，妻の姦通だけに懲役刑を科したし，家長が妻やその他の家族女性が姦通している現場を押さえた場合には，その家長は女性と共犯男性とを殺害しても，殺人罪に問われないし，殺意がなければ罪に問われないとした（第324条）．女性のこの再従属化もまた，ゲルマン的な慣習法の延長であるとともに，16世紀以降に独立の自営業者が増え，〈家長が経営と家計を統率する〉関係が浸透したことの反映でもある．

であるが，家族は愛情にもとづく共同体＝親密圏だ〉といった説明がなされた．妥当する社会原理が相互に異なっていることが，人間の形成上，また人間性の維持上，大切だというのである．

（v） 1960年代以降　　家族がもっぱら親密圏となり（政治性・宗教性を失い），また女性の行為能力，子供の人権が承認され，家長権が消えていくのは，後述するように（下巻13-4），1960年代以降の一連の法改正によってである．ここにいたって〈家長以外の自由な市民もが参加して交わる場〉としての新しい「市民社会」が徹底し，次の第5図の関係が鮮明化する．

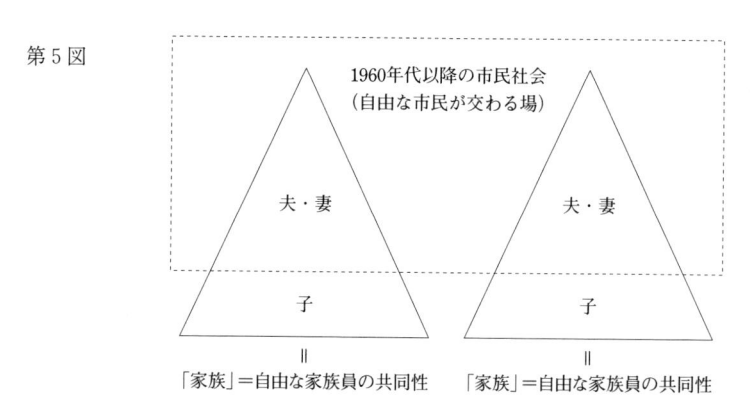

第5図

```
        1960年代以降の市民社会
        （自由な市民が交わる場）

      夫・妻              夫・妻

       子                  子
       ‖                  ‖
「家族」＝自由な家族員の共同性   「家族」＝自由な家族員の共同性
```

こういう点では，市民社会がかなり〈自由で平等な主体〉同士の社会となったのは今からわずか40年前からなのであり，法は今なお自由・平等化への途上にあるのである（しかし，後述のように，この最近の時代には，市民社会は自立できないものになってしまった．すなわち，巨大な機構と化した国家が市民の生活全般を支えることが，避けられなくなった．資本主義は国家に支えられ介入を受けだした．近代の私法は「公共の福祉」や社会法などによってすでに深い修正を受けだした．また大衆社会化・巨大組織の時代（企業の社会支配）が始まり，「自立的市民」が空洞化しだした．つまり，1960年代に「近代」は，やっと現実のものとなったが，そのとき同時に自己崩壊に直面したのでもある）．

なお，これらの時代をつうじて，市民の日常生活の法としては——イングランドのコモン＝ローないしオランダやフランス北部などの〈地方ごとの慣習法〉もあるが——ローマ法が広く重宝された．これらが漸次，近代化の過程に適合するよう加工されていったのである．

以上のようにして，上の第1図は，中世の家父長制原理と契約原理の二重構造を解くカギであるとともに，伝統的市民社会の構造史を解くカギでもある．

5-2 コンミューン運動

5-2-1 都市の形成と展開

(1) 都市の形成

<small>躍動</small>　11・12世紀のヨーロッパは，史上まれに見る革新・躍動の時代であった[128]．それを可能にしたのは，技術のめざましい向上であった．製鉄・冶金術の発達によって，鉄が農具や馬の蹄鉄などに使用された．良質の飼料であるエン麦が増産されるようになって，農耕馬が増加した．数頭の馬に牽引させて耕作する技術が開発された．水車や風車を利用した製粉が省力化に大きく寄与した．三圃制や開墾が広がり生産向上と農村の共同体的再編が進んだ[129]（森が現代よりも少なくなったと言う）．温暖化の助けもあって，農業生産が飛躍的に高まり，人口も増大した（1150年からの100年間で40％増え7000万人になった）．地域の余剰生産物が流通し始め，社会は，それまでの自給自足社会から，地域的な市場経済，さらには遠隔地貿易を軸に動くようになった．こうして取引活動を担う商人たちが増加した（しかし，14世紀に入ると，気候不順・ペスト・戦争等で，この雰囲気が激変する）．

<small>都市形成の三つの道</small>　商人の定住地形成には，三つの道があった．第一は，市場が教会・修道院や城塞・王宮・橋や港の付近，谷の出口・川の合流点などにでき，商人が定住し商業の拠点になっていく道である．教会や城塞・王宮をもつ領主・君主らは，やがて商人の定住地をも壕と城壁によって囲むようになり，都市を形成していく．第二は，開墾・入植運動によって村ができ，それが商業の拠点となり都市に成長していく道である．第三は，古代ローマ人の都市が変容していく道である．ゲルマン人の世界において古代ローマ人は要所要所に軍事的拠点を築いたが，それらの多くは都市に成長した．

---

128) 堀米庸三編『西欧精神の探求』（日本放送出版協会，1976）37頁以下．
129) 三圃制——7・8世紀から始まり11・12世紀に普及する——は，秋に小麦を播く地，春に大麦などを播く地，休耕地（放牧地）の三つに村の周囲の土地を区分して，年ごとにそれぞれの土地の利用形態を交替させていく制度である．そのためには，散居している農家を集住化すること，村単位で土地を三つに区分し管理すること，休耕地を家畜の共同放牧地とし耕作地をルールに従って利用することが必要である．こうした改良は領主の指導にもとづくことが多かったが，新生活は，農村の共同体としての結束をもたらした．

これらの都市の多くは，ローマ人が撤退したあとも，聖堂が建ち司教がいる都市となり，やがてそこに貴族・騎士や商人が定住するようになった．また，イタリアでは古代ローマ時代から続く町が，周辺の領主である貴族・騎士たちが住みついたり，あるいは商工業が盛んになり市民層が成長したりしたことによって，中世都市に変容していった．それらのイタリア都市は——古代のスパルタやローマと同様——周辺の農村部（コンタード）を支配した．

自治を確立する前の都市は，領主・君主・貴族によって支配されていた．

(2) 誓約団体運動

1100年以降の中世の盛期にいたっても，（イングランドを除いて）私闘はなくならなかった．権力を強化しつつあった王権や教権，そしてまた市民・農民たち（私闘のとばっちりを受けた）は，この私闘をどのようにして規制しようとしたか．それは，紛争を法的手続き Rechtsgang, vois de droit によって処理しようとする運動——先にギリシア・ローマ人に見た〈法にもとづく社会生活〉と同じ発想——によってであった．この運動には，次のようなものがある．

(i) 「神の平和」paix de Dieu 運動　これは，キリスト教の精神による平和回復の運動であり，10世紀末に南フランスで始まった．その先頭に立ったのは，910年に創設されたクリュニー Cluny 修道院（改革派ベネディクトゥス会）であった．この運動では，しばしば民衆を巻き込んだデモがおこなわれ[130]，高揚した雰囲気の中で，司教たちは，高位聖職者・諸侯・貴族を教会会議に招集し，「平和」，すなわち〈関係者の間で，あるいは特定の場所で，フェーデをおこなわず，紛争は裁判で解決すること，このことに違反した者には集団で制裁を加えること〉を誓約させた[131]．これが誓約団体 Schwurgemeinschaft の結成である（「神の平和」樹立が困難な場合には，「神の休戦」trève de Dieu（週末3日間

---

130) ヨーロッパでは11世紀頃から，民衆の熱狂的な宗教行動がさまざまなかたちで展開し，歴史を動かすようになった．「神の平和」運動，聖地巡礼，祭礼，十字軍，後述の「使徒的生活」運動などである．この民衆の宗教的エネルギーは，すぐ後で述べるように，とりわけゴシック的世界をつくり出す力ともなった．この新しい動きの背景には，交易が盛んになり，都市が成長し，人々のコミュニケーションが密になったこと，また，11世紀のグレゴリウス改革をつうじて敬虔なキリスト教精神が再興されたこと，既成の宗教的権威への反発などがある（日本でも平安時代から，熊野詣でや観音信仰やもろもろの祭礼や一遍らの遊行念仏など，民衆の宗教的熱狂が見られる）．

131) ヨーロッパ中世史研究会編『西洋中世史料集』（東京大学出版会，2000）54頁．

や休祭日に，日の出から日の入りまで武力行使を禁じる措置）が採用された[132]）．誓約団体運動は，この点で，世俗権力弱体の状況下で，教会勢力の社会的地位を高めることに役立った．

 (ii) 都市の誓約団体　　このような動きに影響されて，都市住民たち——都市に住む貴族や騎士・商人・手工業者——も，11世紀後半以降，誓約団体を形成し相互の私闘を防ぎ，またその統一した力を基盤にして，領主の支配を弱め，自治を確立する運動を起こすようになった[133]．そのさい，盟約の核になったのは，9世紀以降のヨーロッパに広まった「兄弟団」fraternitas（＝盟約によって兄弟同士のように団結した団体．古ゲルマン時代の兄弟盟約Blutsbrüderschaftに由来するとも，修道院運動と結びついた俗人の信仰団体に由来するとも，言われる）であり，とりわけ商人たちのそれであった．商人たちは，11世紀初頭以降，ギルドに結束し，自分たちの守護聖人をまつり，相互援助，仲間間紛争の処理のための裁判，慈善事業などをおこなった．これが核となり，市民たち全体の共同性が進展した[134]（他方で，都市の成長によって，都市同士の，ないし都市と近隣の騎士たちとの争いが，フェーデのかたちで頻発するようにもなった）．

 (iii) 「ラントの平和」　　誓約団体運動は，やがて地域内での平和団体の結成を迎えるにいたった．とくにドイツでは，11世紀末からドイツ国王がフェーデ規制のイニシアティブをとり，それに応えて裁判領主ないし領邦君主たちは，その支配地（ラント）内の暴力行為を一定期間，規制（つまり，フェーデ禁止ではなく，フェーデのやり方を厳格に定めること．たとえば，①殺人の禁止，②事前通告の義務化，③和解への努力の義務化など）する誓約運動を展開させた．これが，

---

132) 今野国雄『西欧中世の社会と教会』（岩波書店，1974）51頁．
133) プラニッツ Hans Planitz『中世ドイツの自治都市』（林毅訳，創文社，1983）；今野国雄『西洋中世世界の発展』（岩波全書，1979）234頁．
134) 「兄弟団」については，河原温「フラテルニタス」（『岩波講座　世界歴史』第8巻，1998）参照．以下は私見だが，この兄弟団にも見られる〈盟約にもとづく小集団の自治と自律〉こそが，〈西洋的なもの〉の一構成要素である．その原理は，すでに古代ギリシアやローマでポリス規模で見られた．それは，中世において本文のように発達したが，近代社会もそれの恩恵を受けた．近代は，中世にまで根を下ろした網の目のような諸組織とともに，新しい小集団をも発達させ，公共性を下から形成していった（日本においても，われわれは，このヨーロッパ的伝統の一分流を1970年代頃まで受け継ぎ享受していた．とりわけ「大正デモクラシー」と「戦後デモクラシー」とは，この伝統を日本に移植した．労働者や学生や住民の間での，自治運動・サークル運動の活性が，それであった．その他にも，後述する，コーヒー＝ハウスの文化，グループでのハイキング・登山・旅行，セツルメント運動，各種パーティ，読書会などが，ヨーロッパから来た．今から思えば，その頃の日本人は，今日以上にヨーロッパの長い伝統を体現していた）．

「ラントの平和」である．領主・君主たちは，この動きの中で，暴力禁圧のための武力・警察力とともに裁判権の確立をも進めた．

こうした動きの延長線上に，神聖ローマ帝国レヴェルでも，領邦の君主同士，領邦君主と都市，都市同士の紛争を平和的に解決しようとする動きが強まった．そのけっか，帝国の等族（＝帝国レヴェルで結束しあった諸身分の代表．ここでは諸侯・高位聖職者・帝国直属の貴族・帝国都市の代表）は，1495年にヴォムス Worms で開催された神聖ローマ帝国議会においてドイツ永久平和令を皇帝マクシミリアン（Maximilian I, 在位 1493-1519）に発令させた．この法令は，帝国内の紛争を法的手段によって解決することをめざし，フェーデを永久に禁止した．そして同年に，紛争を裁判によって解決するため帝国最高法院（帝室裁判所）Reichskammergericht が設置された[135]．

私闘の持続　とはいえ，ドイツ永久平和令後も私闘はなくならなかった．侮辱されたら武器に訴えるという騎士の性癖は，かんたんには直せなかった．刑罰で私闘を禁じられ，それにおめおめと従うこと自体が，騎士的な人々にとっては屈辱であった．名誉は，命よりも重いのであり，死をも処罰をもかえりみずに護るべきものであった．加えて，ヨーロッパは地域的に多彩であったため，その地の支配者の実力によって，私闘の頻度は異なった．

しかも私闘の騎士的伝統は，近世・近代において軍人・高級官僚・教養専門職などに受け継がれた．すなわち，この背景の中で15世紀末にはフェーデとしての決闘が復活し，たちまちヨーロッパのジェントルメンの間に広まっていった．こうして私闘は，19・20世紀においても社会の問題であり続けた[136]（ちなみに，このような決闘は，日本近世＝江戸時代の「敵討」とは異なる．敵討制度は，権力が武士間の儒教道徳を奨励するために積極的に使ったものであった．非合法な敵討は，上の私闘そのものであるが，権力によって——ときには道徳的に評価されつつも——厳しく罰せられた）．

とはいえ，「平和」運動のけっか，法を遵守すること——暴力に訴えず，法に従って行動するたしなみ——もまた，品格ある騎士・ジェントルメンの条件となった（この点は，近世において国家のレヴェルで，信義や国際法を守り，戦争をもルールに従ってお

---

135) この裁判所は，帝国内の平和破壊の行為を裁いたほか，帝国直属身分の者の紛争をも裁いたし，各領邦の裁判所の上訴裁判所としても機能した．法廷は，最初にフランクフルト，1525年からシュパイヤー Speyer, 1690年からヴェッツラー Wetzlar で開催された（ウィーンには，皇帝側のイニシアティブで Reichshofrat がもう一つの最高裁判所として設置された）．勝田他編著（前掲注92）『西洋法制史』171頁以下．

136) メックゼーパー Cord Meckseper 他『ドイツ中世の日常生活』（瀬原義生他訳，刀水書房，1995）38頁以下．本書下巻235-236頁をも参照．

こなうのが一級国家だとされていった経緯と，同一である．というより，国際関係とは，当時は君侯ないし外交を担当するジェントルマン同士の人的関係であったので，発想は連続していた）．こうしたことのけっか近代に入ると，イェーリングが『権利のための闘争』で描いたように，〈名誉のために——実力に訴えるのでなく——裁判で争う〉という方向も出てくる（裁判は名誉や正義のための闘いの場だとする発想は，今日でも（日本でも）かなりひんぱんに見られる）．

(3) 都市の自治

上述した都市の誓約団体は，12 世紀に入ると，自治的な都市共同体（都市コンミューン）を——領主・君主との闘争ないし協約によって——確立していく．

闘争による自治　闘争によるものとしては，たとえば，イタリアのロンバルディア Lombardia 地方の例がある．ここでは，神聖ローマ帝国皇帝フリードリヒ 1 世（バルバロッサ，Friedrich I, 在位 1152-90）が帝国支配を強めるため諸都市の自治を奪おうとした．これに対し，コンソレ制 console（世話役による都市運営）によって自治を築きつつあったミラノやボローニャらの諸都市は，同盟して戦って勝利し，1183 年にコンスタンツ Konstanz の和約で自治権を正式にかちとった[137]．後述のように，ジュネーヴ Genève などスイスの諸都市も闘争をつうじて自治を獲得していった．

協約による自治　アルプス以北で多く見られたのは，協約による都市・農村自治の確立である．都市や農村での住民の生活が充実してくると，領主たち有力者がそれに寄生するようになってくる．すなわち領主たちは，住民から税を取り立てたり，要塞都市をつくり，その防衛義務を住民に負わせたりするようになるが，そのさいその見返りとして，都市・農村に解放特許状や慣習法特許状を付与し，自治権を——創設ないし法慣習の尊重というかたちで——保障するようになる．自治権の内容は，住民が，自分たちの代表を選び，自分たちの共同体の行政に参加し，その共同体運営のために税を徴収することにあった[138]（このころには，聖職者や貴族たちも特許状で自分たちの独立性と安全を王に保障させた．一連の『マグナ＝カルタ』がそのもっとも有名な事例である．『マグナ＝カルタ』は，ロンドン London をはじめとした諸市の権利をも保障した．本書下巻

---

137) 勝田他編著（前掲注 92）『西洋法制史』118 頁以下．
138) 井上泰男『西欧社会と市民の起源』(近藤出版社，1976) 151 頁．

26-27頁参照).

　12世紀以降のフランスでは,コンミューン特許状,すなわち国王・諸侯が〈市民たち自身が生命と財産を自分たちの平和団体によって守る権限〉を領主の支配下にある都市に保障した特許状,が広まった.国王・諸侯にとっては,見返りとして軍役を負担させることが期待できたし,自治都市を味方につけることによって領主権力を弱めることができた.

自治の実態　　都市の自治の特徴は,次のとおりである.
　(i)　**自治の中身**　都市民が確保したのは,〈国王・諸侯・領主権力から都市を完全に自由にして民主的に統治する〉という絶対的な自由ではなく,〈かれらの下にあって,自分たちの生命・財産を自力で確保し,その管理・運用のために活動する〉程度の独立性であった.そうした「自治」の内容は,市長(通常,古代スパルタのバシレイアやローマのコンスルと同様に2名)・市参事会員(古代の評議会員・元老院議員にあたる)の選出権,警察権,裁判権,自分たちの軍隊による都市の防衛,祝祭等の自主管理などであった.このような相対的独立性が都市の自由の中身であった(ただし,北部イタリアでは,神聖ローマ帝国皇帝とローマ教皇とが覇権をめぐって争い,権力の空隙が生じていたので,諸主要都市は事実上独立した政治体となった.スイスも,1648年までは帝国に属していたが,事実上独立した連邦国家であったので,チューリッヒ Zürich,ベルン Bern,バーゼル Basel 等の主要都市は,連邦を構成する独立の州＝「共和国」であった.ドイツの帝国自由都市も,これらに近かった).

　相対的な独立性とはいえ,〈仲間と結束して確保する独立性〉としての自由の観念が働いている点で,古代ポリスの伝統と同質のもの(の新生)を確認できる.また,〈領主や国王もその上にある理性・法に従う〉という発想が作用している点で,中世初期の「法の支配」が生きている.

　(ii)　**エリート支配・差別**　自由な都市といっても,その都市の内部には差別が強かった(われわれから見れば差別だが,その状態こそが自然にかなうとされた.等しい者だけを等しくあつかうのが,当時の平等観念だった).第一に,都市に住む貴族・騎士や大商人——そしてツンフト革命(手工業ギルドの人々が市政参加を求めた闘争)のあとではツンフト指導者——たちの寡頭支配が一般的であった.かれらが市長・市参事会員・判決人などを独占したのである(かれらの間では,民主的運営が求められたが).第二に,市民権をもてる者は,家屋敷をも

つ自由人の成人男性だけに限定されていた．市民権をもてない労働者や極貧層は全体の3分の1から2分の1に達していた（貧民はキリスト教精神にもとづき熱心に救済されたが，〈貧困は不正だ；なくすべきだ〉という発想はなかった）．第三に，商工業者間でも，家柄や職種，営業規模のちがいによって，また親方と職人，徒弟の間で，厳しい差別があった．第四に，都市は，その周辺の農村部（コンタードにあたる）を領有し，荘園領主のように農民を支配した．第五に，障害者・特定の病人・婚外子・ユダヤ人・女性などに対するひどい差別があった（これらが不正だとされだしたのは，ごく最近のことである）．

　(iii) 市行政　エリート市民から成る市当局は，市民たちの生活上の便宜をはかるとともに，市民たちにさまざまな規制・統制を加えた．近世の「ポリツァイ」や，そのためのルール化・「紀律化」を先取りした広範囲なものであった（これらの概念については，本書下巻9-1で詳述する）．行政の中身としては，軍事・治安・衛生対策，市場価格や営業の管理統制，都市空間・広場・学校・教会・病院・救貧施設等の管理などである．市民に対する規制・統制には，誕生・結婚・埋葬など住民の諸関係の管理，服装や衛生・生業・建築などの監視，教育・軍事訓練などがあった（学校・病院・救貧施設には，教会もかかわっていた）．(以上の点で，「エリートによる上からの文明化」が中世都市生活の一特徴である．中世後半以降の国家もこの方向をとった．)

　(iv) 法生活　ドイツ都市の刑事裁判では，キリスト教会の裁判所で採用されていた糾問主義（125頁参照）が広まっていった[139]．容疑者は，私人の告発と一定の証拠とにもとづいて市当局が逮捕し，予審担当の裁判官が取り調べ，その予審記録を公判担当の裁判官に渡す．公判担当裁判官は，それをもとにして被告人を自分で審問し，有罪・無罪を確認する．証拠については法定証拠主義がとられた．すなわち，公判で，①2人以上の現場目撃の証言が一致するばあい，②本人の自白が状況証拠で裏付けできるばあい，③争いの余地のない書面や，事実を推定するに十分な証拠があるばあいには，それらで一件落着した．そのさい，もっともかんたんであったのは，②の自白をとることであったので，これに傾斜した．すなわち，ある程度の疑わしさが確認できれば，自白をとるため予審段階で拷問が活用された．自白をとると公判に入り，被告が公判で自

---

139) Schott (fn. 93), *Rechtsgeschichte—Texte und Lösungen*, S. 151 ff.

白を取り消さないかぎり，すぐ結審に向かう．それゆえ，この場合は裁判は儀式的なものであった（やがて，皇帝カール 5 世（Karl V，神聖ローマ皇帝，在位 1519-56．スペイン王：カルロス 1 世）の 1532 年の刑事法典 Constitutio criminalis Carolina＝『カロリーナ刑事法典』に見られるように，公判で自白を取り消しても，有罪の証拠とされた[140]）．公判のみ公開であった（予審は非公開であった）．この公開は，「秘密主義だ」という批判を避けるためであるとともに，市民を教育するという意味をももっていた（刑は依然として残酷であり，常習犯は厳しく罰せられた）．

治安の面からはこの糾問主義の方が「近代的」だったが，〈被告人の保護〉という面からは，古ゲルマン時代・中世初期以来のドイツの判決人裁判や，12 世紀以降のイングランドの陪審裁判の方が「近代的」であった（後述するように，まさに以上のような糾問主義の裁判が，魔女狩りを支えたのでもあった）．

都市法では，商業活動に便利な工夫がなされた．たとえば，商人は，債務や土地を公簿に登記することによって，法的状態を確実にする方法を考案した．商事会社制度も発達した．いくつかの都市が同じ都市法を共有しており，そういう場合には，都市の外に上級裁判所が設けられた[141]．

【補論】 ハーメルンの町の例──

上に一般的に述べた，都市の形成を，ハーメルン Hameln の町を例にとって具象的に見よう[142]．

ハーメルンの町ができた場所は，元はフルダ Fulda 修道院の大荘園の一部であり，そこにヴェーザー Weser 川を渡る橋があった．この橋は，古くから軍用と通商とに使われていた．交通の要衝としての橋の右岸部に市が立つようになった．それが市場として定着し町となった．

やがて町の守護職（修道院に雇われて町を管理する者）が中心になって人々をまとめ，町は修道院からの自立へ動き始めた（12 世紀）．1243 年には都市行政が修道院から切り離された．しかしまだ自治はなく，守護職が支配していた．

1277 年にハーメルンは，戦争に勝った新しい領主の支配下に置かれた．町は，かれに服従する見返りとして特許状を得た（このころ，ローテンブルグ Rothenburg など多

---

140) ケブラー Gerhard Köbler『ドイツ法史』（田山輝明監訳，成文堂，1999）221 頁；ミッタイス（前掲注 105）『ドイツ法制史概説』502 頁．
141) コーイング（前掲注 105）『近代法への歩み』58 頁以下．
142) 阿部謹也『ハーメルンの笛吹き男』（ちくま文庫，1988）参照．

くの都市も自治権を取得している). 自治の内容は, 次のようなものである. ①農奴のような隷属民も, 1年と6週間, この町に留まれば自由民となる. ②領主は町の中に城砦をもたない. 都市民は一定の納税のみを義務とする. ③市民が選ぶ市長職, 市民による裁判の権利, ギルドやツンフト（ドイツでは手工業ギルドをこう呼んだ）の権利を, 領主は承認する. ④町は, 独自に関税を徴収する権利をもつ.

ハーメルンは, この後, なお残っていた代官（領主の部下である都市管理人）の介入と闘い, 自治を完全なものにしていった. 1327年には市参事会が町の行政をおこなう自治が始まった. この闘いにおいては, 全市民が結束して闘ったので, はじめは, すべての市民が参事会員になれる権利を有していた.

ハーメルンは, 13世紀後半からは大商人らによる寡頭支配の下に置かれた. しかし, やがて勢力を強めたギルドやツンフトの指導的市民たちが, 1430-50年にかけて, 大商人らの支配に対抗して参政権を主張する動きを強め, 前進と後退をくりかえしつつも, しだいに参政権を獲得していった（ツンフト革命）.

（v） 生活人市民　　中世の町は, 古代ギリシア・ローマの都市と構造が似ている. 町は, 城壁で囲まれ, 中心部には広場・教会・市庁舎があった. 広場は, 定期日に市が立ち, 人々の市民社会的交流の場となった.

しかし中世都市の市民は, 古代とは異なる面をもつ. アテネの市民たちも生業を営む人々であったが, 同時に戦士や政治家・宗教家でもあった. これに対し中世都市の市民は, 臨戦態勢にはなかったうえ, 政治はエリートがやったので, 一般市民はもっぱら生業が主要関心であった. そういう点で非軍事・非政治型の日常人が歴史の中で存在感をもち始めたと言える[143].

---

143) ここで, これら「都市」に関する諸概念を整理しておこう. ① Bürger, bourgeois（市民）は, Burg, bourg, burgh, borough（城塞下の都市, あるいは城塞状の都市）から来る. Hamburg, Rothenburg, Strasbourg, Canterbury, Edinburgh といった都市名をも参照. ② citizen, citoyen（市民）は civitas から来る. civitas は, ラテン語で「都市国家」であり, ギリシア語の polis に対応する. ここから city, cité（司教座のある都市）も来る. citizen, citoyen, Bürger は, 古代においては政治的・軍事的主体である市民を意味した. フランス革命期においても, それは, 共和国の政治的主体である市民（国民）を意味した. これに対して bourgeois の語は, bourg の住人, すなわち主として商工業者を意味し, その延長線上で, 新興の資産家, そして最終的には「産業資本家」を意味するようになった. ③ village（村）や ville（町）は, villa（ローマの別荘）から来る. ④ Stadt（町）は, statt（場所）から来る. すなわち, Wohnstatt（住む場所）が町である. ⑤ town（町）は, Zaun（群居性の村を防衛するための柵や壁）から来る. Zaun に囲まれた居住地の意である.

ゴシック　　　この種の市民の活性化は，13世紀以降のゴシック様式の時代をもたらした[144]．ゴシック様式の先駆けは，1140-43年にあった，パリ北東のサン＝ドニ St-Denis 修道院聖堂（歴代フランス王の墓所）の改築である．これ以降，パリのノートルダムやシャルトル Chartres の大聖堂をはじめ，フランス，ドイツ，イタリアなどでゴシック様式の教会が，毎年のように次々と竣工していった．

　ゴシック様式に先行して11〜12世紀前半に広がっていたロマネスク様式の教会は，山間原野の僻地ないし田園地帯に，主として修道院の建物の一部として，貴族や王の寄進により建てられ，宗教的エリートの雰囲気を大切にした[145]．この貴族的なロマネスク様式教会とは異なり，ゴシック様式の教会の多くは，都市文化に支えられ，町の中心広場に，市民の金で，市民の日常的な礼拝の場として建てられた．

　ゴシック様式では，高い柱がはるか上の天井へと林立し，窓が大きくとれるようになるとともに，ステンド＝グラスが活用され，神聖だが軽快で明るく躍動感にあふれ，かつ情感豊かな光と影の空間となった．教会を飾る像や絵画も，ヨリ人間臭いものになった．すなわち，イエスらの像は，十字架上の苦しみ，刑場への道での辱め，刑死したイエスを取り巻くマリアたちの悲しみなどを，かなりリアルに（＝人間的に）表現したものとなった．また，愛らしい幼児イエスを抱く慈母としてのマリアや，天使から受胎を知らされた瞬間のマリア，イエスの死を嘆くマリアなども，神聖でありながら人間味のあるものとなった．これらの人物像の背景は，現実の都市や山河を具象的に，それなりに写実的に描いている．1230年前後の作である「バンベルクの騎士」Bamberger Reiter のように，情感豊かな理想性を彫り出した石像も，この時代に出た．こうした点にもゴシック時代の新しい精神の息吹，すなわち〈宗教性の中にも庶民のもつ人間性，現実にあるものを尊重する傾向〉の胎動が確認できる．

---

144) Gudrun Gleba, *Klöster und Orden im Mittelalter,* 2002, S. 98 ff.
145) ただしイタリアでは，すでに10世紀から都市が発達し，11世紀から14世紀にかけてのロマネスクの時代に，ロンバルディアやエミリア Emilia，ヴェネト Veneto などの北部地方を中心として各都市の中心にロマネスクの聖堂が建てられ，その内部を飾る絵画・彫刻も，ジョットー（Ambrogio Bondone Giotto, 1267頃-1337）ら，イタリア＝ルネッサンスを準備した芸術家たちによって，人間味を強めていく作品がつくられた．

中世の春と秋　　ただし，この〈ロマネスクとゴシックの関係〉については，さらに次の見方も必要である．たとえばホイジンガらは，ロマネスクの時代を〈上昇する中世的精神の時代〉と見る．この時代は，「12世紀のルネッサンス」にほぼ対応し，アベラルドゥス（Petrus Abaelardus, アベラール, 1079-1142）やソールズベリーのジョン（John of Salisbury, 1115頃-80）らに見られるように，古典古代との接触により創造的文化の息吹をみなぎらせていた．ロマネスク時代の人々は，精神を深いところで力動させていたので，聖なるものを「無限のかなたに仰ぎ見」た．このため，現実の像や絵画はデフォルメされ象徴性を強めた．それらは，簡素で力強い教会内部の雰囲気とあいまって，人に静かさ・清らかさを与えるとともに崇高さを感じさせる．これが「中世の春」の時代である．

　この「春」のあと，頂点に達した文化は，やがて外面的・表層的なものにとらわれ，内面性や空想力，すなわち生き生きした精神的自由を失ってデカダンス，「中世の秋」に陥っていく（北ヨーロッパ人にとって「秋」とは，輝きのイメージをともないつつも，急速に押し寄せる「冬への凋落」のイメージとも結びつく）．ホイジンガによれば，それがゴシック時代――とくに後期（14・15世紀）の――である．この時代には，精神性よりも情感に重きが置かれ，また外面性にとらわれ，装飾物や強いインパクトを与える彫刻・絵画が好まれるようになった．ごたごたした建築物，細部描写にこだわる絵画（ファン＝アイク van Eyck 兄弟：Hubert 1370-1426, Jan 1380-1441），繁栄にともなう奢侈や虚飾，極彩色のステンド＝グラス…，これらの特性を，ホイジンガらは〈支配層の精神的退化〉の表出と見る．華美に走り「形」に固執していく騎士道，総花化し方法的にも内容的にも図式主義・公式主義を強めていく後期のスコラ学，〔成金化した市民の虚飾文化〕，などが基底を成す．

　ホイジンガによれば，12世紀の「中世の春」と14・15世紀の「中世の秋」とのこのちがいを決定的にしたのは，アルヴィジョア十字軍に見られる異端問題の深刻化であった．キリスト教会は，この体験がトラウマとなって姿勢を硬化させ，教皇支配を確立させ，民衆に対する統制を強化し，ドグマ化の道をとった．このことが，前頁で見た中世盛期＝13世紀の実りをもたらすのだが，しかしその完熟が12世紀の精神的力動を窒息させ，時代は，外面的なものにとらわれる14世紀へと移っていく[146]．

5-2-2　農民と法

(i)　自立をめざす動き　　都市コンミューン運動の発展に刺激され，農民

---

146) ホイジンガ（前掲注98）『中世の秋』，堀米庸三『歴史と現在』（中央公論社, 1975）220頁以下；ヴェルジェ Jacques Verger『入門　十二世紀ルネッサンス』（野口洋二訳, 創文社, 2001）20頁．

たちも，自分たちが形成してきた法慣習によって，領主との関係を規定し直そうとしだした．農村コンミューンの運動である[147]．13世紀以降の中世盛期に入って発達した前述の三圃制は，集住と土地の共同管理とをともなうので，〈村としての共同体意識〉を高めた（農村共同体自体はそれ以前からあったが）．古典荘園から純粋荘園への移行によって，すなわちまた，国家ないし領邦国家の形成によって，大規模な一円的支配が実施されだしたことが，農民たち相互の団結を促進した．また，新しい土地に入植し共同で開墾を進めた農民たちにも，村落として結束し自分たちの自由（開墾者の自由＝Rudungsfreiheit）を主張する傾向があった．この動きが実ったばあい農民たちは，領主たちからコンミューン特許状によって，農民自身の間での，徴税・共同利用地管理や裁判の承認を獲得した．

(ii) 有力者の攻勢・農民の抵抗　後の時代の農村についても，ここで言及しておく．15・16世紀になると，ドイツの諸地方で，有力者と民衆との対立が激化する．領域の一円的支配を強化しようとした領主や近隣の自治都市には，民衆の法慣習や村の自治が邪魔だった．そこで領主や都市は，ローマ法の知識をもった法律家を雇って，農村の司法実務や行政を——制度的にも内容的にも——上から変えようとした（208-210頁参照）．ローマ法を準拠法にすれば，それとは原理を異にする，農民たちの法慣習を否認できるからである．ローマ法の法律家は，宮廷裁判所・都市裁判所など上級裁判所に雇われて，農民たちの審判人裁判所から上訴されてきた判決をくつがえし，また審判人裁判所でも弁護士として活躍し，審判人らを煙に巻いた．

アルメンデ
等の剝奪

こうしてローマ法の学識者たちは，中世後期から近世にかけて，農民たちの慣習法や自治的な法などの固有法をローマ法の諸原則にもとづいて一掃しだした．たとえば農民たちの生活に欠かせないアルメンデ，自由漁撈区や自由狩猟区の利用，川や泉の水の利用などは，地主の土地関心が低い時代には，農民の自由であった．しかし今や地主たちは，土地を独占しようとして，一物一権主義に立つローマ法の所有の観念等を使って農民の利用を排除しだした．「(良い) 法律家は，悪いキリスト教徒」(Gute) Juristen, böse Christen.（＝有能な法律家は，悪人）という格言ができたのは，こ

---

147)　井上（前掲注138）『西欧社会と市民の起源』191頁.

の情況下においてである[148].

他にもあるローマ法の不都合　ローマ法には，アルプス以北で適用すると農民たちに不利となる制度が他にもあった．たとえば，①種々の河川利用権がそうである．ローマ法は，公川と私川を区別する．水が一年中流れておれば公川となり，そうでなければ私川となる．ローマ付近では，この区別は農民に有利であった．多くの川で水が一年中は流れていなかったから，沿岸の農民たちは，私川として，橋・水車場・渡船場の建設や漁撈・石砂の採取などを自由にやれた．しかしこの区別がアルプス以北にもち込まれると，ほとんどの川は水が一年中流れているから，公川となり，農民は自由な利用を王・諸侯によって規制される（ただし，私川化が農民にすべて良い，というものでもない．他人の私川部分では自由に水浴や釣りもできない）．②不動産の賃貸借権は，ドイツ法では物権であったが，ローマ法では（公有地は別として）債権であり，賃借人には新所有者に対抗できる占有権も付与されなかった．このためローマ法の継受によって，賃借人の地位は著しく悪化した[149]（127頁）．

もっとも継受ローマ法だけが悪者だったわけではない．たとえばイングランドでは，16世紀に地主（貴族・ジェントリー）や新興借地農（農業資本家になっていく）による囲い込みが進行した．そのさい自由保有民はコモン＝ローによって，慣習保有農民は慣習法によって，保護される法制はあった．しかしながら農民たちは，その法について無知だったし，訴訟の金がなかったし，かつ地主たちの狭猾で法を無視する暴力的な行動に抵抗しきれなかったため，土地を奪われた[150]．農民は，〈農民保護の法制が整っていれば大丈夫〉というものでもないのである．

「善き旧き法＝権利」　農民たちは，〈自分たちが伝えてきた法慣習こそが正しい法であり，そうした法慣習によって享受している利益こそが自分たちの正当な権利である〉とする「善き旧き法＝権利」das gute alte Recht の観念に依拠して抵抗した[151]．かれらは，〈そうした正しい法＝権利は，

---

148) ティーメ Hans Thieme『ヨーロッパ法の歴史と理念』（久保正幡監訳，岩波書店，1978）48頁以下．
149) ミッタイス（前掲注111）『ドイツ私法概説』192頁および300頁以下．
150) 越智武臣『近代英国の起源』（ミネルヴァ書房，1966）223頁以下．
151) すでに『ザクセン＝シュピーゲル（ラント法）』には，①法とは長い習慣・伝統をつうじて固まった正しいルールのことを言い，それゆえそれは個々の人間が勝手に変更できるものではないこと，②したがってまた，王といえどもそうした法に服すること——これは「法の支配」の観念である——，③そうした法に服さない裁判官や王に対しては人々は，神聖な法の名において抵抗できることが，明記されている（『ザクセン＝シュピーゲル（ラント法）』の前文 Reimvorrede (151-158) には，「この法は自分が勝手に立案したものではない．それは，法をつくった祖先達によって伝えられてきたものである．自分にできることは，そうした宝物が自分の死とともに消

権力者も尊重しなければならない．それを侵す者に対しては，抵抗することができる〉と論じた．これが中世後期の世俗の抵抗権思想である．先に見た，中世的な「法の支配」の観念が，抵抗権と結びついたのだと言える．

　もっとも激しい抵抗が見られたのは，1524-25年のドイツ農民戦争においてであった．ここでは農民たちは，その「シュヴァーベン Schwaben の12ヵ条要求」に見られるように，領主たちを相手に，奪われた共同放牧・狩猟・漁撈等の権利回復をめざして立ち上がった．しかし農民たちは完敗し，多くの犠牲を出した．そしてその後のドイツでは，領主の支配が苛烈になった．ドイツの農村や都市は，続く三十年戦争（1618-48）で戦場となってさらに荒廃し，自治＝自由を担う力を失っていった（農奴解放等によって改善が見られだすのは，19世紀中葉以降である．歴史には，こういう巨大な後退もある）．

旧説と新説　「善き旧き法＝権利」の観念をめぐっては，論争がある．フリッツ＝ケルン（Fritz Kern, 1884-1950）らの旧説は，それが古ゲルマン時代に始まり，12世紀頃までの，集権国家が未確立の時期に存在したものとし，また，ゲルマン人が独自に生み出したもの（＝「ゲルマン固有」の自由観念）としていた．これに対してカール＝クレッシェルらの新説は，それが12世紀以降に農民の権利闘争と結びついて始まったものであること，ローマ法やキリスト教思想が反映してもいるので「ゲルマン固有」とは言えないことを，指摘する．この新説によれば，12世紀より前には制定法 lex，権利 ius，法慣習 consuetudo の三つを区別するローマ的法観念が支配的であったが，12世紀以降は，慣習法特許状のように法慣習が法として承認されることが多くなったけっか，3者が合体した[152]．

　　えてしまわないようにして後世に伝えることである」とある．また，同法 III. 78. 2 には，「下臣はまた彼の国王および彼の裁判官に対し〔…〕不法行為について反抗することができ，しかも（不法行為を）あらゆる仕方で防ぐのを助けることさえできる，そしてそれによって彼の忠誠（信義）に反して行動することにはならない」とある．久保正幡他訳，創文社，1977）．
　　「法の支配」の観念や，そうした神聖な法を破る権力に対する「抵抗権」が正当であるという観念は，本書 5-5「抵抗権思想」で論じるように，レプゴーと同時代のジョン＝オブ＝ソールズベリーやマネゴルトなどをふくめ，中世中期のさまざまな思想家によって主張されてもいた．
152）旧説に立つのは，フリッツ＝ケルン『中世の法と国制』（世良晃志郎訳，創文社，1968）や世良晃志郎『西欧中世法の理念と現実』（創文社，1991）などである．これに対し，クレッシェル（前掲注113）『ゲルマン法の虚像と実像』や村上淳一『ゲルマン法史における自由と誠実』（東京大学出版会，1980）らは，「ゲルマン法」の観念自体が――「ジッペ」や「マルク共同体」の観念と同様――，19世紀に農本主義的な自由主義者たちが官憲国家批判のために創作したものだとする．

この点については，本書の全体をふまえれば，次のように言えないかと思う．①「法の支配」の観念，すなわち〈法が人間を超えた理性であり，公職者・支配者も人民も，ともにそれに服する；何が法かは人々の代表が共同体の名において判断するので，公職者・支配者もそれを尊重する〉とする観念は，古代ギリシア・ローマ，古ゲルマン時代，中世，近世，近代が共有していた．したがって旧説のように「ゲルマン固有」とするのは妥当ではない．しかし上のことはまた，古ゲルマン時代にも旧説が指摘した観念がありえたし，それと中世，近世の同様な観念との連続性もありうる，ことを推定させる．②ただし，旧説の言う「善き旧き法＝権利」の観念自体は，伝統・慣習の尊重および抵抗権と結びついている点で，支配者の統合が強まった中世後期以降に，対抗思想として出て来た可能性が濃い．

5-2-3 スイスの独立運動

スイスは長い間，地方ごとに，ツェーリンガー Zähringer, スタウファー Staufer, キーブルク Kyburg, サヴォイア Savoyer, ハプスブルク Habsburg などの諸権力者の支配下にあった．この状況下で，1231年に，ザンクト＝ゴッタルト St. Gotthard, Gottardo 峠越え（イタリアへの主要交易路）の要衝の地であった，スイスのウリ Uri 州（＝Kanton）が帝国直属となり，自由を獲得した．しかし1273年に神聖ローマ帝国皇帝の座を射止めたハプスブルク家は，スイスでも支配圏を拡大する動きを強めた．このため，ウリ州は，1291年に，シュヴィーツ Schwyz およびウンターヴァルデン Unterwalden の2州とともに，〈自由を共同防衛し，また相互間の紛争を平和的手段で解決するため〉の誓約団体 Eidgenossenschaft を結成した．これらの動きにおいてイニシアティブをとったのは，しばしばイメージされるようには農民たちではなく，貴族・騎士たちであった（ヴィルヘルム（ウィリアム）＝テルは，伝説上の人物であり[153]，華々

---

153) シラー（Friedrich von Schiller, 1759-1805）の『ヴィルヘルム＝テル』は，伝説上の人物であるテルを主人公にして，この独立運動中の1308年の反乱を劇化したものである．この中には，上述の「善き旧き法＝権利」とそれにもとづいた「抵抗権」との思想がはっきり出ている（シラーは，イエナ大学の歴史学教授でもあった）．すなわち，シラーは，スイスの農民にこう語らせている．「昔は熊などの住む荒れはてた古い森も人の定住する場所に変えたのはわれわれです．〔…〕堅い岩を砕き，断崖を越えて旅ゆく人のために安全な路もひらいたのです．こうして千年以来も占有したので，この耕地はもうこちらのものなのに，――他国の陪臣風情がやって来て，われわれを縛る鎖を鍛え，われわれ自身の土地で無礼を加えていいものですか．〔…〕最高の財宝だけは，われわれは暴力に対して正当防禦をしてよろしい．――われわれは祖国のために立つ

しい〈自由のための闘争〉はなかった). (こうした農村的自由の確立は, 他にティロル Tirol, ディトマルシュ Dithmarsch, フリースラント Friesland, ラウエンブルク Lauenburg などでも見られた.)

　このあとに来るスイス建国への動きにおいて中核になったのは, 都市コンミューン運動やシュヴァーベン同盟運動を経験していたチューリッヒであり, またベルンであった[154]. これらの都市州が諸州を糾合し, 13州から成る誓約団体を結成するにいたり, この盟約団体——当時は高地ドイツ諸邦大同盟 Grosser Bund oberdeutscher Landen と呼ばれていた——が, 1497年に独立を承認されたのである.

【補論】「スイスの民主主義」について——

全員集会　スイスはしばしば,〈中世以来続く直接民主主義〉の国として論じられる. じっさい, 中世以来, すべての男性の共同体メンバーが参加する集会 Gemeinde が, 州のレヴェルでも村のレヴェルでも, それゆえ草の根的に, 盛んであった. 今日でもグラルス Glarus とアッペンツェル Appenzell Inner Rhodes の両州では[155], 毎年一回, 春の日曜日に広場で全州民集会 Landesgemeinde が開催される (義務制で, 欠席者には罰金が科される). この種の集会は, 他州では19世紀以降廃止されたが[156], 村レヴェルではなおかなり残っている.

寡頭制　しかし近世以降のスイス政治で強かったもう一つの傾向がある. それは, 寡頭制である. 他のヨーロッパ諸自由都市と同様, スイスの都市州は, 19世紀の後半まで, 当初は都市に住む貴族・騎士や大商人, ツンフト革命を経験したところではツンフト指導者ら, による寡頭支配の下にあった. スイスの都市州はまた, 周辺部の農村を高権的に支配・搾取しようとして, 農民がもっていた法慣習や自治を剝奪する挙に出た (これは, 中世イタリアで広く見られた, 都市国家が農村をコンタードとし

のです.」(シラー『ヴィルヘルム＝テル』岩波文庫, 桜井政隆・国隆訳, 1948, 84-85頁)「僕たちがなければ騎士が何ですか. 僕たちの階級はあなたがたのより古いんですよ.」(同160頁) じっさい, スイスの独立では「善き旧き法＝権利」の思想が大きな意味をもった. 村上 (前掲注102)『近代法の形成』67-68頁.

154)　Schott (fn. 93), *Rechtsgeschichte—Texte und Lösungen*, S. 33 ff.; 森田安一『スイス中世都市史研究』(山川出版社, 1991).

155)　グラルスの農村民たちは, ハプスブルクの支配に抗して戦い, 1388年に独立した. 記録された全州民集会は1387年に始まる. アッペンツェルの農村民たちは, ザンクト＝ガレン Sankt Gallen 修道院の支配下にあって14世紀末以来独立の動きを強め, 1513年にカントンの独立をかちとった. 記録された全州民集会は1403年に始まる.

156)　U. Klöti et al., *Handbuch der Schweizer Politik*, 3. Aufl., 2002, S. 401 f.

て支配する傾向と同質のものであるが，スイス建国の精神には反する）．

　都市のこうした体制は，やがて，「君主のいない絶対主義」[157]に成長した．すなわち，諸主要都市では貴族・騎士や大商人らの少数のエリートが，官僚制と軍隊とによって統治した．スイスの宗教改革は，かれらが旧い教会権力を打倒して都市支配を確立するための効果的な道であった．したがってスイスの改革派は，多くの町で神権政治体制をとった（この点は，ドイツやイングランドで，「絶対主義」化を強めていた国王や領邦君主たちが宗教改革を利用した事情と似ている）．ベルン・チューリヒ・バーゼルなどの都市部では 15 世紀中期以降，下層市民や，都市の支配下に置かれていた農民らが，この寡頭制に対する抵抗闘争をくりかえした．しかしかれらは，そのたびごとに都市支配層に武力で鎮圧された．

スイスの民主化　　市民層に参政権が認められるようになったのは，①フランス革命の影響と，②産業革命後の社会の変化の影響とによるものである．すなわち，① 1798 年にフランス軍が，〈都市貴族らの支配からスイスを民主的に解放するのだ〉として越境し，ローザンヌ Lausanne を占領した．その後，各地がナポレオンによって「解放」され，ヘルヴェティア Helvetia 共和国が打ち立てられ，貴族支配の廃止，諸コンタードの独立，スイスの一国化（州の独立の剝奪）が進展した（しかし，まもなくナポレオンが失脚しウィーン Wien 体制が復活して，ヘルヴェティア共和国は崩壊し，スイスの諸都市で貴族支配が復活した）．②スイスは，イギリスに次いで産業革命を進展させ，1830 年代には，綿と絹の繊維産業や時計工業の発達を見た．

　このような政治と社会の変化の中で，まず，ジュネーヴ Genève が他に先駆けて 1782 年に市民参政権を確立させた．そして 1830 年代以降，多くの州で民主化が進展する．すなわち，リベラル派の市民は，とくに 1830 年代以降のフランスでの人民蜂起の影響を受けて，貴族的な支配層に対する反発を強めた．この民主化の動きに対しては，ルツェルン Luzern を中心としたカトリック系の保守派州が抵抗した．両者の抗争はついに内乱に発展したが，最終的には 1848 年にチューリッヒやジュネーヴらの州が保守的州を全面降伏させ，改革が前進することになった．

　やがてチューリッヒが，1869 年に州憲法を改正し，政府を人民の投票で選び議会の法案を人民投票にかける制度を採用した．このことが，その後のスイスの政治生活の方向を決めた．すなわち連邦レヴェルでは，1874 年の連邦憲法改正によって，法案についての人民投票が導入された．他の多くの州でも，憲法改正，法案，裁判官の選任，財政などについての人民投票が採用されだした．つまり，有名な〈スイスの直接民主主義〉のほとんどは，中世ではなく 19 世紀後半の産物なのである[158]．

---

157) Schott (fn. 93), *Rechtsgeschichte—Texte und Lösungen*, S. 252 ff.

差別構造　ところで，近代スイスでは，上述のような直接民主主義にもかかわらず——あるいはそのゆえに——，差別が残った．たとえば，ユダヤ人は，1866年まで市民権を認められなかった．女性の参政権は，連邦のレベルでは，1959年に提議されたが67％の反対で否決され，1971年になってようやく65.7％の賛成を得て認められた．州のレベルでは，1959年以降，フランス語圏で認められるようになったが，保守気質のアッペンツェルが認めたのはなんと1991年である（古代ギリシアの例から明らかなように，直接民主主義は，有権者の同質性と自立性を確保する必要上，非有権者を差別・排除することを要した．しかも，スイスの自由の永い伝統である寡頭制も，差別・排除の上に成り立っていた．加えて農村民たちは，体質的に保守的だったからこそ（中世的）自由を主張した．その体質が近代的平等に敵対した）．

要するにスイスも，後述のように他の西洋諸国と同様，1960年代以降になって，ようやく民主主義や平等，人権を真剣に受け止めるようになったのである．

5-3　中世と女性

先にも述べたように，中世前期においては，未婚女性は父親の，既婚女性は夫の（夫の死後は成人になった長男らの），ムント下に置かれた．結婚は，女性の父親から夫へその所有物を引き渡す形式をとった（前述のように，その名残は，今日の教会等での結婚式で，父親が花嫁を連れてバージン＝ロードを新郎のところまで行進しそこで手渡す場面に見られる）．ムントによってとくに保護・監視されたのは，娘の処女性・妻の貞節であった．公権力は「家」の中に容易には介入できず，したがって家長権は強かった[159]．

---

158) 同様にわれわれは，たとえば19世紀ドイツに見られた陪審制度（12人の陪審員が，有罪・無罪を判定する制度）を，古ゲルマン時代以来のWeistümer（前述）の伝統がなお生きているのだと錯覚しがちであるが，これも，スイスでの陪審制と同様，革命期フランスの陪審制にならってつくったものである．すなわちモンテスキューは，国王権力から自由でない裁判官によっては裁判の公正が守られないとして，市民の参加による裁判を，イングランドの陪審制度を念頭に置いて主張した．これが，フランス革命期に陪審裁判所のかたちをとって採用された．そしてこれをモデルとして，1848年の3月革命以降のドイツの各領邦やスイスで，陪審裁判所が採用されていったのである．Wesel (fn. 3), *Geschichte des Rechts*, S. 467 f.

159) とはいえ，前述のローマにおけると同様な関係が働いてもいた．すなわち，家長が家長権を濫用することは，他の親族から批判されるおそれがあるので，抑制されていた．また，妻が持参した嫁資 Aussteuer・Mitgift は，夫が管理・利用・処分できたが，夫は離婚の場合には，妻の固有財産（夫が妻に贈った財産や妻の父親が設定した財産などから成る）とともに嫁資分をも妻の

12世紀以降には事情が変化した．両性の合意が尊重される自由婚が，後述する教会法の浸透もあって，一般化したからである．また，この頃からは都市が発達したが，この都市では取引活動上の平等が進んでいたので，妻は，夫が死んだあと，商店や職場の経営を引き継いだ．父を相続して領主となったり，親方となったりした独身女性も少なくなかった（今日のキャリア＝ウーマンの先駆？）．女子修道院の院長も立派な自立的社会主体であった．こういう女性には行為能力が認められだし，やがて都市だけでなく社会全般に女性の行為能力の承認が広まっていく．『ザクセン＝シュピーゲル（ラント法）』は，未婚女性が所有し，父から相続したことを記録している（I. 5. 2 以下）．寡婦や成人の独身女性が，後見人の承諾なしに自分の所有地を譲渡できたともしている（I. 45. 2）（彼女たちは，まだ後見人によらなければ訴えを提起できなかったが（II. 63. 1））．

中世における女性の地位を向上させた要因の中から，キリスト教の教会法・女子修道院と「洗練化」を考察する．

(1) 教会法と女性

教会法上の女性　まず重要なのは，教会法が信者の家族生活に与えた革新である．教皇グレゴリウス7世（Gregorius VII, 1020 頃-85）の改革を経てキリスト教会の勢力が強大化した12世紀頃には，教会は結婚・家族生活など人々の社会生活も法的に規制するようになった[160]．この教会家族法では，女性の社会的地位が相対的には高かった．中世の世俗法（やローマ法）と異なって，教会法は，伝統・慣習を基礎にした法ではなく，ローマ教皇庁がキリスト教の教義にもとづいて自覚的に立法化した法である．したがって，それは，キリスト教に反する社会関係を切り崩し改変する性格のものでもあった．たとえば，結婚は，前述のようにローマ法や中世の世俗法においては，両性

父に返還しなければならなかった．このことの圧力によって，裕福な家出身の妻は，古代におけると同様，夫に対し自分の地位を安定化させえた．ミッタイス（前掲注111）『ドイツ私法概説』130頁．

160) その発展を，たとえば婚姻法に例をとって示せば，次のようになる．フランク王国時代に婚姻事件に関するキリスト教会の裁判管轄が認められたあと，教会はしだいに教会関係法の立法権をも獲得していった．その際には，ゲルマン社会の婚姻慣習法を克服するために大きな努力を要した．キリスト教会の婚姻立法は，11世紀にはまだ特別法でしかなかったが，12世紀になるとグラティアヌスなどの努力によって，広く人々を規制する法となった．その後グレゴリウス9世（Gregorius IX，在位 1227-41），クレメンス5世（Clemens V，在位 1305-14）ら，法学者出身の教皇の下で婚姻令の法典化が進められていった．

が合意しただけではだめで,一定の様式をふまえ,かつ性交するという要物性を満たさなければ,有効とはならない.これに対して教会法においては,結婚は,現代の婚姻法に一般的であるように,両性が出発点において合意しあえば,有効となった[161](ただし教会は,12世紀頃から,証人の前での誓約の様式を教会堂内での結婚式に取り入れた.そして1545-63年のトリエント公会議で,司祭と2名の証人との立ち会いを義務づけた.これをしなければ,「秘密婚」とされ,場合によっては破門される.この要式性が,今日の結婚式にも続いている.要物性については,教会は,両性の合意によって結婚契約は十分成立するが,性交を済ますと完成したものとなり離婚ができなくなる,とした).

また,中世前半の世俗法においては,上述のように夫婦間に大きな差別があったが,教会法においては,夫婦が対等に相手に対して誠実義務を負う.たとえば相手側の性的欲求に応えることが重要な義務であった.そして,それを履行しない者(夫も)に対しては,裁判に訴え判決を得て履行させることすら前提になっていた[162].妻はまた,遺留分を――ということは相続権自体を――保障された(妻と子とが,全体の3分の1以上をとる).(これらのことはまた,キリスト教会という公権力が家族の中にまで立ち入るようになったことを意味している[163].)

---

161) 教会法は一般に,契約は合意だけで有効だとした.これは,「約束は守らなければならない」という神の定めから帰結することであった.しかし,これを貫くと,契約締結時に,不注意であったり未経験であったりして,いちじるしく不利な契約をする者が救済できない.そこで教会法は,ローマ法のiusta causaを参考にして,(契約において両当事者がよく考えて合意したか,合意の内容が正しいか)を確認するために,法律行為の本質的動機,すなわち約因causaの存在を調べた(たとえば贈与契約の有効性を判断するさいには,贈与があって当然と思われる事情,すなわち当事者が友人同士であるとか婚約したとかの事実などが約因となる).Meder (fn. 54), *Rechtsgeschichte*, S. 131 ff. この約因の思考,〈個々人の意志の背後にある秩序〉を尊重する発想は,婚姻契約でも働いた.すなわち教会法は,婚姻契約の背後に,夫婦を結びつけた神の意志が背景的約因causa remotaとして働いているとした.このため,〈神が結ばれた契約を勝手に破棄することはできない〉として,離婚禁止などを導き出した(注164・注192参照).
162) Meder (fn. 54), *Rechtsgeschichte*, S. 128 ff.
163) カトリックにとって家族は宗教上重要な制度の一つであったから,教会権力が家族にも介入した.このけっか,家長権は教会によって制約された.しかしこのカトリック社会も,上述のように16世紀以降は,教会からの家長権の自立が強くなっていった.これに対して,プロテスタントの家族では,家長の支配がさらに顕著である.これは,上で見たような近世家族の構造にもよるが,教説にもよる.すなわち,プロテスタンティズムにとって家族は,制度上,宗教的意味をもたない.このため,教会が家族に介入することはなくなる.家は,今や家長の統率に委ねられる.こうして,家長権は,――近世国家が(教会に代わって)富国強兵の観点から介入しだすまでは――強大になった.

教会法におけるこの〈男女平等〉は，のちのフランス民法典などの家父長主義（本書注127；下巻13-3-1参照）と比較して，特筆すべきものである．

キリスト教はまた，12世紀に結婚を七つのサクラメントの一つとして位置づけた．このことは，結婚にさいしての両性の意志の重視や，結婚生活を夫婦がともに担っているのだという意識の強化や，また離婚を禁止することをもたらした（妻が夫のムントに服する中世の通常の結婚においては，夫だけが離婚の自由を有していた——正当な理由なく離縁すると妻の父からフェーデ宣言を受ける危険はあったが．この点で，キリスト教が離婚を制限したことは，夫の恣意から妻を守るために大きな意味をもった[164]．キリスト教会が結婚を重視したことは，しかし他方で，婚外子や未婚の母に対する厳しい差別をもたらした）．

教会法は，以上のようなかたちで，「家」制度や家長権をも制約したのである（この教会法に比較すれば，ローマ法は家父長主義的であった．このため中世末以降，ローマ法が継受されたことは，女性の地位をふたたび下落させる方向に作用した．コモン＝ローもまた，古ゲルマン時代の法と同様に家父長主義的であった．これらのローマ法とコモン＝ローとが，さらに近代の法の基軸ともなり，家族生活をも規定し続けた．こうして，それらの中の家父長主義が，1960年代以降に克服の動きが出るまでの近世・近代西洋を性格づけたのであった）．

(2) 女子修道院

中世キリスト教は，女子修道院というかたちにおいても，女性の社会的主体化に寄与した．ベネディクトゥス（Benedictus, 480頃-550）が修道院を創設したとき，かれの，双子の妹スコラスティカ（Scholastica, 480頃-543頃）も女子修道院を創設した（男女修道院も双子だったわけである）．女子修道院において女性は，宗教行為だけでなく学習や労働・管理運営上の行為を自らおこない，さらに修道院によっては等族として議会へ参加し政治行為をもおこなうのであるから，女性を組織の形成・運用の主体にするものでもあった．

この関連で特筆に値するのは，フランチェスコ会とベニン（ベギン）会である．

---

[164] イエスは，離婚について，「神が結び合わせてくださったものを，人は離してはならない」と述べている（「マタイによる福音書」第19章6節，「マルコによる福音書」第10章9節）．これも，夫が妻を一方的に離婚する当時のユダヤの制度から女性を守る立場からの発言である．

フランチェスコ会　フランチェスコ会については，後でくわしく論じるが，この会（その女子修道院は，1215 年にキアラ（Clara Assisiensis, 1194-1253）を中心に創設された）は，それまでの貴族主義的な修道院とは異なって，庶民を受け容れた．また出家と在家の差別を排した．そして修道院外で生活しながら会の精神にしたがって生きようとする人々のために，1221 年に第三フランチェスコ会（在世）を設けた．在世会は，修道会的訓練によって自己を精神的に革新し自立化させた男女が，社会の中で活動することを前提にした制度であり，のちのカルヴァン派（「世俗倫理」）や日本の浄土真宗（「在家仏教」）と同様，社会の文化変容に重要な役割を演じた（同様な活動は，ドミニコ会でも見られた）．

ベニン会　ベニン会 Beginhof, Beguinage は，12 世紀から南ネーデルランド（今のベルギー）から広がった女子「修道会」である（1311 年に異端であるとして禁止されたが，その後も活動し続けた）．この会の「修道女」たち——資産家の娘が多かった——は，「修道院」にいる限りは，独身を守り規則に従って共同生活する．しかし彼女たちは，入会誓約を義務づけられなかったので，そこを出て俗社会に戻る自由をもち（所有物や収入源を放棄することもなかった），俗社会でさまざまな職業（家政婦長・家庭教師といった）に就いた．こうして彼女たちは，敬虔なキリスト教精神と修道院での組織運営の経験とを身につけ，それを，フランチェスコ会在世会員と同様，社会の中での生活に活かすことにもなった（じっさいベニン会は，フランチェスコ会（やドミニコ会）と親近性があり，フランチェスコ会修道院の周辺に施設をもち，それゆえまた都市生活と密着して活動することが多かった）．

教会実務の先駆性　中世の教会実務が法革新に貢献した点は，上に述べた他にも数多い．たとえば，(a) 多数決制の導入，(b) 法人論・団体論，(c) 遺言処分制度，(d) 契約解除の法理の導入，(e) 裁判・刑事罰制度の整備・合理的な法運用の採用などである．

(a) **多数決制**　これは，集団そのものの意志を確認する手段として，古代にはあった．しかし，部分権力が強く，それぞれの集会構成員が自分の固有権・異質性を主張する中世の世俗政治では，採用されにくかった（典型的には，ポーランドのシュラフタ szlachta による議会がそうである．ここでは各人に拒否権があった．本書下巻 27 頁）．これに対してキリスト教会の世界では，会議体の構成員は，統一し集権化した大きな組

織の同質的な一員であり,それゆえ固有権とは無縁であった.このためここでは1179年の教皇選挙以来,この制度が定着した.これがやがて世俗化し,前述(120頁)の『ザクセン゠シュピーゲル(ラント法)』II. 12. 10, II. 55 に見られるものとなった.

 (b) 法人論　キリスト教会は,個々の信者だけでなく各教会そのものをも,財産管理などのため,教会法上の主体にする必要に迫られた.そこで法学者たちは,〈各教会は,自然人から成るが,破門できないし,構成員によってしか法律行為ができない点で,確かに自然人とは異なる.しかしこの教会も,法律によって権利能力が付与されれば,法的主体となる〉とした.こうして各教会は,人とみなされた団体となった.キリスト教会は,これに persona ficta の語をあてた.法人擬制説の源流である(理論家としては,ボローニャで学んだシニバルド(Sinibaldo dei Fieschi. 後の教皇インノケンティウス4世 Innocentius IV, 在位 1243-54)が有名である).これがのちに,後期注釈学派のバルトールスらの法人擬制論(204頁)の基礎となった.キリスト教会はまた,キリスト教会を一つの有機体とし,個々の信者を超えた全体であるとし,キリストがその頭にあたるとする団体論をも展開した(石本雅男『法人格の理論と歴史』,日本評論社,1945,169頁以下).有機体説の源流である.

 (c)の遺言処分制度は,ローマ法にはあったがゲルマン法では原則的にはなかった.その自由化は,個々人の意志を重視するキリスト教会の姿勢から出てくるものであった(遺言処分は,教会への寄進を増やす上で好都合でもあった.このため教会へ寄進するための遺言は,すでに 321 年から認められていた).(d)の契約解除の法理とは,「信義を破る者は,他人が信義を破ることを非難できない」という思想を適用して,相手が対価を払わない場合などに契約を解除することを認めるものであった.(e)の裁判・刑事罰の整備・合理的な法運用については,前述した(本書 124-126 頁参照).

 中世のキリスト教会は,以上の他にも,教皇の絶対君主化,中央集権的な組織・諸制度の整備,制定法・司法の整備,信徒の生活と精神との合理化・「紀律化」などをも進めた.これらは,後の「絶対主義」を先取りするものであった(ヴェーバー『宗教社会学』(武藤一雄他訳,創文社,1976) 230 頁参照).

(3) 宮廷文化・騎士道と女性

「洗練化」と女性　12世紀頃からは,イタリアを最先端地として,富を蓄え地位を相対的に安定させた上部の階層の間で,豪壮な建物を建てその内部を豪華に飾り,美しく着飾り,儀式を華美・荘重にするなど,生活文化の質を上げようとする傾向が強まった.これにともなってマナーが上品化され,美的感覚が磨かれ,交際のあり方が洗練されていった[165].「あらゆ

る人間関係が様式化され」,「入念をきわめて,人間関係のすべてにかかわる美学が仕上げられていった[166]」のである.本来はバンカラの戦士であったアルプス以北の騎士たちも,しだいにそうした宮廷に取り込まれていく.

そのさい,洗練性は女性の得意とするところであったので,女性性が文化を規定しだした.すなわち,女性たちの洗練度——美しさ・気品・マナー・ある程度の教養と趣味——が,夫ないし父親のステータス・シンボルとなり,騎士たちのあこがれとなった.女性たちは,刺繍や織物といった手芸の他に,乗馬,劇や音楽,詩の朗読の鑑賞,歌やダンス,祝祭・宴会への参加といったかたちで,社交界でも重要な意味をもつようになった.こうして女性が一つの中心となる宮廷社会が,しだいに形成されていった[167].

「洗練化」
一般論

私見であるが,以上のような現象は,次のような一般的現象の一表出である.

ある社会が成熟し,上層の人々ないしその一部が労働や戦闘に専念することから解放されるようになると,かれらの間では,第一の特徴として,性別役割分担が顕著になる.女性は,社会の第一線での活動から身を引き家庭に入る.社会で活躍するのは男性だけになり,社会的活動においては男性が優位する.こうして「男性性」と「女性性」とが峻別される.しかし他方,生活の充実,とくに衣食住の充実は,人々(上層の)が美しいものへの感覚をとぎすまし,マナーに配慮し,文化・教養の高度化にエネルギーを注ぐようになることをもたらす.これが,豊かな社会の第二の特徴とし

---

165) それまでの多くの中世人は,会食のさい,テーブル上の大皿から骨付き肉を手でつかみとり,大鍋からスープをさじで直接飲み,大盃でワインをまわし飲みしていた.排泄・つばき・露出などで人目を気にしなかった.今日のような個室はなく,大勢の男女が一室に寝た.風呂はなく灯火や暖房・採光・換気も不十分なままに長い冬に耐えた(アーロン=グレーヴィチ『中世文化のカテゴリー』(Aron I. Gurevich, 川端香男里・栗原成郎訳, 岩波書店, 1999) 450 頁参照; Marc Bloch, *La société féodale*, 1940 頃, chap. v).中世人は,病気・栄養失調・早死につきまとわれ外敵の攻撃にさらされていたものの,男女ともにたくましかったのである.(文明化が人間を自然から切り離し虚弱化した)とのルソーらの指摘(次頁)は,あたっている.

166) ホイジンガ(前掲注 98)『中世の秋』143 頁以下.この洗練性志向がやがて形式へのこだわりを生み,このことが,新しいものを生む姿勢=創造力の枯渇をもたらし,このことも作用して,中世は「秋」に入っていく.

167) フランスで有名だったのは,アリエノール(Aliénor d'Aquitaine, 1122-1204)が主宰した,ポワティエ Poitiers の館での宮廷社会である.彼女は,ポワティエ伯ギヨーム 9 世(Guillaume IX, 1071-1126;色男で最初の有名な吟遊詩人)の孫娘であり,フランス王ルイ 7 世(Louis VII, 1120-80)と結婚したが,姦通し離婚され,のちにイングランド王ヘンリー 2 世となる,ノルマンジー公・アンジュー伯アンリと再婚した.彼女とルイの娘,シャンパーニュ伯夫人マリ(Marie, Comtesse de Champagne)の宮廷社会も,華やかだった.

ての,「洗練化」である.

「洗練化」が追求されるようになったところでは,洗練性の点で,①上層の人々が下層民に比べてすぐれているので,かれらの階層的閉鎖性が確立するとともに,②女性が男性に比べて格段にすぐれているので,女性の社会的評価,地位が向上する.女性は,非軍事的・非政治的・非経済的とされるがゆえにこそ,軍事や経済活動から解放された社会では,その評価を高める面をもつ[168].

「洗練化」現象の中軸となるのは,第一にはこの〈女らしい女性〉である.しかしここでは,同時に子供たちも召使いも,そして最後には当の男性自身も,上品さを尊ぶ文化に取り込まれ,やがては,服装もマナーも趣味もそして思考も,女性モデルで仕上げられていく.これが,上層文化にしばしば生じる「女性化」feminization である.のちにルソーが『学問芸術論』(1750) で,ニーチェ (Friedrich Wilhelm Nietzsche, 1844-1900) が『悲劇の誕生』(1872) で,すなわちともにそのデビュー作で批判した〈文明化による人間の柔弱化,野生性=男性性の喪失,虚飾〉の現象は,この点にかかわっている.

騎士道文化　宮廷は,騎士の行動様式が洗練されたものになる現象と結びついて,騎士道文化の中心的な舞台となった.すなわち,上層の騎士は,この時代以降,血なまぐさい殺傷・破壊行為をくりかえす兵士であるだけの存在ではなくなり,それとは正反対の,美的趣味・洗練されたマナーを身につけ,またキリスト教の良き信徒としての敬虔さをももった,「騎士道」をわきまえた騎士であることを,タテマエとして求められた.

遍歴の騎士たち(未婚の青年)は,王女や王妃(若妻・未亡人の)といった高貴な女性を恋愛の対象にし,彼女たちに対する奉仕というかたちで冒険・戦闘・馬上槍試合や歌合戦などの競技に向かった.同様に,吟遊詩人 troubadour(貴族・騎士層出身者が主要であった)を迎えた集いや,ドイツで見られたミンネジンガー Minnesinger たちの歌合戦(これについては,ワーグナーの歌劇『タンホイザー』*Tannhäuser* (1845) を想起されたい)も,宮廷において,高い地位の女

---

168) ノルベルト＝エリアス (Norbelt Elias, 1897-1990) は,このことを 12 世紀以降の文化について,「男性が腕力の行使を断念することを強いられている場所では,どこでも女性の社会的重みが増大した」と述べている(『文明化の過程』下,1969. 波田節夫他訳,法政大学出版局,1978, 125 頁).本書における「洗練化」は,内容にエリアスの Zivilisation に近い.「文明化」の訳語は,都市化や科学技術の導入,国家の確立などを連想させるので,本書ではこの文脈では使わない.「洗練化」の現象は,ヨリ広い視野においては,ホイジンガの「遊び」——実利生活から自由になって特定の非実用的行為を自己目的的に追求し洗練されたものにする——にも関係する.ホイジンガ『ホモ・ルーデンス』(高橋英夫訳,中公文庫,1973, とくに第 11 章参照).

性を中心に展開された．歌は，愛の賛歌が多かった（夫である王たちが妻の恋愛を容認していたのは，そういうかたちで自分を誇示するため，および軍事上，騎士を集める必要があったからだった．危険な色仕掛けの統治である）．

「愛」の目覚め　　こうして12世紀は，婚前・婚外の男女間における新しい「愛」をも生み出した[169]．12世紀初めに南フランス——トゥールーズ伯やポワトー伯の宮廷が有名な舞台であった——で盛んになった吟遊詩人たちの活動は，〈秘められた愛〉・〈女性への繊細な心づかい・献身〉の主題によって性愛を，「愛」（エロティシズムがまったく消えていたわけではないが，かなりの程度の精神化・理想化されていた性愛）へ昇華させた[170]．この「愛」の華が12世紀後半以降，ヨーロッパ各地に咲き乱れ，騎士道における〈高貴な女性への奉仕〉において実を結んでいった[171]．

「愛」の文化を高度化させた力としては，上記の「洗練化」による女性の社会的地位の向上の他に，①キリスト教が男女の愛を結婚のサクラメントとして神聖化したこと，②〈神への献身〉の観念が強まり「献身」の価値が重視されたこと，③南フランスに盛んであった異端宗教がその霊肉分離主義によって霊的感情を高めたこと，④同地にスペインからイスラムの恋愛文学が入ったことなどが挙げられる．それはまた，⑤名誉心をもった者の「距離化の感情」（＝物質的利益崇拝や自己中心主義を軽蔑し，ある理念や目的に献身する態度．本書131-132頁参照）が，恋愛の面に表出したものとも言える．

「愛」の東西比較　　〈女性への奉仕〉は，その後も西洋の一つのタテマエ文化の型を規定し続け，後述のように，19世紀の「洗練化」現象であるヴィクトリアニズムの中で再燃することによって，今日にその名残を伝えている．

この点は，日本の「武士道」との大きなちがいの一つである．江戸時代，さらには中世以降の武士の行動様式は，恋愛のタブー化・女性蔑視・野蛮な男性性誇示の上に成り立っている（現代においても，恋愛や夫婦愛は，日本軍ではタブー化された．これに対し西洋の軍隊ではそういうことはなかった）．日本においても性愛・恋愛自体は，『万葉集』以降（とくに平安時代）には重要なテーマであった．江戸時代後期には「女性化」現象が出たし（大奥・吉原・浮世絵など），裕福な浪速商家の「洗練化」は近松物に見られる恋愛讃美を現出した．しかし，愛の精神化・理想化は見られなかった（この状態は，ヨーロッパでも古代には同じであった[172]）．

---

169)　堀米庸三編（前掲注128）『西欧精神の探求』181頁以下．
170)　このような「愛」が，実際にどこまで精神的なものであったかは，疑問である．たとえば，馬上槍試合では騎士たちは，「恋人」のハンカチや下着を身につけて試合に臨んだ．試合の後，不倫関係に発展するケースも多かった．エロティシズムがこのように横行したため，キリスト教会は槍試合の禁止を主張した（事故が多かったことも，禁止の理由の一つであったが）．
171)　ホイジンガ（前掲注98）『中世の秋』第8章参照．

何がこのちがいを生んだかは，興味あるところである．ヨーロッパ中世とは異なり日本の中世では，①武士が宮廷貴族とは異質の世界から形成されたため，宮廷を舞台にした平安朝貴族文化の「洗練化」や恋愛モティーフの伝統が，武士から切り離されたこと，②武家社会で「洗練化」が弱かったこと，③仏教では，一部の密教を除いて，肉体蔑視が強く，肉体的なものを精神化・聖化することが，キリスト教（修道院関係は別として）に比べて弱かったことが，この点で問題になるのかもしれない．

5-4 キリスト教の運動と思想

5-4-1 修道院運動

修道院運動は，①「紀律化」の運動の一つの先駆的な場としても，②労働を評価する動きの源流としても，また，③組織が反対物に変質していく構造（＝清貧・勤勉・小集団性を原則とした組織が，その原則が賛同者を得たり生産性を高めたりすることによって，富んだ巨大な組織になり変質すること）を見る上でも，思想史上の重要テーマの一つである．ここでは，これらの点をめぐってとりわけ興味深い，シトー会とフランチェスコ会とに焦点を当てつつ，この運動を概観する．

アウグスティヌス　修道院運動の展開史上で重要な人物の一人は，アウグスティヌスである．かれは，イタリア滞在中に修道者たちの生活を見聞し，その経験を基にして400年頃に「修道士の労働について」を書いた．かれはここで，〈単なる苦行・禁欲に終始するのではなく，適切な紀律によって欲望を合理的にコントロールし，労働によって生活基盤を確保し，そうした基盤上で信仰を深めていく修道院〉のモデルを出した[173]．

ベネディクトゥス　この基盤上で修道院生活を組織し運動として定着させたのは，ベネディクトゥスである．かれは，529年頃イタリアのモンテ゠カッシノ Monte Cassino に修道院を開き，ベネディクトゥス会則

---

172)「〔中世人とは異なり〕古典古代人は，女性に対する繊細な心づかいの何たるかを知らなかった．」（ダヴァンソン『トゥルバドゥール——幻想の愛』（Henri Davenson, 新倉俊一訳，筑摩書房，1972，237頁）．とはいえ，中世に高度化した「愛」の作法ないし女性の神聖化も，騎士道そのものと同様，文化の表層のものであった．それが，生活の現実における女性を隷属させ財産としてあつかうことと，相互に別の世界の事象同士として共存しあっていたのも，中世社会ないしヨーロッパ文化の特徴である．

173) 以下，今野国雄『修道院』（岩波新書，1981）参照．

Regula Benedicti を定めた．この会則は，その後のヨーロッパ修道院運動の聖典となった．この会則では，世俗世界から絶縁し[174]，合理的に編成された共同生活に根ざしながら修練していく立場が顕著である．

すなわちかれの修道院では，祈りや読書とともに労働（写本や工房作業）が重視され，質素ではあるが健康保持にかなった衣食住が保障される（修道服は黒色，食事は共同食，寝るのはともに大部屋で）．1日を午前・午後それぞれ12時間に分け，冬は午前2時起床・夏は1時起床などをはじめとして，それぞれの時刻におこなう聖務が厳密に定められている．沈黙が重視され，軽々しい笑いは禁じられ[175]，私物を所有することは許されず，手紙については検閲を受ける．修道院長や副院長などに対する絶対服従，先輩に対する敬意や病者に対する手厚い相互看護，新規入会の手続きなども定められている．こうした規則を厳格に実行するために，修道院長を頂点とした指導体制が整備されており，ルール違反者に対しては体罰をふくむ制裁が加えられる（指導部は，厳正であるとともに人間味をもたなければならない）．

かれの修道院運動には，共同生活の合理的設計とその厳格な運用，そうした生活パターンを習慣化することをつうじて「型」を身につけ健全な精神の支えとするというやり方，すなわち後述する「紀律化」の運動原理——後述のようにすでにローマ軍において発達していた——が実践されているのである．

西洋の合理性 〈人間離れした一面的苦行・禁欲を組織原理にして孤立化し少数者となっていくこと〉を排し，人間の自然にかなった生活・人間らしさを大切にした合理的な生活によりつつ目標を追求し組織を成長させていこうとすること——中庸・中道の生き方——は，後述するように，西洋のキリスト教生活——アウグスティヌス・ベネディクトゥス・アクィナスから，ルターやカルヴァンらのプロテスタントにいたるまでの——の基本姿勢であった．ここでは，肉体を悪と見るのではなく，

---

174) 修道院に入ることは，権利能力を放棄することを意味したので，死亡，アハト刑を受けることと，ハンセン病にかかることと並ぶ，相続開始原因の一つであった．ミッタイス（前掲注111）『ドイツ私法概説』313頁．

175) 『ベネディクトゥス会則』第7章55-60節．「修道士は，軽々しく笑ってはならない．「馬鹿者たちはどっと笑った」と書かれているではないか」（第59節）．修道院での「笑いの制限」については，ウンベルト＝エーコ Umberto Eco の小説『薔薇の名前』（河島英昭訳，東京創元社，1990）を参照．ただし，沈黙の奨励や「笑いの制限」は，修道院の修行の場としての雰囲気を守るための——「紀律化」のための——ものであって，本来のキリスト教がそういうことを排除していたのではない．宮田光雄『キリスト教と笑い』（岩波新書，1992）参照．

精神と肉体の協働性が重視されたからである(この中道的正統性は,〈そういうバランス化を拒否する,非中道的な多くの異端〉を排撃するものでもあったが).本書で示すように,この姿勢は,その後の西洋史においても,社会生活・国家生活上の基本傾向として現れる.現代においても,〈一面的な滅私奉公的献身を求めたり,一面的な「もうけ主義」に走ったりすること〉を避け,人間らしさを保障しつつ成果をも挙げようとする態度がある.すなわち〈利益とともに連帯〉,〈市場原理とともに社会保障〉,〈経済活動とともに環境や歴史的遺産の保護〉に配慮する姿勢,勤勉を尊重しつつも「働き過ぎ」を排し勤労者が生活を楽しみ文化的に向上することに配慮する姿勢,が特徴的である.

　このような姿勢は,東洋・日本にもあった.たとえば曹洞宗や臨済宗の禅道場は,この点でも,ベネディクトゥス会修道院に似る.後述する(260-262頁)孫子の兵法等の軍事学も,組織の合理的でかつ人間的な運営を重視した.しかし東洋では,ときにバランスを失した激しい苦行,非合理な精神主義,非人間的組織運営(強力な集団主義)が見られ,そうした組織は,短命で自滅する.ここには,肉体を悪と,「個」を「全体」にとっての道具と,見る伝統が強いからである.

(1)　シトー会

　シトー会 Citeaux (Cistericum, Cistercian Order) は,ベネディクトゥス会修道院の一つとして,1098年にロベール(Robertus, 1000頃-1067)らが,フランスのシトーに修道院を開設したことに始まる.シトー会は,〈ベネディクトゥス会を改革し発展させたクリュニー派が,その初心を忘れて富に溺れ権力に酔い,権威主義的になったこと〉を批判し,ベネディクトゥス会則を厳格に実践しようとした.すなわちシトー会は,「労働と祈り」を原点にした質素で勤勉・敬虔な修道院生活——シトー会は白衣を着用し教会堂内も清楚に仕上げた——によって信仰心の輝きを取り戻そうとした.

　シトー会は,キリスト教の原点である,自己労働と清らかな生活とによって深い信仰に生きることをめざした.クリュニー派は荘園をもち大領主として農民を搾取したが,シトー会はそうした権力的な修道院経営を拒否した.そして未開の地を選んで修道院を建築し,修道士も農・工業の労働に従事した.未開地に入植するのは,非合理な苦行で身をさいなめるためではなく,効果的な投資判断をふまえての合理的選択によるものであった(シトー会は,新修道院の候補地が生産活動に適しているかどうかを事前に慎重に調査した).入植後は,勤勉と創意工夫——開墾・灌漑・技術改良・品種改良・合理的運営——によってその

土地を豊かな地に変えた（かれらは，水車を利用した，製粉・皮なめし・製鉄・鉄工業などの工場の建設，魚の養殖，作物の品種改良などにもすぐれ，「中世の産業革命」をリードした．水洗トイレなど衛生管理もすぐれていた）．シトー会はこうして，自分たちの修道院生活の基盤を確保し，次の修道院建設の準備をもした[176]．

シトー会の敬虔で合理的な生き方は，人々の賛同を得た．シトー会に属していることは，貴族にとって信仰心・品格の証明となった．領主たちはまた，シトー会が開発した農工業技術を熱心に導入しようとした．こうして12世紀にシトー会は，ヨーロッパにあった2000の修道院の内の1200を傘下に入れ，1145年（＝開設後わずか50年目）にはシトー会の修道士の一人を教皇に就任させるまでになった（エウゲニウス3世（Eugenius III，在位1145-1153））．

しかしシトー会は，12世紀の終わりには急速にその力を弱めだし，やがて13世紀に起こってきた新しい修道院運動である「使徒的生活」vita apostolicaの運動（後述）――シトー会に比べてはるかに庶民的で，都市文化的で，シトー会とは対極の〈その出発点においては合理的経営の精神や組織をもたない，いちじるしく精神主義に傾斜した〉運動――に，教会刷新運動の担い手の座を完全に譲り渡す．この激変は，ロマネスクからゴシックへの激変と相まって，12・13世紀の精神的緊張・正しい信仰を求めるすさまじいエネルギーの高揚を彷彿させる．

(2) フランチェスコ会

(i) 背景　先に述べたように，13世紀になると，庶民が都市や農村の政治・宗教・文化活動に積極的にかかわるようになってくる．宗教活動は，シトー会にいたるそれまでの修道院に見られたような〈貴族などのエリートが，隔離された場でおこなうもの〉ではなくなった．礼拝は，庶民の生活の場である都市の中央広場に建つ教会堂――多くは庶民によって建てられた――でおこなわれ[177]，また，多数の庶民が祝祭や巡礼に参加した．狭い地域を越えた交易

[176) ギャンベル Jean Gimpell『中世の産業革命』（坂本賢三訳，岩波書店，1978）．ただし，2点においてシトー会は，ベネディクトゥスの会則から大きく離れた．第一に，修道士を二つに分け，一方は祈禱と軽い労働をし，他方（助修士）は重い労働に専念するようにした（もともと修道院には修道士の他に，労働に携わる雇用労働者，召使いがいたが）．第二に，中央集権体制によって各地の修道院を同一基準で整えようとした．William Cook & Ronald Herzman, *The Mediaeval World View*, 1983, pp. 194-195；今野（前掲注132）『西欧中世の社会と教会』324頁以下．

活動が人々の意識を活発にし，都市や農村のコンミューン運動は既成秩序や権威に対する人々の批判的姿勢を強めた．自治体の成長が，宗教の質・文化の質を激変させだしたのである．

この変化を体現し，その波に乗って成長したのが，フランチェスコ会である．フランチェスコ会によって，キリスト教は，都市の広範な市民の心をとらえ，また修道会運動も都市を拠点にし市民と結びついたものに変わった．

都市の発達は，裕福な市民層（大地主や大商人から成る）を生み出すとともに，その対極に貧困層をも拡大させた．今日でもそうだが，富者と貧者とのはなはだしい格差，両者におけるそれぞれの道徳的退廃（富者の奢侈・不品行・貪欲，貧者の無気力・無紀律・犯罪）は，農村においてよりも都市において，人々の目にとまりやすい．それだけに都市の発達は，多くの人々が深刻な問題意識（＝終末意識・救済願望・奇跡や聖者の崇拝・厭世的行為など）をもって行動しだす条件となったし，それにもとづく大衆運動に基盤を提供しもした．

12世紀以来，一部の聖職者の間に，キリストとその使徒たちとが生きたように，あらゆる財物・社会関係を捨てた隠者的生活の中で信仰に生きることによって終末に備えようとする，「使徒的生活」の運動が広がっていた．この運動が市民化し，人々は隣人愛と清貧とに支えられたキリスト教の原点[178]に立ち返ろうと結束した．南フランスや北イタリアに広まったカタリ派やワルド派の運動は，それらの中でとくに大規模化した初期の運動であった．

カタリ派 カタリ派 cathares（＝清らかな人々）は，バルカン半島から入って来た宗教運動で，善悪二神論・霊肉分離主義に立ち，霊魂は肉的な悪神から解放されることによって救いに与るとし，肉食・性交・結婚・私的所有などを拒否し，断食などの苦行を実行した（善い神と悪い神・悪魔とが拮

---

177) このゴシックの時代より前の時代には，礼拝儀式への一般人の参加は例外的にしか認められなかったし，聖餐への参加は認められなかった．ロマネスク教会がそうであるように，礼拝の場は，聖職者たちの専用部分（内陣）と一般人が利用する部分（身廊の西部）とに峻別されていた．

178) 『使徒言行録』第2章44-47節は，イエスの逝った直後の使徒たちについて，次のように伝えている．「信者たちは皆一つになって，すべての物を共有にし，財産や持ち物を売り，おのおのの必要に応じて，皆がそれを分け合った．そして，毎日ひたすら心を一つにして神殿に参り，家ごとに集まってパンを裂き，喜びと真心をもって一緒に食事をし，神を賛美していたので，民衆全体から好意を寄せられた．こうして，主は救われる人々を日々仲間に加え一つにされたのである．」

抗しており，霊魂は善い神に，肉体・現世は悪い神に結びつくとして禁欲を説くのは，B.C. 6世紀にさかのぼる古代イラン（ペルシア）のゾロアスター教などオリエント的宗教の特徴であるが，その傾向は，グノーシス主義やマニ教の他，ユダヤ教やキリスト教，仏教にも見られる）．カタリ派はまた，現世的な諸制度を否定し，とくに家族関係や政治支配，宗教権力などを拒否した．このため，教皇インノケンティウス3世は，1209年にこの集団に異端宣告をし，弾圧のための十字軍を提唱した．このアルビジョワ十字軍は，カタリ派の拠点，南西フランスのアルビ Albi やトゥールーズ Toulouse などを落としていった．カタリ派は，貴族たちを中心に執拗な抵抗をしたが，1244年，最後の根拠地である岩山モンセギュール Montségur の砦を落とされてほぼ壊滅した（ピレネー山中の村々等に隠れた残党の狩り出し・異端審問は，その後も続いた）．

ワルド派　ワルド派は，「使徒的生活」運動において，後述するフランチェスコ会と近似したキリスト教運動体であった．すなわちこの運動の提唱者である，リヨン Lyon の豪商ワルド（Peter Valdez, Waldo, ?-1218）は，回心後，家族財産を捨て街頭で人々にキリストとその使徒たちとの原点に返って清貧に生きることを説き——それゆえかれらは「リヨンの貧者たち」と呼ばれた——，広範な民衆の支持を得た．この派は当初，教皇アレキサンデル3世（Alexander III, 在位1159-81）に祝福された．しかしやがて，教皇庁を〈巨大な権力と化して腐敗度を強めている〉と批判するようになり，また幼児洗礼などに反対しだしたので，1184年に異端を宣告され弾圧を受けた（弾圧は，カタリ派に対するほどにはひどくなかったので，その一部は，アルプスの南山麓の村々で密かに自分たちの信仰をもち続け，のちに宗教改革が起こったとき，プロテスタントに合流した[179]．今でも2万人ほどの信者がいる）．

　(ii)　**フランチェスコとその会**　これらに対してフランチェスコ会は（ドミニコ会とともに），教皇によって公認され，巨大な組織となり，フランチェスコが死後に聖人に叙せられるなど，運命を異にした．

---

179)　「使徒的生活」運動は，教皇庁の腐敗を批判し清らかに生きようとする点ではプロテスタンティズムと共通する．しかし，その内のフランチェスコ会やドミニコ会は，キリストやその使徒の生活を実践しようとして修道院運動の原点に向かった点で中世的である．これに対しプロテスタンティズムは，個人の内面の自覚・信仰心の切実さを強調し，修道院などの諸制度をも否定することになる．ワルド派は，弾圧されなかったとしたら，このどちらに向かっていたことだろうか．

フランチェスコ　この派の創立者であるフランチェスコは，アッシジ Assisi の裕福な商人の家庭に生まれたが，回心後の 1206 年に，すべてを捨て純粋に信仰に生きる生き方を始めた．すなわちかれは，父親の家を出，病者の救済，廃墟化していた礼拝所の再建，貧しいが清らかで喜びに充たされた共同の信仰生活，を実行した．それはイエスが，「行って持っている物を売り払い，貧しい人々に施しなさい．そうすれば，天に富を積むことになる．それから，わたしに従いなさい」（「マルコによる福音書」第 10 章 21 節．「ルカによる福音書」第 18 章 22 節も）と述べ，また，「帯の中に金貨も銀貨も銅貨も入れて行ってはならない．旅には袋も二枚の下着も，履物も杖も持って行ってはならない．働く者が食べ物を受けるのは当然である」（「マタイによる福音書」第 10 章 9-10 節）と述べているところにすなおに従った行為であった[180]．

会の成長　かれのこの，イエスが生きたように生きること Imitatio Christi の提唱は，多くの人々の心をとらえ，急速に男女の仲間が増えた．その集団は，自分たちを「小さな兄弟たちの修道会」Ordo fratres minores と呼んだ．かれらは，特別な教会制度も，出家と在家の差別も男女の区別立ても排し，財産も定職も学問もなく，灰色の質素な僧服を着て町から町へと歩いて伝道し，托鉢によって集めたわずかな布施と日雇い労働に従事して得た収入とによって生活した．かれらは，深い信仰心と友愛とに満たされた喜びと，神の創造物としての自然の讃美とによって輝いていた．ワルド派とは異なり，既成の教会権力に反抗することはなかった．無理解な人々から迫害を受けても，抵抗しなかった．

フランチェスコは，1209 年にその集団の会則を教皇インノケンティウス 3 世に提出し公認された（教皇庁は，カタリ派など過激派を弾圧してきたが，異端的な人々をキリスト教会に取り戻し毒抜きする方策をも探っていた．そこで，反抗しないフ

---

[180] イエスはこの他にも，所有を放棄し信仰だけに生きる清貧さを説いている．「だから，言っておく．自分の命のことで何を食べようか何を飲もうかと，また自分の体のことで何を着ようかと思い悩むな．命は食べ物よりも大切であり，体は衣服よりも大切ではないか．空の鳥をよく見なさい．種も蒔かず，刈り入れもせず，倉に納めもしない．だが，あなたがたの天の父は鳥を養ってくださる．あなたがたは，鳥よりも価値あるものではないか」（「マタイによる福音書」第 6 章 25-26 節），「イエスは言われた．「もし完全になりたいのなら，行って持ち物を売り払い，貧しい人々に施しなさい．そうすれば，天に富を積むことになる．それから，わたしに従いなさい」．」（同第 19 章 21 節）．後述のように（本書 190-191 頁参照），これらがのちに，フランチェスコ会の人々（たとえばオッカム）が教皇庁に楯突いて，〈所有は自然法にもとづく〉とすることに反対する立場をとったさいの論拠ともなった．

ランチェスコ派を，民衆の新しい宗教感覚・宗教的エネルギーを吸収する組織として利用しようとした).その会則は，ベネディクトゥスの会則を基底にしたものであったが，それに比べてシンプルであった．権威的なヒエラルヒー組織も，「紀律化」のための規則・体罰も，確実な財政基盤ももたず，兄弟たちの自発的な服従と相互の友愛，最低限必要な生計の確保を原則にしたルールに頼った．それはこの点でも，宗教組織のもう一つのあり方，イエスが歩んだ道そのものを歩もうとするものであった．

機構化と反機構　キリスト教史・修道院運動史は，集団運動・組織のあり方について，対照的な二つの方向を打ち出した．一つは，先にベネディクトゥスやシトー会について見たように，財政基盤を確保し，指揮・監督・管理・執行のための機関や階序構造を整備し，ルールを細かく定め，罰則によってそれを担保する体制を確立して大組織を建築していく〈機構化〉の方向である．もう一つは，イエス自身やフランチェスコについて見たように，清らかな心，相互の愛による共同性を大切にし，大組織をその立場から拒否する〈反機構〉の方向である．この二つの伝統の対抗が，その後の西洋社会において，不断にくりかえされることになる．そのさい重要なのは，〈機構化した大組織は，それを拒否する〈反組織〉の運動を生み出す．しかし〈機構化〉を拒否する運動が支持を集めだすと，今度は，その拡大した〈反組織〉の組織自体が〈機構化〉していく〉という，歴史の皮肉が避けられない点である．

会の変質　感銘を受け運動に加わる人々が急速に増大し，フランチェスコ会はまもなく巨大化した．寄進も増え，集団の財産管理も必要になった．一部の弟子たちによって組織の整備・機構化が進行した．フランチェスコ自身は，創立者として権威化されることも，人々を厳格な規律と大組織とによって統制することも好まなかったので，会の動向に危機を感じとり抵抗した．だが，創立者（ヴェーバーの言葉で言えば，カリスマ）のこの意志は，巨大化した組織の運営担当者たち（ヴェーバーの言葉で言えば，官僚）には，もはや聞き入れられなかった．そこでフランチェスコは，1220年に，自分がつくった会を棄て，少数の仲間だけでの共同生活に戻った．

かれの去ったのち，フランチェスコ会は組織強化・経営上の合理的編成を強めた．フランチェスコの死が近づくと，フランチェスコ会は，かれの死体が聖遺骸として価値あるものになることを算定済みだったので，それを確保するため兵を手配した（中世人は，観念的なものを観念的には理解できなかったので，それ

をかたちをもったものによって感じ取ろうとした．遺骨や遺物，絵画や彫刻，建築物，儀式などへのこだわりは，ここから来る）．1226 年，フランチェスコが少数の仲間にみとられて貧困のうちに死ぬと，フランチェスコ会はフランチェスコの死体を，アッシジの本部会堂に運び込み（1228），要塞化して保存した．案の定，フランチェスコはすでに死後 2 年目には聖人に叙せられ，アッシジは最大の巡礼地の一つになっていった．

1200 年代の終わりには，会員数が 3 万人にもなったフランチェスコ会は，富裕化し[181]，また権威主義をさらに強めた．フランチェスコ会は——教皇庁の強力な介入もあって——①フランチェスコの原点に戻ろうとした人々（精神派という）を異端として弾圧し，②会の原点がどういうものだったかを証言する，フランチェスコの遺書の効力を否定し，かれの伝記のうち前半部分の記録を抹消し，③また現実政治に介入し，④効果的な宣教を促進するために学問を重視した．これらの行動傾向は，他の修道院運動のそれと大差のないものではあったが，フランチェスコの原点を大きく逸脱したものであった．

なかでも学問化・理論化がそうである．これもフランチェスコが拒否したところであったが，フランチェスコ会は，〈労働や祈りよりも，異端論破のために理論的強化・学問を重視した〉ドミニコ会の後を追って教義構築を重視するようになり，やがてその会員の中からボナヴェントゥラ（Bonaventura, 1221 頃-74），スコトゥス（Duns Scotus, 1266-1308）やオッカム（William of Occam（Ockham），1285 頃-1349，または 1288 頃-1347）らのすぐれた学者を輩出するようにさえなった（ボナヴェントゥラらのフランチェスコ会員は，アウグスティヌスに依拠してドグマ化を強めた．そして，シジェ＝ド＝ブラバン（Siger de Brabant, 1235 頃-81．かれはアヴェロエス（Averroes, 1126-98）の影響を受けていた）やアクィナス（ドミニコ会）ら，アリストテレスに依拠した新しい神学を提起しはじめた人々を攻撃し，研究・教育活動を妨害した[182]．しかしこの，迫害を受けたアクィナスの神学も，やがて正統派となって，他説を妨害する運動に使われだす）．

---

[181] 後述のように（190 頁）フランチェスコ会は，修道士やフランチェスコ会が財物を所有することを否定し，〈それらの所有権は寄進者自身，または受託者である教皇に属す〉とした．しかし会は，財物を使うこと（消費すること）までは否定しなかった．会はこうして，清貧の生活を実践しているという自己満足と豊かな財力（慈善用も含め）とをともに享受しえた．

[182] ステーンベルヘン Fernand van Steenberghen『13 世紀革命』（青木靖三訳，みすず書房，1968）．

〈権力も権威も富も巨大組織も拒否して貧しく美しく生きよう〉とする運動が成功すればするほど，人々の賛同・支持を集めることによって，集団は強大化する．強大になった集団は，組織内統制を強化し官僚主義を強める．また，寄付が増大するので富裕化して，清貧に生きる心を失い，権力と結びついたり権威主義を強めたりする．そのけっか組織は，原点から離れる（これを反省し，元どおり貧しく美しく生きようとする運動が内部に発生するが，たいていは異端として排除される）．これが，歴史上に何度も出現する〈美しさの逆説〉である．「初心忘るべからず」とは言うが，「初心」が立派であればあるほど，「忘る」方向への得体の知れない力がヨリ強く働きだすものなのである．

5-4-2 キリスト教の法思想

(1) アウグスティヌス

自由な意志　　アウグスティヌスは，最初の有名なキリスト教神学者で法思想家でもあった．法思想史上でとくに重要なのは，かれが〈自由な意志〉の発見者であったことである．それは，かれがユダヤ＝キリスト教における「無からの創造」creatio ex nihilo を思想的に深めたことによっている．「無からの創造」とは，旧約聖書の創世記の冒頭にある，「地は混沌であって，闇が深淵の面にあり，神の霊が水の面を動いていた．神は言われた．「光あれ．」こうして，光があった」という記述にかかわる．この記述によれば，ゼロの地点において，神の命令＝意志が最初のものとしてあり，それがまず光をつくった．そしてそのあと神は，その意志によって次々とものを生み出していく．こうして神の意志が，すべてのものの存在と活動に決定的となるのである．この点をアウグスティヌス自身，『神の国』で言っている．

> 「すべてのものは，他のなにものによりも神の意志に従うのであって，すべての意志は，神がそれを与えられないかぎり力をもたないのであるから，すべての意志も神の意志の支配を受けるのである」（第5巻9章．服部英次郎訳，岩波文庫版，1982-91，による）．

この思想の立場は，古代ギリシアのそれとは正反対のものである．なぜなら，ギリシアの立場は，前述のように「無から有は生じない」ex ouk ouk onton.(= ex nihilo nihil fit.)[183]という立場である．何かをつくるためには，それに先行して素材と法則とがなければならない．人はそれらによって，ものをつくる．古

代ギリシアでは神がものをつくり出す行為も，そういうものと理解されていた．神は，ここでは職人 demiurgos であった（この考え方は，現代の非キリスト教徒の日本人も，広くもっているだろう）．これに対してユダヤ＝キリスト教では，絶対的な神は，その意志によってすべてのもの——素材や法則も——をつくり出す．ここでは，意志が決定的である．

アウグスティヌスは，上述の前提に立って〈自由な意志〉の問題を深めた．かれはまず，〈神の自由な意志〉について論じる．…キリスト教の批判者は言う，〈神は，死ぬことも誤ることもできない．これは，神の全能に反するのではないか〉と．しかしこの議論は誤っている．全能とは，意志するところをおこなえることである．しかるに神は，死や悪を意志しないから，死ぬことや誤ることをしないだけである（『神の国』第5巻10章）．

人間の自由な意志　かれはこの関連で，〈人間の自由な意志〉をも問題にする．この点については，かれは初期の著作『自由な意志』De libero arbitrio[184]で，次のように論じている．人間は，「欲することなしには正しく生きえないゆえに<u>自由な意志をもたなければならない</u>」（『自由な意志』71頁）．ここには，〈各人が自分の良心にしたがい，その意志で信仰するべきだ〉というキリスト教の根本思想が表れている．

かれは同時に，ここで，その自己決定が内容において「正し」いものであることをも，人に求めている．「正し」いとは，「共通で不変の善」を追求するものであることである．ところが人間は，逆に「自分だけの善や価値の低い善などの個々の善に向か」うことがある（『自由な意志』138頁）．このとき人間は，悪を犯していることになる．アウグスティヌスにとって悪とは，マニ教が主張するようには，肉体をとらえた〈悪魔性〉が生み出すものではない．〈悪魔性〉などは存在しない．人間が自由な意志を，我意（自愛）に規定されて「共通で不変の善」から離れた方向に作用させるとき，かれは悪く行為するのである．

それでは人間はなぜ，我意に規定されるのか．それは，第一に，人間が神でないからである．人間は弱く，自分だけでは自分を越えることができない．人間が他の者に配慮できる善い存在になるためには，神の恩寵に頼る他ない（そ

---

183) これは，エピクロスの言葉である．山本・戸塚訳編（前掲注40）『後期ギリシア哲学者資料集』52頁．
184) 『自由な意志』（『アウグスティヌス著作集』第3巻，泉治典訳，教文館，1989）参照．

のためには教会が重要である).第二に,神の創造行為は,まだ完了していないからである(『神の国』第22巻24章・30章).神の創造行為は,いまでも進行中である.「ヨハネによる福音書」第5章17節には,「イエスはお答えになった.「わたしの父は今もなお働いておられる.だから,わたしも働くのだ」」とある.ということは,世界がなお未完成であることを意味している.したがって悪い行為が出ることもある,と[185].

〈自由な意志〉の世俗化　アウグスティヌスがとらえた人間の〈自由な意志〉は,その後の歴史において,世俗の社会論で重要な契機となる.

　前近代と近代を区別するメルクマル(相互を区別するための特徴)の中でも,もっとも有名なものは,サー=ヘンリー=メイン(Sir Henry Maine, 1822-88)の「身分から契約へ」のテーゼである.これはかれが『古代法』 Ancient Law (1861)で定式化したものであり,前近代社会は「身分」の原理が支配的であったのに対して,近代社会の特徴は「契約」の原理の浸透にある,とするものである.

　身分原理では,〈人が生まれついた地位や社会関係が,その人のあり方を決める〉ことになる.武士に生まれたら武士らしく生きるべし,女に生まれたら女らしく生きるべし,と.名家の長男に生まれたら,その名家を継ぐために,それにふさわしい嫁をもらう.その嫁は,基本的には親が準備する,と.このようにここでは,制度が人を規定する.

　これに対して契約原理では,〈すべての社会関係が私人間の自由な意志によって決まる〉ことになる.たとえ名家の長男であっても,「婚姻は両性の合意による」;すなわち決定的なのは,好き同士になった2人の愛,それに根ざした自由な意志であり,相手が名家にふさわしいかどうかは第二義的である,と.下層階級出身であろうと,能力とチャンスがあれば知事にも首相にもなれる(「能力」の中身はいろいろだが),と.ここでは,制度が人を規定するのではなく,人が自由な意志によって,制度を新しくつくっていく.

　〈個々人の自由な意志の合致が社会形成の原点である〉ということを明確にしたのは,

---

185) 速水(前掲注26)『古代・中世の哲学』222頁以下;山田晶『アウグスティヌス講話』(教文館,1994).アウグスティヌスに限らず,キリスト教は一般に,個々人の主体的判断・自己決定を重視する.しかしそれは,〈意志の内容が善いものであること〉を不可欠の前提とする.そして,〈個々人が善い意志をもつのは,結局は,教会の指導・神の恩寵による〉と考える.キリスト教において,〈主観〉と〈客観〉,〈意志〉と〈制度〉,〈自由〉と〈公序〉とは,こういうかたちで同時追求され続けた.これに対し,歴史が現代に近づくにつれ,〈主観〉が強調される風潮が強まっていく(注192).(しかしこの現代西洋でも,両項の同時追求が重視されている.)

後述するように，近世自然法思想の社会契約論であった．とりわけホッブズがその先駆であった．かれによれば，無秩序な自然状態にある個々人は，その不都合を避けるため，みんなで合意して法をつくり，さらには国家をつくる．このようにして，人間の諸社会制度・社会関係は，自由な人間がその合意によって形成する．この思想は，日本国憲法が，上述のように結婚について確認していることであるし，また，「そもそも国政は，国民の厳粛な信託による」というかたちで確認していることでもある．

それゆえ，自由な意志主体として人間をとらえたアウグスティヌスに，客観的には，近代の根本原理の源流が発している，と言える．①アウグスティヌスや，後述のオッカムが，まず〈神が自由な意志の持ち主であること〉を確認し，次いで，②近世「絶対主義」が，〈君主が自由な意志の主体であること〉を鮮明にし（＝〈法は君主の命令である〉という観念にそれが現れている），そして，③近世自然法論が，〈すべての市民が自由な意志の主体である〉ことを確認したのである．

意志の位置　アウグスティヌスによる意志の重視は，また人間論としても重要である．その理由は，次の点にある．

(a)　人間は，情報を集め（その働きは「記憶」に支えられている），それをデータ処理して整理する（この働きは「知性」に支えられている）．そのようにして整えられた情報を前提にしつつ，そこに決断を加えて（決断は「意志」の働きである），行動する．このように見れば，行動する主体としての人間にとって意志が決定的である（会社でも国家でも，同様である．そこでは，事務方が情報を集めデータ処理し，重役会議・閣僚会議がそれらを参考にしつつ，全体を総合的に判断して最終的な意志決定をして全員に命令する．重役会議・閣僚会議が重役会議・閣僚会議たりうるのは，情報の収集・分析をするからではなく，情報を総括し，なによりも意志決定をするからである）．

(b)　感覚も思惟も，魂の指向 intentiones animi（＝問題意識・関心）がなければ働かない．あることがらについて関心のない人間は，そのことがらに関して，感じ取ることも考えることもしない．しかるに，何に関心を寄せるかは，その人間の意欲＝意志による．意志こそ知の源泉である．

(c)　その後のキリスト教にとっても，意志は決定的である．宗教改革によって確立していったのは，〈各人が神と直接向かい合う．どう向かい合うか＝どう信仰するかは，本人がその意志で決めることだ．他人は，或るやり方を強制できても，心からそう信じることまでは強制できない．逆に，強制されると，人は信じているふりをするだけとなり，神に対する反感・瀆神を生む〉という見方であった．この認識が「寛容」の一原点である（これは，思想についても，また「国家を愛せよ」・「国歌を歌え」についても，妥当することだ）．

(2) トマス゠アクィナス

トマス゠アクィナスの神学は，中世盛期に事実上キリスト教の正統神学となった[186]．どうしてそうなったのか——この点は，法思想史上で重要なテーマである．以下，この点を中心にアクィナスを考察しよう．

正統の条件　上の問いに答えるためには，どういうものが正統となれるか，を知っていなければならない[187]．私見によれば，一般に或る教説・運動が正統になれるためには，次の二つの矛盾した要請に応えられるものでなくてはならない．

第一は，それが創始者の教えを守り原理にしていることである．正統とは第一義的には，創始者の教えにまっすぐつながっているという意味で「正しい」ことである（正統＝Orthodoxy における orthos とは，「まっすぐな」，「正しい」という意味である）．したがってこの意味での正統性（＝原理的正統性）は，ファンダメンタリズム（原理主義）の要素をもっている．この要素は，小さな集団の方が担いやすい．実際にも，創始者の教えを忠実に守っていると，集団は大きくなれない（この第一点は，下記の第二の意味での正統を批判して登場した異端のよりどころでもある．異端の方は，創始者の教え（の一面）を純粋なかたちで押し出す）．

第二は，それが多くの人々に受け容れられていることである．世の定評・「公認」を得ておれば，人々は「みんなが支持するから，定着しているから正しいのだ」と感じ取る．「正統」にはこの意味もある（＝大衆的正統性）．

これら二つは，常に矛盾するわけではないが，矛盾することもある．なぜ矛盾することがあるか．

(a) 創始者は，たいていは，社会から異端あつかいされながら自説を唱え，それゆえ小さな集団で出発し，その周囲の人々にクチコミで教えを説く．そのような教説は純粋であり，少数の選ばれた者しか実行できない厳格な内容のものが多く，また，小さな集団の中でしか実現可能でないものが多い（独身主義，財産私有の否定，無償の献身・愛による連帯・相互扶助・苦行などがそうである）．

(b) ところが，そうした運動が成果を挙げて大集団になることがある．す

---

[186] トマスの神学は，当初は異端視されたが，しだいに支持を広めていった．かれが1323年に聖人にされたことが，そのことを物語っている（ただし，かれの神学を正統神学と正式に宣言したのは，教皇レオ13世（Leo XIII，在位1878-1903）の1879年勅令である）．

[187] 正統と異端については，堀米庸三『正統と異端』（中公新書，1964）；丸山眞男「闇斎学と闇斎学派」（『日本思想体系』第31巻解説，岩波書店，1980）参照．

ると,その担い手(後継者)は,創始者に忠実であるという第一点を大切にしながらも,一般受けしやすいように,創始者の教説を緩和しなくてはならなくなる.否,そうしなければ先細りする.社会に定着した——あるいは定着させようとする——集団は,こうして上の第二点に移行していく(この(b)を追求すれば,組織は,上の(a)をかなり放棄するようになる.すると,そのことに反発して,正統集団を批判する者=異端が出てくる.この異端は,当初は自分たちの運動について(b)を気にかける必要がない.小さい集団で打って出るものだからである.しかし,この異端も,成功して大組織をもつようになれば,またこの(b)を重視する必要が出て来て,(a)をかなり放棄するようになる).

そして,この(b)への移行にさいしては,次の2点に心がけねばならない.

(b-1) 極論ないし一面的な議論ではなく,あらゆる側面に対応できそれを体系的に位置づけ,バランスよく議論していること.来世願望と現世利益,他力と自力,人間の,悲惨と偉大さ,罪深さと高潔さ,精神性と肉体性等々の間で,どちらかに偏ると,どちらの面をももって生きている現実の人間たちとの間に距離が生じる.そこで大衆的正統派は,これらの両立を大事にする.そのためには,総合的であることが必要であるとともに,折衷的であること(対立するものを相互に妥協させあうこと=中庸)が欠かせない(上述のように,この妥協を批判し原点に立ち返ろうとして異端が登場するのである.異端は,原点に忠実で,その論理の純粋さを求める余り,「白か黒か」・「正か邪か」と二項対立的に思考し,バランスを失い,それゆえにまた非現実的となり,「常識人」の支持を得られない.もっとも,人々が危機感をもつような異常時には,その激情・極論が魅力ともなる[188]).

(b-2) 現実離れしないこと,すなわち慣習・習俗・俗信・権力者などをふくむ既成秩序に妥協的であり,また原理を貫けない人々に対し寛大であること[189].

---

188) まっすぐな理論は,まっすぐであること自体に価値がありまた魅力がある.しかしそれは,まっすぐであるがゆえに,平時には採用されがたい.異常時には採用されることがあるが,採用され具体化しだすと,やがて問題を起こしだす.集団運営は,妥協を避けられず,まっすぐにはいかないからである.生きることは,曲がることなのだ.まっすぐな理論の価値は,その現実性にではなく,非現実的だから現実を批判できる,というところにある.

189) それでは,正統派は柔軟であるかというと,そうとも言えない.まず,正統派は,自分の防衛ないし自分が担う体制の防衛のため,異端の排撃をおこなう必要があるし,それをおこなう実力をもつ(宗教裁判・異端審問の権力をもつ).正統派は,異端を警戒して硬直化するし,排撃してしまえば批判性を失って硬直化する(異端は,この硬直性・権威主義に反発し,原理に立ち返って生き生きした躍動性を取り戻そうとするところからも発生する).

さてアクィナスの神学は，それまでのキリスト教説に見られた一面化を克服し，原理性と大衆性をバランス化できたため，教会当局によって，原理においても帰結においても「安全」と判断され，正統神学化していった．それは，かれの一方に偏らない性向，総合化の能力にもよるが，同時に，(i) かれが採用した弁証法的な方法，および (ii) かれが——先行するキリスト教の神学者に加えて——依拠したアリストテレスが，前述のように総合的でかつ現実的で中庸を重視したことにもよる．

(i) について　ここで弁証法的な方法とは，「sic-et-non の方法」のことである．これは，個々の問いをめぐって，ある見解とそれと対立する見解とを紹介し，その上で新しい概念や第三の見方を提示して両者を統合する，という方法である．「sic-et-non の方法」を最初に駆使したのは，アベラルドゥスであった（かれは，1122 年に "Sic et non" と題した本を出した）．かれは，真理を求め，これまでの正統学説を疑うことから出発する．そしてそのために，諸学説間に対立があることを鮮明にし，従来の見方ではうまくいかないことを納得させようとして，この方法を活用した[190]．アクィナスは，この手法を，〈相互に矛盾しあう聖書の命題や，教会生活上の諸問題についての対立する諸説〉に広く目を配りつつ，それらをしっかりした理論構成で統合できる新説を樹立するため，またそういう作業をつうじて初学者の思考訓練をするため，使った．

たとえば，『神学大全』Summa theologica（創文社からの全訳が完成しつつある）第 2 部 2 の問 95 では，「人定法は必要か否か」をめぐって，まず，不要論として，〈人間の本性は善であり理性であるから，法による強制は必要ではない〉という意見や，〈人間の行為は多様だから法によるような画一化にはなじまない〉，〈法で強制するよりも勧告による方が効果的だし，裁判官や賢者が個別に正義の判断をすればよい〉といった——今日でも出てきそうな——意見を紹介する．次に，必要論として，〈人間の欲望を法に

---

190)「sic-et-non の方法」はその後，スコラ学内に急速に浸透しただけでなく，後述する注釈学派や，教会法学でも活用された．注釈学派はこの手法によって，ローマ法の矛盾しあう法律・法文を統合した（202 頁）．グラティアヌスは，教会の法令集を統合することに成功した（かれは，1140 年頃に『グラティアヌス教令集』を書き上げたが，その正式名は，『矛盾教会法令調和集』 Concordia discordantium canonum であった）．

　ある見解にそれとは対立する見解を対置させて真理に高まろうとする立場は，すでにソクラテスが対話で使っていた．対置の思考は，カントやヘーゲルの弁証法へも，さらにはわれわれの「ソクラティック=メソッド」へもつながっていく．つまり「sic-et-non の方法」はたいていは，批判性をもった手堅い手法であり，「スコラ的」という語から連想されるような，空論と結びついたものではけっしてない（スコラ学自体，アクィナスたちまでは，生き生きしていた）．

よって規制する必要がある〉,〈無知な人間を法によって保護しなければならない〉,〈悪人を刑罰で威嚇しなければならない〉といった——これまた今日でも出てきそうな——意見を紹介する.そして最後に,アクィナス自身の折衷的な見解として,〈人間は本性的に善で理性的だとはいっても,例外の人間もいる.かれらを法によって制約しなければならない〉,また〈法で一般原則を定め,裁判官がそれを個別ケースに適用するのが効果的である〉と,説得的にまとめるのである.

同様に,第2部2の問90では,「法は共通善をめざしたものであるか否か」をめぐって,まず,〈法は支配者がその私的利益のために出す命令である〉という意見を紹介する.次に,〈法は全体の利益のためにある〉という対立する意見を紹介する.そして最後に,アクィナス自身の立場として,〈支配者の私益のための命令である法は,存在するには存在するが,本来の法ではない.本来の法は,共通善をめざしたものである——支配者がつくった法でも,共通善をめざしておれば,善い法だ〉と折衷する.これは人民主権と君主制との折衷でもある.

(ii) について　アクィナスのすごさは,「sic-et-non の方法」という,それぞれのケースに即して論点ごとに考える(=カズイスティックな)思考をとりながらも,その作業の中に哲学原理を一貫させ,全体として壮大な思想体系を描き出した点にある.そのさい,その哲学の主軸は,一言で言うと〈アウグスティヌスの神学とアリストテレスの哲学との統合〉にあった(これ自体も,sic-et-non 的思考である).

アウグスティヌスの神学は,神の国と地の国を峻別し,地の国の制度=現実の社会制度である,結婚・家族・財産私有・国家を,欲望に規定されたものとして,かなり消極的に位置づけた[191].この背景には,前述したプラトン(新プラトン)的な発想があった.このプラトンに対してアリストテレスは,現実の個々のものの中に,普遍が内在しているとし,それを発見し学問的に光り輝かせれば,認識はより高次の普遍(最終的には神)に達するとした.それゆえ現実の社会制度についても,アリストテレスは,それぞれの制度に〈制度の目

---

[191]　たとえばアウグスティヌスは,『神の国』において,〈結婚は,子を産み育てる点でも,夫婦の信義を深める点でも,サクラメントである点でも,神に祝福された制度である〉としながらも,「楽園において,〔アダムが〕罪を犯さなかったら,人間は恥ずべき欲情なくして子供を生むことができたであろう」と述べている(第14巻22-23章).『神の国』にはまた,人間は原罪によって「獣のようになり,獣と同じような仕方で子を産むのである」ともある(第22巻24章).かれは419-420年に書いたワレルス宛の手紙でも,結婚を,子を産むために必要だ——この点でアウグスティヌスは,かれに先行する教父たちより現実的であり,やはり正統派的である——が,肉欲に支配されやすい問題のある制度,つまり必要悪として位置づけている.

的〉として本質が内在しているとし，それを発見し，それにもとづいて社会生活の正しいあり方を方向づけられるとした（たとえば，家を建てる目的は，住むことにある．それが家の本質であり，家の建て方はこの観点から工夫できる，と）．

したがってアクィナスには，アリストテレスに依拠することが，アウグスティヌスを越える上で好都合であった．しかし他方で，アリストテレスは，キリスト教的な神や信仰生活の原理をもちろんもっていなかった．だからアクィナスには，アリストテレスとキリスト教を結びつける必要があった．アクィナスは，この作業をみごとに完遂したのである．

アクィナスの作業の背景には，当時のヨーロッパにアリストテレスの学が流入していたという事情があった．1085年にトレド Toledo がイスラム勢力の支配から解放され，また1071年にノルマン人がシチリアをイスラム勢力から奪い取った．このため，これらの地域から多くの古典と学者がやって来た（イタリアの貿易都市をつうじても，古典や学者がやってきた）．その一環として，12世紀後半以降，アリストテレスの学が入って来，パリ大学やオックスフォード Oxford 大学などで研究が進んだ．上述のようにアリストテレスに依拠した神学は，13世紀前半には反キリスト教的であると見なされ，また13世紀後半にはフランチェスコ会を中心とするアウグスティヌス主義者から厳しい攻撃を受けたが，14世紀に入ると，アクィナスが聖人化されたことからうかがわれるように，正統な神学となった．

アクィナスは，アリストテレスとキリスト教とを次のように巧みに結びつけた．

「目的」　…神が世界を創造した．世界は，それゆえ神によって主宰され，神を究極の目的（最高善）としている．神がつくった各事物は，それぞれがこの最高善をめざすかたちで世界の各部分を構成している．各事物には，本来の「目的」finis が内在しているのである．動物は，本能によってその目的にかなった生き方をする．これに対して人間は，理性によって自己自身の目的，それぞれの制度に内在するそれぞれの目的を認識し，それらに合致するよう意志し行為する（『神学大全』第2部1の問1の2節・8節，第2部1の問82の1節）．先にアウグスティヌスにおいて「自由な意志」の重視を見たが，アクィナスは，それを前提にしつつも，「自由な意志」論のもつ主観性を，①〈自分に客観的に備わっている「目的」を各自が自覚すべきである〉という，客体の理性的認識と，②その認識に立脚した，理性による意志支配（知行合一）とを

重視した考えによって克服しようとしたのである（じっさいキリスト教は——オッカム，さらにはルターが出現するまでは——後述するように，自由意志にもとづく結婚を前提にしながらも「結婚の目的」によって結婚を方向づけた．また，所有や契約の自由を前提にしながらそれらを客観的・社会的な関係を重視する立場からチェックした）．

　　　　　　　そしてアクィナスは，この存在論から，社会をふくむ諸制度の
lex naturalis
中で生きる人間のあり方の原則をも演繹する．これが自然法則 lex naturalis である（第2部1の問94の4節）．これは，a：「第一の普遍原理」と，b：それから演繹される「第二次的な原理」とに分かれる．

　たとえば，アクィナスは，①結婚・家族制度については，まずa：〈性的に結合して子供を産み育てること〉が自然にかなっているとする．これがaの原理である．そして次に，b：そのためには恒常的な家族関係が必要だから，結婚は人間の本性にかなっているとする（第2部2の補足の問41, 44）．そのさい，結婚の目的は，このように子供を生み育てることにあり[192]，かつ人間は理性的存在だから，結婚においても，肉欲に支配されてはならず，理性による自重が必要である[193]，ということを引き出す．これらがbの原理である．

　②正義については，「各人にかれのものを帰属させること」がaの原理となる．

　③社会生活については，a：〈正義を守り，善をおこない，他人を害するな〉が，aの原理となる（第2部2の問79の1節）．ここから，b：それを確保する，法や国家が出て来る．このうち③の1：法については，上位の法である神の法と，理性の法（自然法則と自然法）とに反しないことが必要で（第2部1の問95の2節，問96の1-4節），その上で〈信仰を促進し，道徳を促進し，みんなの福利（公共善）を実現する〉目的にかなう必要がある（第2部1の問95の3），とする．③の2：国家（やそれを担う君主）

---

192)　〈子を産み育てること〉が結婚生活上の重要関心事であるのは，確かである．しかしそれだけを「結婚の目的」だとするのは，一つの立場選択である．近代に入ると，この立場に対抗して，結婚の本質を〈男女の愛情に満ちた共同生活にある〉という見方が強くなる．そしてこのことによって，「結婚の目的」が相対化されていく．この個人本位の動きは現代に入ってますます強まる．「結婚の目的」から避妊・人工妊娠中絶の禁止や，離婚の禁止が帰結していたのだったが，個人本位が貫かれるようになって，これらの禁止がなくなる．婚姻届けも出さなくなる．ウルフ Beran Wolfe『どうしたら幸福になれるか』（周郷博訳，岩波新書，1961）下，153頁．

193)　たとえば，『神学大全』第2部1の問82の3節では，「性交は原罪の一つか」を問い，〈性交は人間の自然だから原罪ではない〉とする意見と，アウグスティヌスの〈原罪である〉とする意見とを紹介し，自身の折衷的立場として，〈人間は理性的存在だから，肉欲も理性によって制御できる．この条件を満たすなら，性交は人間の自然に反しない〉と述べる．また第2部2問153の2節では〈性交は原罪ではあるが，種族の維持は人間的自然にかなう〉とする．この婚姻観は，アウグスティヌスの上述の婚姻観の基盤上に立つが，それよりは結婚をヨリ肯定している．

については，そうした正しい法にもとづいた共同生活によって〈各人の向上をはかり，みんなを幸福にすること〉を目的にもつ（第2部1の問90の2節，問96の1節），とする．これらがbの原理である（これら自然法則は，今日自然法の中枢部分とされる「事物の本性」に近い）．

ius naturale　自然法則からは，演繹によってさらに細かい帰結が出てくる．それらが，自然法 ius naturale である．自然法則が根本的・抽象的な原則であるのに対して，自然法は，法実務の指針となるまでに個別具体的になる（これらの議論をするとき，アクィナスは聖書やアリストテレスだけでなく，ローマの思想家やローマ法をも引用する．このため議論には世俗的な例も入る[194]）．

たとえば，①上述の結婚の本質からは，〈離婚を制限する〉（補足の問67の1節）が論理的に出てくる．②「各人にかれのものを帰属させること」という正義の本質からは，〈他人の労働には対価を支払うべし〉・〈寄託物は返還すべし〉・〈犯罪は罰せられるべし〉といったことが論理的に出てくる．③社会生活の基礎である「正義を守り他人を害するな」からは，「殺すな」・「傷つけるな」といった自然法が論理的に出てくる（第2部2の問64, 65. 第2部1の問95の2参照）．

自然法則と自然法の区別は，古代ローマ法の「自然法」と「万民法」の区別（本書89-90頁参照）が原基となっている．前者が自然法則に，後者の一部が自然法になるのである．

実定法　そして，これら自然法を基準にしつつ，現実の社会生活を送る上で直面する個々の関係について人間がルールを定めたのが，アクィナスによれば，実定法 ius positivum であった．

たとえば，上述の〈他人の労働には対価を支払うべし〉について，貨幣で払われるべきか現物で払われるべきか，週払いか月払いかなどが実定法で定められる．〈犯罪は罰せられるべし〉について，ある犯罪の罰は死刑か懲役かが実定法で定められる．自然犯以外に何を犯罪（法定犯）にするかなども定められる．これらの実定法の多くは，政策的な判断によるから，自然法則からも自然法からも，論理的には出てこない（第2部1の問95の2節）．

---

[194] Villey (fn. 66), *Leçons d'histoire de la philosophie du droit*, pp. 244-248.

原理性と大衆性　上からも分かるように，アクィナスの教説によれば，真のキリスト教徒であるために独身主義・財産の放棄・神にひたすら奉仕する（修道院生活に入る）こと，は必要でない．ふつうに結婚し家族をもち生業を営みながらも，それらの諸制度の中でキリスト教の精神に従って（理性によって正しいものを認識し，それに従って）生活すれば，立派なキリスト教徒だということになる．ここでは神は，人間をその社会生活の中において導く．今やキリスト教は，――もしすべての信者が修道院生活を送ったり禁欲に徹したりすれば子孫が確保できず組織的に先細りに陥るはずだったのに――結婚制度をつうじて子孫を増やし，組織を確実に拡大再生産できるようになったし，その原理にもとづく実定法や諸制度で社会生活を方向づける道をも得た[195]．人間の救世主はイエスだが，キリスト教の救世主はアクィナスだったのだ．

(3) オッカム

アクィナスは，アウグスティヌスの立場を修正しキリスト教の正統理論をさらに現実的なものに仕上げた．しかし，それは，既成の社会的諸制度を前提にして，それらに内在する普遍的なもの（＝目的）を発見し，それをめざして生きることを説くものであったから，既成のものに個々人が枠づけられる面が強くなり，アウグスティヌスが発見した〈自由な意志〉が眠りかねなくなった．「身分から契約へ」のスローガンでいえば，〈契約〉より〈身分〉に重点を置くものだったのである．これに対して，〈自由な意志〉を再発見したのが，スコトゥスである．オックスフォード大学でスコトゥスに学んだオッカムは，唯名論 nominalism によって〈個々人の意志〉の契機をさらに鮮明化した．

中世における〈客観と主観〉　私見だが，〈社会＝客観〉と〈個々人＝主観〉との関係づけに関する，中世に一般的な観念は，次のようにまとめられよう：①個性とか自立的決断とかといった観点から個々人を見ることは，ない．し

---

[195] 商行為をめぐってもアクィナスは，〈原価より高く売ることは誰も是認しない〉とする立場と，〈それは社会に必要で許された交換行為だ〉とする立場とをあつかったあと，両説を，〈欺瞞・暴利行為はよくないが，正当な利益を得つつ交換行為をするのは，必要なものとして肯定できる〉というかたちで折衷する（『神学大全』第2部2の問77の1節）．アクィナスはこの立場選択によって，それまで続いていた，商行為に対する教会の反感を正し，都市・商業が繁栄する中世後半の時代に教会が適応でき，かつ商行為を指導できる方向への道を切り開いた．

かし，共同体に帰属しその一員としてある人間は，その限りで相互に守りあうべき大切な存在である．②個々人が共同体に結束し共同生活を楽しむところに，かれの幸福はあるので，個々人と共同体とはこの点で調和する，と．

こうした観念が鮮明に出ているのが，アクィナスにおける〈個々人の自由意志と制度の目的との関係〉をめぐる議論である．そこでは個々人は，制度の目的を実現する義務を負い，そうした制度が個々人を高めまた幸せにする，とされた．

しかし時代が下るにつれ，キリスト教の内部でも，また一般思想界でも，〈制度に対し個々人の意志＝主観を前面に出す傾向〉が強まる．これが，後述のオッカムから宗教改革，その後のプロテスタンティズム（とくにバプティスト Baptist），啓蒙の思想にいたる一連の動きである．〈個人意志〉の強調は，自己決定権論に見られるように，最近にいたってさらに強まっている．

これらに対してカトリック側は，今日でもアクィナス的発想で対応する．たとえば，カトリック側は，〈自己決定権〉の主張に対しては，あわせて〈公序〉（＝人間の尊厳や生命の価値など）や〈摂理〉などが重要だとし，〈意思主義的契約論〉に対しては，あわせて〈約因，ないし継続的関係，ないし取引の安全や公序良俗といった理性的判断〉の契機が重要だとする．すなわちカトリック側は，客観面・理性面をも重視すべきだとし，このかたちで，結果的には，〈個人〉よりも〈社会〉を優先させる．

(i) 実在論と唯名論

実在論　実在論 realism とは，普遍的な本質が実在しているとする立場である．実在論には，本質が現実の個物から離れてイデアの国にあるとするプラトンの立場と，本質は現実の個物の中に内在しているとするアリストテレスの立場とがある．キリスト教会正統派のアクィナスらは，このアリストテレスの立場をとって次のように論じた．(a) 神は世界を創造したが，そのさい神は，自分の理性に内在している形相である永遠の法則・理性的な秩序によって創造した．単なる気まぐれな意志によってではない．神は最高の理性的存在であり，そこでは理性と意志が必然的に合致する．(b) 世界秩序は，創造主としての最高の神を頂点としたピラミッドを成している．逆にいえば，全世界は神という究極の目的に向かって上昇する階序構造を成している．(c) それゆえ，すべてのもののうちに理性＝普遍が内在していることになる．それらを学問的にとらえたのが，概念である．したがって，概念の緻密な連関づけ，論理構成によって世界の本質や神もがとらえられる（アクィナスも，理性によってはとらえられない神秘の現象があることを認めてはいたが）．(d) 人間も理性を人間

的形相因として内在させている[196].

これに対してスコトゥスは，神は，その知性によって世界に遍在する理性，理性的諸原則を創造するが，それらはそのままでは中性であり，それらが「真」となるのは，神がそれらを，「真」であるべしと意志したときである，とした．スコトゥスは，このようにして〈世界に遍在する理性〉と〈神の自由な意志〉とを結びつけた[197]．オッカムは，スコトゥスのこの〈神の自由な意志〉を，次のように唯名論によって明確化させた．

オッカムの唯名論 オッカムの有名な行為原則に「オッカムのかみそり」がある．これはかんたんに言えば，〈根拠のない議論はするな〉ということである．根拠があるのは，①経験的に確証されるか，②自然の理（論理）にかなっているか，③啓示（キリストについて口伝えされて来た聖伝と，それを基にして書かれた聖書とをつうじておこなわれる，神による真実伝達）によっているかの場合だけである．

このうち①の経験とは，どういうものか．オッカムによれば，人間の知性は，自然界に存在する個々のものを把捉すること（経験）によって，第一に，それらに対応した個別的な像を構成する．しかし同時に人間は，第二に，「自然界に存在しているある何か，あるいはいくつかのものへの類似ということによって心的に形成されることが可能」な像をも構成できる．これが「普遍」と呼ばれているものである．つまり「普遍」は，人間がいくつかのものの経験的認識から構成した像にかかわる名＝概念であり，それ自体がまた個物である[198]．

---

196) かれらは，この立場から，次のような三つの手法で神の存在証明をもおこなった．①本体論的証明（アンセルムス（Anselmus, 1033 (1034) -1109）の立場）：神は全知全能で完全である．それゆえ神には存在できないことがある．ゆえに神は存在する．②宇宙論的証明（アリストテレス・アクィナスの立場）：あらゆるものはその出所（根源）を欠かせない．その根源にもまた根源がある．それゆえ遡ってゆくと，それ以上は遡れない存在の根拠としての創造主＝神にいたる．③目的論的証明（アクィナスの立場）：すべての事物は極めて巧みにつくられている．それゆえ天才的な創造主がなければならない．これが神である．

197) 小林道夫『デカルト哲学とその射程』（弘文堂，2000）101頁以下．小林は，スコトゥスの〈神の自由意志〉の立場とデカルトとの近似性を指摘する．本書下巻 10-1-1 参照．さらに次の指摘も参照．「〔スコッツスの〕主意主義の道徳神学によれば，善悪正邪はひとえに神の自由な意思決断によって定まるのであって，神の意思に先だって，その働きを制約するところの，それ自身において（本性上，客観的に）善又は悪なるものはない，つまり，トマス〔アクィナス〕の永久法に見られたような神の理性によって定められた客観的な価値秩序の思想，それに根ざす自然法の思想は放棄される」（加藤新平『法哲学概論』，有斐閣，1976, 188-189頁）．「或る法が善であり正であるのは神がそれを意志するからであり，善なるが故に神がそれを意志するのではない」（速水（前掲注26）『古代・中世の哲学』391頁）．

これを超えた,いわゆる普遍——法則や究極目的——を措定することは,存在論的にも認識論的にも,誤りである.なぜなら,そのような措定は,経験にも論理にも啓示にも,根拠を置かないからである.オッカムはこのようにして,〈いわゆる普遍は実在しない〉という立場,すなわち唯名論を建てた.

これはまた,〈自然の事物は,ある普遍的な目的を与えられて存在しているものではなく,事実としてそこにあるだけだ〉という,近代の機械論的自然観を,客観的には準備するものでもあった[199].

それはさらに,〈創造主としての神と創造された事物とが共通の本質を共有している〉ことをも否定するものであった.オッカムは,神に先行し神の行動をも規定するような本質を認めない.なぜなら,そうした普遍は実在しないし,神は最高・全能であるから,その意志によってすべてを創造できる;神の自由な意志を制約するような本質の存在は,神の特性に反する,からである.神と人間をつないでいた凧糸は,こうして切断され,神は空高く昇っていく.

信仰の内面化 この最後の点は,次のような諸帰結——プラスのものもあればマイナスのものもある——をもたらした.第一に,それは,地上の物を神・宗教性から切り離す(ヴェーバーの言葉で言えば「世界の脱魔術化」

---

198) オッカム『アリストテレス命題論注解』第1巻(大鹿一正訳,上智大学中世思想研究所編訳『中世思想原典集成』18, 1998, 平凡社, 629頁以下).なお,渋谷克美『オッカム「大論理学」の研究』(創文社, 1997)第1章によれば,オッカムは,前期においては,〈普遍とは,いくつかの個物にかかわる類似性(としての個別的なもの)の反映だ〉としていたが,後期においては,〈個物を認識していく作用が,普遍の像をつくり上げていく〉と,ヨリ認識論的になった.

199) オッカムの立場が困難に直面するのは,三位一体(父なる神とその子イエスと聖霊とは位格 persona は異なるが,本質 substantia において同一だとする見方)に関してである(下巻注 107 参照).異端に陥ることを避けようとすれば,〈父と子と聖霊との間に,神の本質がともに内在している〉とする必要がある.しかしこれは,本質を認めないオッカムの哲学に反する.この点についてオッカムは,これは,理性を働かせて考える哲学の問題ではなく,信仰上の問題(神による啓示を受け止めること)であると説明した.

この考え方は,アウグスティヌスの立場に近いが,しかし,神学を展開するのに哲学をフル活用した伝統的な中世的スコラ学——それは神の存在論的証明(注 196 参照)に見られるようにデカルトやスピノザ(Baruch de Spinoza, 1632-77)まで続く——からの離脱を帰結する点で異なる.このオッカム的処理の延長線上で,信仰の世界は,実証や論証から解放され心情の問題になっていく(この点は,ルターやカントらにおける〈理性と信仰の切り離し〉として鮮明になった).同様に,この延長線上で,哲学や自然科学は,神学から解放され,合理的思考と経験とに依拠する科学になった(この点は,ガリレオ(Galileo Galilei, 1564-1642)やニュートンにおいて鮮明になった).唯名論はまた,それを徹底させれば,〈教会や国家は,それ自体が独自の生命体ないし価値の体現者であるのではなく,人によって構成され運営されているものにすぎない〉という法人擬制説にいたるものでもあった.

Entzauberung der Welt) への道を開いた．それまでのキリスト教会の正統主義が考えていたような，〈人間は，制度の目的に方向づけられ，またそれにかなった生き方をすることによって神の救済に与かれる〉という考えからの脱却の道である．オッカムの示したこの方向において，やがて〈人はただ信仰によってのみ神に結びつく．信仰で大切なのは，（聖書に示されている）神の御旨にしたがって生きることであり，人間が制度の目的を学問的に考えて行為することではない〉という考えが成長していく（のちにこの立場を推し進めたルターは，当時オッカミズムの殿堂であったエルフルト Erfurt 大学で学んだ[200]）．

神の自由意志　それは，第二に，信仰の世界において神を絶対的な意志主体として崇拝する道を開いた．〈神の絶対的に自由な意志〉を強調したことは，〈人間が全能の神に対してひたすら救いを求める関係〉を強化することになるものだった．全能の神の強調は，その神に対する人間の無力さを自覚させる．このようにして人間は，全能の神を前にして自己反省を深め，神の救済を求めるにいたる（この全能の神は，オッカムにおいては〈各人を裁き斬罪する全能の神〉であった．このオッカムの神概念を継承したのは，後述のようにカルヴァンであった．これに対してルターにおいて神は，〈ゆるし救う神〉であった）．

人間の自由意志　それは，第三に，〈自由な意志主体としての神〉との対比において，〈自由な意志主体としての人間〉の観念を生み出す道を開くことにもなった．この観念は，やがてルター・カルヴァン後のプロテスタント（敬虔主義者やメソジストら）が，信仰生活・教会において具体化していった．そしてそれはまた，〈人間の意志による世界の形成〉，〈法や国家の世俗化〉への道を開くものとなった．

この点は，まず〈君主の自由な意志〉というかたちで社会内で具体化された．〈君主は，既存の法，その他の制度に規定されるのではなく，逆に，自分の絶対的に自由な意志によってそれらをつくり出すのだ〉という考え方が，その後に強まっていく．これが，「絶対主義」の論理であることは明らかであろう[201]．この道を定式化したのは，ホッブズである．かれは，いったん主権者である君

---

[200] 加藤智見『親鸞とルター』（早稲田大学出版部，1998）182頁以下．
[201] ただしオッカム自身は――アクィナスと同様――，君主について古代ローマ元首政の立場をとった．すなわち君主は，絶対的な専制者ではなく，人民によって選ばれ，人民の利益（公共善）を保護すべき任務をもつ．これに反するような君主は，正統な君主ではない，と．

主がその座につけば，あとはこの君主が自分の意志で法をつくり行政をおこなっていくとしたからである．しかもこのホッブズは，〈主権者を生み出すのは，自然状態において自立している個々人だ〉とするのであったから，論理的には，さらにその先の〈人民の自由な意志〉を準備したのでもあった．

(ii) 所有論

オッカムにおいては，所有・所有権論も重要である．この点は，かれの伝記と無関係ではない．オッカムは，イングランドのオッカム村 Ockham（Oak＝ドングリのなる木＋Hamlet＝村）に生まれ，ロンドンとオックスフォードで勉強した．オックスフォードで教職に就こうとしたが，1324年に教皇庁から異端の疑いでアヴィニョン Avignon——教皇のアヴィニョン幽囚で1309から77年まで教皇庁があった——に召喚された．かれは，アヴィニョン滞在中にフランチェスコ会の修道士たちと交わり——オッカム自身が同会の修道士であった——，当時フランチェスコ会の「無所有」の立場を否定していた教皇に対し，〈聖書に照らすと，そういう教皇こそ異端者である〉との批判を展開した．そして，迫害の難を逃れるために1328年にアヴィニョンを脱出し，神聖ローマ帝国皇帝の庇護下に入った．オッカムは，皇帝の居城があったバイエルン Bayern に住み着き，教皇批判，とくに〈教皇が聖と俗の両世界の至上権をもっている〉とする説の批判などで論陣を張ったが，ペストのため死去した．

フランチェスコ会は，前述したような創始者フランチェスコの〈貧しく生きる〉思想に従い，会が財物を所有しているのだとは見なかった．会は，信者からの寄進を受け取るものの，〈会が保有するそれらの財物は，その寄進者ないしかれから受託した教皇等の第三者の所有に属す．フランチェスコ会は，寄進者の意にしたがってそれらを所持し，事実的に利用＝用益しているだけだ〉とした（イングランドでは，ここからユース use，のちの信託の制度が発達した）．

しかし当時の教皇たちは，ローマ法の立場をとって，〈所持・用益と所有とをいつまでも分離させておくことはできない．所持・用益者が所有者である．寄進物は，所持者であるフランチェスコ会の所有に属する〉とした．

そして教皇たちはこの前提として，所有は悪ではないとした．かれらは，〈アダムが神によって創造されたとき，アダムはすでに神の法にもとづいて所有していた．イブが創造されて，二人は共有者となった．二人は，楽園から追放されたのちは，自然法にもとづいて所有した〉と主張した．この立場では所

有は，世界秩序の構成部分として必然で神聖なものだということになる（中世の世俗世界の騎士や農民にとっても，土地所有は神聖であった）．

これに対してオッカムは，フランチェスコ会の立場をとって，〈アダムやイブは，楽園では神の道徳律に守られて財物を平和に所持・利用できていただけだ．物の所有は，かれらが楽園を追放され地上で生活しだしたあと，欲望による争いの混乱を防ぐために実定法ができたさい，それの一環として制度化された〉と反論した．この立場では所有は，人間の堕落の産物であり，人間の社会秩序を維持するための人工の制度だということになる．ここでは所有，ひいては法制度は，脱宗教化され自然法から切り離されている[202]．

他の中世の主要な思想家たちは，私的所有を絶対化しなかったが，同時に否定もしなかった．すなわちかれらは，〈所有形態は，ほんらいは共有であった〉と考えた．そして私的所有は，神の法や自然法にもとづくのではなく，それを認めた方が好都合であるという人間の性向にもとづく，とした．

この点は，アクィナスが明快に論じている（『神学大全』第2部2の問66）．かれは，私的所有は必然ではなく，したがって神の法でも自然法でもないが，それなりの利用価値があるから実定法が認めても構わない，とする．そのさい，そうした功利的判断の根拠としては，アリストテレスと同様，①人は私的所有物の方を共有物よりも大切に使う，②私的所有にした方が満足度も大事に使う意識も高まる，の2点を挙げた．かれはまた，所有は，神の世界創造の一環である社会維持に貢献する制度だから，所有物の使い方はこの目的に拘束される，すなわち公共善にかなう使用をすべきで，身勝手な使用は許されない，とした．

中世には，人間の労働が所有の正統性を根拠づける，というロック的思考（本書下巻54-55頁）も見られた[203]．

---

[202] のちに見るようにルターは，結婚を脱宗教化した．またグロティウス以降の近世自然法論は，所有権や法を脱宗教化し，人間の必要にもとづいて成立したものとした．法制度の脱宗教化のみならず脱倫理化を推し進めたのは，ホッブズである．ロックも，〈私的所有は必然であり，私的所有権は絶対不可侵である〉ということを，労働から帰結するものとしたことによって，法的関係の脱宗教化に貢献した．これらは，オッカムの思考の延長線上にある（〈所有は必然〉とする点ではロックは，教皇側の立場に近かったが）．

[203] 以上，J. M. Kelly, *A Short History of Western Legal Theory*, 1992, pp. 107-108, pp. 150-153.

5-5　抵抗権思想

　近世・近代のプロテスタントや自然法論者の間で広がった抵抗権論，すなわち〈君主・教皇は，神ないし自由な人民の意志によってその座についている．それゆえ，もし君主が神ないし人民の意に反したふるまいに出れば，かれはその座から追放される．追放する主体は，人民ないしその代表である〉とする思想は，すでに中世においてかなり鮮明になっていた．それは，皇帝権力に対する教会権力の優位を主張する側からも，また，教皇権力に対する皇帝権力の優位を主張する側からも，展開された．教会側の思想家にマネゴルト（Manegold von Lautenbach, 1030/45-1103/19）やソールズベリーのジョンがおり，皇帝側の思想家にマルシリウスがいる．

(1)　マネゴルト

　11世紀の中葉，前述した（157頁）教皇グレゴリウス7世は，神聖ローマ帝国内で僧職を任命する権限（叙任権）は皇帝がもつのではなく教皇がもつのだ，と主張し始めた．かれはまた，僧職を勝手に売買すること（売官制）の禁止などの改革（グレゴリウス改革）を進めた．これらの教皇権強化策は，当時の神聖ローマ帝国皇帝ハインリッヒ4世（Heinrich IV, 1056-1106）の激しい反発を招き，抗争が激化した．ザクセン Sachsen やシュワーベン Schwaben をはじめとする多くの地方では，諸侯・貴族が教皇側について皇帝に反抗した．マネゴルトは，当時このシュワーベンの一部であったアルザス Alsace で活動した修道士であり，教皇側に立って反皇帝の論陣を張った．

　マネゴルトは，1084年頃に書いた『ゲーベハルドゥスに宛てた書』 Liber ad Gebehardum において，次のように書いている．

　　「だれも自分で自分を支配者や王にすることはできない．人民が，ある一人の人物を選んで，かれが公正に支配し，各人にかれに値するものを帰属させ，善人を救い悪人と闘うために，ひとことで言えば，正義を全員に保障するために，その人物を自分たちの上に置いた．しかし，もしこの人物が，選ばれる理由となった，人民と結んだ契約を破った場合には，すなわちもしかれが，保護するよう義務づけられたもの〔人民の財産と活動〕を妨害したり制限したりしたとき，とりわけ，かれを人

民と結びつけている信頼を自分の方で最初に破ったときには，理性は，人民がかれに服従する義務をかれ自身が解消した，と判断する．204)」

マネゴルトによれば，王は，豚飼いと似ている．農夫が自分たちの豚の世話をするよう豚飼いを雇った．ところが，農夫は，その豚飼いが豚どもを殺しているのを発見した．このとき農夫はどうするか．契約を廃棄してその豚飼いを解雇し追放するであろう．同様に人民は，服従契約に反した王に対しては，服従を拒否し追放できる，とかれは言う．かれのこうした思想の背景には，ローマ法の *Institutiones* に見られる，元首政・〈民主ポリス〉のタテマエ，すなわち〈元首・皇帝は人民の意志によってその地位についている〉とする思想が働いている（引用文の最後のところは，前述のレーン制の双務契約（本書130-132頁参照）の論理を連想させもする）．

(2) ジョン＝オヴ＝ソールズベリー

ジョンは，イングランド出身の聖職者で，パリやシャルトルなどフランスで「12世紀人文主義」を身につけた．かれは，帰国後，ベケット（Thomas Becket, 1118頃-70．ヘンリー2世の大法官でありカンタベリーの大司教にもなった）の書記として，ベケットがキリスト教会の立場からヘンリー2世の王権強化策に抵抗した——ベケットはこの渦中で暗殺された——のを，理論的に後押しした．ジョンが1159年に完成させた『ポリクラティクス』*Policraticus*（政治家論205)）は，この関係を濃厚に反映している．

ジョンは，すべてを創造主としての神にもとづかせる．かれによれば，君主は，神の意志によって統治の座についている．したがって，君主はそれにふさわしい徳性の持ち主でなければならず，統治においては，必要な組織強化・紀律貫徹を実施しつつも，同時に人々に対して道徳的にふるまわなければならない．また，この世は神の法によって方向づけられており，人間の法である実定法も神の法にもとづく．それゆえ，君主は，法を守らなければならない….このように，〈君主の上に法がある〉という「法の支配」の考え方が，ジョンに

---

204) George H. Sabine: *A History of Political Theory*, 1937, revised edition, 1950, p. 241；今野（前掲注132)『西欧中世の社会と教会』515頁以下参照．
205) *Policraticus*, translated by Cary J. Nederman, 1990；柴田平三郎『中世の春』（慶応義塾大学出版会，2002)．

は鮮明なのである（以上，第4巻）．

　問題は，君主が神の意に反して行動し始めたときにどうするか，である．ジョンによれば，神の意に反して行動する君主は，もはや君主でなく暴君である．しかし，暴君もなお神によってその地位を与えられているのだから（＝暴君は，天災と同様，人間を懲らしめるために神がこの世に送ったものである可能性がある），人間が安易にかれをその座から追放することはできない．それゆえ第一義的には，そうした暴君の処理は，神に委ねるべきである．神は，必要なときにはそうした暴君を必ず何らかのかたちで処理される．しかし，それでも暴君が人民に瀆神行為を強要したりする場合には，人民はその力でかれを倒さなければならない…．ジョンはこうして，最終的には暴君放伐を説く（第3巻15章）．

　ジョンは，アリストテレスの重要文献がヨーロッパに入って来る前の思想家である．しかしかれは，先のマネゴルトや，のちにあつかうマルシリウスと同様，古代の思想と多方面から（＝人文主義的に）対話することによって，近世を先取りする議論を——しかしそれらを同時に中世的な「法の支配」や抵抗権とも結びつけながら——展開できた．じっさい『ポリクラティクス』は，聖書のみならず古代ギリシア・ローマの諸文献からも博引旁証しつつ書かれている．ジョンは，この点で，まさに「12世紀人文主義」の体現者・「12世紀のルネッサンス」の担い手の一人であった．

　古代とのジョンの深いかかわりを示す例として興味深いのは，ジョンが，フロンティヌス（Sextus Frontinus, 30頃-104）やウェゲティウス（Fravius Vegetius, 4世紀）らの古代ローマの軍事学をよく読んでいる点である．かれはこの古代戦術論研究をつうじて，①君主による「紀律化」が重要であること，②良き指導者であるためには君主が臣下から愛される，徳性の人でなければならないこと，を説いている．この点でジョンの議論は，マキアヴェリの議論の先駆けとなっている（以上の点については，本書254-260頁以下参照）．しかし，ジョンは，マキアヴェリとは異なって，古典的軍事学において，上記のことと並んで重要な要素であった，知謀術や科学的なものの見方については論じていない．この点で，ジョンの態度は，軍事学をあつかうときにも徹底的に道徳的である，と言える（第6巻）．

(3)　パドヴァのマルシリウス

　マルシリウスは，パドヴァ生まれでパリ大学で医学や哲学を学び学長をも務

めた人物で,『平和の守護者』*Defensor pacis*（1234年頃完成[206]）の著者として有名である.

<small>国家統一が緊要</small>　マルシリウスの背景を成すのは，当時のイタリアの分裂・戦争のカオスである.『平和の守護者』の第一部で，かれは，イタリアの人々が，戦争によって生命を脅かされ，また外国や僭主の支配によって自由を奪われ，不幸のどん底に陥っている，と嘆く．そして，この状況を打開するには，なによりも統一国家の建設が欠かせない，と説く（マキアヴェリ的である）．そのさいマルシリウスは，アリストテレスを引用し，国家は人々の安全とヨリ善い生活とを確保するためにあるとするのだが，そのうちでは〈平和・安全確保の課題〉が主要であると考える．このためかれの議論は，中世に広がったアクィナス的なスコラ学の法・国家論——公共善を実現する理想の法や国家をテーマとする——とは異なって，ホッブズやロックを思わせるような，国家を〈秩序を維持して各人を保護するための装置（道具）〉とする方向に展開する（かれは，アリストテレスと——当時の主流であったスコラ学的にではなく——科学的思考に活かしていくアヴェロエス主義的に，結びついていた）．

<small>法の重視</small>　マルシリウスによれば，人間にはこのように国家生活が必要だが，人間はエゴイストであるから，その共同生活は紛争を引き起こす．この紛争を解決するためには，紛争処理の権限を有する者（秩序の維持者としての権力）と紛争処理のルールとしての法とが必要である．なかでも法が重要である．アリストテレスが言うように（本書57頁），法は，情念・感情に左右されずに人を公平にあつかうものであり，これによってこそ，人々の生活は安定する．また，賢明な人間による統治よりも，法による統治の方がはるかにまさっており，そのような統治こそ人々の支持を得ることができる….われわれが古代以来しばしば見てきた，「法の支配」原則の強調である．

<small>人民による法</small>　問題は，どういう手続きをとってつくられた法がもっともすぐれているか，にある．この点についてマルシリウスは，アリストテレスに依拠しつつ，法が人民——その全員ないしは多数者——の意志にもとづくべきことを強調する．なぜなら，第一に，衆知を集めた方が良いものができるからであり，第二に，多くの人に支持された法の方が守られやすいから

---

[206] *Defensor Pacis,* Translated by Alan Gewirth, 1956; reprinted by Mediaeval Academy of America, 1980.

であり，第三に，国家はみんなの福利を実現させなければならないが，この目標は，法をみんなの意志にもとづいて形成するときに，達成されるからであり，第四に，みんなを自由にすることがみんなの福利には欠かせないのだが，自由であるためには各自の意志が尊重されることが欠かせないからである．

人民による王 マルシリウスによれば，法を実行し統治をおこなうために，人民は公職者を選任する．公職者は，人民の委任によるのである．したがって，公職者が人民を害する統治をおこなえば，人民はかれを解任できる．ただ，混乱を避けるためには，解任のための政治行動は，人民中のエリートに委ねた方がよい．かれらだけが，自由な時間を享受できるので，何が正しいかを客観的に判断できるからである．

教会は国家に従う マルシリウスは，『平和の守護者』の第二部において，教会権力にも人民主権の理論を適用し，教皇の専制を否定する．かれはまた，キリスト教会を一つの部分社会として国家内に位置づけ，〈秩序維持は国家の任務だから，教会は国家に服する〉とする．かれはまた，信仰は信者の自発性にもとづかなければならないから，教会権力による強制は許されないと説く．これらは，後述するロックの寛容論の先駆けとなる議論である．

以上のようにマルシリウスは，アリストテレスの『政治学』における理想的国家状態 politeia のイメージ――自由とともに民主主義をも重視する――を基礎にしながら，近世の社会契約論や近代の功利論的社会論の骨格を，14 世紀において準備したのである．

5-6 法学・法実務

5-6-1 イタリアの法学

(i) ボローニャ大学法学部

(a) *Digesta* の再発見　中世イタリアの偉大な貢献の一つに，ローマ法の再発見にもとづく法学の発達がある．東ローマ帝国においては，中世においても『ユスティニアヌス法典』が一貫して現行法であった．中世初期には，それは，官僚を養成する法学校で教えられてもいた．しかし，やがて高級官僚の候補者を教養試験で選ぶ制度（マンダリン Mandarin 官僚制）が採用されるにとも

ない，法学のような専門知識よりも，教養の高さが重要となった．このため，法学は衰退し，権威ある法学者や法曹集団が形成されなかった[207]．西のヨーロッパにおいても，*Digesta* は別として，*Institutiones*, *Codex*, *Novellae* は知られていた．問題は，*Digesta* の価値の再認識である．これが，ヨーロッパ法史の新しい時代を画することになった．すなわち，11 世紀にいたってイタリアで *Digesta* の写本が「再発見」された．話をここから始めよう．

諸説 *Digesta* 写本の「再発見」については，諸説がある．ある説によると[208]，一つの写本が，ユスティニアヌス帝の存命中の 6 世紀にコンスタンティノポリスでつくられ，その後イタリアのアマルフィ Amalfi に移った（この海港都市は，西ローマ帝国の崩壊後は，ユスティニアヌス帝によって帝国を拡大した東ローマ＝ビザンツ帝国と深い関係をもち続けていた）．この町を 1060 年頃にピサ Pissa 人が略奪し，上の写本をももち帰った（この写本は，フィレンツェ人が，1406 年にピサを占領したさい，フィレンツェへもち帰った．それゆえこの写本は，フィレンツェ本 Littera Florentina と呼ばれた．現在はメディチ図書館に保管されている）．

この写本をピサでさらに写本したもの＝Littera vulgata（流布本）が，1070 年頃にボローニャにもち込まれ，1119・20 年頃から，そこにあった学問所（もともとはリベラル＝アーツ中心であった）で，これらを使った法学教育が始まった．

---

207) 高級官僚には，総合的な判断力が求められる．総合的な判断力は教養教育によって養成される．それゆえ教養人であることが求められる．この教養度を測るため，科挙の試験や日本の公務員試験のように，教養試験が課せられる．また，キャリア官僚候補者には，近代以降の，フランスの ENA（エリート行政官養成所）やプロイセンのベルリン大学（本書下巻 158-159 頁参照）がそうであるように，リベラル＝アーツが重視される．

208) シュロッサー H. Schlosser『近代私法史要綱』（大木雅夫訳，有信堂，1993）29 頁以下，およびベーレント（前掲注 69）『歴史の中のローマ法』37 頁以下参照．フィレンツェ本は，もともとピサの図書館に眠っていたという説もある．教皇グレゴリウス 7 世が，皇帝ハインリヒ 4 世と叙任権をめぐって争っていたとき，自分たちの立場を正統化する古文書を探させた．その作業中に，ピサの図書館でたまたま発見された，というのである．今野（前掲注 133）『西洋中世世界の発展』177 頁以下．他に，Robinson et al. (fn. 118), *European Legal History*, pp. 42-43；Wesel (fn. 3), *Geschichte des Rechts*, S. 314.

『ユスティニアヌス法典』は，それ以前からボローニャから遠くない諸都市で知られていた．すなわちラヴェンナ Ravenna には，東ローマ帝国の総督府が置かれ，554 年には，そこを拠点として『ユスティニアヌス法典』がイタリアに施行された．加えてここには 8 世紀中頃まで法学校があった．また，パヴィア Pavia やペルージャ Perugia では，卑俗化されたローマ法が教えられていた．以上のようなかたちで，もっとも重要な本である *Digesta* は知られていなかったが，その価値を評価し教授する土台が準備されていた．Robinson et al. (fn. 118), *European Legal History*, pp. 24-25. 原田慶吉（前掲注 60）『ローマ法』（有斐閣，1949）38 頁．

Vulgata は，次々と写本され，それらがボローニャをはじめヨーロッパでの *Digesta* 教育上の標準書となった（この Vulgata 自体は，その後に失われた）[209]．

最初の法学教師としてペポ（Pepo）らがいた．しかし重要なのは，イルネリウス（Irnerius, 1060 頃-1140）である．ボローニャ生まれのイルネリウスは，修辞学・文法学・弁証術の教授から転じ，ローマで法学を教えていたが，1084 年頃にボローニャで上記 *Digesta* 写本やその他の法書を全面的に活用して法学を教えだし権威を高めた．

<small>イルネリウス</small>

かれの教え方は，講義では，『ユスティニアヌス法典』中の法文をまず朗読（lectio）し，その語意・文意（sensus）を説明し，次いで深い意味（sententia）を解説して概念や原理・相互関係を教授する；また演習をやって，教師が出した例題をめぐって応用的な討論をする，といったものであった[210]（紙や羊皮紙が高価でノートがとれなかったので，学生たちは授業内容を暗記した）．かれはまた，『ユスティニアヌス法典』の写本の余白に注釈を記入するかたちで著作活動をした．かれは，これらの手法によって，注釈学派の基礎を築いた．

こうした教師の下で学ぶためボローニャに来る学生たちが増えた．かれらは，出身地別に学生組合（個々人が共同目的のため契約によって結合した集合体）をつくり，教授を雇い，学長を選出し，勉学の自主運営をおこなった（学生は，裕福な貴族の子弟が多く，年齢も 20 代後半の大人であったので，これが可能だった）．この学生の組合が全勉学組織の核だったので，そうした社団のラテン語 universitas が勉学組織自体の名となった（英語で言えば university）．（のちに法学部と他学部の教師たちも，団体に結束した．教師の団体，すなわち法認され独立の団体性をもつ同役職者の結合体を collegium と言ったが，これが college の語源となった．）当初，法学とリベラル＝アーツとを主軸にしていたボローニャ大学は，13 世紀に入って医学部と神学部を加え，平均 2000 人（1 万人であったとの証言もある）の学生を擁した．その半数は，イタリ

<small>ボローニャ大学の誕生</small>

---

209) スタイン Peter Stein『ローマ法とヨーロッパ』（屋敷二郎監訳，ミネルヴァ書房，2003）56 頁以下．

210) ハスキンス Ch. Haskins『十二世紀ルネッサンス』（野口洋二訳，創文社，1985）175 頁以下．〈朗読→語意・文意説明→解説〉の 3 段階形式による講義と，例題による討論を主軸とした演習とは，法学以外にも見られた．それらは，そもそも初期中世以来の諸学校の伝統であった．ヴェルジェ Jacques Verger『中世の大学』（大高順雄訳，みすず書房，1979）6 頁．（今日の日本でも，漢文・古文・外書購読などではこの 3 段階形式による授業が多いし，法学等の演習では例題による討論（problem method）が見られる．）

ア外からの留学生であった[211]（授業はどの大学でも，エリートが幼少より学ぶラテン語でおこなわれたので，外国で学ぶことにさほど困難はなかった）．

女性教員　ボローニャ大学では，すでに12世紀からかなりの数の女性教員が教えていた．たとえば，①13世紀には，有名な法学教授アックルシウス（Francesco Accursius, 1182-1260）の孫娘が法を教えた．すなわち，アックルシウスの（同名の）息子（Francesco Accursius, 1225-93）もボローニャの法学教授であったが，その2人の息子たち（CervottusとGuglielmo）と娘も，法律家となった．②ベティシア（Bettisia Gozzadini, 1209-61）は，授業に人気があり聴講者が室内に入りきれなかったので，街の広場で授業した（大学専用の建物は，1562年までなかった．教授は自宅や教会，広場や橋の上で授業をしていた）．③哲学と法学を教えたノヴェラ（Novella d'Andrea, 1312-66）は，あまりの美貌が学生の聴講の妨げになるので，ベールをかぶって——一説にはカーテンの後に立って——授業をしたという．彼女は，教会法の教授ヨハンネンス（Johannes, 1270-1347）の娘で，母と長兄も教会法学者であった．④ギリシア語を教えたベッティーナ（Bettina Sangiorgi）やラテン語を教えたジオバンナ（Giovanna Bianchetti）も，有名である．

(b)　ボローニャ大学を取り巻く諸勢力

教皇　ボローニャは，イタリアの東西・南北交通の要所であり，商業が盛んな豊かな町であった．当時のボローニャは，トスカナ辺境伯領の中心都市であった．父を相続して領主となったマティルデ（Mathilde, 1046-1115）は，教皇庁の支援者であった．彼女はその広大な土地を教皇に寄進した（神聖ローマ帝国皇帝ハインリッヒ5世（Heinrich V, 1081-1125）がこの寄進を無効としたので，紛争が生じた）．この地域にこうして拠点を築いた教皇は，ボローニャでの法学教育を教会法教育の基盤として活用するためにも，聖堂参事会員ら教会関係の行政・司法を担当する官僚を養成するためにも，奨励した[212]（キリスト教会は，以前からローマ法を活用していたのであったから，法学教育の重要性をよく理解できた）．

---

211)　Wesel (fn. 3), *Geschichte des Rechts*, S. 314; Meder (fn. 54), *Rechtsgeschichte*, S. 141.
212)　今野（前掲注133）『西洋中世世界の発展』．ヴィノグラドフ『中世ヨーロッパにおけるローマ法』（Paul Vinogradoff, *Roman Law in Mediaeval Europe*, 1909．矢田一男他訳，中央大学出版部，1967，58頁）．

皇帝 他方，前述のように皇帝フリードリヒ1世は，皇帝権力を絶対化することrenovatio imperiiを指向したが，かれはその手段としてローマ法が最適だと見た．なぜなら，ローマ法は，〈皇帝が法律を制定する権力をもつ〉とし，また帝国を一円的・高権的に支配することを合法化する規定を有しているからである[213]．じっさい，有力な法学者たちが皇帝を支持してくれた．皇帝もそれに応え，大学を支援した．

ボローニャ市 最終的にはボローニャ市が，大学を取り込んだ．ボローニャ市民は，1114年に自治を要求して反乱に出，マティルデ死去直後の1116年に，皇帝ハインリッヒ5世から自治を認められた．自治都市（コムーネ）ボローニャの誕生である（ボローニャの自治は，1516年に教皇の軍門に下るまで続いた．教皇のこのボローニャ支配は，フランス革命まで続いた）．ボローニャ市はしだいに大学の経営者となっていった．市は，法学者たちに給料を支払い，建物等を整備していった．法学者たちはボローニャ市民となり，法学上で自治都市支持の立場をとるようになった．多くの学生もボローニャ市民となったが，大学関係者の免税・兵役免除・独自裁判権などの特権は，下層市民たちの反感を生み，町中でいざこざが頻発した．ヨーロッパ中，大学町ではgown（ガウンを着た学生たち）とtown（町の人々）がぶつかりあった．

前述のように中世都市はどこでも寡頭制を強めるようになるので，都市に組み込まれた大学も，しだいに本来の自治と，はつらつとした学問性とを失っていく．

他の大学 同時期（1150年と言われる）にパリ大学もかたちを整えた．パリではノートルダム寺院（司教座聖堂）の境内に付属学問所があった．やがて，アベラルドゥスらがパリのセーヌ川左岸地区に私塾を開いて哲学・神学を教えた．パリ大学は，こうした教師たちが結成した社団を基体とする．このためパリ大学は，ボローニャ大学が学生主導であるのに対して，教師主導となった．教師主導型大学は，アルプス以北で広がった．パリ大学は，当初はリベラル＝アーツ主軸[214]であったが，まもな

---

[213] 前述の「元首は法律を超えている」Princeps legibus solutus.の観念から，やがて「絶対主義」absolutismの観念が生まれる．「古代ローマ」は，この点では近世の「絶対主義」を準備するものであったが，しかし他方では，その共和制の伝統においては，「絶対主義」を倒す市民革命を準備するものでもあった．

[214] ボローニャやパリにおいてそうであったように，リベラル＝アーツは，大学が形成される前から中世の学問所で重要な科目であった．大学が主要3学部（法学・神学・医学部．これらを上

く神学部が看板学部となり，それゆえ教皇庁と密接に結びついた．パリ大学は，1231年に教皇の教書『諸学の母』によって自治権を最終的に保障され，大学そのものが行為能力をもつ団体となり，大学全体の統合も強かった．この団体性の形式も，（オックスフォード・ケンブリッジなどを除く）他の多くの大学のモデルとなった．

ボローニャで市民と大学が自立化を強めると，権力者たちは対抗措置をとった．すなわち皇帝フリードリヒ2世（Friedrich II, 1194-1250. 当時ロンバルディア同盟と対立していた）は，1224年に自分が王であったナポリ Napoli に大学を設置して対抗した（つまりナポリ大学は，イタリアでは例外的な王立大学であった．ドイツやフランスでは，これが普通であるが）．また，教皇庁は 1219・31 年に，聖職者のローマ法研究を禁じ，かつパリとその周辺の大学でのローマ法教育を禁止した．

パリ大学は，この措置に抵抗した．多くの法学者は，アンジェ Angers やオルレアン Orléans に移り，法学教育を始めた．時間の経過にともなって，他にも法学を教育する大学が，パドヴァ，シエナ Siena，ペルージャ Perugia などのイタリア自治都市，オックスフォード，サラマンカ Salamanca などヨーロッパ各地に創設され，ローマ法・教会法を中心にした法学教育が浸透した．

(c) 法律家の需要　　当時，法律家の社会的需要は高かった．①イタリアでは交易が盛んになり，また都市での商業活動が活性化し，合理的なルールが求められていた．②イタリアの諸都市では，法学を学んだ者（学識法律家）が裁判官を占めるようになっていった．③イタリアの都市行政をまかされた行政官（ポデスタ，podesta）が，相談役として学識法律家を使った[215]．④他の諸国でも，留学から帰った学識法律家が，聖俗の裁判官・鑑定人・弁護士・コンサルタント・エリート官僚・教授として活躍した．かれらは，地方的な慣習法や法律をあつかうとともに，広い領域に共通の法（「普通法」ius commune）としてのローマ法，そして教会法を活用した．これら学識法律家は，高い収入，さま

位学部と言う）を中軸に形成されてからは，それらに進学する前の課程で教えられた（パリ大学などでは，学生は 14 ないし 16 歳で大学に入学し，まずリベラル＝アーツを学んだ）．この課程しか修了しないばあい，家庭教師や学校教師，書記などにしかなれなかった．

[215] 門閥間抗争に悩まされたイタリアの諸都市は，12 世紀末以降，コンソレ制を廃し，内紛に関係しない外部の能力者をポデスタとして半年ないし 1 年間雇い，行政を担当させた（政治そのものは，有力者たちがやった）．（同じ事情によって，判事ないし法律顧問や傭兵隊長も外部者が雇われた．シェークスピアの『ヴェニスの商人』で，ポーシャが〈パドヴァの法学博士〉の代行を務められたのも，この事情による．）ポデスタは，退任後その責任を追及されるので，落ち度がないよう法律顧問を雇った．こうして法律家の需要が高くなった（13 世紀が近づくと，イタリアの都市は，実力者の単独支配であるシニョーレ signore 制に移っていく）．

ざまな特権, 貴族にならぶ特別処遇を享受しえた[216].

(ii) 注釈学派　イルネリウス以来, これらのイタリア諸大学を中心にまず形成された法学派が, 注釈学派 Glossatoren である. その名は, イルネリウスらが講義用に, 『ユスティニアヌス法典』の写本の余白に, 語句の意味や法文同士の連関づけの説明等（注釈 glossae）を書き込んだことから来る. しかしかれらは, 単に注釈だけでなく, 解釈書や講義ノートも残した.

授業は, 講義と演習によった. 講義は, 先にイルネリウスで見たように, 『ユスティニアヌス法典』の法文（や古代の法律）をまず朗読し, その語意・文意を説明し, 次いで深い意味を解説する（＝論点を整理し, 他の法文と照合し, 適用される法概念・法原理を獲得する）というかたちだった. 演習は, 教授が設題を出し, 助手と学生が議論しあい, 翌日に教授がまとめるというかたちだった.

どちらの場合にも,（アベラルドゥスに始まりグラティアヌスの教会法学やアクィナスらのスコラ学でも活用された）「sic-et-non の方法」が活用された. すなわち, ある命題の案について, それを肯定する法文と否定する法文とを対比した上で, 調和させてまとめあげるというものであった.

Digesta の膨大な量の法文は, 多数の古代ローマの法学者の言説の抜き書きであるため, 著者やその時代やケースのちがいを反映して, 提示する命題に矛盾や不統一が多い. しかし注釈学派には歴史的発想が欠けていたので, 個々の法文の背景（歴史的事情）をわきまえて矛盾を解消することができなかった（そういう視点が出てくるのは 18 世紀末以降のことである）. そこでかれらは, まさに当時の神学者に似て, 諸法文——かれらにとってはすべての法文が現行法でありかつ文明社会普遍のルールであった——をそのまま受け止め（＝法律実証主義的）, それらの間の矛盾を解消して命題化するためには, 論理に頼り, 上位の概念を考え出してまとめたり, 場合分けをして整理したり, 折衷したりした.

たとえば,（a)〈慣習法は制定法と同様な効力をもつか〉の問題について, 注釈学派は, まず肯定するローマ法の法文を示し, 次に否定する法文を示す. その上でかれらは, 結論として,〈君主が明示的に否認した慣習法は効力をもたないが, そうでないものは効力をもつ〉という命題を得る.（b)〈君主は法を超えているか〉の問題についてアックルシウスは, 肯定する法文と否定する法文とをそれぞれあつかい, 結論として,〈君

---

216)　西村稔『文士と官僚』（木鐸社, 1998) 34 頁以下.

主を超える機関はないのだから，君主は事実上，法をも超えている．しかし，君主は法にもとづいてその座にあるのだから，その点で君主は法の下にある〉という命題を得た[217]．

こうした法学教育は，実務家養成を主眼としたものではなく，法学教授養成を主眼としていた（もとより教授になれる者は少なかった．しかし教授養成目的の法学教育で得た知識でも，実務に使えた．日本の法学教育も永らく学問指向だった——最近は逆方向にいっているが）．博士号を取得するには最低7年を要した（7年も異国にいるのは大変だが，多くは金持ちの息子たちであった．それに考えてみれば，博士号取得には現在でも9年はかかる）．学生は，学業をまっとうしたばあい，ローマ法と教会法とをともに修め「両法博士」の称号を得た（この伝統は，今日のLL. M. (Master of Laws) やLL. D (Doctor of Laws) の「LL.」に名残をとどめている．「LL.」＝「Laws」は，もともとは〈ローマ法＋教会法〉のことなのである）．最終試験では，口頭試問のほか授業実演があり，教育者としての手腕をも試された[218]．

とはいえ，注釈学派が実務の必要と無関係であったわけではない．かれらは，古代ローマの法に忠実であったが，同時にかれらの時代の要請にかなった法解釈をめざしもした．

たとえばかれらは，①〈みんなに等しく関係する事項については，みんなの同意を得るべきである〉と定めた，未成年者の共同後見人に関する規定（C. 5. 59. 5. 2）を，複数の関係者がいる訴訟や課税に類推適用した．②かれらはまた，〈レスリングやボクシングの試合中に相手を損傷しても，その行為は「名声を得，勇気を示すためであって相手を害するためではないので」不法行為にあたらない〉とする法文（D. 9. 2. 7. 4）を，中世の馬上槍試合に類推適用した[219]．③かれらは，不法行為から刑事罰の要素を減殺させ，またアクィリウス法を人に対する不法行為に適用する努力を進めた（既述のようにローマ人は，家畜や奴隷に対する殺害・傷害には，アクィリウス法で損害賠償を規定していた．しかし，自由人に対する殺害や傷害には，それとは別で，重い贖罪金で処理した．注釈学派の時代には，ローマとは通貨が異なるので贖罪金の算定には実損額を考慮

---

217) 以上，John Dawson, *The Oracles of the Law,* 1970, pp. 128-133；藤野奈津子「Princeps legibus solutus：ローマ法源とその解釈の歴史的展開（二）」（『早稲田法学』78巻2号，2003）．
218) コーイング（前掲注105）『近代法への歩み』69頁．
219) Robinson et al. (fn. 118), *European Legal History,* pp. 45-46.

するほかなかったし，実損額に傾斜したイタリアの慣習法をも反映させる必要があり，自由人に対する不法行為をアクイリウス法的に処理する作業が進んでいった）．④〈所属都市を相互に異にするイタリア人同士が取引するさいの準拠法〉をローマ法に求めたのも，かれらである．これは，ローマ人の「万民法」の発想を採用したものである[220]．

(iii) 後期注釈学派　続いて 1250 年以降，後期注釈学派の人々 Postglossatoren（注解学派 Kommentatoren とも呼ばれる）が活躍しだした．もっとも有名なのは，バルトールスと，その弟子のバルドゥス（Baldus de Ubaldis, 1327-1400）である（この 2 人が教えたペルージア大学法学部（1306 年創立）は，かれらによってボローニャ大学法学部と並ぶ水準に達した）．この時代になると，もはや写本の余白に説明を書き込むだけでは足りず，くわしい解説，すなわち注解 Kommentare の本を書く必要が出て来た．Kommentatoren の語は，ここから来る．かれらは，同時代人のために法律上の〈助言や鑑定〉consilia を担当することが多かった．そのさいには当然，時代の必要に注意を払うことになるので，注釈学派に比べ，法源からヨリ自由に思考した．すなわちかれらの学風は，近時の学説をも引き合いに出しつつ法の構成をおこない，ローマ法の個々の法文を連関づけて一般的な法概念や法原則・法準則を獲得し，古いローマ法をかれらの時代に適用できるものに加工する，というものであった[221]．

かれらの学風がよく出ている事例は，次のようなものである．①ヴェネチアの慣行では，3 人の証人の立ち会いのもとに作成された遺言は有効である．しかしこれは，5 人の証人が必要だとするローマ法に反する．バルトールスは，この点について，〈繁忙な商人の中から 5 人も証人を集めるのは不合理だから，3 人に限定するのは合理的である．遺言者の合理的保護を追求するのは，ローマ法の立場である〉とした．②かれはまた，〈イタリア諸都市で市民が自治権を永いあいだ行使してきたのであれば，皇帝からの特許の有無にかかわらず，それを法的に有効だと見ることができる〉とした．イェリネック（Georg Jellinek, 1851-1911）の言う「事実の規範力」の考えによって都市自治を承認したのである．③バルトールスらは，教会法の法人擬制説（本書 161 頁）をふまえつつも，同時に中世の団体が有機体的な実態（法人実在説の根拠となる）をもっていることを反映させるよう努力したので，法人論の深化に貢献した．④バルトールスは，前述のように（本書 87 頁），所有権 dominium を，「物を，法の許す範囲で自由に処分する権利」だと，「自由な所有権」を打ち出すかたちで定義した．⑤バルドゥスは，（師バル

---

220) Schott (fn. 93), *Rechtsgeschichte — Texte und Lösungen*, S. 44 ff.
221) スタイン（前掲注 209）『ローマ法とヨーロッパ』91 頁以下．

トールスがローマ法とは異なる「2種の用益所有権」の概念を生み出したのをふまえて，）主人の所有権を上級所有権（本来所有権 dominium directum），従者・永小作農のそれを下級所有権（準所有権 dominium utile）と呼ぶ「分割所有権」概念を精緻化し，中世の重畳的な土地所有関係をローマ法によって把握できるようにした（ただしこの分割所有権の概念は，永小作権を所有権化するので関係する農民に有利であったものの，もともと所有権的であったアルメンデや狩猟・漁撈権では農民に不利に働いた．なぜならそれは，自由農たちの共同利用地に関し領主層が，〈おまえたちが所有権をもっているとしても，それは下級所有権だ．自分も上級所有権のかたちで，所有権をもつ〉と主張することを可能にしたからである[222]．本書 150-152 頁参照）．

この時代には，イタリア都市を拠点に市場経済が発達し，新しい時代の要求に応じた法が求められていた．そこでかれらは，この要求にも応えて，ローマ法にはなかった手形法・社団法・国際私法などを取りあつかうとともに，都市の自治を支持する立場から慣習法論をも展開した[223]．

5-6-2　フランスの法学（含・人文主義法学）

法学部の叢生　法学の学問化はイタリア外でも進んだ．フランスでは，プロヴァンス Provence やラングドック Languedoc 等を中心とした南部地方がローマ法を伝えていたが（注 237），やがてこの地で大学を拠点に，ローマ法学・ローマ学識法の継受 Rezeption が進んだ．イタリア諸大学の影響が及んだからである．重要だったのは，ボローニャ大学注釈学派の重鎮の一人であったプラケンティヌス（Placentinus, ?-1192）である．かれは，モンペリエ Montpellier に移り，そこの法学部を発展させた．

---

222) 栗生武夫（前掲注 114）「入会の歴史」．クレッシェルによると，19 世紀ドイツのパンデクテン民法学は，分割所有権の概念を否定した．このことには，近世自然法論やドイツ観念論が〈所有の自由〉を強調し，旧い所有権を否認したことが影響している．クレッシェル（前掲注 113）『ゲルマン法の虚像と実像』274 頁以下．
223) 慣習法の編纂は，すでに 1220 年頃から，ヨーロッパ各地で盛んになっていた．有名なものとしては，1220 年頃の『ザクセン＝シュピーゲル』，1274・75 頃の『シュヴァーベン＝シュピーゲル』，1280 年頃の『ボーヴェジ慣習法』Coutumes de Beauvaisis（ボーマノワール（Philippe de Beaumanoir, 1246 頃-96）の私撰）がある．各地に招かれた注釈学派の法学者が，地方慣習法の編纂に寄与しもした．たとえば，イングランドに招かれたヴァカリウス（Vacarius, 1120 頃-1200）は，民衆の法としての慣習法の意義を説いたし，1150 年頃にスペインのバルセロナで編纂された『慣習法』Usatges de Barcelona も，イタリアから来た法学者によるものであった．今野（前掲注 133）『西洋中世世界の発展』193 頁以下．

北部フランスでも，フィリップ4世 (Philippe IV, 1268-1314) が 1312 年にオルレアン大学法学部を公認したことが，重要な出来事であった．前述のように，1219 年以来パリ大学ではローマ法の研究・教育が禁止されていた．このこともあって，オルレアン大学は――北部のゲルマン法的な慣習法の地帯における――ローマ法教育の拠点となった[224]．

これらの大学でローマ法・教会法を学んだ者の多くは，教皇庁関係ないし国王の官庁，高等法院 Parlement（この裁判所については，本書下巻 29 頁参照）の裁判官などになった．

*

人文主義法学　はるか後の時代に属することだが，関連上，人文主義法学をここであつかっておく．イタリア＝ルネッサンス期には人文主義の思想運動が盛んであった（本書 224 頁以下参照）が，やがてこれがイタリアからフランスやドイツ，オランダ等にも及び，ローマ法の新しい研究・教育が発展する．人文主義的法学である．フランスでの人文主義的法学としては，ブールジュ Bourges 大学法学部を拠点としたそれが有名である．この法学部では，ビュデ (Guglielmus Budaeus, 1467-1540) によって人文主義の土壌が準備されていたが，ここへイタリアの人文主義者アルキアートゥス (Andreas Alciatus, 1492-1550) がフランソワ1世 (François I, 1494-1547) の招きでやって来た (1529-33)．こうして 2 人の主導の下に，人文主義法学が花を咲かせた（後述するカルヴァンは，1529 年からブールジュで，まさにこの二人から法学を学んだ）．

ブールジュ大学法学部でもっとも有名なのは，次の世代の，(i) キュジャス (Jacques Cujas, 1522-90) と，(ii) ドノー (フーゴ＝ドネルス Hugo Donellus, 1527-91) とである．

　(i)　キュジャス　かれは，人文主義の「原典に帰れ」ad fontes と共通する立場で法学研究を進めた．すなわちかれは，イタリアの法学者の伝統的な方法（＝ローマ法の法文について厳密なテキスト＝クリティックはせず，また，法文間の歴史的コンテクストのちがいを考えないで，論理に頼って調和させようとするやり方で，「イタリア風」mos Italicus と呼ばれた．202 頁参照）を批判した．かれは，*Digesta*

---

[224]　ヴィノグラドフ（前掲注 212）『中世ヨーロッパにおけるローマ法』第 3 章．

のFlorentinaとVulgataとの写本（前述197頁参照）についてテキスト＝クリティックをおこない，編纂時や写本時の改ざん・写し間違い，1553年に初出版されたFlorentinaの印刷ミスを明らかにしていった．そして，『ユスティニアヌス法典』の本来の姿を再獲得し，法文ごとにその書かれた時代を明確にすることをめざした．このやり方を「フランス風」mos Gallicusと呼ぶ．

(ii) ドノー　かれは，ローマ法をベースにしつつ，個々の法制度を理論的に描く作業を進めた．かれは，さまざまな関連しあう法文を集めて分類し，そこからの帰納によって当該法制度の，ある程度一般的である概念・命題を獲得し，それを構成して理論的叙述をおこなった（ローマ法の法文は文の関連箇所で適宜引証したり番号を示したりした）．これは，形式の点では今日の日本の法学教科書にも見られる手法である．このようにドノーは，キュジャスとは異なり，法的構成を重視した．この点では，「イタリア風法学」の伝統に近い．

たとえば，(a) 前述のようにローマ法は，一物一権主義を原則にしている．しかしドノーは，Digestaを渉猟し，そこに用益権・通行権・永小作権などの制限物権を見出し，これらから「他者の所有物における物権」という一般概念を帰納させた．かれは，この概念に依拠することによって，封臣・臣民が領主の土地所有権に対抗しうる物権をもつことを構成した[225]．(b) ドノーはまた，ローマの不法行為法について，ローマ法の諸法文中から，「損害を与えた」という概念の他に「損害の原因ないし機会を与えた」という概念をも読み取り，それによって不法行為を，〈現実に損害をもたらした者だけでなく，その損害の原因をつくった者に対しても賠償を請求できる制度〉として仕上げ，この原則からの演繹によって問題処理を方向づけ法的保護をヨリ妥当なものにした[226]．これも帰納・演繹の方法の活用である．(c) かれは，賃貸借を「物または労務を使用する対価として金銭を払う行為」と定義し，物についての賃貸借と労務についての賃貸借（雇用と請負）とを関連づけたうえで，それぞれを分類しつつ論じた．

ドノーに見られる，一般概念・原則を重視するこの手法は，実はフランス法学の一つの伝統であった．それは，オルレアン大学でルヴィニのジャック（Jacques de Revigny, 1230/40?-96）らによって，アリストテレスの「オルガノン」の影響下に始められていた．この帰納・演繹による手法は，当初は，「フランス風」mos Gallicusと呼ばれ軽蔑されたが，やがてイタリアに影響を与えた[227]．

---

225) スタイン（前掲注209）『ローマ法とヨーロッパ』105頁以下．
226) 西村隆誉志『ヨーロッパ近代法学形成史の研究』（敬文堂，1998）8頁以下．
227) ヴェルジェ（前掲注210）『中世の大学』110頁．Robinson et al. (fn. 118), *European Legal History*, pp. 175-177. 西村（前掲注226）『ヨーロッパ近代法学形成史の研究』をも参照．

しかしながらブールジュ大学の法学は，まもなく主要な教授たち——カルヴァン派が多かった——が，ユグノー戦争を原因としてスイスやドイツ，オランダに亡命していったため衰退した（たとえばドノーは，ジュネーヴ・ハイデルベルク Heidelberg・レイデン Leiden・アルトドルフ Altdorf と，各地の大学を転々とした）．（ブールジュの町は内乱中に戦災を受け，大学自体もフランス革命期に消滅した.）

5-6-3　ドイツの法学・法実務（含・人文主義法学以降）

(1)　ローマ法の継受

　前述のように中世ドイツの伝統的裁判は，〈判決人ないし審判人こそが，伝統的な法ないし正しい法を認定できるのだ〉とするものであり，慣習法の尊重を基礎にしていた．しかし，このドイツでも，中世の終わりが近づくにつれ，ローマ法がしだいに浸透していった．イタリアやフランスでローマ法を学んだ学識法曹が，実務を担ったからである．またドイツ内にも，ローマ法を教える大学が増え，その教員と卒業生が実務に携わるようになった．ローマ法は領主や国王側の利益にかなったので，かれらの多くも導入に熱心だった．法曹は，15世紀後半には，主要法実務をほぼ席巻した．この経過を，見ておこう．

大学　ドイツでも大学が続々と創設され，ローマ法の教育・研究が盛んになった．1348年創設のプラハ Prague 大学，1365年のウィーン大学は，ともに辺境の地で国家建設を進めていた領邦国家の君主たちが創設した．1386年のハイデルベルク大学，1388年のケルン Köln 大学，1392年のエルフルト大学などは，キリスト教会の大分裂（1378-1417）によってパリ大学から移住して来たドイツ系法学者・学生たちを核にして，その地の諸侯によって創設された．その後，1409年のライプツィヒ Leipzig 大学，1419年のロストック Rostock 大学，1457年のフライブルク Freiburg i. Br. 大学，1460年のバーゼル大学，1477年のチュービンゲン Tübingen 大学などが，君侯や自由都市によって次々と創設された（15世紀以降，一法学部に数人の教授がおり，法学部生はドイツ全体で1000人くらいであった）．これらの大学は，それぞれの創設者＝支配者によって自治を認められ，免税・兵役免除・独自裁判権や学生牢などをもつ中世的な自治団体となっていった（ドイツでは，大学の独自裁判権が明文で否定されたのは，なんと1879年のことである）．

領主や国王 ドイツでは、イングランドやフランスとは異なって、領主や国王・皇帝がローマ法の継受に熱心であった。かれらは、〈ローマ法は「書かれた理性」であるから「確たる法的根拠」になりうる。これに対してドイツの固有法上の諸ルールは遅れたものであるから、それを援用する者がその有効性を厳密に証明しなければならない〉とした。こうした議論の背景には、次のような思わくないし事情が働いていた。

第一に、領主や国王・皇帝は、自分たちの政治世界=「神聖ローマ帝国」を、古代ローマ帝国の継承組織だと観念していたので、ローマ法への関心が高かった。たとえば、この神聖ローマ帝国は、前述のように（本書142頁）1495年に帝国最高法院を設置したが、そのさい、16名の審判人中、半数は、ローマ・教会法の法学博士であることを資格要件にし、のちには、残りの半数を占めた騎士層にもローマ法の知見を求めた。この構成原則は、やがて各領邦の上級裁判所でも採用されるようになった。裁判官がこのようにローマ法化したけっか、法廷に訴え出る庶民たちも、ローマ法の知識をもった法律家に頼るようになった。このようにしてローマ法は、上からの司法制度改革によってもドイツ社会に浸透していった[228]。

第二に、前述のように（本書150-152頁）、ローマ法の採用は、領主たちにとって自治的な諸勢力の慣習法・自治法など固有法を破る上で有効な手段であった。

第三に、当時のドイツは、多くの領邦・自治都市・荘園に分裂していた。このため、イングランドのように国家統一を実現した王権がその法を適用させることも、北部フランスのように王権の力を背景にして諸慣習法を、パリ地方慣習法に収斂させつつ記録することも、できなかった。

第四に、ドイツでは、法律家に身分団体的な自治がなかったため、その養成は大学においておこなわれた[229]。法もまた大学において学問の対象としてあ

---

228) ヴィノグラドフ（前掲注212）『中世ヨーロッパにおけるローマ法』166-167頁。
229) ドイツでは、宗教改革のころから、貴族は、次男以下を国や教会の高官にするため大学法学部で学ばせた（富裕市民層もまた、大学教育を重視した）。こうした大学重視を反映して、ドイツでは「知識人層」とは大学の学者や大学出の博士のことであった。これに対してフランスでは、貴族が大学で学ぶことは伝統ではなかった。また近世に入ると、フランス等で多くの知的エリートは、大学とは縁がなくなり宮廷社会ないし社交界（サロン）やアカデミーを活動の舞台にした。エリアス『宮廷社会』(1969. 波田節夫他訳, 法政大学出版局, 1981) 297頁以下。

つかわれた．そしてこの大学法学部では，イタリア法学の影響によってローマ法が主要対象となっていた（フランスやイングランドでも，大学で法が研究・教育の対象としてあつかわれる場合には，ローマ法が主要対象になり，それを学問的に整備する課題が重視された——固有法を対象にする大学もあったが．しかし17・18世紀のフランス，14・15世紀のイングランドでは，法曹団体が独自に後継者を養成するようになっており，少数の例外を除いて，ともにローマ法への情熱も学問化への情熱も失われ固有法の実務教育が主要関心となった)[230]．

　古代ローマやイタリアで学識法学者が裁判所から鑑定を求められたのと同様，ドイツでは大学教授が裁判所から鑑定を求められた．これが15世紀以来，法学部の特定教授が判決団を構成し，裁判所から送付されて来た一件書類にもとづいて判決原案を書く制度にまで発展した．そのさい，大学での法学は，前述のようにローマ法学が中心であったし，裁判所が鑑定を依頼する法学部は，その裁判所の管轄区域外にあることもあったので，また，各法学部は相互に連絡を取りあっていたので，その地方の固有法ではなくローマ法が準拠法になることも多かった（訴訟記録の送付 Aktenversendung と呼ばれたこの制度は，『カロリーナ刑事法典』で公認され，17世紀に最盛期を迎え，1879年まで重要な意味をもった．この鑑定は，費用がかかるので，裕福な訴訟当事者しか利用できなかった——勝訴側が謝礼を払った．教授には良い副業で，授業そっちのけで担当する者も出て来たが）．

(2) 〈ローマ法継受〉の是正

　しかしこのドイツも，ローマ法が全面的に浸透したのではない．たとえば，スイスやチロル（ともに農民身分が強かった），ハンザ諸都市，ザクセンなど，ローマ法の浸透に抵抗した地方もあった．また，貴族法・農民法・商人法・営業法などの分野に関しては，ローマ法はもともと未発達だったので，固有法が存在理由を主張しえた[231]．

---

[230] つまり，法の運営や法律家養成（法曹教育）には，(a) 職人的な道と，(b) 学者的な道とがあった．(a) 職人的な道は，経験をつうじて技法を習得し活用する道であった．これは，大学外の法曹養成所では通常であった．大学内でもトピカ法学の場合には，これが学問方法そのものであった（本書下巻10-6参照）．(b) 学者的な道は，原理を発見しそれにもとづいて体系化し，それを応用する手法を習得し活用する道であった．これは，（時代・学者にもよるが）大学で発達した．近代以降は，〈どちらかの道を本道としつつ他の道の手法をもどれだけとり入れるか〉の組み合わせが，各国で重要になった．

[231] 以下，ミッタイス（前掲注111）『ドイツ私法概説』11頁以下；勝田他編著（前掲注92）

この関連で 16 世紀以降に起こった重要な動きに，(i) 人文主義法学と (ii)「パンデクテンの現代的適用」とがある．これらは，もはや中世には属さないが，フランスの法学についてと同様，関連上，ここで論じておく．

(i) **人文主義法学**　16 世紀が近づくと，ドイツの大学にも人文主義法学が入って来た．その代表的な担い手に，ツァージウス（Ulrich Zasius, 1461-1535）とヘルマン゠コンリング（Hermann Conring, 1606-81）がいる．

ツァージウス　フライブルク大学教授のツァージウスは，アルキアーツスに共鳴し文通した．かれは，中世的な法学を排して，合理的論理にしたがった法学の形成をめざした．かれは，実務に対してもすぐれた感覚を有しており，1520 年に〈フライブルクの都市法をローマ法的要素と固有法的要素とをともに尊重しながら改訂し直す仕事〉を成しとげた．

コンリング　当時の名門校ヘルムステット Helmstedt 大学で学び・教えたコンリングは，当時の人文主義・自然科学の拠点レイデン大学に 5 年間留学し，自然科学，医学，政治学，法学等を担った万能の人であった．かれの法学上の業績としては，『ドイツ法の起源』*De origine iuris Germanici* (1643) で，いわゆる「ロタール伝説」を実証的に検討して，ウソだと見破ったことが挙げられる．「ロタール伝説」とは，神聖ローマ帝国皇帝ロタール 2 世 (Lothar II, 1075-1137) が 1135 年にボローニャ大学での『ユスティニアヌス法典』教育と，裁判所でのローマ法の排他的適用とを命令したとするものである．これが，〈ローマ法は神聖ローマ帝国の基本の法である〉とする主張の根拠だとされていた．コンリングは，〈ボローニャ大学で法学教育が始まったのは，ロタールのイタリア遠征 (1133, 1136-37) より前だし，ロタールが命令したという史料はないし，同時代の人々の証言と食いちがいもする〉として，この説を否定した．そしてかれは，ローマ法は，ドイツには，ずっとあとの時代に，〈慣習法化（固有法との漸次的融合）をつうじた継受 usu receptum〉のかたちで入って来たとした．

かれのこうした主張のけっか，ドイツでは，〈各地方の慣習法・固有法をまず重視すべきであって，ローマ法は，慣習法・固有法に欠缺や欠陥がある場合に，補充的役割しかもたない「普通法」として，妥当するだけだ〉という学説

『西洋法制史』201 頁以下．

が強くなった．コンリングはまた，ローマ法と固有法の漸次的融合の事実を示したことによって，「パンデクテンの現代的適用」の基礎を築いた．

　(ii)　「パンデクテンの現代的適用」　この運動は，16世紀末からのドイツで始まった．「パンデクテンの現代的適用」usus modernus pandectarum とは，〈現代の必要〉についての時代意識を背景にして，ローマ法，固有法，自然法，教会法をともに前提にし，〈このドイツの生活の中で使われてき，これからも使われるべき法はどれか〉を基準に法をつくっていこうとする運動である（この名称は，この運動の中心人物の一人であったシュトリュク（Samuel Stryk, 1640-1710）の主著のタイトルから来ている．かれは，フランクフルト＝アン＝デア＝オーデル Frankfurt an der Oder 大学の教授であり，その優秀な弟子の一人が，後述するトマジウス（Christian Thomasius, 1655-1728）——ドイツ語での授業の創始者——である（下巻13頁参照）．この師弟に共通しているのは，①宗教改革や三十年戦争によって「ドイツ」の自覚・自己主張が強まったことを反映した姿勢，②時代意識・実践的感覚のある法学の樹立，である）．この運動は，とくに帝国最高法院の法律家たち——ローマ法を前提にするが身分的な特権・固有法を擁護しようとする姿勢が強かった——に支持された[232]．

　「パンデクテンの現代的適用」は，(a) ローマ法に不備がある場合には，他の法の知恵を活用することによってそれを補正しようとし，(b) それとは逆に，ドイツ固有法に欠缺や欠陥がある場合には，ローマ法に援助を求めた．こうしてこの運動は，新しい時代に合致した法を充実させようとした．

　たとえば，(イ) ドイツの固有法の中には未婚女性に相続権を認めていないものがあったが，上述のようにローマ法にはそういう差別がない．そこで，「パンデクテンの現代的適用」の法学者たちは，このような場合には，正義の観点からローマ法を採用し女性に相続権を認めた[233]．

　他の例としては，次のようなものがある．(ロ) ローマ法（や固有法）では，契約は厳格な要式行為としてあった．しかしこれは，実用的ではなかった．そこで「パンデクテンの現代的適用」の法学者たちは，この点については教会法に依拠して，契約は真摯

---

232) Robinson et al. (fn. 118), *European Legal History*, pp. 188-201. なお，「パンデクテンの現代的適用」の「パンデクテン」とは，『ユスティニアヌス法典』の全体を指す．『ユスティニアヌス法典』の中心になったのが Digesta (= Pandectae) であったので，そういうニックネームを使うのである．これは，後述するようにパンデクテン法学や「パンデクテン体系」においても同様である．
233) Senn (fn. 102), *Rechtsgeschichte*, S. 172 f.

な合意のみで有効になるとした[234]. (ハ) ローマの不法行為法は〈原理からの一貫性〉にこだわらないカズイスティックなものであり, とくにアクイリウス法は, 自由人の身体侵害について規定していない (本書 80-81, 203-204 頁参照).「パンデクテンの現代的適用」の法学者たちは, 解釈をつうじてこの点について保護法益の拡大をはかった (その後, グロティウスら近世自然法論者が, 原理にもとづく思考によって〈他人に害を与えた者は, 賠償の義務を負う〉という自然法の一般命題を得て不法行為法体系を一挙に拡大整備した)[235]. (ニ) また, 前述の下級所有権は,「パンデクテンの現代的適用」の法学者によって, それも処分機能の一部を含むとされた[236]. (ホ)「パンデクテンの現代的適用」以降の法学者たちは, 教会法や後期注釈学派, ドイツの諸団体の実態をふまえつつ, 団体に関する法理を発展させた.

ドイツでは, 実践的感覚にもとづいて法を革新しようとするこの姿勢上で, 前述のように近世の自然法論が発達し, それが核となって近代法典の編纂作業が進展していった.

他国のローマ法継受　ドイツでは, 慣習法や判例が地方ごとに異なっていることに加えて, ある地方の慣習法をドイツ語圏の一般法に格上げできる主権者も, 特権をもち職業団体の自治をおこなう法律家たちも, いなかった. そこで皇帝たちは, 学問的に共有されていたローマ法に頼った. そして,〈地方の固有法が効力をもっていることを当事者が証明しない限り, ローマ法や帝国法が「普通法」として適用される〉というかたちでの〈法の統一〉を志向した.

これに対して他の国では, ローマ法継受は困難であった. たとえば, (a) フランスでは国王は, 王令によって国を治める実力はもっていたが, 新しい統一法典を作るほどの支配力はもっていなかった. しかもローマ法は, フランスに敵対する神聖ローマ帝国の法だと見られた. また, 高等法院の裁判官たちは, 大学でローマ法教育を受けていたが, 高等法院が上訴院であったこともあって, 事件が係属した下級審ごとに, その準拠法であるその地方の慣習法によって裁判した (たとえば, パリ高等法院を例にとると, その管轄区域には 50 以上の慣習法があった). この状況下で, フランスでは, 最終的には王のイニシアティブで, 諸地方の慣習法を成文化し, 200 近くあった慣習法をパリの慣習法を軸にしてまとめていく道がとられた. (b) オランダでは, 各州の自治が強く統一立法が困難であった. このためグロティウスらが慣習法とローマ法とを混合しつつ作っ

---

234) Wesel (fn. 3), *Geschichte des Rechts*, S. 385.
235) 原田慶吉「民法 709 条の成立するまで」(『法学協会雑誌』第 57 巻 4・10 号, 1943).
236) クレッシェル (前掲注 113)『ゲルマン法の虚像と実像』273 頁.

た法学書が，法として使われた．(c) イングランドについては，次に論じる[237]．

5-6-4　イングランドのコモン゠ロー

　イングランドでは，ノルマンディ公ギョーム（William I, 1027-87）による征服のあと，ヘンリー2世が，中央集権化政策の一環としての司法制度改革によって，コモン゠ロー法制の基礎を築いた．王は，国王裁判所を強化し，その判決を一般法として上から強制していった．これは，封建的な部分権力（領主や自治団体）の裁判権や，その法源である地方慣習法を崩すためのものであった．しかしイングランドでは王は，国を統一したものの，専制的たりえたのは，近世のチューダー朝期だけであった．そのわけは，①ウィリアム1世やヘンリー2世がフランスから来たのでその臣下たちも封建制に親しんでいたこと（かれら王自身がフランス王の臣下でもあった），②イングランド王がフランス王や教皇らとの争いで消耗したこと，③王家の内紛を貴族たちが利用したこと，④教会勢力や都市の力を無視できなかったこと，などにあった．

　貴族・高位聖職者，特権商人らは，王の支配を前提にしつつも，しだいに特権（としての自由）を確保するようになった．その第一の成果が，かれらの特権を一連の『マグナ゠カルタ』によって保障することであり（本書下巻注28参照），第二の成果が，議会による王権の制約であり[238]，第三の成果が，コモン

---

[237]　以上に対して，かつて古代ローマの支配の拠点であった南部フランスでは，ローマ法が卑俗法化されつつ持続していた．そのうえ，モンペリエやトゥールーズ，アヴィニョン，ナルボンヌ Narbonne などの大学でローマ法学が教えられた．このけっか，南部フランスはローマ法的成文法の地域となった．

　日本語で言う「イギリス」の地でも，スコットランドは，ローマ法との結びつきを強めた．その原因は次の点にある．①スコットランドは，1707年にイングランドと合同するまで，コモン゠ローとは基本的に無関係であった．②イングランドの教会は，宗教改革前においても，カンタベリーを中心とした統一的教会組織をもち国内で完結していた．これに対してスコットランドの教会は，国内での完結性をもたなかったため，大陸諸国と密接な関係にあった．こうしてスコットランドは大陸に対し開かれ，多くの若者が大陸へ留学した．③スコットランドでは宗教改革後は，カルヴァン派が支配的となった．そしてスコットランド人は，同じくカルヴァン派が支配的である先進国オランダで学ぶようになった．当時，オックスフォード大学やケンブリッジ大学は質が低下していたし非国教徒を差別した．これに対して，オランダのレイデン大学などは近代科学研究の殿堂であった．しかも，レイデン大学やユトレヒト Utrecht 大学ではローマ法研究が盛んであった．（前述のようにレイデンには，ブールジュ大学のカルヴァン派人文主義法学者ドノーが1573年に亡命して来，1575年の大学創立に立ち会い，87年までそこで教えた）こうした事情によって，スコットランドでは慣習法とローマ法とが融合した．Cf. Robinson et al. (fn. 118), *European Legal History*, pp. 114-123；ウィルソン C. Wilson『オランダ共和国』（堀越孝一訳，平凡社，1971) 228頁以下．

＝ロー法曹（とくに attorney）が，14世紀末から法を王権からかなり自立した
かたちで運用していった（たとえば，後継者を自分たちの団体内で養成し，裁判官を
自分たちの中から選任した．判例法であるコモン＝ローによって旧い法＝中世法を持続
させ，そのことによって実質的に諸権利を保障したりした）ことであり[239]，第四の
成果が，地方（州・県）においてジェントリー（ヘンリー8世（Henry VIII,
1491-1547, 在位 1509-47）が解体した修道院の土地を獲得して急速に成長した）が，
王に服しつつも自治的な名望家政治を確立したことである．かれらは，その土
地の人々を保護人・被保護人関係 patrocinium によって支配した（イングランド
では，経済や科学は激流のように，法史や政治史はそれを蔽う氷河のように，動く．氷
河の中にあっては，王権・特権身分も裁判官も，急激な動きは制され，しかしまた停止
することもできない．――この氷河の中において，氷河を破砕し激流化しようとしたの
が，後述のベンタム（Jeremy Bentham, 1748-1832）であった．しかしかれの死後，その
運動もまた，ややスピードを増しただけの氷河に呑み込まれていった）．

羊毛とヨーマン　　　イングランドは，12世紀中葉以来，良質の羊毛をロンドンから
ブリュージュ Bruges 経由でフランドル Flandre や北イタリア
（とくにフィレンツェ）などに輸出し，14世紀からは毛織物をロンドンからアントワー
プ Antwerpen 経由で大陸諸国に輸出した．こうしてイングランドは，早くから，国内
の政治的・宗教的統一と並んで，市場経済の統一をも進めえた．農村においても，農奴
制の解体が進み，15世紀頃からヨーマンと呼ばれる独立自営の自由農の成長を見た．
かれらの中には自宅で毛織物業を営む者も多かった．16世紀に入ると，貴族・ジェン
トリーらが，羊毛用の羊を効率よく放牧するために土地利用の合理化をはかり，共同利
用地を暴力的に囲い込み，農民排除をおこなった．多くのヨーマンは，これによって生
活基盤を奪われた．無産化したこれら元農民を雇用するかたちで，資本主義的な，農業
と工場制手工業 manufacture とが発展していった．

　イングランドでは中世後期以来，諸身分がこのような一国規模での経済活動を社会の
前提とし，また実際にもそこから利益を確保できる地位にあったから，〈王権の下での

---

238)　フランス系の貴族モンフォール（Simon de Montfort, 1208?-65）のリーダーシップによって，
聖職者・貴族・州代表（騎士）・都市代表（市民）などを結集させ等族を形成した身分制議会が
発足し（1265年），年に1回は開催され，王権を制約した．16世紀から，ジェントリー層の牛耳
る庶民院 House of Commons の重要性が増した．とくに，課税には等族の同意が必要であるとい
う伝統は，1295年の模範議会以来，1628年の権利の請願，1688年の権利の宣言などでも確認さ
れた．

239)　William Holdsworth, *Some Makers of English Law*, 1938, Lecture 3.

自由〉の道を選んだのである.

専制と自由の間　近世に移るころ,チューダー朝のヘンリー7世(Henry VII, 在位 1485-1509)およびヘンリー8世は,王の権限強化に努めた.かれらは,その一環として,国王評議会 King's Royal Council や枢密院 Privy Council などの直属機関を強化し近世的な制度に仕上げていった.また,①コモン゠ローの裁判官たちを自分の下にある官吏として位置づけ直そうとし,②王権から自立したコモン゠ローの法実務の伝統を補正・改変するため,星室裁判所によって衡平法 Equity を発達させ[240],③ローマ法や,大陸の糾問裁判——拷問つきの——を採用しようとした[241].

しかしまもなく(17世紀以降),法律家や議会勢力が王の専制に反対する動きを鮮明にした.そのさいかれらは,『マグナ゠カルタ』やコモン゠ロー,旧い慣習といったイングランド中世法に依拠して,〈王も尊重しなければならない法がある.それにもとづいて裁判する裁判官は,したがって王権から独立している〉と主張し,ドイツで言う「善き旧き法＝権利」と同質の観念をもち出しつつ,新しい時代の自由の法を展開しようとした.

コーク　その代表的人物が,コーク(クック,Sir Edward Coke, 1552-1634)である.コークは,根拠となる先例を中世の古文書や法書に求め,場合によってはかなり強引な読み込みをおこないつつ,王権に対抗して発言した.

たとえば,(a) かれは,1225年版『マグナ゠カルタ』第29条の「すべての自由民は,かれと同じ身分の人々による合法的な裁判かイングランドの法 lex terrae にもとづかないで,逮捕・監禁され,自由保有地・自由・自由な慣習を奪われ,法外放置・追放・その他の方法による侵害を受けることはない」という規定中の「自由民」を隷農や女性をも含むとし,人権化への貴重な一歩を歩み出すとともに,「イングランドの法にもとづかないで」を,「法の適正手続き due process of law によらないで」と解釈し——lex terrae を〈法一般〉ととったのである——「適正手続き」論への道をも開いた[242].(b)

---

240) 国王評議会が開かれてきた,ウエストミンスター宮殿の「星の間」Star Chamber で,1487年以来,大法官らによる裁判(主に書面審理)がおこなわれだした.これが星室裁判所である.衡平法は,それまでは教会法学者に担われていたが,やがてここで発展するようになった.星室裁判所は,中世的な特権や法実務を構造改革し近世化を進めることに貢献したが,その後,政治弾圧の機関となったため嫌悪され,長期議会の議決で1641年に廃止された.

241) Holdsworth (fn. 239), *Some Makers of English Law*, Lecture 4.

かれは，13世紀の有名な法律学者ブラクトン（Henry de Bracton, ?-1268）の〈国王は，神と法の下にある〉という言葉に依拠して，近世の王も侵すことができない法があるとした．(c) かれはまた，理性とコモン＝ローの基本原則に反する議会立法は無効であるとした．かれがこのようにして，近世の専制を克服する立場から「理性」や「法の支配」など中世的法観念を近代的に読み替えつつ再活性化させたことは，ピューリタン革命や名誉革命などにおいて議会勢力が王権に対抗するさいに，また，独立を求めるアメリカ植民地が本国に対抗するさいに，有効な武器となった．

　コークらは，以上のようにして，イングランド（やアメリカ）が，コモン＝ローや特権を核にした中世法の伝統を近代的に再構成しつつ生かすことによって，自由・平等を保障する法制度や人権を確立していく道を切り開いた[243]．

【補論】　伝統による近代──────

「法の支配」と　　　上の (c)「法の支配」は，のちに名誉革命やロック『統治二論』
「議会主権」　　　　(1690) で「議会主権」が確立したことによって，イングランドでは相対化された．「議会主権」の論理を純粋に貫けば，議会はどんな法でも新たにつくれるからである．じっさい，19世紀に入ってから，議会はさまざまな改革法を制定していった（もっとも議会は，コモン＝ローを制限しようとするチューダー王朝に対しコモン＝ローを擁護してきたし，近代においても「議会主権」はコモン＝ローと自由の伝統を尊重しつつ動くとされたので，イングランドで「議会主権」は「法の支配」と対立しているとは観念されなかった）．

　しかし，初期アメリカでは，両原理の対立が先鋭化し，「法の支配」重視が目立った．アメリカ植民地の人々は，〈本国の議会が制定した「悪法」が，伝統を破壊し人々の基本的な権利を抑圧している〉と考えたので，それに反抗するため自然権や特権・慣習法の尊重としての「法の支配」に依拠したからである．アメリカでは「法の支配」は，19世紀末に入って一面ではさらに強化された．すなわち，〈自然権にもとづく憲法が，立法権・行政権を枠づける．司法権が憲法によって立法・行政を審査する〉という制度，

---

242)　田中英夫『英米法研究2』（東京大学出版会, 1987）204頁以下．
243)　コモン＝ローは，中世的であったがゆえに近代的自由を支えられたし，中世的に柔軟であったがゆえに社会の近代化に即応していけた．コークの言葉に，「畑は古いが，播く種は新しい」というのがある（Theodore F. T. Plucknett, *A Concise History of the Common Law*, 1956, p. 51 による．Cf. pp. 243-245）．これは，名言である．畑は，古いから，こなれた肥えた土をもつ．播く種は，新しいから，そうした土に元気に根を下ろし豊かに養分を得てどっしりと実を結ぶ．前近代の豊かな伝統があってこそ，近代の自由や文化がその上で元気に花開く（これは西洋のあり方そのものを示す言葉だ，とも言える）．

違憲立法審査＝司法審査 judicial review が定着していった[244]．とくに 1930 年代にローズヴェルト大統領（Franklin Delano Roosevelt, 1882-1945, 在任 1933-45）のニュー＝ディール政策を妨害した，連邦最高裁判所の判事たちに見られたのも，自然権（とくに自由な所有権）を背景にした司法審査であった（しかし他方では，下巻注 49 で見るように，19 世紀のアメリカの法実務は，自然法や道徳・宗教から離れ，〈産業化促進の道具〉の側面を強めたのでもあった）．

<small>初期アメリカの中世色</small>　こうした点で独立前後のアメリカは，中世色の濃いイングランド以上に中世的である面をもつ．それらの面は，（民主主義にではなく）自由主義にかかわる．アメリカは，本国であるイングランドの「近世国家」・「近代国家」が加えてくる抑圧に対抗するために，〈大きな連邦国家〉を拒否するために，また個人の自立を確保するために，あえて中世的な自由の――さらには古代共和制の――伝統に依拠し，その近代的再編をはかったのである（この点ではアメリカ革命は，〈中世的なものの解体を方針とし，そのことによって自由主義に無感覚であったジャコバン左派下のフランス革命〉とは，正反対の指向をもつ）．

アメリカ建国が多分に中世的伝統に根ざしている点は，たとえば次のところに見られる．① 1607 年以降のアメリカ植民地での村や町・邦 state の建設の仕方は，ある個人が英王から領主権を与えられて・あるいは或る団体が英王から自治特権を与えられて開始するとか，移民たちが盟約によって開始するとか，英国王室が直営で開始するとか，のかたちをとった．それらは，中世において都市や入植地を建設するさいに見られたかたちであった．②植民地の人々は，本国に対し『マグナ＝カルタ』に依拠して自由を主張した（田中英夫（前掲注 242）『英米法研究 2』29 頁以下）．③ヴァージニア権利宣言の起草者であったメイスン（George Mason, 1725-92）は当初は，宗教上の自由や市民的諸権利を，コモン＝ローや（王によって植民地に付与された）自治特許状 charter にもとづくもの，すなわち封建的既得権として把握していた（かれは，やがてそれを自然法上の権利と結びつけるようになったが）．④独立宣言の起草にさいしても，植民地の人々の間には〈自分たちは，イングランドの王に抵抗している点で，かつてアングロ＝サクソン人がノルマン人の制服王に抵抗して伝来の自由（ancient constitution）を主張した精神を引き継いでいるのだ〉という理解がかなりあった[245]．⑤イングランド本国人が「議会主権」を強調したのに対して，植民地の人々はコークやブラックストン（Sir William Blackstone, 1723-80）に依拠して「法の支配」を強調した．これも，〈本

---

244)　村上（前掲注 102）『近代法の形成』117 頁以下；カネヘム R. C. van Caenegem『裁判官・立法者・大学教授』（小山貞夫訳，ミネルヴァ書房，1990）25 頁以下．
245)　以上，種谷春洋『近代自然法学と権利宣言の成立』（有斐閣，1980）290 頁以下および 324 頁以下．

国が不平等な法を植民地に強制する）ことに対して，植民地の人々が〈議会をも超えた正しい法〉という中世の論理で抵抗したことを意味する．⑥独立戦争前夜に叫ばれた「代表なければ課税なし」の原則も，中世における身分制議会の伝統である〈課税には諸身分が代表をつうじて議会で同意することが必要だとする原則〉の延長線上での発想である．⑦裁判における当事者主義の徹底も，古代・中世的伝統であった〈当事者本位〉原則の延長線上にある（これは英米共通である）．（これらに対して，共和主義的な政治体制や市民軍思想は古代共和国の，奴隷制度はローマ法の，それぞれの伝統につながっている．）

伝統の近代力　近代に入ると，イギリスやアメリカだけでなく，他の多くの西洋の国でも，伝統的な権利や制度——それらの多くは近世においていったん王権によって制約された——が，近代的に変容されつつ法理論・法実務の中に受容されていく（伝統的な権利とは，支配者との双務契約によってかちとった権限としての特権のことである．厳密にいえば特権には，①歴史の中で持続した利益状態が結晶化し事実上の権利となったもの（既得権）と，②支配者との契約（特許状）によってこれまでの関係（既得権をふくむ）が承認されたりあるいは新たに付与されたりしたものとがある）．

たとえば，①都市や村の自治特権は，〈有機体である国家には独自の役割を演じる分肢が欠かせない〉としてリベラルに再構成されたり，〈自治は最良の民主主義の学校である〉とデモクラティックに再構成されたりして，近代的地方自治となる．②「ギルド」などの伝統的な職業団体は，フランスなどを除いて，〈結社の自由〉のかたちで保障されるようになり，さらに，〈資本主義の疎外に対する防波堤〉として社会法的に再評価される．③大学の自治（本書下巻注134参照）は，〈真理の発見・学問の自由に欠かせないもの〉として近代的に再構成される．④古代以来の「家の平和」（本書73, 116-117頁参照）は，歴史の中で近代的に読み替えられ，〈愛情にもとづく親密圏〉，〈プライヴァシー〉，〈私的自治〉の尊重と結びつき，家庭内礼拝の自由（1648年のヴェストファリア Westphalia 条約で保障された），家宅捜索の制限，民事不介入の一つとしての私事不介入，などの近代的原則となっていく．⑤「議会の優位」は，民主主義的な〈国民参加〉ないし〈国民代表〉の観点から再構成される，等々．⑥なにより，中世において「自由」とは，国家以前から存続して来た状態を国家が確認した特権のことであった（それは，身分ごと・集団ごとに多様であったため，単数形 libertas でなく複数形 libertates ＝諸自由で観念された）．これが近世に入ると，「すべての人間に本性として備わっている自由」となった．

伝統的な権利・制度は，このような再構成によって近代的な権利・制度として憲法に規定され，近代における自由確保に基盤を提供した．そのさい，重要であったのが，第一には，近世自然法論が自然権としてそれらの自由を正当化したことであった．第二に

は，近代憲法が，①基本的人権を保障するとともに，②地方自治団体・教会・大学・職業団体・家族などかつて自治をもった団体を或る程度保障したこと，②公開裁判・二院制などの伝統的制度を保障したこと，③租税法律主義などの伝統的原則を確認したこと，であった[246].

法曹の成長　コークの時代には，コモン゠ローの法曹たちが自己改革を進めた．前述のように法曹たちは職業的な自治をもち，独自に法曹養成をおこなっていた．この法曹の中から，まずバリスター barrister 層が形成された[247]．近世に入るとソリシター solicitor が上昇し，2群の法曹が形成された．かれらは，ジェントルメンとして社会的地位をも高め，王権の下にありながら法曹として相対的に自立した．そして，コモン゠ロー（と，当初は王の直接支配の一環であった「衡平法」と）を，法曹法（判例法）として蓄積していった．このコモン゠ローは，やがて成長してきた新しいイングランドの市民的・経済的生活を支えるようになった[248].

---

246) 憲法でそれらの保障が典型的に見られたのは，ワイマール憲法である．石川健治『自由と特権の距離』（日本評論社，1999）．これに対して革命以降のフランスでは，下巻注78にあるように，革命時には伝統の臭いがするものが嫌悪されたものの，その後，事実上復活しまた継続していった．

247) ①イングランドでは，バリスター（法廷弁護士）になるためには，ロンドンにあるいくつかの法曹学院（Inns of Court）のいずれかに所属して，先輩から法と法実務とについて指導を受け資格を得る必要があった（学費は高額であった）．16世紀以降，法曹学院は自治を獲得し，法曹養成に国家は関与しないものとなった（メイトランド他『イングランド法とルネッサンス』小山貞夫訳，創文社，1977，84頁以下）．②フランスでも，革命期に断絶が生じたものの，弁護士会が身分制的な自治団体として自立した伝統は，中世から近代まで持続した．（弁護士資格は，弁護士協会が認定する）ということも，この一環である．また，後述のように，革命前には高等法院の裁判官についても官職売買が伝統であった．このことは，裁判官職が国王の意志からは独立した一種の財産権となっていたことを意味する．③アメリカのような新興国でも，法律家になる資格認定は，国家がおこなうのではなく，法律家の自治団体である ABA（American Bar Association）がおこなう．アメリカでは州・郡・市によっては裁判官も住民の投票によって選出される．④これらに対しドイツでは，近世になって裁判官は君主に忠実な官僚となっていった．

248) 以上については，J. H. Baker, *An Introduction to English Legal History*, 2. ed., 1979; 小山貞夫『イングランド法の形成と近代的変容』（創文社，1983）．

第3部　ルネッサンスと宗教改革

6 イタリア＝ルネッサンス

　イタリアの諸都市は，12世紀末から14世紀にかけて，積極的な生産・流通活動によって繁栄した．その繁栄がやがて文化の華を咲かせた．それが，14世紀から16世紀前半にかけてのイタリア＝ルネッサンスである．ルネッサンス renaissance とは，〈re ふたたび＋naitre 生まれる〉という意味である．この語をはじめて用いたのは，画家・美術史家のジョルジョ＝ヴァザーリ（Giorgio Vasari, 1511-74）である．かれは，「古典古代」を芸術の最盛期と見，かれの時代の芸術がその「古典古代」を「再生」させたと見た[249]．

　じっさい，〈古典古代の再生〉は，この時代に新しく追求されだした次の諸価値をめぐって確認できる．①古代の造形様式（とくに絵画や彫刻における人間の健康な肉体美と，都市や建物の設計における古典主義様式），②科学的探求，③〈市民主体の共和制〉の理念，④〈創造的で調和がとれた人間〉の理念，などである．これらの諸価値は，すでに古代においてかなり開花していたのであり，イタリア＝ルネッサンス期の人々は，そこに立ち返ることによって，中世後期の「型はまり」を打破し，その後の革新を準備したのである（もっとも，このことはルネッサンス人が中世と断絶したということを意味しない．後述するように，かれらは中世的でもあったのであり，イタリア＝ルネッサンス期を，「近代」的要素——その芽吹きが顕著であることは確かだが——の面だけにおいてとらえてはならない）．

　興味深いことに，この時代はまた他方では，アルプス以北のヨーロッパにおいても，（キリスト教的）古代を再生させた．宗教改革 reformation である．reformation もまた，〈re ふたたび＋form 形成する〉から成り立っており，renaissance と同じ関係をふくんでいる．すなわち，キリスト教の原初に立ち返るというかたちで，中世とは異なる新しい原理を創出し，それを信仰のさまざまな部門に適用し，キリスト教をふたたび形成す

---

[249] ホイジンガ「ルネサンスの問題」（『ホイジンガ選集』4，里見元一郎訳，河出書房新社，1971）50頁．

る（改革する）という関係である（両者が共通なのは，偶然ではない．それは，両者の基底にあった人文主義による．すなわち宗教改革を担ったルターらもまた，人文主義の教養に支えられて「原典に帰れ」ad fontes の立場をとった．かれらは，しかしルネッサンスとは異なって古典古代にではなく，原始キリスト教に向かったことによって，別の再生をもたらした）．

　宗教改革がこのことによって創出したのは，〈神に直結した各人の内面的自立〉という原理である．この内面性がその後の人類史にもった意味は，イタリア＝ルネッサンスが創出した「人間の尊厳」や「シヴィック＝ヒューマニズム」のそれと並んで，はかりしれない．

6-1　ルネッサンス期人文主義

　ルネッサンス精神の主軸となったものの一つは，人文主義である．人文主義 humanism, Humanismus の原語は，ラテン語の humanus であり，「人間に関するもの」を意味する．この反対語は，「教会に関するもの」である．すなわち中世においてほとんどの学はキリスト教に規定されていたが，イタリア＝ルネッサンス期の前夜において，それらから独立に，人間的事象（人間の自然の感情や歴史・社会・文学など）と自然現象を合理的な手法で探求する文芸が発達した．それらの文芸はすでに古代のギリシア・ローマで発達していたので，人々は〈ここから直接に学ぼう，そのためにまず，古典を純粋なかたちで復元しよう〉とした．これがルネッサンス期人文主義である．人文主義者は，そうした古典研究をつうじて，古代の，人間事象や自然の豊かな認識，共和主義的自由，四つの枢要徳（注30参照）によって自己を確立した人間像などに影響されるようにもなった（これらを原理とした作風・思考を古典主義と呼ぶ）．かれらはこうして，古代の「再生」，ルネッサンス，を準備し推進することとなった（古典古代に立ち返り，その文芸に依拠して思考する動きは，中世（「12世紀人文主義」，本書193頁以下）にも起こったし，近代（新人文主義，下巻157頁以下）にも見られた）．

　イタリア＝ルネッサンス期人文主義の先駆者には，次のような人々がいた．
　(i)　ペトラルカ　　ペトラルカ（Francesco Petrarca, 1304-74）は，①古典の本来の姿を取り戻そうとする姿勢，②哲学への関心，③自然の美しさへの開眼，④人間への関心，⑤「人間の尊厳」の覚醒，⑥政治的自由・共和主義の立場に

おいて，新生文化の開拓者であった（かれは，隠遁生活や修道院生活にあこがれるなど，中世的なところももってはいたが）．

かれは，イタリア（トスカナ）のアレッツォ Arezzo に生まれ，父親の意向に沿って——いやいやながら——法学をモンペリエとボローニャで学んだ．卒業後，アヴィニョンで低位の聖職者として働くが，1326年に父が死んで解放され，好きな文学に向かった．1327年4月6日にかれは，美女ラウラ（Laura）に出会う．この女性が詩的霊感の源泉となり，かれは，愛の抒情詩人となって canzoniere（イタリア語の詩）を生涯にわたり数多く生み出した．

ペトラルカは，ヨーロッパに残っている，古代の原典（写本）を探して旅し，1333年にベルギーでキケロの弁論の写本を発見した．かれはまた，アウグスティヌスの『告白』の写本も発見した．こうしてかれは，古典を厳密なかたちで復元し，それに依拠して考える運動（「原典に帰れ」）の端緒を切り開いた．かれ自身は，この運動の一環として，古代文学・哲学に依拠した道徳哲学研究を進めた．中世のスコラ学は，思考を硬直化させ，また人間から離れてしまっていた．これに対してペトラルカは，かれの天性の詩的情感と，（かれが古典から学び取った）豊かな素材によって論じる作風とを結びつけ，知への生き生きした愛，人間に関する自由な学芸を再生させた．古典の精神が，新時代の感覚に結びついたのである．

かれは，リエンツィ（Cola di Rienzo, Rienzi, 1313/14-54）を支持した．当時イタリアでは，教皇のアヴィニョン幽囚のためにローマ教皇庁の支配力が衰退し，市民の自治獲得運動が高まっていた．そのさい，市民は，自分たちは古代ローマの自由な共和制を再現させるのだと考えた（共和主義）．その先頭に立ったのが，リエンツィであった．リエンツィは，1343年に，ローマ市民の反乱を指導し，共和制を樹立した．しかし，数ヶ月後に貴族たちの反撃が始まり，失政も災いして革命は挫折し，リエンツィは1354年に殺害された．

(ii) ピコ＝デラ＝ミランドーラ　　ピコ＝デラ＝ミランドーラ（Pico della Mirandola, 1463-94）は，人間の本質を探究し，自由と人間の尊厳を強調した人文主義者であった．かれは，ギリシア語，アラビア語，ヘブライ語を駆使し，反占星術の立場をとった．その著書『人間の尊厳について』*De dignitate hominis* (1486) の書名からも，人間の尊厳への関心の強さが分かる．同時代には，似た書名の本が他にも多く出た．たとえば，マネツィ（Giannozzo Manetti, 1396-

1459）の『人間の尊厳と優秀さについて』*De dignitate et excellentia hominis* (1452)，ファチオ（Bartolomeo Facio, 1400-57）の『人間の優秀さ・卓越性について』*De excellentia ac praestantia hominis* (1448/49) などである．これらの，イタリア=ルネッサンス期に流行した「人間の尊厳」論は，〈人間は，理性や道徳性を発揮することによって高貴さを示す〉というものであり，これもまた古典古代思想の再生であった[250]．

【補論】「人間の尊厳」と「個人の尊重」——————————

　イタリア=ルネッサンス期は，天才的な人物の活動を可能にし，それゆえかれらのレヴェルでの「個人の尊重」を確立した．「型」にはまった創作しかしない「職人」とは異なる個性的人物が登場し，その個性をぶつけて作品化しだしたのは，この時代である．すなわち，「芸術家」の登場である．

　しかし，人間観一般について言うならば，イタリア=ルネッサンス期のパラダイムの一つである「人間の尊厳」は，今日の「個人の尊重」に直結はしない．それは，第一に，ここでの「人間の尊厳」における「人間」が，自己に自信をもった上層の人々に限定されていたからであり，第二に，実在する個人よりも〈本来の人間〉を問題にし，そういう客観的・超越的基準で人間を見たからであり，第三に，共同体の拘束が強い社会にあって，それを相対化する個人存在＝内面性は自立していなかったからである．こうしたところでは，〈客観的な基準や制度によって個人の自由が制約されるのは，当然のこと〉となる．アクィナスにも見られた，アリストテレス的な，そしてカトリック的な，目的論的思考がなお規定的だったのだ．

　これに対して今日の「個人の尊重」は，一人ひとりの一個性，それゆえまたその自由・自己決定を前面に押し出す．それゆえに「個人の尊重」は，アリストテレス的ないしカトリック的思考を越えたところに可能になる．じっさい「個人の尊重」は，ルネッサンス期においてではなく，プロテスタンティズムを土壌にしてはじめて芽吹きだす．その〈無力な人間〉の観念が出発点となるのだ．そうした個人が絶対者の前にただ一人で立つところ，その内面の輝きに，「個人の尊厳」，そこから来る「個人の尊重」の意識が芽生える．しかし後述のように，宗教改革自体は，ルターが国家権力に結びつき，カルヴァンが教会組織を重視したため，「個人の尊重」を開花させなかった．

　このためその開花には，後述のように合理主義と，それに立脚した自然法論の時代に

250）　前述のようにアリストテレスやストア派は，〈人間のみならず神にも本質として内在している理性・道徳性〉を前提にする．それゆえ人間は，自分をそれらの本質・能力を発揮できるものへと完成させれば，神に近い存在となる，ということになる．イタリアのルネッサンス人が「人間の尊厳」を展開した背景には，このアリストテレスやストア派の見方の受容があった．

入って，デカルト・ホッブズ・ロックらによって「個人」から哲学を展開する思考が前面に出たこと，ロックの寛容論，カントが道徳論において〈各人を手段としてではなく自己目的としてあつかえ〉としたこと，そして第二次大戦下でドイツや日本のファッシズムが個人を踏みにじる非人間性をむき出しにしたことへの反省，等を待つ必要があった（拙著（前掲注 1）『法哲学講義』179 頁参照）．

(iii) ヴァラ　ヴァラ（Laurentius（＝Lorenzo）Valla, 1407-57）は，ローマに生まれ，パヴィア，ミラノ Milano，ローマで学んだ．かれは，エピクロス的な立場から『快楽論』(1430-33) や『自由意志論』(1439) を書いた．かれの著書，『コンスタンティヌス帝の寄進状について』De donatio Constantini Magni (1440) は，『コンスタンティヌス帝の寄進状』に関する研究書である．この文書は，コンスタンティヌス帝（在位 306-337）がハンセン病を患い，教皇シルウェステル 1 世（Sylvester I, 在位 314-335）の祈禱でそれを治してもらったので，感謝の印として「ローマ市をふくむ全イタリアと西方属州をローマ教皇の支配下に置く」とした証文だとされてきた．しかし，この文書は，実はもっとのちに，フランス国王ピピン 3 世（Pépin le Bref, 在位 751-768）が 754 年にキリスト教会に対しておこなった寄進に関連して，あるいは教皇による 800 年のカール大帝（Charlemagne, 西ローマ皇帝在位 800-814）への戴冠を正当化するために，ローマで作成された偽文書だった．この事実は，すでにニコラウス＝クザーヌス（Nicolaus Cusanus, 1401-64）が指摘していたのであったが，ヴァラは，それをさらに詳細に実証し，これが中世最大の偽文書であることを明確にした．

6-2　共和制と共和主義思想

6-2-1　ヴェネチアとフィレンツェ

ルネッサンス期の北イタリアにおいて共和制を開花させた有力な都市の代表格は，ヴェネチアとフィレンツェであった．このうち，ルネッサンス期の政治思想史にとって興味深いのは，フィレンツェである．この観点から両市を比較しよう．

(1) ヴェネチア

ヴェネチアは，ナポレオンが占領する1797年まで1000年も続いた共和国である．フィレンツェやボローニャなどの共和制が瓦解した16世紀前半から，アメリカ合衆国建国（1776）やフランス共和国の樹立（1789）までの250年間，ヴェネチアは，スイス連邦やオランダ，ハンザ諸都市，神聖ローマ帝国自由都市（皇帝がいたが）とともに共和制の小さな種火を守り続けた．

5・6世紀に，フン族やランゴバルド族の侵入を避けて，アドリア海北端，ラグーナ（干潟）の島々に人々が移り住んだ．かれらは，811年にフランク王国の脅威を避けてリアルト Rialto の地に移った．これがヴェネチアの始まりである．823年に，かれらは，アレクサンドリア Alexandria から聖マルコの遺体を盗み出し，これを自分たちの寺院にまつった．ヴェネチアは，10世紀後半からビザンツ帝国や東方諸国と貿易——香料・織物・宝石等を輸入し武器・船舶材等を輸出した——によって繁栄しだし，11世紀以降，地中海の各所に植民地を拡大した．十字軍の遠征にさいしては，戦争特需で勢力を強めた．ヴェネチアは，15世紀に最高の繁栄期を迎えるが，その後半以降，ビザンツ帝国の崩壊・オスマン＝トルコの拡大，スペインやフランス統一国家の成長，新大陸や新航路の発見，オランダやイングランドの成長などによって，しだいに斜陽化していく．

ヴェネチアの政体は，寡頭制的共和制である（前述のように，寡頭制は，ほとんどの古代・中世都市に見られた）．国家の長であり軍の最高司令官である総督Doge（終身制）は，2000名の富裕商人（都市貴族）から成る大評議会 Maius consilium によって選出された（総人口は，15世紀末で20万人）．（談合によって特定の家系に権力が集中することがないよう，しかし立派な人物が選ばれるよう，くじ引きと協議による選別とを複雑に組み合わせた選出手続きがとられた．）大評議会は，重要法案の承認権限をももっていた．大評議会からつくられた元老院 Senatus は，一種の内閣であった．警察・司法は，十人会議 Magistrates が担当した．これら重要機関が相互にチェックしあう仕組みがあった[251]．こうしたシステムが，

---

[251] ヴェネチアにおいてドージェ Doge は，当初は王的存在であった．しかし1032年の暴動を契機にして，結束した都市貴族の門閥の力が強まり，最終的にはドージェは，〈貴族団体の平等な構成員中から選出された者〉となった（ヴェーバー（前掲注14）『都市の類型学』149-150頁）．この経過は，古代ローマが王制から寡頭制の共和国へ変移したのと似ている．

他の諸都市がシニョーレ制に陥った16世紀以降もヴェネチアが共和制を維持することを可能にした．

(2) フィレンツェ

〈民主ポリス〉　14世紀中葉以降，フィレンツェのかなりの人々がもっていた自負は，〈自分たちは，自由な共和制を担った古代ローマ市民の末裔だ〉というものであった．根拠とされたのは，次の諸点である．①フィレンツェは，古代ローマ軍の入植地として始まった．②フィレンツェ文化は，ラテン語をベースにしている．③フィレンツェは，ローマ法を使っている．④フィレンツェはミラノと争っていたが，この対決は，〈自由な共和制の自治都市 commune〉と〈僭主制の都市〉との対決である．ミラノは，1395年以来ヴィスコンティ Visconti 家の独裁下にあり，1450年以降はスフォルツァ Sforza 家の独裁下に入っている．これに対してフィレンツェは，共和制を守り続けてきた．⑤フィレンツェはヴェネチアのライバルであったが，両市のちがいは，フィレンツェが〈広く市民に根ざした共和制〉によるのに対して，ヴェネチアが〈寡頭制的共和制〉による点にある，と．ルネッサンス期の〈民主ポリス〉理念，共和主義思想は，こうしたフィレンツェを拠点とした．

民主化の歴史　フィレンツェの歴史を概観すると，次のとおりである．B.C. 283年にローマ軍がエトルリア人からフェスレ Faesulae という名の都市（現在のフィエソレ Fiesole）を奪い入植した．やがて一部の人々が丘陵地帯を降り，麓のアルノ川の渡河点に集住し，フィレンツェの町を形成した．フィレンツェは，1115年に自治都市として自由をかちとった．1138年からは，コンソレ制による統治が始まった．このころからフィレンツェは，国際的な規模での金融業，フランドル産毛織物（良質のイングランド産羊毛を原料とした）の販売，さらには独自の毛織物工業などで栄えた．

やがて旧来の都市貴族らの支配に対してギルド arte に属す商人や手工業者の一部が立ち上がり，1282年には，ギルドの複数代表者による統治体制 (priori制) に移行した．1343年には，アテネ公（Gualtiero di Brienne, ナポリのアンジュー家の武将として，一時期フィレンツェを支配した）を武力で排除して，自由な共和制を確保した．1378年のチョンピの乱は，さらに下層に属す市民たちが政治参加を求めて闘った運動であったが，弾圧された．

ミラノのヴィスコンティ家と対抗する中で、フィレンツェではシヴィック＝ヒューマニズムが花開いた。これは、古代の共和国をモデルにし、〈自分たちの共和国を独立自営の中産層を中軸にした市民軍によって守る〉ということを主軸とする人文主義政治思想のことである（注17参照）。〈仲間と結束して確保する独立性〉としての自由観念の再生である。

そしてフィレンツェは、1494年からの18年間、この思想をふたたび現実化させた。すなわち、フィレンツェは、1434年以来、コジモ＝デ＝メディチ（Cosimo de' Medici, 1389-1464）が市政を掌握し、その後メディチ家の独裁——シニョーレ制の一種——下に入ろうとしていた。しかし、1492年にロレンツォ＝デ＝メディチ（Lorenzo de' Medici, 1449-92）が死亡し、かつ1494年にフランスのシャルル8世（Charles VIII, 在位1483-98）が遠征して来て、メディチ家——教皇庁・ナポリ・スペインの専制権力と結びついておりフランスの敵であった——がフィレンツェから逃亡したことを契機にして、民主的共和国への政変が起こり、中産層にまで及ぶ3000人の市民が政治に参加するようになった（総人口は8万人程度、成人男性の総数は2万人程度であった。すなわち対人口比で、政治参加者は古典期アテネのそれに近い）。1502年からは、ソデリーニ（Piero Soderini, 1450-1513）が終身のgonforoniereとなり、民主的共和制が定着するかに見えた（後述するマキアヴェリも、この共和制下で、とくに軍事・外交面で活躍した）。

しかしその後フィレンツェは、従属下に置いてきたピサの自立等をめぐる戦争や内紛で政局の混乱に陥り、1512年にスペインに後押しされたメディチ家の復帰によって自由な共和制を失ってしまった（その後、1737年にはメディチ家が断絶し、フィレンツェはオーストリアの支配下に入った）。

6-2-2　シヴィック＝ヒューマニズム

上に述べたように、フィレンツェを中心にして14世紀中葉からの100年間、シヴィック＝ヒューマニズムの思想が旗幟鮮明になった。後述のマキアヴェリも、この流れをくむ一人であった。そこで、かれの思想を理解するためにも、ここでまず、かれに先行して活躍したフィレンツェ人たちのシヴィック＝ヒューマニズムを見ておこう[252]。

252）　以下については、Quentin Skinner, *The Foundations of Modern Political Thought*, Book I, 1978,

(i) サルターティ　サルターティ (Lino Coluccio Salutati, 1331-1406) は，1375 年からフィレンツェ書記官長（外交・内政の最高責任者）を務めた人物である．ペトラルカの弟子であったサルターティは，古代の言語や文芸に心酔し，フィレンツェの知識人の間で勉強会を開きギリシアから知識人を呼び寄せたり，写本の比較研究や文献批判をおこなったりするなど，人文主義を広め深める役割を演じた．サルターティは，フィレンツェの敵ミラノを，自由な古代ローマの共和制と対比して，〈僭主ヴィスコンティ家に支配された不自由の町〉ととらえ鋭く批判したので，「サルターティの筆は，1000 人の騎兵に等しい」と賞された．

(ii) ブルーニ　ブルーニ (Leonardo Bruni, 1369-1444) は，フィレンツェで古代語をサルターティに学び，プラトンやプルタルコスの本をラテン語に翻訳した．1405 年に教皇の秘書となり，1427 年以来フィレンツェの終身書記官長になった．かれは，『フィレンツェ讃美』や『対話』で，僭主制のミラノに対抗してフィレンツェの自由な共和制を擁護した．かれはまた，『フィレンツェ人民の歴史』において，自由のあり方に着眼しつつ時代区分をした歴史論を展開し，フィレンツェ共和制の歴史的意義を明確にした．

(iii) アルベルティ　アルベルティ (Leon Batista Alberti, 1404-72) は，当時の他の天才たちと同様，ルネッサンス型万能人であった．ジェノヴァに亡命中のフィレンツェの名門家系に生まれたアルベルティは，1428 年にフィレンツェに帰還し，教皇庁の書記官を務めながら，建築家・哲学者・詩人・画家・彫刻家・音楽家として活躍した．かれは，都市環境が市民の徳性 virtù を高める作用をもち，なかでも優れた建築物・芸術品が与える精神作用が大きいことを強調した．そのさい，かれの建築は，古代ローマから学びとった古典主義様式であった．フィレンツェの S. Maria Novella 教会などがその代表作である．かれは，その建築・芸術作品をつうじて古代の精神を市民の間に再生させようとしたのだった．

---

chap. 4；仲手川良雄編著（前掲注4）『ヨーロッパ的自由の歴史』138 頁以下など参照．15 世紀以来，のちに見るようにマキアヴェリを含む多くのフィレンツェ知識人は，〈共和制こそが，文化を向上させ，繁栄をもたらし，国を偉大にする〉という見方をもっていた．

6-3 マキアヴェリ

　本書では，以上の文脈においてマキアヴェリをくわしくあつかう．マキアヴェリの思想は，①かれが思想史上の「政治の発見」者である点からして，〈政治とは何か〉・〈政治的思惟とは何か〉・〈政治と道徳〉の関係などを考える上で，②かれが，シヴィック＝ヒューマニズムの思想が西洋諸国に広がっていく窓口となった点で，③かれが，「紀律化」の運動が西洋の近世・近代国家の運動となっていく窓口となった点で，④そしてこれらすべてに結びつくところの，かれが古代政治思想と近代政治思想とを媒介する重要な人物であるという点で，注目すべき位置にある．

　ここではまず 6-3-1 において，マキアヴェリによる「政治の発見」とはどういうものであったかを問い，続いて 6-3-2 において，かれが古代軍事学を継受したことの意義，とくにそのことによる〈古代と近代との媒介〉の態様を，シヴィック＝ヒューマニズムや「紀律化」ともかかわらせてあつかう．

6-3-1　マキアヴェリと「政治の発見」

　思想史上でマキアヴェリを「政治の発見者」（「近代政治学の創始者」）ととらえるのが常識である．しかし，そもそも「政治の発見」とは何なのか，マキアヴェリはどこまで「政治の発見者」なのか，そうした「政治の発見」がなぜかれに可能だったのか，は十分に検討されてはいない．ここでは，まずこの検討を中心に，マキアヴェリと「政治的なもの」とについて学ぶ．

(1)　「政治の発見」とは何か

　「政治が発見された」と言えるのは，次の五つのいずれかが鮮明な場合である．これらは，実際には相互に関連しあっており，その連関についてはのちにくわしく検討するが，ここではとりあえず五つのメルクマルを羅列しておく．

　(i)　新しい「政治」概念の発見　〈「政治」とは何か〉については，大別して 2 とおりの見方がある．第一の見方は，〈政治とは集団を共同で運営することである〉とするものである．第二の見方は，〈政治とはヘゲモニーの掌握，すなわち敵集団の打倒と味方の集団の統合，をめぐって展開する関係である〉

とするものである。この第二の見方を鮮明にした人物が,「政治の発見者」とされるのである。

第一の見方について　第一の見方は,古代以来,支配的な見方であった。集団を共同で運営するためには目的設定が重要なので,まず,政治の目的（大義名分）が中心的に論じられた。たとえば,プラトンは「正義」を,アリストテレスや中世以来の政治哲学は「公共善」を,儒教は「安民」を,マキアヴェリらは「イタリアの独立」を,ホッブズは「平和の維持」を,ベンタムは「最大多数の最大幸福」を,ルソーやマルクス (Karl Marx, 1818-83) は「人間性の開花」を,目的として置いた。

こうした大義名分を掲げるだけだと,①政治と道徳とは緊密に結びつくことになるので,後述する〈政治と道徳の同一視〉からの解放,その意味での「政治の発見」が進行しにくい。加えて,②その場合には,集団の統合や共同が重視されるので,政治の主体,とくに支配者（指導者）が高い倫理性をもつべきことが強調されることになる。たとえばヨーロッパ中世・近世の「君主鑑」mirror for princes や東洋の儒教は,〈支配者が道徳的であれば民もそれにならうので,理想社会が実現する〉とした（＝徳治主義）。（ただし,プラトンやアリストテレスは,人間の物欲や権力欲をリアルに見ていた[253]。かれらは,こうした現実をふまえつつ,望ましい政治制度を考察した。）しかも,③集団のそのような共同運営は,単に政治の場だけでなく宗教・職業・文化などの団体でも見出されるのだから,「政治」固有のメルクマルだとは言えないのでもある。

第二の見方について　この見方は,カール＝シュミット (Carl Schmitt, 1888-1985) が,『政治的なものの概念』 *Der Begriff des Politischen* (1927) において,「友と敵」の二集団関係が発生したところに「政治」の発生がある,というかたちで定式化した（拙著（前掲注1）『法哲学講義』7頁以下参照）。「友と敵」の視点は,社会関係における道徳の意味を相対化し,政治の技術性を直視する眼を鍛えることになり,これらの点で「政治の発見」を可能にした。

---

[253]　プラトンの人間観については,本書44頁以下参照。アリストテレスは,『政治学』第2章第7節（1267a以下）で次のようなリアルな人間観を出している。①人間は,生活に困窮して不正を犯すだけでなく,「快楽を得,欲望を充たすためにも不正を犯す」。②人間が「最大の不正を犯すのは余分なもののためであって,生活に必要なもののためではない」〔これは,実に言いえて妙である〕。③「人間どもの賤しい欲望は飽くことを知らない」。

第一の見方がタテマエ政治論であるのに対して，第二の見方はホンネ政治論である，と言える．「友と敵」の関係は，もちろんいつの時代にも政治の現実ではあった．しかし，政治哲学ではタテマエ論が，古代以来，洋の東西を問わず支配的であり続けた（伝記や戦史，物語，そして軍事学では，ホンネが語られ，英雄が権謀術数を駆使する様がリアルに描かれたりはしたが）．

　とはいえ，〈「友と敵」の二集団関係が意識されれば，即，「政治」が覚醒する〉とは言えない．たとえば敵集団の打倒のためには，最後の手段 ultima ratio として強制力，さらには軍事力が必要だが，もっぱらこれに頼るのであれば，もはや「政治」の場でなく「戦争」の場にいることになる（「戦争」の場でも「政治」は必要だが）．

　われわれが通常，「政治」として観念する場は，「友と敵」の二集団関係を軸にした駆け引きや宣伝活動の繰り広げられる場である．それゆえ，厳密に言えば，〈「政治」とは，敵集団に対処するため，最後の手段としての組織された物理的強制力（警察・軍隊）を準備しつつ，政治特有の技術を効果的に行使して支配・統合を確立・維持しまた共同目標を達成する行為である〉ということになる（そのための特有の技術として，説得，宣伝，デマゴギー（欺瞞や群衆心理の利用），利益供与，妥協，ルール（道徳や法）の利用，権威の利用，威嚇などがある．これらの技術が自覚的に駆使されるようになってはじめて，「政治」が展開すると言える．これらは，上の第一の場でも有効である）．

　(ii)　政治における道徳の相対化　　上に述べたことから分かるように，第一の，「政治」の伝統的な見方では，政治において道徳が大きな意味をもっていた．これに対して第二の，政治を「友と敵」の観点から見るところでは，〈敵集団をどのようにうまく打倒するか〉の技術問題が主要な関心事になるので，政治と道徳の関係の調整が進む．

　しかしまた，第一の，伝統的な政治の見方をとっている場合でも，〈統治の技術〉として政治を見る眼が発達するところでは，政治は社会工学の対象となり，このため政治における道徳の相対化が生じる．丸山眞男（1914-96）は，『日本政治思想史研究』（東京大学出版会，1952．以下，本文中に頁番号を示す）において，この点をとらえている．すなわちここで丸山は，荻生徂徠（1666-1728）をめぐって，「政治の発見」を次のように析出している．たとえば，徂徠には，「去ハ人君タル人ハ，タトヒ道理ニハハツレ人ニ笑ハルヘキ事也共，民ヲ安ンスヘキ事ナラハ，イカヤウノ事ニテモ行ント思フ程ニ，心ノハマルヲ真実ノ民ノ父母トハ云フナリ」（『太平策』），すなわち〈統治のためには非道徳な手段も許される〉とする言明が見られるのだが，丸山はこのような言明に，「個人道徳と政治との非連続」（83頁）を認める．丸山によれば徂徠は，「個人道徳を政治的決定にまで拡張することを断固として否認」（76頁）した人であり，「さらに進んで

個人道徳を政治の手段化しようと」(83頁)した人であった．

(iii) 公と私，外面と内面の区別　政治における道徳の相対化はまた，〈政治は社会という外部世界の関係事，道徳は個人の内面世界の関係事〉ととらえる考え方からも帰結する．上記の『日本政治思想史研究』において丸山は，この点をも徂徠に見出している．たとえば徂徠の次のような言明をめぐってである，「私ノ義理ト公ノ義理忠節トハ食違フ者也［…］公ノ筋ニ大ニ違テ有害事ニ至テハ私ノ義理ヲ立ヌ事也」(『日本経済大典』)．この言明における「公」とは，丸山によれば，「政治的＝社会的＝対外的なもの」を指し，「私」とは，「個人的＝内面的なもの」を指す (106頁)．徂徠は，この二つを原理的に区別した．徂徠は，〈自然な理が社会と各個人とを貫いている〉とした朱子学の立場を批判して，〈社会規範ないし公的秩序は，人が支配の手段としてつくったものであり，自然の理が規定しているものではない．したがってそれは，社会運用にとって有効か否かの観点から評価されるべきであって，道徳とは切り離されるべきだ〉とした．かれの弟子の太宰春台 (1680-1747) が，「内心は如何にもあれ，外面に礼儀を守りて犯さぬ者を君子とす」(『聖学問答』)と，〈道徳の内面性〉対〈政治や法の外面性〉を説いたのも，同様な立場からであった．

(iv) 作為の思想　作為の思想とは，〈社会は人間主体によってつくられ運営されるのだ〉という考え方のことである．丸山によれば徂徠は，先王・後王 (中国の伝説上の王や古代王たち) が「道」(統治の原則) をつくったように，時王 (今の王たち) は，統治を自分の主体的な工夫判断によっておこなうべきだとした．道は，「各時代の開国の君主による，その度ごとの作為を媒介として実現されるべきもの」(219頁)だと．こうして徂徠において，〈統治者は，因習にしばられず自分で考え，政策を効果的に実現するために統治の技術を駆使しなければならない〉というかたちで，政治が新しい姿を見せ始めた．すなわちここでも，「政治の発見」が問題になる (丸山によれば，徂徠の議論の根底にあったのは，かれの時代の社会が深刻な問題をかかえており，統治者が主体的に対応する意識と能力をもたなければならないという危機感であった．220頁)．

(v) 政治的な思惟の発達　「友と敵」の観点から政治を見るようになると，友と敵をどうリアルにとらえるかが重要な関心事になるので，それにふさわしい思考が発達する (上述のように，伝統的な政治の見方に立って〈支配者 (指導者)

による統合〉をテーマにする場合でも，〈どのように効果的に人々を統合するか〉を追究するさいには，リアルな思考にいたることもある）．政治に特有のこの思考は，丸山によれば，次の三つに集約される[254]．①機能的思考——これは，タテマエでなく実際の働きによって判断する思考，および，あるものの意味を状況との関連で考える思考である（＝ものは，それ自体は変わらなくとも状況に応じてその働き・効果が変わる，と見る思考）．②動態的思考——これは，ものをそれ自体が不断に変化するととらえる思考，および，二つのものが対立していても，それぞれに変化が生じると，対立の中身は変わると見る思考である．③多元的思考——これは，ものをその内部を構成する諸要素に注目して論じる思考，および，二つのものを絶対的に対置しないで程度のちがいとして見る思考である．

(2) マキアヴェリにおける「政治の発見」

マキアヴェリには以上のメルクマルが鮮明なので，「政治の発見」があったと言える．しかし問題は，マキアヴェリが，どういうかたちで政治を発見し，したがってどこまで，「政治の発見者」だったかである．

(i) 〈政治と道徳〉・〈公と私〉について　結論から言うと，確かにマキアヴェリは，政治における道徳を相対化した．しかしそれは，〈政治・法はもっぱら外面に，道徳・宗教はもっぱら内面にかかわる〉とか〈政治・法はもっぱら公的なもの，道徳・宗教はもっぱら個人的なもの〉とかとする，〈政治と道徳〉ないし〈公と私〉を原理的に区別する思考によるものではない．この点をまず，押さえよう．

マキアヴェリの著作中には〈政治と道徳〉にかかわる議論がいくつか見られるが，ここでは『君主論』を取り上げる[255]．この書では，第15節で〈政治と道徳〉の問題がまず提起され，第16-19節で個々の道徳について論じられている．そのさいのマキアヴェリの基本的態度は，次の語に要約される．

「<u>人の実際の生き方と人間いかに生きるべきかということとは，はなはだかけ離れている</u>．だから，人間いかに生きるべきかということのために，現に人の生きてい

---

254) 丸山眞男「政治的認識」（有斐閣版『社会学辞典』，1958）．拙著（前掲注1）『法哲学講義』30頁以下．
255) Machiavelli, *Il Principe*. 以下，邦訳は基本的に，会田雄次編『マキアヴェリ』（中央公論社版『世界の名著』21, 1979）による．

る実態を見落としてしまうような者は,自分を保持するどころか,あっというまに破滅を思い知らされるのが落ちである.」(第15節)

これは,ものごとの意味を,タテマエによってではなく実際の効果によって測ろうとする,現実的・プラグマティカルな態度——上述の機能的思考——である.

たとえば,マキアヴェリは,残酷さと温情との関係を論じているが(第17節),そこでかれが強調しているのは,「だが,こうした恩情も,やはりへたに用いることのないように心がけねばならない」ということ,すなわち道徳の絶対化・固定化を避けろということ(上述の動態的思考)である(=温情を排斥することが主眼ではない).

愛されることと恐れられることの関係(第17節)についても,「かりにそのどちらかを捨てて考えなければならないとすれば」という例外的な事態における選択としては,恐れられることが必要だ,とかれは言う.これはまさに最後の手段 ultima ratio として,実力行使が必要であるということである.逆に言えば,ノーマルな状況においては愛されることが重要だという認識,したがってまた,「愛」や「けだかい精神」に反応する倫理的側面が人間(臣下・臣民)に備わっているとの認識,をマキアヴェリは前提にしている.

では,続く第18節の,次の有名な言明はどうか.

「あなた方は,したがって,闘うには二種類があることを,知らねばならない.一つは法に拠り,いま一つは力に拠るものである.第一は人間に固有のものであり,第二は野獣のものである.だが,第一のものでは非常にしばしば足りないがために,第二のものにも訴えねばならない.そこで君主たる者には,野獣と人間とを巧みに使い分けることが,必要になる.〔…〕したがって,君主には獣を上手に使いこなす必要がある以上,なかでも,狐と獅子を範とすべきである.なぜならば,獅子は罠から身を守れず,狐は狼から身を守れないがゆえに.したがって,狐となって罠を悟る必要があり,獅子となって狼を驚かす必要がある.単に獅子の立場にのみ身を置く者は,この事情を弁えないのである.」(ここは,岩波文庫版『君主論』(河島英昭訳)による)

この言明は,しばしば論じられるようには,君主に〈狐のように欺瞞的で,ライオンのように暴力的な支配者になれ〉と説いたものではない.その第一の理由は,上の引用文中でかれが「一つは法に拠り,いま一つは力に拠るものである.第一は人間に固有のものであり,第二は野獣のものである」と言ってい

る点にある．つまり，かれは，「人間」であることと「野獣であること」との両方を強調している．このうち「人間」であることとは，「法に拠」ること，すなわち正義・道徳などの規範を尊重すること（＝iustitia）である．またその第二の理由は，ここでは「狐」は，第一義的には，〈だますこと〉にではなく敵の「罠を悟る」ことにかかわっており，「ライオン」は，第一義的には，むやみに暴力を振るうことにではなく「獅子となって狼を驚かす必要」，秩序を乱す連中＝敵を規制することにかかわっている，という点にある．

　マキアヴェリがこれらで避けるべきだとしているのは，固定的な思考，すなわち「一般に，よい人だと考えられるようなことばかりを後生だいじに守って」いるような態度である．かれは，「できればよいことから離れずに，それでいて必要やむをえぬときは，悪にふみこんでいくことが肝要である」（第18節）というように，政治における道徳性の重要さを説きつつ，〈最後の手段としての非道徳性，政治における道徳の相対化をも念頭に置いておけ〉と言うのである．この立場は，先に見たところと変わらない（『君主論』のこの箇所は，キケロ『義務について』第1巻13節へのあてつけではある——キケロはそこでは，狐を欺瞞と，ライオンを暴力と結びつけ，そうしたものにはなるなと警告している．だがキケロの全否定ではない）．

　以上のように見てくると，マキアヴェリにおける〈政治における道徳の相対化〉は，原理論からではなく，〈関係は不断に変化するし，状況も変化するので，それらにともなって道徳・不道徳の効果も異なる．道徳的にふるまうことが常に善い帰結を生むとは限らない〉という思考から出て来たものであることが分かる．この認識が，〈政治においても道徳は大切だが，しかし政治は実際には，道徳だけにもとづいて動いているのではない〉というリアルな見方となって，マキアヴェリの〈政治と道徳〉の関係論に作用した．マキアヴェリは，〈君主が善良であれば，国政も善くなる〉という伝統的な見方に対して，〈善良な君主が，かえって国政を悪化させることがある〉という逆説を対置し，国政を護るためには必要に応じた欺瞞・暴力の行使が避けられない，とした．かれによる「政治の発見」は，この逆説思考に起因している．

　（ii）〈自然と作為〉について　マキアヴェリは，この問題についても哲学的な一般論を展開していない．ただ一つ，かれが断片的に論じている運命の見方がこの問題に関係している．結論的に言うと，マキアヴェリは運命が人間

を支配していることを疑わない．運命はきまぐれであり，人間をあっという間に幸せの絶頂から不幸のどん底に突き落とす．運命は不断に変化し，その動きは人間にとって把握しがたい．このように存在自体としても認識の面でも，運命は人間の力を超越している．

このような運命の支配下において人間の主体性（「人間の自由意志」il nostro libero arbitrio，『君主論』第25節）は，どのようなかたちで可能か．マキアヴェリの見解は，四つに分かれる．

第一は，運命を川にたとえ，それに対する防備を説く議論である．川には堤防やダム，遊水池をつくっておけば，増水しても大丈夫だ．「同じことは運命についてもいえる．運命は，まだ抵抗力がついていないところで，大いに力を発揮する」．では，政治の場で運命に備えるとは，どうすることか．マキアヴェリによれば，それは君主が，（善政によって）民衆の心をしっかりつかみ，（信義によって）内外の同盟を固め，また堅固な城砦・十分な食糧などの備えを怠らないことである．このように求められているのは，先を読んで，いざという時に備える賢さ，すなわち古代ギリシア以来の四つの枢要徳の一つとしての賢慮 phronesis＝prudentia の資質である．一見斬新な「近代的主体性」と見えるこの議論も，実際には伝統的徳性の尊重にかかわっている．

第二は，運命の変化を鋭く読み取り機敏に対応する能力である．運命は不断に回転していく車輪（運命の女神はそれに乗った姿で描かれる）であるから，その車輪の一箇所に固着してしまって機転がきかない者，「運命に全面的に依存してしまう君主は，運命が変われば滅びる」．大切なのは，変化を読み取り機敏に適応していくことである．このようにして「時勢とともに自分の行き方を一致させる者は成功し，反対に，時代と自分の行き方とがかみ合わない者はうまくいかない」（『君主論』第25節）[256]．状況の変化を鋭く読み取りそれにうまく

---

[256] 同様の見解は，『リヴィウス論』においても独立した一節を費やして論じられている．「いつも幸運に恵まれたければ時代とともに自分を変えなければならない」と題した第3章9節がそれである．ここでは，①ハンニバル（Hannibal Barca, B. C. 247-183）との戦争において，当初は有効であった慎重な態度（＝正面戦を避ける）に固執しつづけたため失敗したファビウス（Quintus Fabius Maximus Cunctator, B. C. 260頃-203），②当初は人間味と忍耐で成功したが時勢が変わったのにそれに固執しつづけ失敗したピエロ＝ソデリーニ，が事例として挙げられている．①は軍事，②は政治に関する事例である（マキアヴェリにおいて，軍事と政治が連続していることは，こういう点からも分かる）．Machiavelli, *Discorsi sopra la prima deca di Tito Livio*, 引用文は基本的に，（前掲注255）『世界の名著』21による．

適応していくというのも，賢慮の徳にかかわる．

　第三は，運命の変化が人間の認識能力を超えているということから逆に前向きの姿勢を引き出す見解である．これは次のような言明に表れている．「運命は何をたくらんでいるかわからないし，どこをどう通りぬけてきて，どこに顔を出すものか皆目見当もつきかねるものであるから，いつどんな幸運がどんなところから飛びこんでくるかもしれないという希望をもちつづけて，どんな運命にみまわれても，またどんな苦境に追いこまれても投げやりになってはならないのである」(『リヴィウス論』第2章29節)．マキアヴェリが，〈運命は女神だから，それを支配するためには荒々しく大胆な若者のように行け〉と説いている(『君主論』第25節)のも，逆境にめげない強さ・前向きの姿勢で生きるという，ここでの問題に関係している．すなわちこれも，〈人間は運命に勝てる〉という近代的立場からではなく，〈人は運命の支配から逃れられない．しかし，その支配下でも前向きに生きられる〉という主体性論である．逆境の中でも希望を失わず，逆に運命に立ち向かうこれらの資質は，四つの枢要徳の一つとしての fortitudo（勇気）にかかわっている．

　第四は，不動の精神に支えられた主体性である．これは，「どんな運命に対してもすこしも変わらない気魄と威厳をそなえている」(『リヴィウス論』第3章31節)ことである．偉大な人間は，「どんな環境に置かれてもつねに変わらない」．高い地位についても，しいたげられても，「彼らは泰然として変わらず，つねに不屈の心をもちつづける」．こういう人には，運命は，「なんらの影響も残さなかった」(同節)．マキアヴェリは，こうした態度が，B. C. 367 年のケルト族襲来に耐えてローマを守ったカミルス (Marcus Furius Camillus, B. C. 446 頃-365) などの古代ローマ人に徳性として見られるとしている．このことから明らかなように，この態度は，四つの枢要徳の一つとしての temperantia（節制・自己抑制）ないしストア派が重視した constantia（不動心）にかかわっている．外部の変化に左右されない強い自己制御力に支えられた人間像である．

　以上のようにマキアヴェリの運命論は，しばしば言われるようには，〈自然・摂理・運命といった超越的秩序が崩壊した現実を前提にして，個人がその意志によって秩序を新たにつくる〉という，近代的思惟によるものではない．かれにおける人間の主体性は，先を読み変化をとらえる賢慮 prudentia，運命に左右されない泰然自若 temperantia，そして逆境に抗して生きる fortitudo と

6　イタリア=ルネッサンス　241

いうかたちで，伝統的な枢要徳の四つのうちの三つに基盤を置く（もう一つの枢要徳である iustitia 正義については，238 頁で見た）．すなわち，マキアヴェリは，旧い道徳観になお規定されているのでもある．

(iii)　政治の技術・政治的思惟の発達について

(a)　政治に固有な要素の発見　　政治の究極理念についてはマキアヴェリのばあい，〈イタリアの解放と統一〉，〈自由な市民が自発的に結束した国民国家の形成〉などが挙げられること，周知のとおりである．しかし先にも述べたように，理念をもつことが即，「政治の発見」ではない．問題は，その理念が，どのような新しい思考や手段選択と結びつくかにある．そこで検討すべきなのは，〈実力の契機の重視〉と〈政治の技術の提唱〉という，「政治的行為に固有の手段」をめぐる議論である．

(b)　実力の契機の重視　　それまでの政治思想に対するマキアヴェリのユニークな点として「政治における実力の契機の重視」を挙げるのは，ほぼ常識である．じっさい，マキアヴェリは，「自分の武力を備えていなければ，いかなる君主国といえども安泰ではない」という立場から，自国の兵士による国防を提唱する（『君主論』第 6 節）．また国内政治に関しては，『君主論』第 6 節の「武装せる予言者」に関する議論が注目に値する．すなわちマキアヴェリによれば，「民衆にあることを説得するのは容易だが，説得されたままの状態に民衆をいつまでも引きとめておくことはむずかしい」．民衆の心は，時がたてば変わる．時の経過が，味方から敵をつくる．だから，「ことばを聞かなくなったら，力をもって信じさせるような対策を講じなければならない」．最後の手段としての警察力・軍事力を確保しておくことが欠かせないのである．マキアヴェリは言う，「モーゼやキュロスやテセウスやロムルスにしても，もし武力をもたなかったとしたら，自分たちの律法を長期にわたって民衆に守らすことは，不可能だったろう」．「武器なき予言者」は無力だということである．

(c)　政治の技術　　前述のように，最後の手段としての強制力を確保しつつも，それをむやみに行使しないで支配の効果を挙げるためには，政治の技術が重要である．これを強調したのがマキアヴェリであることも，よく知られたところである．かれは，『君主論』第 8 節で実力行使をめぐって，「自分の立場を守る必要上一度はそれを行使しても，そののち，それに固執せず，できるかぎり臣下の役に立つ方法に転換」すべきこと，また実力行使について，「一気

呵成に実行するように配慮」すべきこと，を説いている．強硬手段と柔軟路線とを上手に使い分けることが，大切なのである．

前述のように『君主論』第18節で提唱されている，「人間」と「野獣」を使い分けるべきことや，さらに，「野獣」の中では「ライオン」と「狐」を使い分けるべきこともこの点に関連している．この中での「狐」こそ，相手の策略を見抜き，自分の方から策略を仕掛け，また鋭い状況判断をふまえて「人間」，「ライオン」，「狐」の間で戦術を巧みに転換していく「変幻自在」の能力にかかわり，政治の技術を象徴する．上であつかったマキアヴェリの運命論も，この点にかかわる．

以上を要するに，①マキアヴェリにおける「政治の発見」は，ものをリアルに見る柔軟思考・政治的思惟をかれが駆使したけっか，〈状況に対応して〈政治と道徳〉・〈自然と作為〉のそれぞれの両項を区分し使い分けること〉を説くにいたったところに，可能となった．かれは，〈政治と道徳〉・〈公と私〉・〈自然と作為〉のそれぞれの両項を原理的に峻別する近代哲学（＝「近代的思惟」）とは，まだ無関係だった．②上の考察はまた，マキアヴェリが重要な点で古代的・伝統的な価値観に深くつながっていたことをも明らかにした．③加えてマキアヴェリのこの政治的思惟の源泉としては，「友と敵」の視点が重要であった．④上の考察はさらに，マキアヴェリが単純な性悪論者ではなかったことをも明らかにした．かれの思考は，〈人間は本質的に善か・悪か〉といった二者択一を迫る実体的思考とは正反対の，動態的な思考であった．しかも，かれは道徳性を重視しているのだから，人間が善い面をもつことをも前提にしている．

マキアヴェリは，こういう柔軟思考・リアルな認識・「友と敵」の視点をどのようにして身につけたか．かれは，どのようにして，そうしたしばしば「近代政治学的な」と言われる傾向と，伝統的で道徳的である思考とを並存させえたか．これらリアリズムと道徳的思考とは，別々に出て来たのか，それとも同一の源泉から出て来たのか．これを，次の6-3-2で考えよう．

6-3-2　マキアヴェリと古典的軍事学

ここでの課題は，古典的軍事学（西洋では古代ギリシア・ローマの軍事学，中

国・日本では老子・孫子・呉子らの軍事学＝兵法論）の特徴と，それを再発見した近世（西洋ではマキアヴェリ，日本では武田信玄（1521-73）や荻生徂徠ら）の軍事学の特徴とを明らかにし，それらとの関連において見えてくる，〈新しい政治学の形成〉という問題について考察することにある．結論は，〈近世人が古代軍事学を勉強したことが，近世における「政治の発見」（「友と敵」思考，集団行動の組織論・「紀律化」論，指導者論，機能的・動態的・多元的思考）への道を開くことになった〉という点にある．

(1) マキアヴェリの軍事学

西洋の近世・近代において新しい政治文化が形成されていく上で重要な意味をもったものの一つに，古代ギリシア・ローマの軍事・政治の伝統が再発見されたことが挙げられる．

たとえばミシェル＝フーコ（Michel Foucault, 1926-84）は，後述する『監獄の誕生』*Surveiller et punir*（1975．田村俶訳，新潮社，1977）において，「そして忘れてはならないのは，〈啓蒙〉の時代には古代ローマの模範が二重の役割をはたしてきた点であって，共和制のその相貌のもとではそれは自由の制度そのものであったし，軍事中心のその相貌のもとでは，それは規律・訓練という理念的図式であった．〔…〕ナポレオン帝政時代にいたるまで，古代ローマへ指示関連を求める態度は，市民権という法的理想，ならびに規律・訓練中心の対処の技術を多義的なやりかたで伝達した」（同 151 頁）と述べている．

ここでフーコが指摘していることがらのうち，「自由の制度」は，前述のシヴィック＝ヒューマニズムの伝統にかかわり，「規律・訓練」は，ローマの軍事実務が紀律・訓練を重視したことが，近世・近代国家における「紀律化」の展開にさいし模範となったという事実にかかわる（古代ローマの模範は，実はこの二つに留まらない．この点は，フーコ論として後述する．下巻 14-5）．

ところで，これら古代ローマの軍事と政治との原理をルネッサンス期にもっとも鮮明にとらえ，その後の思想に大きな影響を与えたのが，マキアヴェリである．かれは『君主論』と『リヴィウス論』とによって有名であるが，私見によると，それらの根底には軍事学に関するかれの勉強がある．かれが，自分の軍事学研究の成果をまとめあげたのが，『戦術論』*Arte della guerra*（1519-21）である．この書では，上述の古代ローマの軍事と政治との原理が主軸となってい

る．このこととも関連して，マキアヴェリの『戦術論』が後史に対してもった重要な歴史的意義を，ここでまず確認しておこう．それは，次の2点においてである．

すなわち，第一に，イングランドのハリントン (James Harrington, 1611-77) が，『戦術論』の中の，〈独立自営の中産層を中軸にした市民軍によって共和制・自由を守る〉という，シヴィック゠ヒューマニズムの流れをくむ思想を発展させ，それがアメリカ独立革命のさいにも中心思想の一つとなったこと（それはまたルソーをつうじて初期ヘーゲルらの思想にも入っていった）．アメリカの連邦憲法第2修正 (1791) で「武器を保有し携帯する権利」が保障されたのも，このことを背景にしている（この思想伝統はまた，後述する新古典主義と結びつくことによって，首都ワシントンを古代ローマ風に形象化した．Capital Hill や Senator などの名称がそうだし，古典主義様式の建物が多く，中央広場（ナショナル゠モール）にワシントン記念塔のオベリスク，ジェファソン廟などをローマ風に配置した点などである——今のかたちに仕上がったのは，やっと20世紀に入ってからであったが）．

第二に，リプシウス——人文主義の一大拠点であったルーヴァン (Leuven, Louvain) 大学やレイデン大学で教えた——が，マキアヴェリの『戦術論』における紀律・訓練の思想を，戦士の精神でありストア派の伝統である constantia（不動心）と結びつけて展開し（新ストア主義），それが近代の国家・社会生活や教育上の原理となったこと．

これらこそ，上述したフーコの指摘に対応する2点である．

ここではまず，このようなマキアヴェリの『戦術論』の特徴を押さえておこう．

(i) 『戦術論』における古代共和国讃美

(a) 古代人の徳性讃美　マキアヴェリは，『戦術論』で，同時代のイタリアの支配者たちが，精神的に腐敗し詐欺やえこひいき，貪欲，傲慢さなど正義に反する傾向を強めていること，そしてこれとは対照的に，古代の人々は肉体的・精神的に健全であったことを強調する[257]．たとえば次のようにである．

「〔自分たちの祖国を防衛することに努めた〕古代の人々がめざしたのは，艱難辛

---

[257] *Opere di Niccolò Machiavelli*, vol. 6, 1826. Cf. A. Gilbert, *Machiavelli, The Chief Works and Others*. 以下，この後者の頁を示す．

苦に耐えうる肉体をつくり上げること，危険をものともしない精神を鍛え上げることであった．それゆえにこそ，カエサルやアレクサンドロス大王などすぐれた指導者・支配者は，前線で戦った．かれらは，戦いのときには武装して先頭を徒歩で進み，また，〈祖国を失うのならむしろ死を選ぼう〉と覚悟していた．このようにしてかれらは，勇敢に生き，死んでいった．かれらの全部ないし一部があまりにも支配欲が強かったことをわれわれが非難するとしても，かれらのうちには，非難されるべき柔弱さやその他の，人間を繊細でひ弱なものにするような要素は見られない」(p. 725)．

ここで讃えられている，古代人の徳性は，危険をものともしない肉体的・精神的な強さと，それを支える自己抑制の徳性とである．

こうした古代人のうちでも，マキアヴェリがもっとも高く評価し，模範にすべきだと考えたのは，ローマ人であった．かれらの倫理的努力を，マキアヴェリは，「〔かれらは，〕徳性のある者に名誉と報酬をあたえ，清貧を軽蔑せず，軍事的紀律にかかわる規則や制度を尊重し，市民が相互に愛しあうこと，分派なしに生活すること，私事よりも公事，を尊んだ」(p. 572) と描いている．正義，清貧，紀律，結束，公共心の徳をもった古代人の讃美である．マキアヴェリがなかでも賞讃したのは，後述のようにスキピオ (Cornelius Scipio 'Africanus', B. C. 235-183) ら，共和制期の将軍達であった．

(b) 紀律・訓練の讃美　　古代ローマ人（と古代ギリシア人）のこの徳性はどのように形成されたとマキアヴェリは見ていたか．この点についてマキアヴェリが強調するものの一つが，紀律・訓練であった．ローマ人とギリシア人とは，紀律・訓練と戦術の効果的活用で強力となった少数精鋭の軍隊によって戦争を戦い抜いた，というのである．

(c) 〈市民による共和制〉讃美　　マキアヴェリが強調する他の一つは，〈市民参加による共和制〉自体がもつ倫理的影響力であった．自由な共和国を担う主体であることによって，愛国心に燃えかつ公共心をもったことが，人々を高貴な存在にした，とかれは考える（＝われわれが，古代ギリシアのヘロドトスらに見た（本書注19），また後にイェーリングらについて重視する（本書下巻注142），「国民主義」的思想の一表出である）．かれは，このようなかたちで高められた共和制ローマの市民軍の道徳的資質を，次のように讃える．

「これらの善き人々は，戦争を職業として戦ったのではないため，戦争から得るものとしては，ただ労苦と危険，そして名声だけを期待したのであり，名声を得たあ

とは，祖国に帰り自分たちの職業で生計を維持したいと望んだだけであった．〔…〕戦争のごとき活動に対してこれとは別の目的を有している市民は，もはや善き市民ではなく，そのような都市は，善く統治されることはありえない」(p. 575).

マキアヴェリはまた，このような善き市民をかれの同時代のドイツ（スイス）の小都市に見出している．

「今日の軍事的手法のすぐれた範例は，すべてドイツ人に求められる．ドイツ人は，自分たちの祖国を大切に思い，また隷属を恐れている（ドイツ以外では，隷属はもはや忌むべきものとは見られなくなってしまった）．それゆえドイツ人は，自分たちの自主独立を大切にし，名誉ある生き方を堅持している」(p. 624).

このように，自由な共同体を自ら守る市民兵士であることこそが，徳性の（第二の）基盤を成す，とマキアヴェリは考えるのであった．

以上のように見てくるならば，『戦術論』では，マキアヴェリが〈共和国的な自由と独立〉，〈公共心のある自由な市民に支えられた共和国〉を心の底から願う理想主義者でもあることが明らかとなろう．かれの，〈自由な市民軍の重視〉，〈古典的な徳を体現した古代ローマ人の讃美〉も，そうした立場に深くかかわっている．共和国フィレンツェの人であり，ルネサンス期人文主義の流れを汲むマキアヴェリの心において，古代共和国の精神はまさに「再生」している（stato＝state 概念の発見者だとされるマキアヴェリは，依然として polis・civitas の観念を重視していたわけである）．われわれは，かれのこの，共和主義・道徳性重視・古代讃美の理想主義の側面を，マキアヴェリストとされてきたかれの側面と，正しく関係づけなくてはならない．

(ii) 『戦術論』における賢慮　『戦術論』において賢慮 prudentia はきわめて重視されている．というのも，軍事学は，先を読んで備える姿勢，的確な情勢判断，効果的な組織の整備，敵のスキを突く作戦などを主題とし，それゆえ賢慮に重きを置くものだからである．以下では，この点をまず明らかにしつつ，かつ，この点と，先に見たような〈伝統的な道徳に結びつく古代共和国の理想化＝共和主義〉とが，どのような関係にあるのかを考える．われわれは，以上の検討をふまえることによって，『戦術論』こそがマキアヴェリ解釈上の基本問題——道徳と非道徳の関係，伝統と近代の関係，動態的・機能的・多元的思考のルーツなど——を解明するためのカギであることを明らかにしようと思う．

まず，賢慮の語自体は，『戦術論』ではたとえば次のようなかたちで登場する．「ときには，あなたの敵があなたを有利にし，ときには，あなた自身の賢慮 prudenza があなたを有利にする」(p. 657)．『戦術論』におけるこの賢慮は，次の2群に分類できる．すなわち，(a) 状況等の正確な把握能力，および，その状況下で自分たちと敵集団とがどういう関係にあるかを的確に認識・予測する能力．そして，(b) 知謀，すなわち敵を欺き，また敵の不注意・錯誤に乗じてこれを討つ計略力である．以下，これら2点についてマキアヴェリの説くところを見ておこう．

　(a)　状況等の正確な把握　　マキアヴェリは，「自分の力と敵の力とを正確に評価できる者は，なかなか敗れない」(p. 719) というぐあいに，自分たちと相手との正確な認識が軍事においてきわめて重要であることを説く．この点を詳論しよう．

　①　正確な対象把握による行動の重視　　マキアヴェリは，たとえば次のようなかたちで，状況や対象の正確な把握が重要であることを強調する．「兵士の数よりも大切なのは兵士の virtù である．しかし，ときには兵士の virtù よりも，布陣場所の方がはるかに勝利に貢献することがある」(p. 719)．精神主義でいくのではなく，客観的な諸条件をしっかり認識し，それをふまえて行動することが基本である．

　②　対象の多面性・多様性の自覚　　これも対象認識の基本にかかわる．状況や対象をリアルに見れば，その多面性・多様性に気づく．この多面性・多様性をふまえるならば，一つのやりかたを絶対化することはできなくなる．「万能のやり方を指し示してくれる処方箋はない」(p. 617) のである．

　③　対象の可変性の自覚　　これは，正確な対象認識，とくに機能的・動態的なものの見方に関係している．それは，一つには，事物が変化するものであることを自覚し，したがって現在の状態を絶対化するな，という忠告としてある．たとえば次のようなものである，「何よりも次のことに言及しておく必要がある．すなわち，敵を完全な絶望状態に追い込んではならないということ．このことにカエサルは，ゲルマン人との戦闘において慎重であった．かれは，人は逃げ場を失うと必要に迫られて大胆になるものだと判断して，わざと退却路を開けておいてやった」(p. 700)．まさに「窮鼠，猫を噛む」の関係である．敵の現在の弱さが，まさにそのことのゆえにかえって敵を強くすることがある

(逆に言えば，自分たちの現在の強さが，かえって自分たちを弱くすることがある)．このパラドクシカルな〈変化の構造〉を押さえることが大切である，と．

二つには，この見方は，状況・事物は可変である；それゆえ自分の態度・工夫によって力関係は変えられるという，奮起の力の源泉ともなる．たとえば，「敗れた者の不動心constanza が，しばしば勝利者の展望を失わせ，やる気をなくさせる」(p. 717) という見方である．

三つには，この見方は，状況・事物の動態的な把握，すなわち〈状況・事物が不断に変化するものであること〉の自覚に立ち，その変化を予め読み取り計算に入れること，すなわち〈今或る行動に打って出るときにも，あとで事態が変化することを考えておく〉という賢慮に関係する．前述のように，これは『君主論』において，氾濫の予想される川には予め堤防やダム，遊水池を建設しておくというかたちで提起されていた（第25節）．かれはまた総括的に，「賢明な君主は，たんに目先のことだけでなく，遠い将来の紛争についても心を配るべきであり，いっさいの努力を傾けてこれに対処すべきである」（第3節）と，説いていた．『戦術論』においても，この精神は，たとえば次のようなかたちで登場する．

　　「太陽について言えば，それがいま自分の顔を照らさないということだけに注意するのではなく，時間が経ったあとでもあなたの邪魔にならないようにも，心がけるべきである」(p. 649).

(b)　知謀　マキアヴェリはこれを，戦争における効果的な手段として強調する．かれはその例として，次のようなものを挙げる：①チェーザレ＝ボルジア (Cesare Borgia, 1475-1507) は，「カメリノ Camerino を攻撃するかのように見せかけつつ，突如ウルビノ Urvino を攻撃し，他の将帥達が時間と費用をかけても陥落させられなかったこの都市を，一日にして難なく奪取した」(p. 712)；②スキピオは，ハンニバルとの戦いにおいて，恐れて逃げるふりをし，ハンニバルがそれを追いかけて町から出撃したすきに，別の部隊を動かしてその町を攻略した．③マキアヴェリはさらに，「都市を攻略するために，飲用水に毒を流しこんだり川の流れを転じたりした」例や，「自分の部下に脱走兵を装わせて敵の町に受け容れさせ，スパイや協力者として使った」例（後述255頁参照）をも挙げている．

このように知謀は，敵を，柔軟な思考と，緻密な組織化・厳格な「紀律化」

に支えられた機敏な行動とによって打つものである．この点で知謀は，先に見た，賢慮の側面——正確な情勢判断・自己知・合理的編成・変幻自在さ——と不可分一体である．

ところで，このような知謀は，〈正々堂々とした一騎打ち・正面戦をタテマエとする騎士道や，キリスト教的な正義 iustitia〉に反するキタナイやり方である．しかし，これらの戦術は，古代の将帥が，倫理との関係をさほど気にせずに使ってきたものであり，今それを論じているマキアヴェリも，また同様である．すでに見たように，マキアヴェリはこの『戦術論』においても，一面ではきわめて道徳的であり理想主義的である（かれは，敬虔なキリスト教徒であった）．しかしかれは，他面では，軍事学としては，道徳にもとる知謀・マキアヴェリズムを提唱する（軍事学は，本来的にマキアヴェリストの学なのでもある）．そして，これら二つの間に矛盾があるという意識は，あまりない（多少は矛盾の意識があることは，先に見たとおりだが）．そもそも将帥に必要な資質は，道徳性と非道徳性の両方であり（そのうち前者に比重がかかってはいる），それゆえまた軍事学もそれら二つを柱とする，というのが通常だからである．

(2) ヨーロッパの古典的軍事学

マキアヴェリのこのような軍事学のルーツは，クセノフォン，フロンティヌス，ウェゲティウスらの古代軍事学である．とくに後2者の書は，マキアヴェリの少年期（1480年代）にヨーロッパで再発見され，出版されて一躍ベスト＝セラーになった．マキアヴェリは，青年期以来これらを熱心に学び思想化し，かれの『戦術論』に結晶化させた．マキアヴェリにおいて，古典的軍事学の勉強が，「政治の発見」の道を切り開いたのである．以下，この点を見ておこう．

古典的軍事学が，なぜ当時のヨーロッパで再発見され人気を博したか．それは，次の事情による．すなわち，歩兵による組織的な集団戦を前提にした古代の軍事的伝統は，中世の騎士道的世界ではほとんど忘れられていた．中世においては，君侯の常備軍は少なく，戦争には騎士たちが従者をともなってはせ参じた．また，騎士道は，正々堂々と戦うとか，みごとに死ぬとかいった作法，「美しくふるまうこと」，美的ゲーム性を主軸にしていた．このため，組織化された集団戦のための科学的思考や知謀などの技術は，発達しにくかった[258]．そもそも，騎士が全身防備のための鉄製の重い甲冑や，美しく装飾された武具・武器にこだわったこと自体が，知謀や機動性を主軸とする作戦・行動

とは無縁の行為態様であった（もっとも，この中世においても，軽装歩兵のスペイン軍，長槍のスイス軍，短弓のイングランド軍などは，すぐれた用兵術を備えていた）．

ところが，イタリア＝ルネッサンス期には，傭兵制や，君主の常備軍が発達した．これらは，組織された歩兵による集団戦を前提にしており，また専門家に担われるので，科学的軍事学や知謀の活用を発達させた（やがて銃や大砲の使用も始まる）．加えてルネッサンス期人文主義が，古典の重視や共和主義の立場から，古典的軍事学を掘り起こした．こうして中世のとは異質の精神的態度が広がった．

(i) 古代ギリシアの軍事学——クセノフォン

まず，クセノフォンの軍事学を検討しよう．ソクラテスの弟子の一人で，『ソクラテスの思い出』で有名なクセノフォンは，その軍事学上の著作としては，『キュロス伝』（『キュロスの教育』 Kyropaedia[259]）や『ヒエロン』 Hieron[260]，そしておそらく『騎馬隊長論』 Hipparchikos[261] をも遺している．かれがこれらをつうじてマキアヴェリの軍事・政治思想に影響を与えたことは，『リヴィウス論』や『君主論』からうかがわれる．これら 2 著においてマキアヴェリは，クセノフォンにとくに興味を寄せており，しかもかれを引用しながら展開している議論は，すべてマキアヴェリの軍事・政治思想上の根本問題にかかわるものだからである．

すなわち，それらの論点とは，(a) 道徳論，つまり，君主や将帥は道徳的でなければならず，また高い徳性を備えていなければならないという議論と，(b) 知謀論，つまり，将帥は，知謀・マキアヴェリズムの能力を備え，そのためにも合理的で柔軟な思考を発達させなければならないという議論と，(c) 軍隊の訓練・「紀律化」論，そして (d) 共和主義論である．以下，これらそれぞれについて，マキアヴェリがどのようにクセノフォンから学んだかをまず

---

[258] 「騎士道理想は，たしかに，戦闘意欲にかたちと力を与えたかもしれない．けれども，一般に，作戦の遂行にあたっては，じゃまになるものであっても，役にたつものではなかった．作戦上の要請が，美しく生きたいと願う気持の犠牲になったからである．」ホイジンガ（前掲注 98）『中世の秋』213 頁．

[259] オリエントを統一した，アカイメネス朝ペルシアの王キュロス 2 世（Kyros II，在位 B. C. 559-530）の伝記のかたちで，軍事・政治思想を述べたもの．*The Loeb Classical Library*, Book 51, 52.

[260] シラクサの僭主ヒエロン（Hieron，在位 B. C. 478-466 頃）と放浪詩人シモニデス（Simonides, B. C. 556 頃-468）の対話のかたちで展開された君主論．*The Loeb Classical Library*, Book 183.

[261] 騎馬隊に関する戦術論．別人の作とも言われる．*The Loeb Classical Library*, Book 183.

明らかにし，次いで，クセノフォン自身はどのような議論を展開しており，それらがマキアヴェリの思想とどういう関係にあるかを考察してみよう．

　(a)　道徳論　　マキアヴェリは，いくつかの箇所で，指導者が高い道徳性を備えるべきことを，クセノフォンを引きながら説いている．たとえば，

　①　『リヴィウス論』第3巻22節は，君主や将帥がマンリウス (Titus Manlius Torquatus, B. C. 235 にコンスル) のように厳格であるべきか (＝かれは一緒に従軍していた息子が自分の命令に従わなかったので処刑した)，ワレリウス (Marcus Valerius Messalla Corvinus, B. C. 64-A. D. 8) のように人間味あふれる人であるべきか (＝かれは軍人・政治家にして文人であった)，を論じている．この点についてのマキアヴェリの結論は，共和国の指導者はマンリウスのようであるべきだが，君主は「クセノフォンにならって」，「全面的にワレリウスの立場を支持すべきで，マンリウスの行き方は捨てなければならない」というものである．そしてマキアヴェリは，その理由を，君主は臣下や臣民の服従と敬愛とを必要とするが，臣下・臣民の服従は，「君主自身が法律を守り，かつ有徳の人だという評判を得てこそ獲得されるものであり，また君主に対するかれらの敬愛は，君主がワレリウスのように人間味あふれた人であることによって獲得される」ということに求めている．

　②　『リヴィウス論』第3巻20節は，敵を従わせるには，軍隊の力を使って屈伏させるよりも，人間味あふれるあつかいによって心服させる方が有効であることを説いた，マキアヴェリの政治道徳論上重要なもう一つの箇所である．ここでもマキアヴェリは，後述の，カミルスやファブリキウス (Gaius Fabricius Luscinus, B. C. 282, 278 にコンスル)，そしてスキピオと並んで，その代表的なケースとして，クセノフォンの『キュロス伝』におけるキュロスに，次のように言及している．

　「さらにまた，りっぱな人たちが示した気風を，どれほど民衆が期待し，またどれほど著述家，つまり君主の一生を描き君主の生き方の規範をたてる著述家がほめたたえているか，それは周知のとおりである．こうした著述家の中でも，クセノフォンはきわめて熱心であって，とくにキュロス王の人間味あり物腰の柔らかな態度がどれほどの名声をもたらし，幾度となく勝利を導き，りっぱな評判を呼び起こしたかを論証しようとしたのである．またかれは，キュロスは傲慢，非道，ぜいたくなど一生の汚点となる悪徳は自戒して，後世に悪例を残さないようにつとめたと解説

した.」

③ 『君主論』においても,マキアヴェリは,上と同様な道徳的提言に関連してクセノフォンを引いている.すなわち,その第 14 節でマキアヴェリは,「軍事に関する君主の任務について」論じ,君主は紀律を重視し訓練を怠るべきではないとし,かつ,精神面での訓練として,「君主は歴史書を読み,それをとおして偉人の残した行動を考察すること」が必要だとする.そして,この精神面での訓練に関して,前述のようにマキアヴェリが賞賛するスキピオに関連させつつ,次のように言う.

> 「さらにまた,クセノポンの記したキュロス王の伝記を読めば,スキピオの一生はどんなにりっぱにキュロス王を模倣したかがわかる.またスキピオが,どれほどクセノポンの描いたキュロス王に,節制や物腰の柔らかさ,人間味,寛大さの面で合致しているかもわかることであろう.聡明な君主はこうした態度をこそ当然尊重すべきなのである」(訳文を原文によって一部変更).

通俗的なマキアヴェリ像を前提にしているのでは見逃してしまうことだが,『君主論』においても,このように君主(や指導者)の道徳性が真摯な態度で強調されており,しかもそうした立論においては,クセノフォンの『キュロス伝』が大きく影響している.

(b) 知謀論　マキアヴェリが知謀,いわゆるマキアヴェリズムの重要性を学び取ったのも,クセノフォンをつうじてでもあった.『リヴィウス論』第 2 巻 13 節が,この点を語る重要箇所である.ここでマキアヴェリは,下賤から身を起こし一国の支配をうち建てるには,実力とともに奸計にも頼る必要があるとし,この関連において次のように述べる.

> 「クセノポンはそのキュロス伝の中で,術策を用いることの必要性を説いている.キュロスがアルメニア王に対して試みた最初の遠征は,奸計にみちたものであった.軍隊の力をかりずに相手を欺くことだけで,その王国を手に入れてしまったという.クセノポンがこのことから引きだした結論は,およそ大事業を志すほどの君主なら,相手をたぶらかす術を体得するべきであるということにほかならなかった.」

じっさい,クセノフォン自身にとっても,知謀・マキアヴェリズムは,戦術上重要なものであった.そして同時に,このクセノフォンにとっても,それと道徳との関係づけが重大問題でもあった.たとえば,クセノフォンは『騎馬隊長論』において,「戦争においては奸計ほど有効なものはない.〔…〕たいてい

の勝利,しかも偉大な勝利は,奸計を使った作戦によってかちとられたものである」と述べている(V-9-11)し,また『キュロス伝』(I-VI-27 ff.)では,「敵に勝つためのもっとも良い方法はどういうものですか」と,キュロスが父親に問うたさい,父親は,敵に勝つためには,「計略に富み,ずるがしこく,策略的で,欺瞞的でなければならない.つまり,盗人であり強盗であり,あらゆる点で敵を出し抜けなければならない」と,ショッキングな答え方をした,とある.クセノフォンは,『ソクラテスの思い出』でも,ソクラテスと青年エウチュデーモス(Euthydemos)の会話の記録として,〈不正は敵のみならず味方に対しても行使してよい場合がある〉という結論を伝えている(IV-II-15 ff.).

以上を要するに,マキアヴェリ理解上で重要な,かれが将帥に道徳性と知謀とをともに求めているという事実は,かれがクセノフォンの『キュロス伝』に学んだことによっても形成された,と言える.

(c) 紀律・訓練　『リヴィウス論』第3巻39節は,軍隊では紀律・訓練が重要であることを説き,その一環として狩猟を重視している.そしてこのテーマに関しても,クセノフォンの『キュロス伝』が重きをなしている.クセノフォンは,この書物の全体をつうじて,キュロスが,その軍隊をどのように編成し,どのように「紀律化」し,どのような武器を使い,どのような戦術を用いて戦ったか,また,政治面でどのように組織編成・機構整備・行政をおこなったかを論じている.マキアヴェリは,それを学んだのである.

(d) 共和主義　『リヴィウス論』第2巻2節は,マキアヴェリの共和主義の側面が鮮明に出ている重要な箇所の一つである.かれはここで,ある国家が政治的にも経済的にも偉大になるのは「その国家が自由な政体のもとで運営されている場合にかぎられている」,とする.その理由は,国民が「個人の利益」でなく「公共の福祉に貢献する」ところにこそ強い国家があるのだが,そうした公共の福祉がエネルギッシュに追求されるのは,人々の自由な政治参加が確保された「共和国をさしおいては,どこにもありえない」からである,と.マキアヴェリは,以上のような——ルソーやヘーゲルにも見られる——見解を述べたのち,「右に述べてきたような意見をもっとほかの面からも裏づけたいと思う人は,クセノフォンの『僭主論』〔『ヒエロン』のラテン語訳〕を読むにかぎる」と言う.

最後に，以上の諸点を概括する将帥論を，クセノフォンは，『ソクラテスの思い出』においてソクラテス自身の言明として次のように記す．

> 「将帥は，知謀に富み，エネルギッシュで，注意深く，堅忍不抜で，思慮深くなければならない．かれは，愛されるとともに恐れられる人でなければならない．誠実であるとともに陰謀家的でなければならない．慎重で盗人的であるとともに浪費的で強盗的でなければならない．気前が良いとともに強欲でなければならない．不動でかつ強襲的でなければならない．その他多くの軍事的能力を，天性としてかつ学習によって，身につけなくてはならない」(III-I-6)．

道徳性とマキアヴェリズム，慎重さと大胆さ，寛大と倹約，さらには，『孫子』にある「風林火山」で言えば，「山」のように動ぜず「林」のように整然としていながら，いざ行動に出ると「風」のようにすばやく「火」のように攻撃的であること…これら相互に矛盾する諸能力・諸徳性をその内でダイナミックに相戦わせかつ協働させつつ効果的に行動していく，幾重にも複合的な人であることを，クセノフォンは将帥に求めている．まさにこの将帥像がマキアヴェリのものでもあることを，われわれは先に見た．

　(ii)　古代ローマの軍事学──フロンティヌス

マキアヴェリの軍事思想を考える場合に，クセノフォンと並んで重要なのが，古代ローマの2人の軍事学者，フロンティヌスとウェゲティウスである．フロンティヌスは，コンスルやブリタニア総督（A. D. 74-78年頃）を歴任した，古代ローマの政治家・文筆家で，ウェゲティウスは，A. D. 4世紀のローマの軍事学者である．上述のように（249-250頁），前者の『軍略論』*Strategemata*[262]と，後者の『軍事学』*Epitoma rei militaris*[263]とは，ともにルネッサンス期イタリアを中心とする西洋の軍事学の再生の中で再発見され，マキアヴェリ『戦術論』の種本ともなっている．以下では，マキアヴェリとの関係でとりわけ興味深いフロンティヌスについて見ておこう．

フロンティヌスの『軍略論』は，軍事行動上のさまざまな局面においてどのように行動すべきかを，古代の歴史書や伝記から抽出した事例を豊富に挙げながら──すなわち先にローマ法についてわれわれが見たのと同様なカズイステ

---

[262] Frontinus, *Loeb Classical Library*, Book 174, 1925.
[263] F. Vegetius Renatus, *Epitoma rei militaris*, Editio Altera 1885. 抄訳として F. V. R., *The Military Institutions of the Romans*, John Clark (tr.), 1767; rep. 1944, 1985 がある．

ィックな手法で，また似たテーマに着目しつつ分類していくかたちで——示したものである．

フロンティヌスが将帥に必要な徳性ないし精神的態度としているものは，われわれの観点からは次の三つに集約される．すなわち，(a) 賢慮にかかわる，知謀および合理的態度，(b) 正義 iustitia・度量の大きさ magnificentia・人情味 beneficium などの徳性にかかわるもの，(c) 紀律・統制にかかわるもの，の三つである．後述のように，これらは，マキアヴェリについてわれわれが先に見た，君主に必要な資質としての，(イ)「狐であること」，(ロ) 人間であること，(ハ)「ライオンであること」に——単にテーマに関してだけでなく内容的にも——それぞれ対応している．それだけに，これらに関するフロンティヌスの記述——とくにマキアヴェリの『リヴィウス論』や『戦術論』のベースになっている箇所——を詳細に見ることは，マキアヴェリを歴史的に位置づけるために重要な作業であると言える．以下，この作業をおこなっていこう．

(a) 賢 慮

① 知謀　『軍略論』の中でもっとも頻繁に出てくるのは，知謀によって敵を欺き軍事的成果を挙げた事例である．たとえば，「ワレリウス＝レーウィヌス (Publius Valerius Laevinus, B. C. 280 にコンスル) は，ピュルス (Pyrrhus of Epirus) との戦闘において，一兵卒を殺し，血のしたたるその剣を掲げ両軍にピュルスが殺害されたと信じ込ませた．敵はこれに欺かれ，指揮官を失ってもう絶望的だと思い込み，われがちに野営地に逃げ帰った」(II-IV-9. 以下，本文中に箇所を示す) とある．先にも出て来た「ウソの方便」である．

知謀は，次のような高度に計画的な作戦のかたちでも使われる．ペルシアのキュロスは，バビロニア Babylonia と戦っているさい，臣下の一人を，忠実であることを確かめたのち，わざと痛めつけ追放した．この忠臣は敵将のところにいき，キュロスに対する自分の憎悪をぶちまけた．敵将は，これを信じ込んで，その忠臣をついにはバビロン守備隊長に任命した．するとその忠臣は，その地位を利用してこの王都をキュロスの手に渡してしまった (III-III-4)．これは，一方での (味方同士の) 堅いきずな・信頼といった道徳性と，他方での (敵に対する) 欺瞞，その信頼に対する裏切りといったマキアヴェリズムとが結びついた事例である．

② 合理的・科学的態度　古代の四つの枢要徳のうち，賢慮の徳は，上述

の知謀と並んで合理的・科学的な態度としても現れる．フロンティヌスが挙げている事例の中でも代表的なものは，次のとおりである．

> 「シラクサのアガトクレス Agathokles（B. C. 361-289）がカルタゴ Karthago と戦っていたとき，兵士たちは戦闘の前夜に月食を見て恐慌をきたした．アガトクレスは，かれらになぜ月食が起こるのかを説明し，さらに，それがどのようなものであっても，<u>自然現象に過ぎず，かれらの事業とは何のかかわりもない</u>ことを言い聞かせた」(I-XII-9)．

ここに見られる精神的態度は，次の2点で重要である．第一は，当時の一般人が自然現象を〈自分たちの社会的行為（戦闘）の結果を予告するもの〉と見ていたのに対し，アガトクレスがそうした自然現象を社会関係から切り離し，社会とは無縁の現象としたことである．ヴェーバーの言葉で言えば，「世界の脱魔術化」が見られるのであり，丸山眞男の言葉で言えば，「自然」から「作為」への移行（＝自然現象の一部として社会を見る見方から，自然と社会を非連続化させ，社会が，自然によってではなく人間の意志・主体性によって形成されるものであるとの認識への移行）が見られる．

第二は，第一の点と不可分の，自然現象を合理的に理解しようという姿勢である．この精神的態度は，すぐれた将帥が——自然哲学者と並んで——身につけているものとして，また次のような事例によっても示されている．

> 「雷が野営地に落ち兵士たちが恐怖にとらわれたとき，ペリクレスは，かれらを集め，全員の面前で二つの石を打合せて火を出してみせた．かれはこのようにして，<u>雷が同様な原理で雲の相互接触によって起こるものであることを説明</u>して，兵士たちの恐怖を鎮めた[264]」(I-XII-10)．

---

[264] ペリクレスに関する同様な事例は，『プルターク英雄伝』の「ペリクレース」にも見られる．ペロポンネーソス戦争のさなか，ペリクレスが150隻の船で出陣しようとしていると，突然日食になり「すべての人々はこれを重大な前兆と見て非常に驚いた」．するとペリクレスは，自分の外套を兵士の目の前に掲げて太陽を隠して陰をつくり，〈どうだ怖いか，怖い事が起きる予兆だと思うか〉と聞いた．兵士が〈怖くない〉と答えると，「<u>これとあれとどこが違ふ．かう暗くなつたのはただ外套よりも大きいもののためだ</u>」とペリクレスはみんなに言った（『英雄伝』第3巻，岩波文庫版，51頁）．
　プルタルコスは——ディオゲネス＝ラエルティオス（Diogenes Laertios, 3世紀前半）も指摘していることだが——，ペリクレスのこのような（合理的・科学的な）精神は，アナクサゴラス（Anaxagoras, B. C. 500頃-428頃）に影響されてできあがったという．「アナクサゴラースと交はることによつて，〔…〕天象に対する驚異の念が，それらの現象の原因を知らず神々のはたらきに取憑かれたりさういふ事に関する無経験から心を乱したりする人々に与へる<u>迷信を超越して</u>

「ガイウス゠スルピキウス゠ガルス（Gaius Sulpicius Gallus, コンスル：B.C. 243）は，月食が近くなった頃，兵士たちがそれを不吉な前兆ととらないように，あらかじめ月食が起きることを予報しただけでなく，月食がどのようなしくみで起きるのかを説明した」（I-XII-8）．

これらはともに，フランクリン（Benjamin Franklin, 1706-90）が雷の正体が電気であることを証明するため雷鳴がしているときに凧を揚げた有名な実験を思い出させるような，科学的精神の記録である．古代の科学者的合理性が，偉大な将帥であり政治的指導者である人物の精神の骨格を成していたのである．

この，第二の精神的態度は，さらに，敵と味方の状況を正確に認識し，また地勢や情勢についても観察によってその特徴・法則を的確に把握し，それらを手がかりにして周到に作戦を練り上げることにもかかわっている．

前者の，敵と味方との的確な認識の例としては，次のようなものがある．

「ファビウス゠マキシムス（Quintus Fabius Maximus Cunctator, B.C. 260頃-203）は，ガリア人とサムニウム人は戦いの初めは強いこと，これに対して自軍は戦闘が長引くにつれ調子が出てくること，を知っていたので，戦闘の初めには引き延ばし作戦をとり，敵がいらだって疲れるのを待つよう，自軍に命じた．そして，この引き延ばしを十分やったあと，かれは予備の部隊をも投入して総攻撃をかけ，勝利した」（II-I-8）．

また後者の，地勢の特徴を的確にとらえ，それを手がかりにして先を読んだ作戦を練り上げることについては，ハンニバルに関する次のような実例がある．

「カンナエ Cannae において，ハンニバルはウルツールヌス Vulturnus 川が異なる水質の川と合流し朝方に強い風をまき起こし，この風が砂や土埃をまき上げるのを観察した．そこでかれは，そのすさまじい勢いの砂や土埃が自軍の背後から起こってローマ軍の顔や目を打つように布陣した．敵にとってはこれが重大な障害物となり，ハンニバルは決定的勝利を得た」（II-II-7）．

古代の軍事学は，以上のようなかたちで合理的・科学的な精神を重視したのであった．

(b) 将帥の道徳性　　先にあつかった所では，合理的態度とともに，知謀

ゐたと思はれる．」（『英雄伝』第3巻13頁）（アナクサゴラスは，イオニア Ionia 派の哲学者である．かれは，太陽を灼熱化した金属塊で，見た目よりはるかに大きく，また月には山や峡谷があり，宇宙はチリの集りである，とした．今から2500年も前にである．）

によって敵を欺き勝利を得る，勝利のためには非道徳的な手段も辞さないという，いわゆるマキアヴェリズムが重要な要素をなしていた．フロンティヌスは，しかし同時に，将帥たちが正義・度量の大きさ・人情味といった道徳性をもって行動し，そのことによって，結果として軍事力に頼る以上の効果を挙げた事例をも，重視している．

たとえば度量の大きさの事例としては，次のようなものがある．

> 「スキピオ＝アフリカーヌスがスペインで戦争中のことである．捕えられた女性たちの一人として，兵士の眼をひいた絶世の美女である，貴族の娘がかれの前に引き立てられて来た．スキピオは彼女を保護し，アリクイスという名のその婚約者に返した．そのさいスキピオは，彼女の両親が身の代金として差し出した黄金を，二人の結婚の祝いとして付けてやった．この重ねての人間味の深さに心打たれ，その部族はこぞってローマ共和国と盟約を結んだ」(II-XI-5)．

また，正義にかなう行為としては，ゲルマニクス（Germanicus Caesar, B. C. 15頃-A. D. 19）の次のような事例が挙げられている．

> 「インペラトールのカエサル＝アウグストゥス＝ゲルマニクスは，かれがゲルマン人を征服してゲルマニクスという添え名を得た戦争において，クビー族の領土内に砦を築いているとき，その囲いの内に入ってしまった作物についてクビー族に代金を払うよう部下に命じた．このけっか，ゲルマニクスは公正な人だという評判が立ち，部族はこぞってローマに帰順した」(II-XI-7)．

マキアヴェリの著作でも重視されているこれらの事例においては，人気取りのために道徳性が仮面として使われているのではない．これらの行為は，将帥の高い徳性から自然に出て来たものであり，それゆえ，これらは純粋に道徳的な行為である．これが，意図せぬ結果として，偉大な成果に結びついたのである（これこそ，キケロ『義務について』第3巻のテーマ，すなわち〈道徳的である高貴なものは，また人間に有利をもたらすものでもある〉に対応する）．

しかもフロンティヌスにとって，将帥のそうした真摯な道徳性は，将帥がマキアヴェリズムを使うことと共存するものであった．かれも，そして古代の将帥たちも——一面ではわれわれ現代人もまた——他人に対しても自分に対しても，「清濁併せ呑む」複合的な思考をするのであり，あるいはまた，矛盾の共存（自分に矛盾があること）に平気な，道徳上の「二重人格者」なのである．

以上の点に関連させて考えれば，このような軍事学が，人間について，それ

を性悪としているのでも性善としているのでもないことも，明らかとなろう．確かに戦争の場では，敵はあらゆる手段であらゆる機会に自分たちを殺そうとしている存在であり，つまりは自分たちにとって悪人・悪魔であると見なければならない．自分たちもまた，敵に対しては悪人・悪魔となって行動しなければならない．味方の兵士たちに対しても，その欲望や怠惰，エゴイズムが強いこと，悪い傾向性をもつことをも前提にして，後述のように，訓練・紀律・懲罰・ウソの活用によって対応していかなければならない．しかし，だからといって，これらを前提にする軍事学が人間観として性悪説に立つとは，誰も言わないであろう．ところが，そのような人間関係論が戦争の場でなく政治の場について語られると，人はそれを〈性悪説の表明である〉と早合点してしまう．これが，これまで永く続いてきたマキアヴェリ誤解の一原因である．

(c) 紀律　　以上に検討してきたのは，将帥における「狐であること」(知謀)と「人間であること」(道徳性)に関することがらであるが，フロンティヌスはさらに，「ライオンであること」(恐れられること)の重要性をも論じている．これは，軍隊において紀律(軍紀)を保持することがきわめて重要であるという認識に関係する．たとえば次のような事例に見られる認識である．

　　「ディクタートルのセルウィリウス＝プリスクス (Servilius Priscus Structus Lartius, B. C. 418 にディクタートル) は，敵のファリスクス族に向かい連隊旗を掲げて突撃するよう命令した．しかし旗手の一人が，突撃を躊躇した．そこでかれは，その旗手を処刑した．<u>他の兵士たちはこれに恐れをなし，敵に向かって突進した</u>」(II-VII-8).

　将帥が兵士から恐れられる必要があるのは，そのことによって，軍事行動にとってきわめて重要な軍紀と団結を厳格に守らせるためであり，かつ将帥に対する恐れを敵に対する戦闘意欲へと高めることができるからである．

　このような厳格な軍紀によって兵士を結束させ，かつまたかれらに軍紀を守らせる存在として，将帥は兵士にとって「ライオン」でなければならないのであった(もっとも，上述のように，将帥はただ恐れられるだけではダメなのであって，かれは同時に，高い道徳性や人間味，そして知謀，合理的思考などの徳性をも兼ね備えた，複合的な人物でなければならないのであった).

　以上においてわれわれは，フロンティヌスにおける，「狐」・「人間」・「ライオン」の構造を見，それが内容的に，先に見たマキアヴェリの軍事学・政治論

の特徴と著しく近似していることを確認した．マキアヴェリがフロンティヌスを若い時から熱心に勉強している以上，このような近似は単なる偶然の所産とは言えないだろう．マキアヴェリを理解するうえでフロンティヌスの軍事学は，重要なカギの一つなのである[265]．

【補論】『孫子』との比較――――

以上に見た西洋の軍事学を東洋のそれと比較すると，いろいろ興味深いことが確認できるので，ここで取り上げておこう．日本でもまた，近世に入って古代の軍事学（中国古代の『老子』・『孫子』・『呉子』ら）が再発見され，そのエートス論が将帥（武士）の精神形成上で重要な意味をもったし，その組織論は軍事のみならず近世・近代の国家形成においても，大きな役割を演じた．

なぜ『孫子』らが近世初期の日本で再発見されたか．この点についてはヨーロッパの近世初期におけると同様，次のような事情が問題になる．すなわち，南北朝内乱期に槍が使用されるようになり，戦争は，武将のバラバラの戦闘によるものから，訓練された歩兵による集団戦に移行した．そして応仁の乱後，そのための戦法が緊要になったけっか，戦国武将たちが，その戦法を前提にしている『孫子』・『呉子』を再評価し始めたのである．

なかでも武田信玄は，母方の関係で幼少より教養ある名僧たちから古典的軍事学の薫陶を受け，それを応用した．それは，信玄にとって，単に戦術を練る上で役立っただけではなく，国家を新たに編成する上でも，その国家運営・政治を効果あるものにする上でも，役立った．小幡景憲（1572-1663）が補訂した『甲陽軍鑑』は，この武田兵法の伝統上に立つ．

この『孫子』らが日本で刊行されたのは，1599年のことであり（＝西洋でのローマ軍事学古典の出版より100年遅れである），徳川家康（1542-1616）の肝煎りによる．これを起点として江戸期の兵学が発達する．山鹿素行（1622-85）や荻生徂徠らが，その担い手であった．丸山眞男の研究によって有名になった，徂徠の政治思想の成立には，

---

[265] もう一人のウェゲティウスは，フロンティヌスらの記述をまとめるかたちで『軍事学』を書いた．それゆえ，この本も，①「紀律化」，②将帥の道徳性，③合理的思考，④知謀の重視を柱にしている．ウェゲティウスは，ローマ軍が，ポエニ戦争まではこれらに支えられて強かったのに，その後の平和や豊かさによって柔弱化したと見る．かれは，この状況下でローマが外部の傭兵に頼るほかないことを嘆き，ローマの独立自営農民を基盤にした市民軍を編成し直し，それを規律と訓練によって質の高いものに仕上げていくべきだと提言する（I-28）．これらは，まさにマキアヴェリの追求した〈自国の中産市民による軍隊〉の理念そのものである（それのみか，マキアヴェリの『戦術論』は，ウェゲティウスの『軍事学』のエキスとなる部分を，今日的に言えば剽窃とも言うべきかたちで使っている）．

孫子の軍事学の影響が大きかった[266]．

『孫子』の思考の特徴は次の点にある．
　(i)　客観的・合理的な認識態度　　『孫子』は言う，「吾が卒の以て撃つべきを知るも，而も敵の撃つべからざるを知らざるは，勝の半ばなり．敵の撃つべきを知るも，而も吾が卒の以て撃つべからざるを知らざるは，勝の半ばなり．敵の撃つべきを知り吾が卒の以て撃つべきを知るも，而も地形の以て戦うべからざるを知らざるは，勝の半ばなり．故に兵を知る者は，動いて迷わず，挙げて窮せず．故に曰く，彼を知りて己れを知れば，勝　乃ち殆うからず．地を知りて天を知れば，勝　乃ち全うすべし」（金谷治訳，岩波文庫，地形篇・五）．すなわち，すぐれた将帥は，自分たちの長所・短所，敵の長所・短所を客観的に認識するとともに，戦闘がおこなわれる場の地形や天候変化などの客観的条件を冷静に観察すべきであって，そのような合理的態度をもって行動に入らなければならない，というのである．
　(ii)　動態的・機能的・多元的なものの見方　　『孫子』は言う，「帰師には遏むること勿かれ，囲師には必ず闕き，窮寇には迫ること勿かれ」（九変篇・一．以下，本文中に箇所を示す）．包囲され窮地にある敵は，逆に死力を尽くして抵抗するので，危険が増す．逃亡する敵も，追跡の仕方を誤ると，逆にこちらの命取りとなる．ことがらを不断の変動において動態的にとらえることが重要である，と．
　『孫子』が，次のような逆説を示しているのも，動態的な見方にかかわる．「乱は治に生じ，怯は勇に生じ，弱は強に生ず．治乱は数なり．勇怯は勢なり．強弱は形なり」（勢篇・四）．平和だといって油断していると，訓練や防備を怠り弱くなって敵にやられる．勇気だけで突っ込むと，客観的条件に裏切られて不利となり，逆に逃げ腰になる．こういうかたちで，主客の関係は不断に変化する．態勢を整え備えておくこと，不断の緊張が大切である．
　(iii)　行動の柔軟性・機敏性　　『孫子』は言う，「夫れ兵の形は水に象る．水の行は高きを避けて下きに趨く．兵の形は実を避けて虚を撃つ．水は地に因りて流れを制し，兵は敵に因りて勝を制す．故に兵に常勢なく，水に常形なし．能く敵に因りて変化して勝を取る者，これを神と謂う」（虚実篇・七）．思考においても行動においても，客観的条件に即応できる柔軟さが必要である．機敏さを発揮するには，十分な訓練や組織編成とともに，合理的な思考が欠かせない．
　(iv)　知謀の重視　　『孫子』には，「兵とは詭道なり」（計篇・三）という言葉がある．これは，知謀の強調であり，ときにそれは，マキアヴェリズムのかたちで展開することになる．

---

266)　前田勉『近世日本の儒学と兵学』（ぺりかん社，1996）．

(v) 将帥の徳性（〈ライオン〉と〈狐〉と〈人間〉）　『孫子』には，「将とは智・信・仁・勇・厳なり」（計篇・一）とある．ここに示された徳性は，先に見た西洋の四つの枢要徳に対応する．智＝思慮，信＝正義，勇＝勇気，厳＝自己抑制である．この言明はまた先の，将帥は同時に〈ライオン〉であり〈狐〉であり〈人間〉であらねばならない，という言明とも対応する．すなわち，厳・勇＝〈ライオン〉，智＝〈狐〉，信・仁＝〈人間〉である．『孫子』においても，将帥は，すぐれたマキアヴェリストであるとともに，心底からの有徳な人物でもなければならないのである．このことはまた，『孫子』が単純な性悪論に立ってはいないことをも示している．ここでもまた，兵士は，紀律（厳）や将帥の知謀（智）によって動かされるとともに，将帥の高い徳性（仁・信・勇・智をもっていること）に感銘し，〈この隊長となら，一緒に死んでもよい〉と決意する，倫理性に敏感な存在でもあるのである．

　これらの特徴が先に西洋の古典的軍事学において見たものと照応することは，明らかであろう（もちろん『孫子』には共和制的な市民軍思想は見られないが）．そしてそれらはまた，日本の近世政治に見られた軍事・政治思想の特徴でもあった．たとえば，上述のような武田流軍学の『甲陽軍鑑』，さまざまの武家による家訓や，柳生宗矩（1571-1646）の『兵法家伝書』，宮本武蔵（1584頃-1645）の『兵法五輪書』らの兵法書に見られるものがそれである（この点の説明は割愛する）．

(3) まとめ

(i) マキアヴェリの政治思想の構造解明とそのルーツ　マキアヴェリの『戦術論』，そしてそれが前提としている古代の軍事学の重要な論点は，かれの『君主論』や『リヴィウス論』の論点と符合している．この事実が，マキアヴェリの政治思想の新しい解釈のてがかりとなる．

　すなわち第一に，人間観においてマキアヴェリは，よく言われるようには，単純な性悪論者ではない．将帥にとって兵卒は，怠けたり脱走したりする存在でもあるが，同時に大義名分に感激し有徳なリーダーに心服する面をももつ．性悪説に立って兵卒をたぶらかし威嚇し強制するだけでは，すぐれたリーダーとは言えないというのが，軍事学の知恵である．

　第二に，マキアヴェリは，よく言われるようには，悪魔的に政治を道徳から切り離した人物ではない．かれは，両者を混同することを批判したが，他方では，政治において，高い道徳性が，運動に大義名分を付与する点でも，また敬服されるリーダーとなるためにも，重要であることを認識していた．それは，伝統的な軍事学が，将帥に，一方では高い道徳性を求めていたことを反映して

いる.

　第三に，マキアヴェリは，よく言われるようには，伝統的思想と断絶したのではない．かれは古典的な軍事学から多くを学び，古代の共和制，それを担った独立自営中産層を基盤にした市民軍の伝統を理想とし，伝統的な枢要徳を重視した人であった．かれは，そうした理想・徳性に照らして，かれの同時代の堕落を批判した．ルネッサンス期の人マキアヴェリにおいて，古代の精神はまさに「再生」していたのである．

　第四に，マキアヴェリの柔軟な政治的思考は，古典的軍事学にも見られた．かれはこの軍事学を学び，政治を論じるときにその思考を活用した．これがかれによる〈新しい政治学の誕生〉の構造である.

　(ii)　「事物の論理」問題　　ヨーロッパと中国・日本との古典的軍事学は，相互にまったく没交渉であるにもかかわらず近似した特徴を共有していた（つまり『孫子』は，いわれるほどに〈東洋独特の知〉にもとづく「神秘・神妙の」書）ではないのである）．これは何を意味するか．軍事ということがらの性質（＝事物の論理 Sachlogik）が，それに携わる人々の思考を規定して，相互に近似したものの見方・考え方を産み出したということではないか．

　一般に，ある対象に取り組む営為——工芸であると社会工学であるとを問わず——では，それらに必要な技術・理論が磨き上げられれば上げられるほど，それらは，それらがあつかう対象の性質（Natur der Sache）にもっとも効果的に対応できるものになっていき，文化圏のちがいを越えておのずと相似た特徴を共有するようになる．ましてや軍事上の対象認識，精神のもち方，行動技術には，多くの生命と財産，国運そのものが懸かっている．それゆえそれらは，〈目的に適的か〉を実践によって厳しく審査され，そのけっか対象に密着したものになり，書かれている知恵や書くときの思考が，万国共通となる．

　この事実は，ポストモダニズムもが依拠する，次のようなことを理由とした不可知論の主張が部分的真理に過ぎないことを示す．すなわち，第一に，人間の認識や思考を形成する言語が，偶然の文化的所産である言語ゲームによって規定されているという主張（linguistic turn の議論），第二に，認識が前理解によって規定されているという主張（このヘルメノイティクは，各文化圏に固有の先入見と合うかたちでしか事実は理解されない，とする）が．認識が，対象に単純に規定されたものではなく，人間が構成するものだとするのは重要だが，それに一

面化するのは，正しくない．最大の効果を追求すると，そのために必要な，認識内容や行為の態様が事物によって規正されるという面が，確かにあるのだ．

　(iii)　倫理に関する態度に二つのタイプがあること　　第一のタイプは，ソクラテス，(『義務について』の）キケロらのストア派，キリスト教の一部や儒教，カントらに見られる倫理的態度である．これらにおいては，人は例外なくすべての場面で道徳的でなければならない，とされる．すなわち，ある人に一つでも道徳違反の行為があれば，その人は「非道徳的人間」だということになる．①この潔癖主義のゆえにソクラテスは，死刑執行を前にして脱獄を拒否した．②この潔癖主義は，キリスト教における原罪の観念において極端な姿を示す．原罪の観念は，アダム（とイブと）がただ1回だけ犯したルール違反を厳しく問い，それがその後の人間に負の遺産として伝えられ，すべての人間を罪深いものにしてしまう，とする．③キリスト教の最後の審判や懺悔の思想もそうである．カトリックであるキリスト教徒は，〈人は，生前に犯した罪のため天国にいけなくなる〉とし，罪を消そうと告解・懺悔を真剣におこなう．

　これに対して第二のタイプは，①古代・近世の，将帥・政治家とかれらの行動を記録した歴史家，②それらから学んだ近世のモラリスト的人文主義者の人間論，に多く見られる倫理的態度である．ここでは，有徳性と，その場の必要に応じた反道徳的な行為とが共存している．ある人物に多少の残酷さや反道徳があっても，かれが他面で道徳的に行為する有能者であれば，とくに問題にはならないという発想——いわば「清濁併せ呑む」・「融通のきく」発想——である（カトリックの立場も，そのホンネはこちらであろう．〈人間は罪を犯すが，懺悔し赦免されれば立ち直れる〉とするのだから）．

　マキアヴェリは，軍事家としての経験をつうじて，また人文主義者としての人間観察をつうじて，この第二のタイプの倫理に立ち帰った．かれは，このことによって，キリスト教倫理（タテマエ論的な）の伝統であった第一のタイプの倫理から解き放たれ，そのけっか，政治の本質を突くことができるようになった．日本においても，儒者によらない，政治論・軍事学や，政治家・軍事家の伝記を読むときには，そこに第二のタイプの倫理が働いてることを見る必要がある．

　以上のことはまた，思考のパターンに大別して二つのタイプがあることを意味してい

る。第一のタイプは，原理からの厳密な論理展開による思考にかかわっている．矛盾したことを論じたりおこなったりすることは，ここでは許されない．これは，一部の古代ギリシア哲学，スコラ哲学，近世・近代のデカルト的学問，朱子学的儒教などに見られる思考である．近代の官僚制・軍隊・法実務，その他の実務がそれを求めたのである．

第二のタイプは，対象の多様性に即して考えようとし，また論理一貫性よりも結果の妥当性を重視する思考である．ここでは矛盾があってもたいして気にならない．社会においては事物が相互に矛盾した動き方をするからでもある．学問においても，〈厳密な概念・体系的整合性がなくともかまわない．適度に論証と実証がなされておれば，それでよい．あとは必要に応じて，試行錯誤で直していけばよい〉とする．これは，古代ローマ・中世の一般的傾向であり，ローマ法実務をふくむ諸実務の特徴でもあった．それは，ルネッサンス期イタリア・イングランド・フランス等の人文主義的思考（とりわけシェークスピア，モンテーニュらのモラリストの），近代イギリスの，法実務や経験論的学問の思考などにも見られる[267]．そしてそれは，現代が近づくにつれ，デカルト批判のかたちで前面に出て来，後述するように，プラグマティズム，トピカの再評価，実践哲学の復興，ポストモダニズムなどの動きともなった（この第二のタイプに関しては，日本では，丸山眞男が明らかにしたように，福沢諭吉の思考が着目に値する）．

6-4 ルネッサンスと女性

これまで見てきたところから明らかなように，イタリア=ルネッサンス期は，〈遠慮がちの過渡期〉であった．このことは女性についても妥当する．一方で，この時代には，政治的自由や人間性の解放が始まり，女性の文化活動がそれま

---

[267] ホイジンガは，「中世人の意識にあっては，いわば，ふたつの人生観が，よりそいあって存在していたのである」とし，「わたしたちには理解しがたい矛盾は，そのまま矛盾としてうけとるべきである」として，そこでの敬虔・道徳性と奔放・悪魔性の共存をとらえている．（前掲注98）『中世の秋』338頁．
　かれはまたこれを，ヨーロッパの南部と北部でのメンタリティーのちがいとしても，とらえている，「今日においても，なお，ラテン系民族と北方系民族とを分かつ相違点が，ここにある．南の人びとは，矛盾をあまり気にかけず，矛盾をといて，完全な結論をひきだそうという気持ちにかられることがすくない」，と言う（同書332頁）．この後者の引用箇所については，限定が必要でもある．北方系でもイギリス人のシェークスピア，フランスのモンテーニュ，ドイツのゲーテ（Johann Wolfgang von Goethe, 1749-1832）らは，一人の人間の内部に矛盾した傾向が同時存在していることを見た．かれらはそれゆえ，人間事象について割り切らなかったし，不完全な結論しか出せないことを自覚していた．つまり，北方諸国でも，人文主義・経験論の多元論・柔軟性と，厳格なキリスト教や啓蒙主義の一元論・潔癖主義とが，共存していたのである．

でに比べて目立つようになった．中世後期以来の，女性の社会活動の活性化，それにともなう行為能力の承認も続いていた．しかし他方で，女性の社会的地位は基本的な点で，古代以来変わらなかった．すなわち彼女たちは，「弱い性」として，男性（父親・夫・長男等）に保護・支配された．将来は家庭にあって良き妻・善き母としての役割をはたすことを期待され，社会的に活動することは予定されていなかった．上部の階層において結婚はもっぱら政略婚であり，女性は，政略上の重要なコマとして，たいていは10代半ばで嫁がされていった．

(1) 女性の身体性

それでもルネッサンス期には，男性のそれと同様，女性の身体性に関して変化の兆しが見られる．たとえば，肖像画や彫刻では，女性の個性が男性のそれと並んで重要な表現対象となった．また，〈肉体性の解放〉を反映して，女性の裸像が出始めた．しかしここでの女性の，中世的なパターン化から自由な裸像も，画家によって例外はあるものの，〈理想化された女性性〉として形象化されたものであって，肉感性をリアルに，あるいは官能的に表現することはまれであった．すなわち，なお「中世」をひきずって，体形は贅肉のない均整のとれた細めの姿で，乳房は少女性を失わない程度の慎ましやかなふくらみをもって描かれた．この点では，古典古代の女性像の方が，肉感性を——理想性との調和においてではあるが——生き生きと表現していた．

イタリア＝ルネッサンス期における理想主義的傾向は，キリスト教に規定されてもいた．たとえば，ルネッサンス人が女性の母性を描くときには，母としての肉体の豊饒さ・生命力ではなく，マリア像に典型的であるように——人間化はしたもののなお——「処女母」としてのキリスト教的な理想が規定した（マリア崇拝は，13世紀以来，ゴチック様式と重なって盛んになっていた）．

女性の装いにおいても，イタリア＝ルネッサンス期は，なお〈遠慮がちの過渡期〉である．中世をつうじて女性は，全身を覆った着重ねを守り続けた．この点では，確かにルネッサンス期に入って変化が始まった．正装においても，着衣の腰から上の部分を女性の体型に合わせることによって女性性を表出する傾向が強まった．また，普段着においては，カモーラ camora が流行した．これは，（モナ＝リザも着用している）ロングのワンピースで，肩の下部まで，したがって胸や背中の上部を露出させ，ウエスト部をやや上で絞り，スカート部を

長く広げる優雅なものであった[268]．女性たちは，流行に敏感になったのだ．しかしそれでもなお，全身を覆った着重ねが主流であった．

バロック期以降　女性の豊かな肉体，生命力あふれる母性，その意味での現世的人間性が——誇張ないし「歪み」をもって——描かれるようになるには，イタリア＝ルネッサンス期のあとマニエリズムを経て，バロック期に入るのを待つ必要があった．ルーベンス（Peter Paul Rubens, 1577-1640）やハルス（Frans Hals, 1580 頃-1666），レンブラント（H. van Rijn Rembrandt, 1606-69）らの時代を．ここにいたって，ルネッサンス的理想主義から，肉感性のリアリズムへの移行が確認できる．女性のファッションにおいても，肩や背中の露出，豊かな胸の顕示が主流になるのは，このバロック期である．ここにおいて女性は，少女から熟女に変身し，堂々たる存在感をもつようになった．

しかし，この傾向も 17 世紀末に入って後退する．女性を肉感性から切り離す傾向がふたたび強くなったのだ．もっともそれは，もはや，宗教とつなげたり理想化したりするルネッサンス的方向においてではなく，優雅さを前面に出す女性的・貴族的なロココ期的方向においてであった．女性着は，肩や背中の露出や胸部の顕示をバロック期から継承したが，今や肉感性に代わって，細めの身体による優雅さが重視され，このためコルセットで体を締め上げ，スカートは広げる傾向が強まる．お嬢様たちは，ダイエットや美容体操を始めた（男性の装いも女性化した）．

市民革命期には一時期，市民性が強まった．しかし 19 世紀中葉に入ると，貴族趣味・女性の優雅化が市民の中に浸透することによって，第二ロココ期が展開する．すなわち，女らしさを肉感性や生命力とは対極にある〈非現実的な純潔性〉・処女の細さに求める傾向がいっそう強まり，バロック期や市民性の力強さは女性像から消え去る．女性の社会活動の後退，行為能力の限定も顕著になっていく（本書下巻 13-3-3 参照）．

(2)　「洗練化」

われわれにとって重要なのは，中世盛期に開花した宮廷文化が，イタリア＝ルネッサンス期にさらに大きく花開いた点である．すなわち，宮廷を舞台とした高貴な人々の社交が，イタリアの都市文化の主軸として展開する．中世の騎士とは異なり，武道とともに高度の美的感覚・礼儀作法や人文主義的な文芸をも身につけ，宮廷を舞台とした社交の場をもこなせるジェンティルウォモ

---

[268]　服飾の歴史については，http://www.siue.edu/COSTUMES/PLATE5AX.HTML を参照．

gentiluomo（宮廷紳士）が理想となり，そのための指南書が流布するようになる．有名な本としては，カスティリオーネ（Baldassare Castiglione, 1478-1529）の『宮廷人』*Il libro del cortegiano* (1528) がある．

　かつての騎士的エートスが，このようなかたちで，高度の美的趣味（優雅さ）・洗練された作法とともに人文主義的教養と結びついたことは，その後の西洋文化にとって重要である．これこそが，近世・近代の西洋のエリートの原型の一面となったからである．これに加えて，後述のようにバロック期において，新ストア主義な，さらには「紀律化」運動によって〈克己の精神〉・質実剛健がエリートの原型の他の一面となった．西洋のエリート文化は，前者の優雅さ・feminization と，後者の質実剛健・男性性とを，相互間の緊張をともないつつ並存させ，時代により・地域によりそのいずれかを前面に出して展開した．

　イタリア＝ルネッサンス期は，文芸に秀でたこれらジェンティルウォモたちが高貴な女性を中心に集まる場をつくり出した（これもまた，中世の騎士的伝統を新しいかたちに洗練したものであった）．この集いの伝統が，その後，フランス革命前後の西洋社会でサロンとして発展し，重要な文芸・世論形成の場となっていく．

　それらの集いの中心人物として重要な役割を演じた一人が，マントヴァ Mantova のイサベラ＝デステ（Isabella d'Este, 1474-1539）とその義妹エリサベッタ（Elisabetta Gonzaga, 1471-1526）であった．イサベラは，フェラーラ Ferrara からマントヴァ大公のフランチェスコ＝ゴンザーガ（Francesco Gonzaga, 1466頃-1519）に嫁ぎ，大公が死去したあとは，自分で大公国を統治した．彼女は，ギリシア語やラテン語に堪能で，文芸に秀で，その宮廷の集いを主宰し，マントヴァをフィレンツェと並ぶ文化都市にした．イサベラと仲の良かったエリサベッタは，マントヴァからウルビノ公に嫁ぎ，その宮廷を洗練された文化交流の場にした．カスティリオーネは，このウルビノの宮廷に仕え，そこを舞台に『宮廷人』を著した．

　16世紀の終わりには，イタリアの2人の女性によってフェミニズムの書物さえ書かれた．モデスタ＝ポッツォ（Modesta Pozzo, 1555-92. ヴェネツィアの女性．Moderata Fonte の筆名を使った）の『女性の価値』（*Il merito delle donne*, 1587）と，ルクレツィア＝マリネッリ（Lucrezia Marinella Vacca, 1571-1653. ヴェネツィアの医師の娘で文筆家．Marinelli の筆名を使った）の『女性の高貴と卓越，男性の欠陥

と悪徳』(*Nobilta et l'eccellenza delle donne, co' difetti et mancamenti degli uomini*, 1600) である[269].

　ルネッサンス期における,「洗練化」・女性の活動性の進展は, イタリア以外の地においても個性ある女性を数多く生んでいる. たとえば, ①メディチ家の出身で, のちのフランス王アンリ2世 (Henri II, 1519-59, 在位 1547-59) に嫁いだカトリーヌ (Catherine de Médicis, 1519-89) は, 息子のシャルル9世 (Charles IX, 1550-74) が未成年のとき, 摂政となって宗派和合に向けて政治手腕を発揮した. 最後には, ユグノー (huguenot, フランスのカルヴァン派) を抑圧し, サン・バルテルミの虐殺 (1572年8月24-25日) にも荷担したが. その他, ②アラゴン王フェルナンド2世 (Ferdnand II, 在位 1479-1516) と結婚し, 統一スペインの国家革新に貢献したカスティリャ女王イサベル1世 (Isabel I, 在位 1474-1504), ③イングランドのエリザベス1世 (Elizabeth I, 在位 1558-1603), ④彼女のライバルで, スコットランドのカトリック教会を守ろうとした女王メアリ (Mary Stuart, 1542-87), ⑤七ヶ国語を習得し, 哲学や神学にも造詣が深く, デカルトらの学者と深い交わりを結び, のちに数奇な人生航路をとったスウェーデン女王クリスティーナ (Christina, 在位 1632-54) など, 個性に富んだ女性支配者が注目に値する.

【補論】　ルネッサンスとバロック────────────────────
　以上の点を振り返って, イタリア=ルネッサンス期とその後の時代との関係をどう見るかを考えておこう.

ルネッサンスの位置　　イタリア=ルネッサンス期を〈人間の発見〉の時代ととらえ, 中世から切り離してその近代性と欲望の爆発を強調したブルクハルト (Jakob Burckhardt, 1818-97) の見方に規定されて,〈ルネッサンス期は, リアリズムの確立期, 自然的人間=性悪論的人間観を軸にして現実が描き出された時代だ〉と論じる傾向がある (たとえば佐々木毅『マキアヴェッリの政治思想』, 岩波書店, 1970). たしかにダ=ヴィンチ (Leonardo da Vinci, 1452-1519) に見られるように, 科学探究・技術の開発・応用は一部で驚異的であった. しかしダ=ヴィンチにおいてもそうだが, その営みは, 神的秩序, それとつながるものとしての, 人間や自然の理想美を根底に置いていた.
　時は, まだバロック期ではない. バロック期, すなわち〈神・信仰・道徳から距離を

───────
　269)　バーク Peter Burke『ルネッサンス』(第2版, 1997. 亀永洋子訳, 岩波書店, 2005) 21頁.

置くところまで科学精神が強まり，また権力と有力な人々とが自己を誇示し，人間の物欲・権力欲・生命力がリアルに文章表現された時代）は，まだ遠い．しかも歴史は，文化が全面的にリアルな人間・自然認識に定礎して展開するバロック期を迎えるためには，その前に，マニエリズムの時代を通過し〈秩序の崩壊，人間の不完全性，深い絶望感〉を経験することを要した（「バロック」の語が意味する「歪み」は，ルネッサンス期の「調和」の反対概念であることを想起されたい）．

マキアヴェリと人文主義 この点は，本書が描く，マキアヴェリとホッブズとのちがいを理解するために欠かせない．よくおこなわれるように両者を連続化させるのではなく，一方のマキアヴェリを，古典的人間とその社会とを理想とし，それらの再生を願うルネッサンス人として，また，人文主義の豊かな人間観察によって思索した人としてとらえ，他方のホッブズを，マニエリズム期ないしバロック期の人として，また自然科学的な思考で人間とその社会をあつかい，そのために社会論を幾何学の手法によって〈性悪〉の原理で一面的に構成した人として位置づけ，その大きな時間のへだたりを見ることが肝心である．

先に見たように，確かにマキアヴェリには，リアルな政治認識・人間認識が見られる．しかしこれは，古典的軍事学の人文主義的な勉強によって研ぎすまされた眼による認識の結果であり，また人文主義的に人間を多面的に見た結果でもあった．しかもかれには古代に対する強烈なあこがれ・理想主義があった．かれはまた，敬虔な信者でもあった．ホイジンガが言っているように，「ルネサンスの澄んだ明るさは決してリアリズムではない」[270]（下巻注 44 参照）．

人文主義の教養の広さ・深さから来る，マキアヴェリ的な，人間を見る眼の豊かさ，鋭さ，その意味での「リアリズム」は，イングランド（モア（Thomas More, 1478-1535）やシェークスピア），フランス（モンテーニュ・パスカル（Blaise Pascal, 1623-62）），スペイン（セルバンテス（Miguel de Cervantes Saavedra, 1547-1616）），北ドイツ，スコットランド，スウェーデンなどでも見られた．

かれらの人文主義思考を，〈デカルト的・ホッブズ的な，一つの原理＝〈性悪〉の原理から出発して（＝その意味ではリアリズム），すべてを一元的に構成する（＝その意味では観念論）のバロック思考〉と，同じにはあつかえない．

人文主義と理科馬鹿 上のことは，バロック思考が全面的にリアリズムであったと言えないことをも意味している．デカルト・ホッブズとともに始まった数学的思考は，やがて人間論・社会論にも浸透し啓蒙主義の主軸となった．

---

[270] ホイジンガ「ルネサンスとリアリズム」（前掲注 249）『ホイジンガ選集』4, 35 頁．かれはまた，ダ＝ヴィンチの例外的存在を除いて，「全体としてのルネサンスはまだ古い態度を忠実に守り，権威を信じていた．デカルトがはじめてこの転回点に達するのだ」と言っている．「ルネサンスの問題」（前掲注 249）『ホイジンガ選集』4, 103 頁．

その革新力の歴史的意味ははかりしれないが，他面ではそのことが，理科馬鹿的な単純思考が猛威をふるう事態をも招いた．このため，モラリスト的人文主義が発達させた，人間的事象に対する複合的な眼・繊細な感覚は伏流化させられていった．この感覚は，今なお続く理科系思考万能の地盤——それは今日のポストモダニズム（下巻16-3）をも性格づけている；ポストモダニズムはこの点ではすぐれて近代的な思考なのである——のために，ヴェーバーや丸山眞男等の少数者を除いて，今日にいたるまで再湧出していない．

7 宗教改革

　先にも述べたように，西洋史は，近代の夜明け前に二つの「古代」を再生させた．一つは，ルネッサンスによる「古典古代」の（部分的）再生，もう一つは，宗教改革による「原始キリスト教」の（部分的）再生である．法・政治思想史上では，前者は〈自由な市民の共同防衛による共和国〉の観念に，後者は〈内面的な自立と主体性〉に，つながるものであった．単純化して言えば，近代において二つの主要な政治原理となる，民主主義と自由主義とに関して，ルネッサンスは主として民主主義の骨格を準備し，宗教改革は主として自由主義の骨格を準備した（後述するように，それらが直接に近代の民主主義や自由主義を準備したというものではなかった．ルネッサンスが諸侯の支配と結びつき，また宗教改革派が不寛容で，非民主的な権威的支配をもたらしたという面もある）．以下では，このうちの宗教改革について考える．

7-1　ルター

7-1-1　ルターの思想

　イエスは，やさしい全能の神と無力な個々人とが直接向かいあう関係——個々人が神に心の底から救いを求める関係——をさし示すことによって，個人の主体性の契機が覚醒するのを準備した．〈神を選ぶか亡びを選ぶか〉の選択が，一人ひとりに突き付けられたのである．〈内面性を自覚して行動に出る道〉は，ここから始まる（本書110-111頁参照）．

　しかしイエス後のキリスト教は，①それが人々を引きつけ精神的権威を高めるにつれて，組織を巨大化させ，それを維持するための官僚制や指導部の権力化をもたらし，また組織の富や政治力を増大させて堕落に向かった．内容的にも，組織維持のため正統性を確立する必要が出，ドグマ化（これは聖書の素朴な

記述がもつ矛盾の解決にも必要だった）と教条化とを強め，異端審問や思想・言論統制に見られるように，個々人の内面世界を蹂躙するようにもなった．加えて，②信仰が広まれば，キリスト教会は多くの人を取り込む．このことが腐敗分子を増やし，それによっても教会は内から崩れだす．さらに，③信仰が深まれば，行住坐臥のすべての局面を信仰と結びつけることになるが，そのことがやがて，外面的な形式へこだわる傾向を生み，また，細部にいたるまで原理と結びつけようとすることの無理がたたって理論的な破綻をきたす．しかも，④教義化が進み，スコラ学に代表されるような思弁的な神学が構築されると，それを理解できるのは知的エリートだけとなるため，無知な民衆はそれらから切り離された信仰に向かう．こうして，民衆のあいだには現世利益や呪術・儀式・偶像崇拝が広まり，また「地獄」や「神罰」による恐怖などが支配的になる[271]．

とくにイタリア=ルネッサンス期に入って，教皇庁は，政争に明け暮れ，慢性的財政難にも見舞われた．1506年から始まった，聖ペトロ大寺院（ヴァチカンにある教皇庁の大伽藍）の改築は，とりわけ多額の資金を必要とした．教皇庁は，メディチ家やフッガー Fugger 家への借金返済にも苦しめられた．この窮状を打開しようと，メディチ家出身のレオ10世（Leo X, 1475-1521）は，免罪符の販売を思いつく．しかし，この方策では，〈金さえ払えば——心からの悔い改めはなくとも——天国にいける〉という考え方が強まることが避けられない．当時ザクセンの都市ヴィッテンベルク Wittenberg の修道僧で，同市にある大学の教授であったルターは，告解に来た人々から〈免罪符を買ったので赦免してくれ〉と要求される体験をした．〈免罪符制度は，人間が金で神から救いを買い取ろうとすることであり，内面の輝きよりも外面的な富を偏重するとともに，神を人間の雇い人におとしめるものでもあり，キリスト教の原点に反する〉とかれは考えた．

こうしてかれは，1517年に「95ヵ条の意見書」95 Thesen des Theologen を

---

271) これは，久野収や丸山眞男の言う，「密教」と「顕教」とへの分裂である．久野収・鶴見俊輔『現代日本の思想』（岩波新書，1956），『丸山眞男講義録』第4冊（東京大学出版会，1998）185頁．スコラ化し秘儀化して知的エリートの独占物となった真言宗や天台宗（「密教」）は，その対極に，民衆向けの呪術宗教性と，民衆の目線で救済してくれる，観音信仰や（弘法）大師信仰（「顕教」）を強めた．これと同様に，後期のスコラ学に典型的なようにエリート向けとなった（「密教」化した）キリスト教は，民衆向けには宗教行事や奇跡話を強化し，また民衆の目線で救済してくれる，マリアや守護聖人への崇拝を広めた（「顕教」化した）．

同市の中央教会の大扉に張り出した．その第27条には，「献金箱に投げ込まれた貨幣の音と同時に，亡魂は煉獄を脱すという者は，（神の立場よりもむしろ）人の立場を説く者である」とあり，第45条には，隣人を見捨てながら免罪符を買うような行為は，「神の怒りを買う行為」だとあった．

　その後ルターは，教皇庁側との論争等をつうじて思索を深め[272]，〈救いは，各人がなにか善いことをしたから，その見返りにあるというものではなく，各人が謙虚に自分の罪深さ・無力さを認識し，心から悔い改め神に救いを求めるところにある〉と説くにいたった．キリスト教が呪術宗教に成り下がりつつあることに対する警告であった．真摯な宗教的心情＝良心を強調するルターのこの立場からは，〈信仰において理性を過大視する傾向，すなわちスコラ学的伝統〉に対する批判も出て来た．

　ここからルターの，〈信仰の原点は各人が心の底から神に直接結びつくことにあるので，教皇庁を頂点とするこれまでの教会制度は不要である．いわば各人が司祭である〉とする立場，すなわち「万人司祭説」allgemeines Priestertum が出てくる（＝「そのうえわれわれは祭司である．それは王たる以上にはるかに価値がある」『キリスト者の自由』Von der Freiheit eines Christenmenschen, 1520[273]，第16節）．ルターはまた，誰でもが自分で聖書を読んで神のみことばを受け止め信仰を深めるべきだし，そうすることができる（＝聖書のみ sola scriptura），とした（かれは，1522年，『新約聖書』全体をギリシア語原典からドイツ語に翻訳し出版した．それは，1年で85版を重ねた）．「原典に帰れ」ad fontes である．

　ルターは，当時のキリスト教がエリート向けのスコラ学と民衆向けの呪術宗教とへ，注271の「密教」と「顕教」とへ，分裂していた状況を打破しようとしたのである．そしてその道は，〈神と民衆とを直結させることによって，エリートの「密教」を排するとともに，民衆を呪術信仰的「顕教」から解放する〉という二正面作戦にあった．

---

272) 1519年にルターは，カトリック側の専門的な論争家であるエック（Johannes Eck, 1486-1543）と論争したさい，〈自分の立場は，異端とされて火刑に処せられたフス（Jan Hus, 1370頃-1415）の立場そのものである〉と認めざるをえないところにまで，巧みに誘導された．フスについて知らなかったルターは，急遽かれについて学び，フスの正しさを確信するとともに，〈フスが生きたように，たとえ殺されようとも真実を主張し抜いて生きよう〉と決意した．ルターの敵が，ルターをルターに仕上げたのである．加藤（前掲注200）『親鸞とルター』224頁以下．

273) ルター『キリスト者の自由』（河出書房版『世界の大思想』3, 徳沢得二訳, 1966）．

ルターのこの思想がプロテスタンティズムの基礎となり，宗教改革が始まった．かれの思想の根本を，見ていこう．

(1) 内的世界と外的世界の区別

ルターは，これまでの伝統を批判して，外面的行為よりも内面の輝きが信仰の要だとする．かれは言う，「アリストテレスが言うように，正しいことを行なうことによって私たちが義を得る，というのではないのです．それは偽善者の義です．〔…〕まず人間が変わらなければなりません．それからはじめて行ないを行なうことができるようになるのです」(「シュパラティンへの手紙」1516)[274]．

かれのこの立場は，霊と肉とを区別する思考と深く関係する．

> 「いずれのキリスト者も霊肉という二重の性質をもつものであることを，われわれは記憶しなければならない．霊的な方面から見ればキリスト者は心霊的な，新しい，内的な人間と呼ばれ，血肉の方面から見れば身体的な，古い，外的な人間といわれる」(『キリスト者の自由』第2節．以下，本文中に箇所を示す)．

そうだから，外面で何かしても，内面はまた別のものとしてある，ということになる．ルターは，さらに次のように明確に言い切ってもいる．

> 「肉体は拘束されず，元気で丈夫であり，思うままに飲食し，生活していても，それは魂にとって何の役に立つだろう．またその逆に，肉体が拘束され，病み，疲れ，好まぬながら飢え渇き，悩んでも，それが魂に対して何の害になるだろう」(第3節)．

ここからは，〈内面的世界を大切にし，外面的世界に対する内面性の独立を前面に押し出す〉，「信仰のみ」sola fide の立場が出てくる．また，たとえ外面，すなわち社会関係，において旧い制度に拘束されているとしても，キリスト教徒は，精神的には，すなわち意志の面では自分を新しい原理でつくり変えることができる，すなわち自由である，とする前述のパウロ的発想も出てくる．

精神面と肉体面とを分け，精神面の輝きを重視するこの思考は，前述のようにプラトンやアウグスティヌスに見られたものであったが，ウィクリフ (John Wycliffe, 1330頃-84) やフスらの，宗教改革運動の先駆者の思考方法となった．この思考傾向はまた，

---

[274] 徳善義和編『ルター』(平凡社，1976) 163-164 頁．

ルター以降，カントをはじめとする多くのドイツ知識人にも見られた．

　ルターのこの思考はまた，外部条件に対する精神的自立を貫こうとする姿勢ともつながっている．じっさいかれは，教皇庁から異端の嫌疑をかけられ，ヴォルムス国会に喚問されたさい，そこでの弁明を次の言葉で結んだ．「私の良心は神のみことばにとらえられています．なぜなら，私は教皇も公会議も，信じないからです．それらがしばしば誤ったし，互いに矛盾していることは明白だからです．私は取り消すことはできませんし，取り消すつもりもありません．<u>良心に反したことをするのは，確実なことでも，得策のことでもないからです．神よ，私を助けたまえ，アーメン．（私はここに立っている．私はほかのことをなし得ない．）</u>[275]」ここには，どのようなことが身に降りかかろうと，自分の確信によって立ち，良心の命ずるところにしたがって進むのだという覚悟が鮮明である[276]．

　しかしながら，この内面においても，人間はそのままでは自立したものでも，自由でもない．内省すればするほど，人間は自分の罪深さにさいなまれる．なによりも，原罪が重くのしかかる．加えて人間は，肉の欲望による罪以外に，我意に固執し傲慢になるなど，心による罪をも犯す．そのような人間は，自分で自分を救うこと，自立することはできない．しかし，人間には希望がある．イエス＝キリストが贖罪の羊となって，人間の罪を背負って十字架にかかってくれたからである．深い自己反省から来る自己卑下，絶望感の中から，〈イエスをこのようなかたちでつかわされた父なる神〉に心の底から帰依することによって，人間は救われる，と．

　「第一に，神は，謙遜な者，すなわち，嘆き，〔自己に〕絶望する者にたしかに恵みを約束しておられる．人間は，自分の救いが，まったく自分の力，計画，熱心，意志，行ないの外にあり，まったく他者の，すなわち神のみの意志決定，計画，意志，行ないに依存していることを知らないかぎり，徹底的に謙遜とされているとは言えない．なぜなら，たとえわずかでも，自分の救いのためになにかができると思って，自己信頼をつづけ，徹底的に自己に絶望することをしないならば，神のまえに謙遜になっていず，救いに到達する手段としての場所，時，行ないを予期したり，

---

275) ルター『ヴォルムス国会での弁明』（徳善『ルター』91頁）．
276) ルターのもう一つの有名な──そして筆者の大好きな──言葉に，「<u>あしたが世界の終わりの日であっても，私はきょうりんごの木を植える</u>」（徳善『ルター』203頁）というのがある．これも，自分がやるべきことは，たとえ世の中がどうなろうともやりとげるのだ，という覚悟の表明である．

期待したり，望んだりするからである．すべては神の意志によることをまったく疑わない者は，完全に自己に絶望し，自分ではなにも選ばず，すべてを働きたもう神に期待する」(徳善『ルター』188頁，『奴隷的意志』(1525))．

ルター的な「自由」とは，こういう逆説的なかたちで得られる，救いの確信のことである．それは，「自己に絶望」し，自分への固執を脱却した者だけがもつことができる希望である．ここでは，自信に満ちた自己意識，それに立脚した「自由な意志」，は否定されている．単純な「個人主義」の余地はない．しかしここには，神に支えられて生きるという自信，「神の道具」として新しく生きるという主体性，そうしたものとしての「自由」・「個人」・「良心」が明確に押し出されている（ルターにおいて神は，カルヴァンにおけるような，裁く神・各人の罪を斬罪する神ではなく，ゆるし救う神である．それは，ルターが自分自身の罪の重さを深く自覚していたところから来る）．

(2) 信仰と外面的なものとの新しい関係

(i) 神の道具　　ルターは，免罪符の販売に反対したが，これは，免罪符制度が，内面を問うことなくただ外面的な行為で十分とする無反省，さらには偽善を生む，と考えたからであった．このように外面にこだわり内面の輝きをもたないことは問題だが，内面で輝く者は，「魂をもって神を愛し讃えんことを望んでやま」なくなり，その輝きの発露として行動に出，新しい外面をもつ（『キリスト者の自由』第21節）．神の創造作業に奉仕して「神の道具」として働こうとする立場が，ここから出てくる．

(ii) 他の人に対する関係（キリスト教徒の社会的関係）　　自分の内部に信仰・神の救いを確信した人々は，神に救われた者同士として愛しあう．この関係が，新しい社会的関係の主軸になる（旧い政治体制を変革しようとする立場ではなかったが）．かれは言う，「かくしてキリスト者はいまや自由であるが，それゆえにこそ隣人を扶けるために喜んでその下僕となり，神がキリストによって自分を遇せられたように隣人を待遇しなければならない」(同第27節)．神への愛は，隣人への愛として溢れ出る．ここには，内面においてではあるが，人々が相互に主体的で平等で，他の人間に友愛の精神で関係していくというかたちにおいて，「自由，平等，友愛」のスローガンが内容的に見られると言えよう[277]．

(iii) 旧い教会制度に対する関係　ルターは，各人が神に直接つながっているという「万人司祭説」の立場から，神への確信に依拠して新しい生き方，信仰生活をめざして立つことの必要性を説く．かれは言う，

　「教えを判断し，教師や牧師を任免し，罷免するというような事柄に関しては，人は決して人間の掟や法やしきたりや慣習や習慣などを気にかけてはならない．教皇や皇帝，諸侯や司教の定めたものにせよ，世界の半分や全体が守ってきたものにせよ，1年あるいは1000年保たれてきたものにせよ，どうでもよいことである．なぜなら，人間の魂は永遠のものであって，時間的なすべてのものにまさるからである．それゆえ，魂は永遠のみことばによってのみ治められ，とらえられていなくてはならない．神のみまえにおける良心を人間の法や長いあいだの習慣で治めるということは，まったく恥ずべきことである．この点に関しては，聖書と神のみことばに従って事を進めなくてはならない」（徳善『ルター』107-108頁），と．

教会変革については，ペトロらの，「人間に従うよりも，神に従わなくてはなりません」（「使徒言行録」第5章29節）という思想と同一の立場である．

(iv) 政治権力との関係　この点に関しては，ルターの思想は，一筋縄ではいかない．初期のルターは，〈秩序化のために政治権力が必要であるが，権力は個々人の信仰に介入してはならない〉として，宗教的良心・信仰の自由，その意味での寛容を説いた．

しかしまもなく，かれの教えに共鳴した農民・市民たちが，それを社会的自由・連帯と結びつけて社会改革運動に立ち上がったとき――とりわけ再洗礼派[278)]の動きが強烈であった――ルターはかれらを暴徒だと決めつけ，君主や

---

277) これは，パウロが述べているところと同一である．すなわち，パウロの手紙には，次のようにある．「そこで，あなたがたに幾らかでも，キリストによる励まし，愛の慰め，「霊」による交わり，それに慈しみや憐れみの心があるなら，同じ思いとなり，同じ愛を抱き，心を合わせ，思いを一つにして，わたしの喜びを満たしてください．何事も利己心や虚栄心からするのではなく，へりくだって，互いに相手を自分よりも優れた者と考え，めいめい自分のことだけでなく，他人のことにも注意を払いなさい」（「フィリピの信徒への手紙」第2章1-4節）．

278) 再洗礼派は，スイスのツヴィングリ（Ulrich Zwingli, 1484-1531）の一部の弟子たちから派生した．かれらは，宗教改革の原理を徹底させ，心の輝き，「回心」体験を重視した．かれらはこの観点から，〈聖書さえ不要だ〉と主張し，また，〈神に選ばれた者だけが教会に属すべきだ〉とし，〈成人になってから自分の確信と意志で洗礼を受けるべきだ〉として幼児洗礼を否定した．かれらはまた，平和主義や財産共有などに徹し，清らかな生き方を貫こうとした．かれらは，こうした立場のため，新旧両派から激しく迫害された．かれらの中の急進派は，この立場で行動するためミュンスター Münster の町を占拠し運動の最後の拠点として固めようとした．しかしかれらは，新旧両派の連合軍によって包囲され，1536年に虐殺によって壊滅させられた．穏健派の人々は，オランダを中心に信仰を維持した．アメリカのアーミッシュ Amish やメノナイト

貴族にその弾圧を促した．こうしてルターは，秩序を重んじ，君主体制に迎合する傾向――国王・領邦君主を家父長と見，それへの服従を重視する傾向を強める．1555年のアウクスブルク Augsburg 宗教和議で採用された "Cuius regio, eius religio."（君主が信仰する宗教がその国全体の宗教となる，という意味）に，政治権力へのルター派のスタンスが出ている．

じっさい，ルター派の，一部ドイツやデンマーク・スウェーデン・ノルウェーでは，まもなく国教会 Landeskirch 制度が定着し，国王や領邦君主を教会の最高司教とし，聖職者を公務員とし，その養成を官立大学でやり，国民からは教会維持のための税金を取り，学校でも宗教教育をする，ということが当たり前になった．その「伝統」は今日まで残っている（18世紀末以降，諸宗派の自由は進んだが）．

ルター派は，国王や領邦君主と結びつくこのような姿勢をとったため，〈国家を超えたものに依拠して国家から距離をとり，場合によっては国家に抵抗する〉という発想が弱くなった（ナチス下でも，ルター派は国家権力にヨリ強く恭順を示し，また国家権力によって秩序を維持し信仰を広めようとし，多くのルター派牧師がナチス国家を支持した．ヒトラーに抵抗したルター派は，告白教会 Bekennende Kirche 等に属した少数派にすぎなかった．――他方，カトリックの側はといえば，「政教分離」（国家から宗教色を取り除くこと）や〈良心の自由尊重〉は，ここでもさほど発達はしなかった．しかしそれでも，カトリックの場合は，本部が国外のヴァチカンにあったし，中世以来〈政治権力に対する教会権力の自立〉を伝統として来たし，また「中央党」という独自の政党，その他の組織に結束していたため，ナチスに心からコミットすることからは相対的に免れえた）．

政教分離
西洋と日本

つまり政教分離はヨーロッパ諸国の伝統ではなく，逆に国家・政治とキリスト教の結びつきが伝統なのである．近代市民革命も，この事情を変えるものではなかった．フランスで公教育から宗教が排除されだ

Mennonite は，この流れをくんでいる．

各人の確信（自己決定）を重視する，宗教改革の精神を貫けば，幼児洗礼は不純と映る．しかし，教会組織の維持を重視するためには，幼児洗礼が欠かせない．それによって，教会が家族に基礎を置くので，新しい信者が自動的に確保できるからである（家族を基礎にしない，純粋さを求める宗教運動や政治運動は，じり貧となりがちである）．運動というものは，成功のためだけでなくそもそも存続できるために，さまざまな不純さ――自由選択とは相容れない〈既成の制度に頼る〉ような――を犯さざるをえないものなのである．

したのはやっと1880年以降であり,「教会と国家の分離に関する法律」が出たのは1905年であり,フランスを「ライックな〔脱宗教色の〕共和国」と最初に憲法で規定したのは1946年である.政教分離が今日かなり厳格になっているアメリカ（注289にあるように,一部の邦で植民地時代から採用され,憲法の第一修正（1791）にも国教樹立禁止原則が入った）ですら,なお聖書や「神」・祈りが法廷や大統領の宣誓や軍隊などで用いられる.

したがって,日本国憲法第20条が厳格な政教分離を採用したり,同9条が厳格な軍隊放棄を規定したりしたのは,「西洋の伝統をモデルにして」とか「近代国家の常識にしたがって」とかということによるのではない（内面的自立・良心の自由や平和主義といった西洋的観念が働いたことは否定できないが）.それは,第二次世界大戦を招いた,天皇崇拝下の神政政治＝「祭政一致」のものすごさや軍隊の暴走への深刻な反省から来たのである（日本とは異なりドイツは,ナチス下ですら,「現人神」・祭政一致で国民が抑圧されるとか,「天皇の軍隊」が独自に・政府無視で侵略戦争に走るとかはなかった――しかも国防軍はナチスと緊張関係にあった（本書下巻6頁）――から,戦後にも上記第20条や第9条にあたる措置をとる必要がなかったのである).

**愛国心
西洋と日本**　理解しやすくするため,愛国心を例にとって,同様の関係を示しておく.本書でも見てきたように,西洋では,古代ポリスの時代から愛国心は重視された.愛国心は,ルネッサンス期や近代市民革命期にも,古代共和国が理想とされたこととあいまって,重視された.現代なお,アメリカやフランスでは,愛国心の強調が顕著に見られる.しかし,西洋では,〈愛国心重視〉が必ずしも〈個々人にその自由や生活・生命を喜んで放棄させる〉ところまで進むことはなかった.むしろ,〈愛国心〉は〈自由・民主主義の尊重〉と不可分であった（＝〈自由な政治主体であるからこそ自分たちの国を意識し愛す〉が,国民主義の中身である).

これに対して日本では,〈愛国心〉は〈個々人にその自由や生活・生命を放棄させる〉こと（「滅私奉公」）と不可分だったし,国民に自由と民主主義を与えなかったため,自発的な愛国心を期待できず,上から押し付ける他なかった.このことが問題を生んだため,戦後の日本で,日本国憲法が「個人の尊重」を厳格に規定し,また,この日本的愛国心と不可分の〈戦争・軍隊〉を放棄し,天皇崇拝を否定する規定を置いたのである.したがって,〈西洋の近代国家では愛国心が強調されている〉として日本でのそれや軍隊や君主制を肯定することは,歴史的文脈を見ない議論だということになる.

政治権力へのこの服従の姿勢は,ルターの教説とはどう関係しているか.この点については,次の2点が問題になる.第一は,ルターの聖書主義である.先にも見たように（本書107-108頁参照),聖書の中でパウロらは権力への服従を説いていた.聖書を大事にするルターは,そのことのゆえにこの姿勢を引き

継いだ.たとえばかれは,パウロに言及して次のように述べている.

> 「かくして聖パウロは,ロマ書第13章 (1〜7節) およびテトス書第3章 (1節) において,人々がこの世の権力に従い,またその心構えをすることを命じているが,それによって義とされるためにではなく,他人や上司にそれをもって自由に仕え,彼らの意志を愛と自由から行なうためである」(『キリスト者の自由』第28節).

第二は,ルターの「万人司祭説」である.かれは,各人は神に直接結びついており,司祭はいらない,とした.しかし,人間の中には,誰かに導かれる必要のある者がいる.そこでルターは,そうした者を教導することが,後述のように家においては家長の(妻・子・召使いに対する)責務となり,国家レヴェルでは国民にとっての父 Landesvater としての君主の責務となる,としたのである(現在でも,子供に対しては,このタイプの親権が──幼児洗礼をおこないまた親の信仰で育てることに見られるように──当然とされている).

政教分離のためには,ユグノー戦争の体験を経たフランスに見られたように,〈国家が特定の宗教・宗派と結びつくことが政治的にまずい結果をもたらす〉という,ポリティーク politique 派的な判断が必要だったと思われる.しかし,ドイツでそれがとられはじめるのは,三十年戦争を体験したあとの,1648年のヴェストファリア条約以降である.

(v) 女性の位置　近世・近代のプロテスタントは,カトリック以上に,強力な家父長主義・女性蔑視の傾向を示した.それは,第一に,かれらの万人司祭説が,すぐ上で述べたように原因している.教導者としての家長の統率が強まるのである.それは,第二に,ルターの聖書重視の教説から来る.先にも見たように,『旧約聖書』にも,(四つの福音書を除く)『新約聖書』にも,女性蔑視が強かった.聖書重視は,これをも反映させることになった.それは,第三に,当時の家族構造の反映でもある.当時は独立自営の,初期企業家や農民が成長していた.かれらの多くは,プロテスタントであった.そうした活動は家族単位であったので,経営と家計とは分離していなかった.このため,家長が経営で果たす主導的な役割が,家族生活上でのかれの主導権と重なる.家長の権限が新しいかたちで強まっていたのである(当時はかなりの女性が働いていたので,のちの19世紀後半に強まる主婦婚モデルに比べて女性は社会的に主体的ではあったが).それは,第四に,一般に禁欲を強調する宗教は女性蔑視に傾くもの

だ,という点からも来る.性欲の危険視・蔑視が,(男性の)性欲を刺激するものとしての女性の危険視・蔑視をもたらしたのである(この点は,カトリック教会における女性蔑視にも妥当する).

19世紀後半のヴィクトリア時代には,女性の従属,女らしさの強調,女性に対する性のタブー化が強まる.これは,プロテスタントが資本主義の主たる担い手であったため,ヴィクトリア時代という,資本主義が確立した時代に入って,かれらがふたたび活性化し,その伝統が影響力をもち始めたことが反映したのでもある.加えて,上述の独立の中産層を主軸にした社会は,基本的に20世紀中葉まで持続した.このため,かれらに結びつく強い家父長主義も,近代化の中でも持続する.さらに,ヴィクトリア時代には,中産階級に主婦婚が拡大した.これが,女性の自立性・社会的主体性を弱め,家父長主義を支えた.こうして,西洋で家父長主義の克服が進みだすのはやっと1960年代になってから,という事態が生じた(本書138頁).

7-1-2 ルター時代のザクセン

ここでは,ルターについて,その時代との関係を,次の二つの観点から見ておこう.第一に,もしもルターが,ドイツでなくフランスやイングランドやイタリアで,ザクセンでなくポンメルン Pommern 大侯国やマインツ Mainz 大司教国で,ザクセン西部ではなくザクセン東部で,活動していたら,成功していただろうか.第二に,もしもルターが,1517年に活動を開始せず,もっと早く,あるいはもっと遅く,活動を開始していたら,成功していただろうか[279].

(1) 1517年前後のザクセン

(i) ザクセンの動き　1500年頃のザクセン王国は,ヴェッティン Wettin 家が,東西二つに分かれて統治していた.西のエルンスト系のザクセンは,ヴィッテンベルクを中心とし,選帝侯フリードリヒ3世(Friedrich III, 1463-1525)が統治していた.ルターを保護したのは,かれである.ルターは,ヴィッテンベルクで行動を開始し,アイゼナッハ Eisenach 近くにあった,侯の居城ヴァルトブルク Waltburg にかくまわれて——破門=アハト刑を受けたため誰からでも殺される危険があったからである——,宗教改革の事業を推進した(これ

---

[279] 以下の議論は,主としてブラシュケ(Karlheinz Blaschke)の『ルター時代のザクセン』(1970. 寺尾誠訳,ヨルダン社,1981)による.

に対して東のアルベルト系ザクセンは，ドレスデン Dresden を中心とし，フリードリヒのいとこの大侯ゲオルク＝モリッツ（Herzog und Kurfürst Moritz von Sachsen, 1521-53）が統治していた．かれは，フリードリヒとは仲が悪く（1519年の神聖ローマ帝国皇帝選挙のおりも，皇帝になれるところを妨害された），カトリック側に立った．しかしこの東ザクセンも，モリッツの死後にはプロテスタント側に移った）．

　当時のザクセンは，まさに新生への胎動期にあり，フリードリヒ3世は，近代国家構築の途上で悪戦苦闘中だった．すなわち，国内には，司教区領や独立の領邦君主の所領があったし，貴族の所領も多かったし，修道院領も多かった．かれにとって，これらの諸勢力に対抗する上で，プロテスタントの新しい運動は好都合であった．旧い宗教勢力の権威を崩せるし，前述のようにルター派は，君主の権威を高める教義をもっていたからである．

　(ii)　経済動向　　ザクセンは，15世紀末までは中世的な農業国であったが，16世紀に入って経済生活でも新生が始まった．すなわち，①1500年前後から，数十年の間，鉱山業が盛んであった．銀や錫・銅がエルツ山系で採掘され，賃労働による初期の資本主義が発達した（ルターの父親は，銅山の鉱夫であった）．鉱山収益の5分の1が国庫に入った．1530年代からは高炉や水力利用の工場が始まった．②農村で1490年代から手工業が発達し，ビール，麻織物，パン，車大工，皮革（ニュルンベルク Nürnberg で染色した）の製造が盛んになった．③都市でも手工業が発達した．また，ライプツィヒのメッセ Messe（大市）が1497年から始まるなど，交易都市も発達した．

　このザクセンに各地から人が移住して来，この混住状況を基盤に，新しい共通ドイツ語（ルター訳聖書の言語）が形成された．農村に貨幣が浸透し，農民層の上層は，かなり豊かになり文化的になった．

　(iii)　学問的熟成　　ルターが学んだ（189頁）エルフルト大学は，中部ドイツ人文主義の拠点であった．ルターは，人文主義によって精神形成をし，カトリック的なアリストテレス学こそ拒否したが，「原典に帰れ」の精神をもって，アウグスティヌスや，聖書，新しいアリストテレス学などの古典研究を重視した．これが，キリスト教の原点を再生させる運動を準備した．

　ルターが教えたヴィッテンベルグ大学は，ルターの指導下に牧師を養成し各地へ送り出すなど，宗教改革運動の拠点になった．宗教改革の担い手になったのは，大学の学生・教師と，ツヴィカウ Zwickau の毛織物工や職人など都市民

とであった（ヨーロッパで，歴史上最初の組織的な庶民反乱を担ったのは，この他の鉱夫と職工であった）．

総じて，旧来の社会秩序はこの時代に根底から変革され，新しい市民層が形成されだしていた．

(2) 1500年代後半のザクセン

ところがこのザクセンも，1500年代後半に入ると，君主・領主の支配が強まり，社会は躍動性を失い，庶民のエネルギーがなくなっていった．たとえば，①小麦等の需要が増え，田舎に住む騎士が農業企業家になり，実力を回復し，支配力を強めた．地主の直営農場が拡大したため，農民の束縛と負担が重くなった．②1500年頃からは，かれらが領主化し，16世紀末には再封建化を見た．農民の自治的な裁判に領主が介入するようになり，また領主が支配した裁判（各地で年2，3回開催された）も広まった．農民の武器が取り上げられ（日本の同時期における刀狩りに相当する），農村共同体の骨抜きが進行した．③毛織物が盛んになり，羊毛をとるための羊を効率よく飼う必要上，農民の共同利用地や借地を奪い取る動き（エンクロージャ運動）が強まった．多くの農民が土地を追われたのである．④「ポリツァイ」と称する，国王による国家統合のための積極的行政（本書下巻9-1）が活発になった．

(3) 他の国の1500年代

(a) 1500年代中期までのフランス王室は，カトリックで固まっていた．前述のように中世において宗教革新を求めるカタリ派・ワルドー派などの運動は，フランス南部で盛んになったが，徹底的に弾圧された．1500年代中期にはプロテスタントの動きが，貴族や都市民，新興商工業者をも巻き込んで盛んになったが，王権によって抑圧されユグノー戦争（1562-98）にいたった．そのあとも，王権によるプロテスタントへの差別・迫害が続いた．(b) 1500年代のイングランドは，王権の支配が強まった．ヘンリー8世は，1534年に上からの「宗教改革」を断行した．このため下からの宗教改革は，さまざまな制約を受けた．(c) 1500年代のイタリアは，ルネッサンス期の自治都市が衰退し，シニョーレや教皇庁が専制的な支配を強めた．宗教改革を求める庶民の運動は，中世後期にイタリア北部で盛んであったが，教皇庁の弾圧・統制が厳しかった．

教皇庁の弾圧・統制は1800年代まで続き，都市や都市内の地区・党派が分裂割拠する伝統と，貧しい農業生活に埋没した地方主義とがあいまって，イタリアでは新しい市民層・市民社会の成長が妨げられ続けた．

したがって次のように言える．①もしもルターがザクセン外で，さらにはザクセン東部で，改革を始めていたら，かれの事業は困難だったろう．②もしもかれが，20年前，あるいは30年後に，改革運動を始めていたら，かれの事業は困難だったろう．風に運ばれた種子が繁茂するときと同様に，歴史でも一瞬・一場の偶然（チャンス）が――主体的条件と相まって――大きな意味をもつのである．

【補論】 ルターと親鸞の比較――――
　ルターないしイエスと親鸞とを比較することは，かれらを理解するうえでも，〈西洋的なもの〉と〈日本的なもの〉との一端を知るうえでも有益なので，ここで試みよう．

(1) 近似点
　親鸞（1173-1262）の根本的な立場は，かれによって絶対的な人格神となった阿弥陀如来に，一人ひとりが自分の弱さを自覚し謙虚な心で救いを求める，というものであった．若い日の親鸞は，一所懸命の修行・思索の中で，『無量寿経』の中の第18誓願に出くわした．それは，次のようなものであった：「設、我れ仏を得たらんに，十方の衆生，至心に信楽して，我が国に生れんと欲して，乃至十念せんに，もし生れずんば，正覚を取らじ」．これは，のちに阿弥陀如来となる法蔵菩薩がまだ修行中であったときにした「公約」であって，〈自分が仏になっても，救いを求めるすべての人を救えないのであれば，自分は仏にならない〉と言うものである．ここから，〈阿弥陀如来は，救いを求めさえすれば，必ず救ってくださるのだ〉ということになる．親鸞は，そう理解して，「それ真実の教を顕わさば，則ち，大無量寿経これなり」と，その理解をかれの立場の根本に置いた[280]．
　以上からの帰結は，次のとおりである．
　(i) 信仰のみ　親鸞は言う，「弥陀の本願には，老少善悪のひとをえらばれず，ただ信心を要とすとしるべし」（『歎異抄』一）．すなわち，阿弥陀如来は，無差別にすべての人を救う．救われるのに必要なのは，ただ真摯な信心だけである．親鸞のばあい，

---
280) 柳宗悦『南無阿弥陀仏』（1955．岩波文庫，1986）62頁以下．

このことは，ひたすら念仏することに帰着する．かれは言う，「ただ念仏して弥陀にたすけられまひらすべし〔…〕いづれの行もをよびがたき身なれば，」（『歎異抄』二）．すなわち，われわれ人間は，自分でどのような行（教典の勉強や修行，儀式，寄付行為）をしてみても，それによって自分を高めることができない，無力な存在である．信仰において大切なのは，そういう無力さを見つめ，へりくだって，ひたすら阿弥陀如来に救いを求めること，この切実な信仰心をおいて他にはない，というのである．外面的な儀式等を排し深い信仰心を強調したルターと同様の立場（信仰のみ sola fide）が，ここには見られる．

(ii) 悪人正機説　　上の考えから，悪人こそ救われる，と言う親鸞の有名な逆説が出てくる．かれは言う，「善人なをもて往生をとぐ，いはんや悪人をや．しかるを世のひとつねにいはく，悪人なを往生す，いかにいはんや善人をやと．この条，一旦そのいはれあるにににたれども，本願他力の意趣にそむけり〔…〕自力のこころをひるがへして，他力をたのみたてまつれば，真実報土の往生をとぐるなり」（『歎異抄』三）．善人でさえ救われる．ましてや悪人が救われないわけがない，と言うのである．善人とは何か．それは，自分で学問したり修行したり多額の寄付をしたりして，「善いことをした」と自認している人である．しかし，そうした自認の根底には，〈自分は救われて当然だ〉という慢心があり，このため善人は，自分の罪深さ・弱さを自覚できず，阿弥陀如来に心の底から救いを願うことができない．これに対して悪人は，自分の罪深さ・弱さを骨身にしみて自覚しているので，阿弥陀如来にひたすら救いを願うことになる．どちらが救われる人か，という問題提起である．

(iii) 狭い人間関係を越える　　親鸞は言う，「親鸞は，父母の孝養のためとて，一返にても念仏まうしたること，いまださふらはず．そのゆへは，一切の有情はみなもて世々生々の父母兄弟なり．いづれもいづれも，この順次生に仏になりてたすけさふらふべきなり」（『歎異抄』五）．あらゆるものを超越した普遍者である阿弥陀如来に，各人が直接結びつくというのが親鸞の教えであるから，もはや親族，友人といった狭い関係に人間が自足してはおられない．すべての人が阿弥陀仏の前に同じ仲間・親族として結び合うことができるのだという，先にイエスにおいて見たのと同様の強烈なメッセージである．

(iv) 普遍者の前の平等　　阿弥陀仏に一人ひとりが直接結びついており，等しく救われるということは，仏道において師と弟子の関係が意味をもたないことの確認でもある．この点を親鸞は，次のような有名な言葉で宣言している．「親鸞は弟子一人ももたずさふらふ．そのゆへは，わがはからひにて，ひとに念仏をまうさせさふらはばこそ，弟子にてもさふらはめ，ひとへに弥陀の御もよほしにあづかて念仏まうしさふらふひとを，わが弟子とまうすこと，きはめたる荒涼のことなり」（『歎異抄』六）．師も弟子も，みんながともに，阿弥陀如来の救いによってここにあるのだから，如来の前には「師」も「弟子」もない，ということである．

（v）献金について　この点についても，ルターと同じメッセージを親鸞ははっきりと述べている．「仏法のかたに施入物の多少にしたがひて，大小仏になるべしといふこと，この条，不可説なり．〔…〕いかにたからものを仏前にもなげ，師匠にもほどこすとも，信心かけなばその詮なし．一紙半銭も仏法のかたにいれずとも，他力にこころをなげて，信心ふかくば，それこそ願の本意にてさふらはめ」（『歎異抄』一八）．いくら寄付をしても，心の底からの悔い改め・信心がなければ意味がないというのである．

（vi）外面生活　行動は善い心から出てくるのであって，外的な行動形式が決め手ではない．内面の輝きこそが重要であり，外面的な行為態様に不必要にとらわれてはならない．

親鸞は，この立場から，〈結婚しているかいないかは宗教的に意味がない．大切なのは，心の持ち様である．独身を守ってそのことに安住することこそが，外面的な行為に救いをかかわらせることであり，誤っている〉とも結論づけ，僧侶の身でありながら結婚し，そうした自分を愚禿（＝妻帯した僧）と呼んだ．結婚のこの位置づけも，ルター──修道女と結婚した──と同じ思想に根ざしているのである．

（vii）和讃・御文　親鸞は，宗教の教えを口語で民衆に分かりやすく説くものとして，和讃をつくった．蓮如（1415-99）は，同様の御文を数多く発行した．これらもルターがドイツ口語訳聖書を出版したり，讃美歌をつくったことに似ている．

（viii）一揆　親鸞は，フランチェスコに似て，無理解な人々から迫害を受けても逆わなかった．旧い宗教勢力や政治勢力に対しても，すなおに従うことを説いた．しかしかれの死後，蓮如──かれ自身もルターに似て政治運動を抑制しようとしたが──の頃から浄土真宗は，社会的な自立化に向かっていた人々の心をとらえ，急速に政治勢力にまで成長していった．すなわち，庶民（農民・商工人・土豪等）を中心にした宗教集団が各地で成長し，それが，自治を強めていた農村や町の人々の団結の主軸となっていった．「一揆」と呼ばれる共和制的な盟約を結んで，自治的な平和団体を形成しようという動きは，南北朝の頃から，松浦党などに見られたが，この盟約運動が浄土真宗と結びついたのである．一向一揆は，その代表的運動である（この点では浄土真宗は，いわば，中世盛期のコンミューン運動の核となったカトリックと，「タウン＝ミーティング」運動の核となったプロテスタントとの，両方の歴史的役割を同時に果たしたと言えよう）．

とくに 1488 年以来の「加賀の一向一揆」では，結束した農民・商工人・土豪層たち 20 万人が武器をとって人海戦術で権力に対抗した．その自治権力は，1580 年に織田信長（1534-82）の命を受けた柴田勝家（1522?-83）によって滅ぼされるまで，約 100 年間続いた．他にも，戦国大名に対する一向一揆の抵抗は，三河（1563-64），長島（1570-74），雑賀（1570-85）などであった．また，自治都市の堺，大坂，富田林，今井，堅田，御坊などにおいても，浄土真宗が精神的な主軸を成した．このような動きは，時期の点でも，内容の点でも，1524-25 年のドイツ農民戦争，1536 年からのジュネーヴで

のカルヴァン下の市政，1559年まで続いたディトマルシュの農民共和国，1568年からのオランダの独立戦争などの，同時代の動きに匹敵するものである．

以上を要するに，親鸞の教えは，西洋の宗教改革の時代に300年も先行した，日本版宗教改革であったと言える（さらに言えば，鎌倉時代の彫刻（運慶・湛慶らの）や天竺様建築に見られる古典主義は，西洋ルネッサンスに300年も先行して出現した日本版のルネッサンスだと位置づけられる．——平安末期からの，『信貴山縁起』や『伴大納言絵詞』などの絵巻物に見られる人間味ある描写などは，ルネッサンスを超えてリアリズムに迫っている）．

(2) 相違点

以上のような近似性があるものの，両者の間には次のようなちがいもある．

(i) 個々人の位置　ルターでは，〈人間は，原罪を負っているが，イエスがその罪を背負って十字架にかかってくれたので，原罪の帰結から逃れられる．しかし，そうした救いの恩寵にあずかれるのは，神に心から帰依することによる〉という構造になっている．ここでは，「自分」への固執は否定される．親鸞においても，〈われわれは，煩悩にとらわれているが，阿弥陀如来の慈悲によって救済にあずかる．その救済は，如来に心から帰依することによる〉という同様な構造がある．しかし，この関係をめぐっては，次のちがいを無視できない．

すなわち，ルターでは，救いを確信したあとも人間はあくまでも人間に留まり，神はそれを超絶した人格神のままである．このため，信仰が深まっても，〈絶対神と向かいあう一人ひとり〉の観念は持続する．この観念が脱世俗的自立の核心となり，その後の西洋史上で——ルターやキリスト教そのものの本来の意図を越えて——個人の良心，自立的個人の意識（自我意識），それらを支える諸自由（信仰等の精神的自由・寛容，自立に支えられた自由な社会行動）への意識を強めることになった．これらが順調に成長したわけではないが，それでも，これらの意識は歴史上で何度も覚醒した．

これに対して浄土真宗においては——仏教一般においては——，人間は救済にあずかることによって，自分が本来もっていた仏性を輝かし，如来の仏性と一体化する[281]．ここでは〈絶対神と向かいあう一人ひとり〉の関係は消える（親鸞自身には強い自己意識が持続したが）．じっさい親鸞後の浄土真宗では，念仏・唱名の中で自我を滅却していくというかたちで，個人を消えさせる傾向が強くなった．同様に，密教の加持祈禱も，一遍（1239-89）の踊り念仏も，浄土宗8世空円の百万遍念仏も，法華宗徒の念仏踊りも，集団的陶酔によって自我の滅却を現出させしたし，禅宗も自己を滅却し仏性と一体化することをめざした（陶酔によって絶対者と一体化することは，西洋でも神秘主義が強

---

281)　加藤（前掲注200）『親鸞とルター』第3部．

まる場合には，出現する．とくにタウラー（Johannes Tauler, 1300 頃-61）らのドイツ神秘主義は,「神との合一」を重視した．ルターにその面があることは，マックス＝ヴェーバーが指摘している．また，集団行為によって〈自分〉を滅却することは，「個人」を嫌うアーミッシュの生活でとくに追求されている).

　総じて日本人は，古来，孤独の中で自己を見つめるとか，内面で神と対話するとかという方向をとってこなかった．隠者の生活に見られる〈隠遁による孤独〉でも，〈自分を消し，自然に包まれ一体化する〉という方向に流れる．心頭を滅却することを求めるのが，日本流である．近代に入っても日本人には，いったんは自我を意識しても，それを意識し続けて自己主張をするよりも，その小さな自分が大きなもの（おだやかな神仏や，やさしい自然）に抱かれ包まれ安らぐことを求める傾向が目立つ（『草枕』・『暗夜行路』・『宮本武蔵』等).

　こうして日本では仏陀も阿弥陀如来も，ユダヤ教の神のように厳しく君臨し人の罪を追及する支配者でも，キリスト教の神のように内での対話の相手である大きな父親的存在でもなく，すべてを無条件に包み込み受け容れる，霞んだ春の野辺や海，緑したたる山ふところのような存在なのである（日本では，自然そのものが，屹立する岩山・澄み切った大気の平原ではなく，朦朧としやわらかなのである――日本では，〈明確な輪郭線をもった崇高なもの・異質者に個々人が向かいあう〉という構造でなく，すべてが自分を鮮明にせず融合しあう).

　キリスト教においても，カトリックではマリアや聖人たちが，人間に近い存在として暖かな包容性をもつ．しかしこのマリアや聖人たちも，西洋では対話の相手として人間に向かう．たとえばカトリックの礼拝堂内では，一人ひとりがマリア像に何十分もじっと向きあって対話している．これに対して日本では，美術鑑賞の場合は別として，阿弥陀如来に一人ひとりの信者が孤独の中で向きあい対話するという場は少ない．宗教は集団行為であり，阿弥陀如来は，われわれが孤独の中で向かいあわなくとも，――じっさいには罪を反省し続けなくとも――念じさえすれば「問答無用」で救ってくれる．

　どちらが宗教の原点に近いか．結論から言えば，それは浄土真宗や時宗の方である．プロテスタンティズムの上述の傾向は，〈自我への執着・我執を排すこと，人間的なものへのこだわりを克服すること〉というキリスト教の出発点が，近代的な〈個人への執着〉によって歪曲され生じたものである．柳宗悦が言うように，プロテスタンティズムでは，祈りの中身や，教会で説教する牧師のパーフォーマンスやその説教の中身が気になるという風に，人間的なもの，とくに聖職者の個性へのこだわりが強い（プロテスタントは雄弁でカリスマ性のある牧師を求める).これに対して浄土真宗や時宗では，自我・人間は共同行為の陶酔の中で消滅し，神との一体感，神への真の帰依が現出する．

　(ii) 学問　　前述のようにルターは，人文主義を重視した．これに対して親鸞は，かれ自身は学問に支えられて思考したが，救いとの関係では学問に懐疑的であった．か

れは言う,「経釈をよみ学せざるともがら,往生不定のよしのことこの条すこぶる不足言の義といひつべし〔…〕経釈をよみ学すといへども,聖教の本意をこころえざる条,もとも不便のことなり」(『歎異抄』一二),と.知識をいくら積んでも,それは自分の行為によって救われようとすることであるから,救いの保証にはならず,かえって慢心を生む,と言うのである.

　この点は,知性についても,同様である.「信心さだまりなば,往生は弥陀にはからはれまいらせてすることなれば,わがはからひなるべからず.〔…〕すべてよろづのことにつけて,往生には,かしこきおもひを具せずして,ただほれぼれと弥陀の御恩の深重なること,つねにおもひいだしまいらすべし」(『歎異抄』一六).無学の者の方が,自分の無能力を痛く自覚しているから,救いを求める心が強くなる.それゆえ,かえって救われるのである.

　(iii)　男女差別　　前述のようにプロテスタンティズムでは,男尊女卑が強かった.これに対して親鸞や一遍,道元らは,世間の男尊女卑を前提にはするものの,救済においては男女の平等を強調する.親鸞・一遍においては,阿弥陀如来はすべての人を分け隔てなく救済するし,道元においては,衆生はすべて本来的に仏なのであった.男性が教導するということも,とくにない(親鸞・一遍の時代には,庶民の間に「男女平等」がかなりあったという点もある.日本では女性差別は,旧仏教に出始め,戦国時代以来しだいに強くなり,江戸時代後期に確立する.それは,武家の間でその頃から長子相続・「家」関係が強化されたこと,関東的な家父長制が武家の間に一般化したこと,儒教が浸透したことなどによる[282].この近世に,プロテスタンティズムは登場した.したがって,中世である鎌倉時代の仏教と近世のプロテスタンティズムとの女性観を単純には比較できない).

　(iv)　その後　　日本の仏教は,江戸時代に入って支配の下請け組織となった.政治権力は聖なるものとなって,信仰者の内面まで侵した.この傾向は明治に入ってさらに徹底し,権力者そのものが神となり,その国家も,個人を呑み込む価値体現者となった.こうした関係においては,良心の覚醒・維持も,それに支えられた道徳的自律も,個人の尊重・人権の意識も,困難であった.西洋でも同時代に,宗教集団が権力化し,また国家が宗教を支配する現象が起きた.16・17 世紀には,宗教にからんで,国家間の,

---

[282]　日本では母権制および古代国家の統合力の名残が強く,家長が支配する「家」の形成は,鎌倉中期以降のことであった(前述のように西洋では「家」は,すでに古代・古ゲルマン時代以来,社会編成上の基本的単位だった).このことを反映して,鎌倉初期には,女性は土地の所有権・相続権をももてた.しかし,このばあい,女性が結婚すると土地は嫁ぎ先の家の支配下に入るので,土地が分散し不都合が生じる.このため中世後期以降,女性の相続権は制限ないし否定され,土地は長子相続の対象となった.豊田武『武士団と村落』(吉川弘文館,第 2 版,1966) 197 頁以下.もっとも長子相続は,1898 年民法典までは,「嫡庶異分相続」(次男以下もある程度もらえる)というルーズなものだった.女性差別は,その後に徹底するのである.

国家と教会・宗派の，宗派間の，殺戮が展開した．しかし西洋では，権力も教会・宗派も思想家たちも，この経験から学び，しだいに寛容を尊重し，良心・内面性・理性を重んじだした．国家の相対化も，自由主義の浸透によって再生した．18世紀末から，それらがバージニアやプロイセンの憲法等で確認されるようになった．日本ではこの状態は，やっと1945年以降にやって来た．

7-2 カルヴァン

7-2-1 カルヴァン・カルヴァン派の思想

カルヴァンは，1536年以降，自治都市ジュネーヴを拠点にして宗教改革のもう一つの流れをつくり上げた．当時のジュネーヴでは，自由を求めだした市民と，支配者になろうとする，司教や，領主のサヴォイアSavoia家とが，緊張した関係にあった．ルターの運動と同様，カルヴァンの運動もまた，これら新しい市民層に支えられて展開した（市民たちの期待は，多分裏切られたが）．ここではカルヴァンの思想を，かれの主著である『キリスト教綱要』(*Christianae religionis institutio*. 初版：1536年)[283]を中心に把握していこう．

(i) 原罪と人間の無力　カルヴァンは，先にアウグスティヌスに見たのと同様，原罪を重視する．かれによれば，アダムは罪に堕ち，「神から遠く離れた」．「アダムに残されたのは無知，不正，無力，死，そして裁きのみであった」(34頁)．人間は，今や無力な存在となった．「私たちは，生まれつき神が受け入れるようなことを何ひとつなしえず，また神を崇める力もない」(35頁)．

(ii) 道徳的潔癖主義　カルヴァンは，『旧約聖書』に規定されている律法を重視する．そのさい，かれの態度はきわめて厳しいものであった．すなわちかれは，「たった一つの罪があればそれまでの義のすべての記憶を消し去り，抹殺するのに十分である」(60頁)とし，「だれでも，一点において過ちを犯すものはすべてにおいて有罪とされる」(60-61頁)とする．このため，律法の前に人間は，罪深い呪われた存在となる．「律法によってはすべての者が斬罪され呪われる」(58頁)．恐ろしいまでの潔癖主義である[284]．

---

283) カルヴァン『キリスト教綱要』(久米あつみ訳, 教文館, 2000). 以下, 本文中に頁番号を示す.
284) 宗教改革における〈心からの帰依〉の論理を徹底すると, こうなる. カトリックは, ここま

(iii)　神の絶対化　　人間は，上にあるように無力で罪深い存在であるから，神の意志を変えるような力はもたないし，願いを神に届けるすべももたない．「人間には，自分の内に正義，力，生命，救いを求める理由は何ひとつ残されていない．これらはみな神の内にのみあり」(35頁)，「神の御稜威そのものが私たちのもとに下りてくるのでなければ，事態は絶望的であった．私たちのほうから昇ることはできなかったからである」(91頁)．しかもまた，誰が救われ誰が地獄に墜ちるかは，人間には分からない．「だれが神の子であるかを知るのは，パウロも証言しているとおり〔…〕神のみの特権である〔…〕私たちはだれが教会に属し，だれがその外にいるかを見分けることはできないのである」(107頁)．

　(iv)　キリストによる救いと信仰　　しかし，このような無力な人間と絶対的な神との間に，人間の罪を十字架刑による死であがなったキリストが介在することによって，人間に救いへの門が開かれた．「私たちはキリストの義によって義人とみなされ，律法の遂行者とされる」(65頁)．だから大切なのは，自分を反省し，「人間がいかにすべての善を欠き空しいか，救いに到るどんな助けをも持たないか」(119頁)を自覚し，キリストに心の底から救いを求めること，「自分を捨てて謙遜のうちに私たちの主に栄光を帰す」(120頁)ことである．「信仰によってこそ，私たちは罪の赦しを確実なものと確信することができる」(63頁)．こうして，われわれは，キリストに帰依することによって，自分が救われるのだという希望に生きることができる．「心をこのような服従でととのえ，神の意志による律法によって律しられることを受け入れるならば，私たちは祈りにおいて耐え忍ぶこと，また希望が中断されても忍耐づよく主に期待することをたやすく学ぶのである」(148頁)．このように，原理はルターに似るが，ここでは，紀律の遵守がヨリ重視されている[285]．

　　　で潔癖主義にはならない．〈告白・告解などの懺悔をすれば赦免してやる．そのためには教会に来い〉，〈この免罪符を買えば罪は消える．だから買え〉とするからである（カトリックのこの前提には，〈人間はまったくだめな存在だ，というものではない〉との認識がある）．
285)　晩年のカルヴァンには，二重の予定説 prédestination がヨリ鮮明になった．それによれば，神は，すでに世界創造を始める前に，救う者と地獄に落とす者とを決めてしまっている．自分がどちらに入っているかは，人には分からない；また人は，どうもがいても，神にその決定を変更してもらうことはできない，となる．宗教改革における〈神の全能性・人間の卑小性〉の論理を徹底すると，そういう見方になる，と言うことかもしれない．
　　　しかし晩年のカルヴァンは，なぜ，イエスのように「求めなさい．そうすれば，与えられる．探しなさい．そうすれば，見つかる．門をたたきなさい．そうすれば，開かれる」(「マタイによ

(v) 信仰の実践　しかし人は，単に心に救いの確信を得ただけに留まっていてはならない．救いを確信した者は，それにふさわしく生きなければならない．われわれは，「神の被造物であるのだから，神の栄誉と栄光に仕えなければならないし，神の命令を遂行すべきである」(35頁).

　この実践のあり方については，カルヴァンの後継者たちが具体化した．かれらの一部は，〈「神の道具」となり，神の創造活動に参加し，この世に神の栄光を輝かせる〉とは，〈教会の規律を守り，禁欲・勤勉に生き，他の人々に神の栄光を伝える宣教活動に励むことだ〉とした．しかもカルヴァン派は，前述のように人間の弱さを重く見るから，厳しい統制が欠かせないとする[286]．こうしてカルヴァン派教会は，厳格な「紀律化」，すなわち宗教生活の規制・監督（集団的な宗教教育，偶像崇拝・瀆神行為・異端の厳しい処罰）と，職業生活，さらには日常生活の規制（賭博・ぜいたくや劇場の禁止，アルコールや食べ物・服装・髪型等の規制，迷信の除去など），違反者・犯罪者を労働によって矯正する施策（刑務所のはじまり）などを進めた[287]．カルヴァン派は，紀律を実効的なものにするための制度をも整備した．監督機関としての宗教評議会 Consistorium である．これは，6人の牧師と12人の平信徒（＝長老）とによって構成され（カルヴァンがその長を務めた），毎週木曜日に会合した．この機関は，信者の素行を把握するため家宅捜査・密告を常用した．

　〈信仰の実践〉の立場はまた，職業生活においては，生産性を上げる工夫，合理化を求めることと結びついた[288]．「神の道具」として勤勉に生きたかどうかは，成果を挙げたかどうかによって分かるとしたのである．

　　る福音書」第7章7節，同文：「ルカによる福音書」第11章9節）とか，パウロのように，イエスの贖罪の死によって，すべての人が救われることになった（「ローマの信徒への手紙」第5章12-19節）とかとする，寛い心を示す方向を排除したのだろうか（この疑問は，すでに同時期に後述のカステリオらが出している（Hans R. Guggisberg, *Sebastian Castellio : 1515-1563*, 1997, S. 112)．次注286の事情が関係しているかもしれない．

286)　カルヴァンの個性も，カルヴァン派が厳格になったことの一因であった．ツヴァイク (Stefan Zweig, 1881-1942) は，カルヴァンを，「夜は三時間，あるいは多くても四時間しか眠らず，一日にただの一回だけ粗末な食事をとったが，それもかたわらに本をひらいたまま大いそぎで食べるのであった」と描いている（ツヴァイク『権力とたたかう良心』(*Castellio gegen Calvin, oder, Ein Gewissen gegen die Gewalt*, 1936. 高杉一郎訳，みすず書房，1973, 61頁)．自分に過度に厳しい人間は，他人に対してもそれを押しつけがちである，とツヴァイクは言う．

287)　半澤孝麿『ヨーロッパ思想史における〈政治〉の位相』(岩波書店，2003) 241頁.

288)　この点を強調したのは，ヴェーバーの「プロテスタンティズムの倫理と資本主義の精神」(1904) である.

加えて，教会を防衛しかつ宣教を進めるためには，教会組織を確立し，政治をも宗教運動に動員する必要がある．闘うための教会 ecclesia militans づくりである．このようなところには，自由主義を期待することはできない．また，民主主義も期待できない——なぜならカルヴァン派は，神に服従する姿勢が強かったため，政治・教会運営でも神が選んだ指導部に服従するというかたちをとったからである．「選ばれた者による，選ばれた者のための，人民に対する統制」がかれらの立場であった（このエリート主義は，ローマや中世の都市でも見られたのであって，カルヴァン派もまた，その伝統上にあると言える．また，この原理においても，エリート同士の間では「民主主義」が発達するのではある）[289]．

以上をふまえて，ルターとカルヴァン・カルヴァン派を比較すれば次のようになる．

	ルター	カルヴァン・カルヴァン派
神	父なる神（新約聖書的な神）	全能の神（旧約聖書的な裁きの神）
人間観	神と向きあえる人間	無力で罪だらけの人間，神との断絶
信仰	内面と外面の区別 ＝神との孤独な内的対話	内面よりも外面・行為の重視 ＝生活規律・労働の重視
救済	信仰によって救済可能	救済予定説
教会	万人司教説・聖書のみ 聖職者の指導を重視	教会による宣教・人間改革 儀式や牧師制度の充実を重視 長老会の権威を前提
個々人の生活	天職観　しかし守旧的 個々人の修養を重視	天職観　労働の合理化 社会の変革重視
権力観	男性中心主義・家父長的 領主・国王への服従	男性中心主義・家父長的 エリート市民の神権政治

---

[289] アメリカでも民主主義・自由主義が根づくためには，ピューリタンの強力だった権威的支配・厳格主義・不寛容・狂信性などを克服する必要があった．ピューリタンとは，17世紀イングランドで国教会を変えようとした改革派——カルヴァン派が多い——の人々のことである．その多くが，迫害されアメリカに渡った．かれらは，「回心」体験を得た選ばれた者だけが教会を指導すべきだという強固な確信で動いた．かれらは，このことによって，既成の権威に抵抗することになったが，同時に大衆に対してそのエリート主義をむき出しにして臨んだ．かれらがアメリカでどんな非人間的厳格主義を見せたかについては，1600年代ボストンの姦通事件を描いた，ホーソーン（Nathaniel Hawthorne, 1804-64）の『緋文字』も参考になる．
　ピューリタンのこの病癖の克服は，①ウィリアムズ（Roger Williams, 1603-84）やペン（William Penn, 1644-1718）らの寛容政策の影響，②ジェファソン（Thomas Jefferson, 1743-1826）やフランクリンら Founding Fathers たちが理神論者で，科学的合理精神，古代共和制の理想に満ちていたこと，③ 1700年代に，アメリカのピューリタンの第二・第三世代が熱狂から醒め

7-2-2 カルヴァンと不寛容

以上の考察からうかがえるように，とりわけカルヴァン派には不寛容の問題——不寛容はほとんどの宗派につきまとっていたが——が潜んでいた．そしてそれは，カルヴァン自身の言動としても発現した．それにかかわる印象的な事件の一つが，セルヴェート（Michael Servetus, Miguel Serveto, 1511-53）の火刑である．この事件を追いながら，思想の自由や寛容の問題の胎動について考えておこう[290]．

(1) セルヴェートの火刑

上述のように，カルヴァン下のジュネーヴは，厳しい「紀律化」の下にあり刑罰も厳格だった．「カルヴァンが支配するようになった最初の五ヵ年間だけでも，比較的小さなこの都市で十三名が絞刑に処せられ，十名が斬首され，三十五名が焚刑に処せられた」[291]．

カルヴァンによってひどい仕打ちを受けた一人がセルヴェートであった．かれは，血液が心臓や肺をとおって循環する新説を立てた医学者であったが，その著『キリスト教の再興』 *Restitutio christianismi* (1553) で，三位一体説・幼児洗礼を否定し，教皇庁から異端の嫌疑をかけられた（再洗礼派的であった）．かれは，このためジュネーヴに逃れて来たが，ジュネーヴ当局は 1553 年 8 月にかれを逮捕し，10 月 27 日に異端者として火刑に処した（かれは予定説も否定していた）．これは，ヴォルテール（Voltaire, 1694-1778）によれば，宗教改革派による最初の「宗教的殺人」であった（実際は，その前にも再洗礼派に対する弾圧・虐殺等があった）．その裁判の時に証拠となったのは，セルヴェートが救いを求めてカルヴァンに送った私信であった．カルヴァンは，セルヴェートの信頼を，二重に卑劣なかたちで裏切ったのである．

（別の言い方をすれば，初心を忘れ），現実主義的になっていった（cf. Richard L. Bushman, *From Puritan to Yankee,* 1967）ことなどによって，可能となった．

290) この点については，Guggisberg (fn. 285), *Sebastian Castellio*；出村彰『カステリョ』（清水書院，1994）；ツヴァイク（前掲注286）『権力とたたかう良心』．ツヴァイクの小説には作風からも時代的背景からも誇張があるが，他の文献に照らしてみると，この書はかなり史実に忠実であると言える．

291) ツヴァイク・同上 81-82 頁．

この点について，カルヴァンは，『正しい教えの宣言』Declaratio orthodoxae fidei (1554) で次のように弁明した[292]．①異端によって汚された神の名を回復するためには，権力はあらゆる手段を用いるべきである．②そのさい，神の栄光を守るためには，残虐な手段に訴えてもよい．③神に対する大逆罪である異端の処罰は正当である．その異端に対する寛容を説く者は，異端に荷担する者である．④プロテスタントに対するカトリック側の異端審問は，容認できない．それは偶像崇拝を強制する誤ったものだからである．これに対し，カルヴァンがおこなう異端審問は，「真の宗教」を守るためのものだから許される，と．このようなことを主張した，カルヴァンのこの本は，迫害の正当化のために書かれた最初のもっとも恐ろしい著作だと言われている[293]．カルヴァンは，自分たちが真理を独占しているのだと確信しきっていたのである．

再洗礼派のおぞましい記憶が生々しかったため，当時の人々は，セルヴェートを悪魔的異端者と考え，カルヴァンを支持した．セルヴェート火刑のショックによって，カルヴァンに楯突く者はなりをひそめてしまった．これを契機にして，ベルンやチューリッヒなどスイスの他のプロテスタント都市——すでに多くの再洗礼派を虐殺していた——でも，異端者の処刑が再発した[294]．〈敬虔な大衆に支持された極悪〉もまた，歴史の現実なのである．

(2)　カステリオのカルヴァン批判

このような状況下で，カルヴァンの権力犯罪を告発した一人が，カステリオであった．かれはもともとはリヨンにいたが，そこで迫害され，カルヴァンを慕って——かれを精神的自由の唱導者と考えて——当時カルヴァンがいたシュトラスブール Strassbourg に移り住んだ．そしてカルヴァンがジュネーヴへ移ったとき，福音主義の学校の教師としてそこに招かれた．しかし，その後まもなく2人の間に亀裂が生じる．カステリオは，人文主義的なテキスト＝クリティークによって『旧約聖書』中の「雅歌」を古代の恋愛歌だとした．宗教書検閲をおこなっていたカルヴァンは，「雅歌」を神讃美の聖なる歌だとし，原稿

---

292)　佐々木毅（前掲注125）『主権・抵抗権・寛容』51頁．
293)　佐々木・同上51頁．
294)　モンター E. William Monter『カルヴァン時代のジュネーヴ』(1967．中村賢二郎・砂原教男訳，ヨルダン社，1978) 131頁．

の訂正を指示した．しかしカステリオは，その指示に従わなかった．このためカルヴァンは，出版を許さなかったばかりか，嫌がらせをするようになった[295]．当時頻発した，人文主義と宗教改革の対立の一例である．耐えきれなくなったカステリオは，バーゼルに移り，印刷所の校正係やギリシア語の授業で糊口の資をえながら文筆活動にいそしんでいた．

このバーゼルでかれは，セルヴェートの焚刑を知り，偽名で『異端は迫害さるべきか』 *De haereticis an sint persequendi* を書いた．その内容は，次のようなものであった[296]．①「異端」という語は聖書にはない．イエスは悪しき者の処遇は神に委ねた．②異端者は，神を否定する人ではない．ただ解釈を異にするだけの人である．「そもそも異端者とはなんだろうといろいろ考えてみた結果わたしが発見したことは，人間は自分の意見に同意しない者をみな異端者よばわりしているのだということにほかならなかった」．そうした解釈のちがいは，議論で処理すべきで，暴力で処理すべきではない．③宗教的真理は，われわれの認識を超えているので，だれも自分の見解が〈絶対的に真だ〉と言うことはできない（懐疑の立場）．④国家と宗教とは，世界がちがう．国家は外的な政治的秩序にかかわる．秩序維持のためには，国家は個人を規制できる．これに対して宗教は，各人がその内面で神と向きあう関係である．この「内部の世界のことについては，わたしたちはひとりひとりが神のまえに立って自分のために申しひらきをしなければならない」．他人，ましてや国家権力は，その世界に介入できない．「信念の問題についてはなんの権限もない」からである．ここには，のちにロックにおいて鮮明になる，寛容の論理がすでに鮮明である．⑤異端迫害は，イエスの姿勢に反する．イエスがそうであったように，相手を憎まず，むしろお互いに相手をゆるしあうことが大切である[297]．かれは呼びかける，「わたしたちは，おたがいに相手をゆるしあおうではないか．そして，おたがいに相手の信仰をやっつけあうことはやめようではないか！」[298]（これ

---

295) Guggisberg (fn. 285), *Sebastian Castellio*, S. 32.
296) 『宗教改革著作集』（第10巻，教文館，1933）所収．ツヴァイク（前掲注286）『権力とたたかう良心』同上・213頁以下．
297) Guggisberg (fn. 285), *Sebastian Castellio*, S. 96.
298) ツヴァイク（前掲注286）216頁．カステリオは，『異端は迫害さるべきか』の「まえがき」で，次のような印象的な言明を展開している．「世界の造り主にして王なるキリストよ，こうしたことを御覧にならないのですか．あなたは，かつての御姿とはすっかり変わってしまわれ，かくも残忍になられたのですか．あなた御自身にさえ背いて，あなたが地上におられた時には，だ

は，イエスのように生きる生き方（Imitatio Christi の立場．本書 171 頁）から来る論点である．カステリオは，マルシリウスやエラスムス（Desiderius Erasmus, 1466 頃-1536）といった人文主義者たちと同様に，〈イエスが生きたように生きる〉ことの重要性を説いているのである）．⑥〈神の名による火あぶり〉の問題性．カステリオは，この残虐行為を，カルヴァンが神の名によっておこなった点に，神に対する重大な冒瀆を見てとった．かれは言う，「これらの行為がきわめて残虐であることにまちがいはないが，もし彼らがこれらの犯罪をキリストの衣でつつみ，自分たちはこの行為によって神の意志をおこなっているのだと言いふらすならば，残虐行為をおこなった者たちはその行為よりもはるかにおそろしい罪悪を犯すことになる」．イエスが語ったあのやさしい愛の神を，カルヴァンは，人を憎み残虐さをむき出しにする神にしてしまったのである．

(3) その後の経緯

カステリオの批判は，スイスやイタリアでかなりの賛同者を得た．カルヴァンは，そのことに危機を感じ，弟子のベーズ（Theodore Bèze, 1519-1605）に反論させた (1554)．その文書の中で，ベーズは，「良心の自由というのは，悪魔の教えである」Libertas conscientiae diabolicum dogma. と述べている．ルターの宗教改革においてあれほど重要であった〈良心擁護〉が，ここでは〈神に逆らう悪魔の教え〉になっているのである．カルヴァンやベーズは，信仰を第一義的に組織問題として，すなわちかれらの教会を擁護するという任務を帰結するものとして位置づけ，個々人をその組織に従属させた．そのためここでは，

れよりも柔和で慈しみ深く，危害を耐え忍ばれました．屠殺人の前の羊のように，あなたは一語も発せられませんでした．鞭打たれ，唾され，嘲られ，茨の冠をかぶせられ，強盗共と一緒に十字架につけられるほどの屈辱を受けながら，あなたはこれらの悪逆すべてをあなたに加えた者のために祈られました．今やあなたはすっかり変わられたのですか．あなたの父の聖なる御名によってお尋ねします——あなたの定めや戒命を，わたしたちの支配者たちが要求するように解釈しない者は，水で窒息させ，内臓まで千切れるほどに鞭打った末に塩をまぶし，剣で滅多切りにし，とろ火で焼き，その他ありとあらゆる責苦を，しかもできるだけ長い時間，加えるように，あなたは命じておられるのですか．ああキリストよ，本当にあなたはこのようなことを命じ，是認なさるのですか．このような犠牲を捧げるのは，あなたの代理人のわざなのでしょうか．皮を剥ぎ，肢体をばらばらにする者たちの仕業が…．犠牲者があなたに呼ばわる時，あなたはその場に臨み，このような残忍な虐殺の場で人肉を食されるとでもいうのでしょうか．キリストよ，万一あなた御自身がこのようなことをなし，あるいはなせと命じられるのならば，いったい何が悪鬼のわざとして取り残されることになるのでしょう」（前掲注 296『宗教改革著作集』第 10 巻，54 頁；ツヴァイク・同上・221-222 頁；出村（前掲注 290）『カステリョ』135-136 頁）．

各人の良心を強調することは、組織に敵対することだとされたのである。加えて、かれらにとって人間は卑小な存在だから、「良心」などを拠点にすることは、僭越な行為だと映った、という面もある。

　この動きに、カステリオは反論した。『カルヴァンの書に対する反論』 Contra libellum Calvini (1554) である。これも、カルヴァン派の妨害で出版できず、手写本で広まった。そこでは、次のことが指摘されていた[299]。①内面の問題である宗教上の問題を、外面に関する国家権力によって処理するのは誤りである。②セルヴェートに対する裁判は、手続き的に不公正である。③迫害は、カルヴァン自身のかつての言明に矛盾している。たとえば、『キリスト教綱要』の初版 (1536) と第2版とには、「異端者を殺すことは犯罪である。処刑刀や火焔によって異端者を亡き者とすることは、人間性のあらゆる原理を否定することに他ならない」とあるではないか。④ペンでの論争を、なぜ市当局の剣に頼って反撃しようとするのか。⑤「ひとりの人間を殺すことは、けっして教義をまもることにはならない。それはあくまでも人間を殺すことでしかない」。⑥力で強制しても、人間の心まで変えさせることはできない。「強制が人間をよくしたという例は、いまだかつてあったためしがない。ひとびとに信仰を強制しようとする連中は、栄養を病人の口のなかに棒でむりやりにおしこんでいるひととおなじようにばかげたことをしているわけである」。

　1555年にジュネーヴでカルヴァンのクーデターがあり、カルヴァンは権力を固めた。ベーズの働きかけによって、バーゼル市当局がカステリオを異端容疑で告訴した。しかし、カステリオは、幸いなことに (?)、1563年1月に心臓病で——火刑によらずに——死去した。

　カステリオの書物はその後、人目に触れることが少なかったが、1603年に、オランダでカステリオのカルヴァン批判の書が刊行された。カステリオ全集も、1612年にハウダ (ゴーダ) Gouda で出版された。こうしてカステリオ=ルネッサンスが起こった。この背景には、当時オランダで、正統カルヴァン派の不寛容に対し、アルミニウス派が対抗し宗教的寛容を説いていた事情がある (注306、下巻注55参照)。このオランダに、ロックが1683年から89年にわたって亡命した。かれは、カステリオのラテン語訳聖書のみならずその他の書物をも

---

299) ツヴァイク (前掲注286) 248頁以下。

入手した．かれの寛容論（本書下巻62頁以下参照）——そしてまたスピノザのそれ（本書下巻10-4参照）——の背景には，こうしてカステリオ，そのよりどころとなったエラスムス，そしてカステリオを蘇生させたアルミニウス派，の寛容論があったのである[300]．

7-3 プロテスタントと抵抗権

プロテスタントは，当初，抵抗権を認めなかった．前述のようにルターは，君主への服従を説いた．カルヴァンは，『キリスト教綱要』初版第6章末尾において，〈支配者は神が社会の秩序化のため選んだ者であり，それへの抵抗は神への反抗である．たとえその支配者が圧政を敷きわれわれを苦しめても，それはわれわれの悪行に対する神の懲罰であるから，われわれがまず自己反省をすべきだ〉と説いた．プロテスタントが重視した聖書にも，先に見たように，権力への服従を説いたパウロらの言説があった．

けれども，聖書の中には，前述したように「人間に従うよりも，神に従わなくてはなりません」（「使徒言行録」第5章29節）という言葉もあった．はたして，1530年代末以降，次のような危機存亡の秋が迫って，プロテスタントは立場を変えた[301]．

(i) ドイツ　皇帝カール5世は，1543年から，ドイツのプロテスタント拠点を攻撃する聖戦を開始した．かれは，それまでは，教皇やフランスと戦争していたし，トルコとも交戦中であった（1529年には第一次ウィーン包囲があった）ため，動きがとれなかった．しかし，教皇やフランスとは1531年に和平が成立し，またトルコはハンガリアに退いた．このような情況下で，かれは総攻撃に出，1546年4月に，シュマル＝カルデン同盟軍をミュールベルク Mühlberg の戦いで粉砕し，ザクセン選帝侯のフリードリヒ（Kurfürst Johann Friedrich, 1503-54）やヘッセン国王のフィリップ（Philip, Landgraf von Hessen, 1509-

---

[300] ロックの寛容思想は，1667年の草稿「宗教的寛容論」で固まりだした．しかしそれが深化し1689年の『寛容についての書簡』に結晶化する上では，かれがオランダへ亡命しカステリオらの寛容思想と出会ったことが重要な意味をもっていた．Guggisberg (fn. 285), *Sebastian Castellio*, S. 282.

[301] ここからは，Quentin Skinner, *The Foundations of Modern political Thought*, Book. 2, 1978, p. 189 以下等による．

67) を捕虜にした (ルターは, 幸せなことに (?), 1546年2月18日に心臓発作でこの世を去っていた). この勝利をふまえて, カール5世は1548年にアウグスブルクで, 全ドイツのプロテスタントを非合法にする宣言を出した. このため多くのプロテスタント指導者は, イングランドに亡命した. ドイツのプロテスタントに深刻な危機が迫ったのである.

(ii) フランス　フランスではプロテスタントは当初, 貴族層に浸透しつつあった. しかし, 1530年代から, プロテスタントが攻撃的になったので, フランソワ1世が態度を硬化させた. かれは晩年には, プロテスタントを激しく弾圧するようになった. アンリ2世 (Henri II, 1519-59) が跡を継いだが, プロテスタントに対する弾圧を継続させ, 王位について3年の間に500人を逮捕した. 1557年には〈プロテスタントは即, 死刑〉とした. アンリ2世の死後, カトリックのギイズ Guise 家の人々がフランソワ2世 (François II, 1544-60) の摂政となり, プロテスタント弾圧を強化した. このため, フランスはユグノー戦争に入っていった (1562-98).

(iii) イングランド　イングランドでもプロテスタントが危機に瀕した. ヘンリー8世が1547年に死去したあと, プロテスタントが上層部に浸透していった. しかし, 1553年にメアリー (Mary of Tudor, 在位 1553-58. 多くのプロテスタントを殺し, Bloody Mary と呼ばれた) が女王となって以来, 雲行きは急変した. カトリックが復活し, 多くのプロテスタントのリーダーはスイスに亡命した. 逮捕された300人以上が, 焚刑に処せられた.

(iv) スコットランド　スコットランドでも, プロテスタントに危機が迫った. 1540年代に, カトリックのスコットランド王はイングランド王に敗れ, (カトリックの) フランスと同盟を結んだ. このため1547年に, フランス海軍がスコットランドに上陸し, プロテスタントの本拠セント=アンドリューズ St Andrews を攻撃した. プロテスタントは敗れ, のちに最高リーダーとなるジョン=ノックス (John Knox, 1514頃-72) も, 捕虜となり, フランスのガリー船の漕ぎ手にされた (かれは, 釈放後, 1549年からイングランドで運動し, Bloody Mary の即位後の1554年に大陸に亡命し, 1559年の帰国までフランクフルト Frankfurt am Main やジュネーヴに滞在する).

(v) オランダ　同じころ, オランダのプロテスタントにも危機が迫った. 1555年オランダはスペインのフェリペ2世 (Felipe II, 1527-98) の統治下に入

り，専制政治とプロテスタント弾圧とが強まった．1567年にはアルバ公（Duque de Alba, 1507-82）の軍隊が到達し虐殺を始めた（その光景は，ブリューゲル（Pieter Brueghel, 1520頃-69）の絵に出てくる）．こうした中で，オランダの人々は結束し，独立戦争に入っていく．

このような危機下においても，プロテスタントのリーダーたちは，当初は受動的服従の立場をとった．カルヴァンは，この立場を死ぬまで変えなかった．しかし，ルターに，上のような危機に直面して，変化が起こった．すなわちかれは，1530年8月の手紙では，皇帝と「暴君」とを区別すべきだと主張したが，1539年にいたって，〈君主は臣民を守る使命をもっている．法を破り臣民を害し，その使命をはたさなくなった君主に対しては，臣民は正当防衛として抵抗に出ることができる〉とした．

カルヴァン派の人々も，やがて抵抗権を主張し始める．とくに，ジュネーヴで養成されたカルヴァン派の人々（かれらをネオ＝カルヴァン派という）が，西洋各地に広がっていくにつれて，抵抗権の主張が明確になる．たとえば，

(a) ジョン＝ノックスは，1559年にスコットランドに戻り，61年にフランスから里帰りしたメアリー女王による迫害と対決する中で，抵抗権思想を前面に押し出した[302]．スコットランドでは，その後，67年にメアリーが退位し，その子ジェームス6世（James VI, 1566-1625．イングランド王 James I, 在位1603-25）がプロテスタントになったので，ノックスも返り咲き，長老派が支配的になっていった．

(b) フランスのユグノーの間でも，1572年の聖バーソロミューの虐殺を体験して抵抗権思想が固まっていった．〈暴君は殺してもかまわない〉というモナルコマキ（暴君放伐論）の思想がその典型である．なかでも有名なのは，匿名で出されたパンフレット『暴君放伐論』 Vindiciae contra tyrannos である．ここでは，①君主は神の代理人だから，それにふさわしくない行動に出れば，人民の抵抗を受ける．②君主は，人民との契約で君位についているのだから，そ

---

302) ノックスがその抵抗の中で書いた「女たちの奇怪な統治に反対するラッパの最初の高鳴り」(1558．前掲注296『宗教改革著作集』第10巻，所収）は，史上最高（？）の女性差別の書と言うべき本である．ここには，カルヴァン派の女性蔑視思想が赤裸々に出ている（女王憎けりゃ女が憎い，という点もある）．

れに反すれば，人民を代表した貴族たちの抵抗を受ける．③暴君に対しては，正義のために隣国の君主も介入できる，といった抵抗の思想が展開された[303]．①と②の論点は，先に見た（本書5-5参照）中世の抵抗権思想でも主軸を成していたところである．

(c) 北部ドイツ人でオランダの市民たちと結びついていたアルトゥジウス (Johannes Althusius, 1557-1638) も，カルヴァン派の一人として，同様な抵抗権思想を展開した．すなわちかれは，その著『政治学』(1603) で，主権は社会全体にあり，それが神を証人としつつ君主に委託されているのであるから，君主の不法な主権行使には，監視者である上層身分の人々が抵抗できる，と論じた．

こうした宗教的に準備された抵抗権思想[304]——上から明らかなように当時の抵抗権論には，正当防衛にもとづくものと社会契約にもとづくものとがあった——が，その後，近世自然法論者たちによって世俗化され，アメリカ独立革命やフランス革命等の市民革命期の思想に，一支流として流れ込んでいくのであった．

---

303) 福田歓一『政治学史』（東京大学出版会，1985）260頁以下；佐々木毅（前掲注125）『主権・抵抗権・寛容』18頁以下．
304) これらの抵抗権論は，たいていは自分たちが少数派であるところで，多数派の政権に対して信仰の自由や，悪政に対する抵抗権を主張するものであった．このプロテスタントも，多数派になったところでは，少数派を抑圧した．再洗礼派に対する迫害もそうだが，新大陸でもそうだった．たとえば，名門ウィンスロプ家のジョン（John Winthrop, 1588-1649）は，1630年にチャールズ1世（Charles I, 在位 1625-49）の一方的な議会解散を契機に，自由を求めてニュー゠イングランドへ移住しボストンの町をつくった．このかれが，マサチューセッツ植民地の総督となるや，〈特定の教区の会員でなければ公民権を与えない〉とする非民主的で不寛容な神政政治を敷いた．多くのプロテスタントにとって，「寛容」や「抵抗権」は，正しい信仰のためのものであり，そのさい，正しいのは，自分たちの信仰だけだったのである．

8 魔女狩り・魔女裁判

8-1 魔女狩り・魔女裁判とは何か

　キリスト教の異端狩り・そのための異端審問（宗教裁判）が1300年頃から「魔女」に向けられて展開し，それが原型となって，世俗公権力のレヴェルでおびただしい数の「魔女」が逮捕され処罰されていったのが，魔女狩り・魔女裁判である．魔女狩りは，カタリ派など異端とされた運動が活発であった南フランスで最初に激化した．たとえばトゥールーズでは，1320年から1350年の間に600人が起訴され400人が火刑に処された．同時期のカルカソンヌ Carcassonne では，400人が起訴され200人が火刑に処された．魔女狩りは，この南フランスから，フランス全土，北および東のヨーロッパ，そして新大陸へ広まり，数万から数十万の人——ほとんどが女性——が，焼き殺された．

　魔女狩りの多かったのは，南フランスのほか，ドイツ，チロル，スイス，スコットランド，スウェーデンなどである．宗派では，カトリック，プロテスタントを問わない（プロテスタントの方が悪魔・魔女観念にとりつかれやすかった[305]）．比較的早くなくなったのはオランダ，イングランドなどであり[306]，少なかっ

---

305) その理由は，次の点にある．①ルター自身が悪魔の存在を信じていた．②プロテスタンティズムは，信仰において心情を重視し理性を低く評価したので，異端の評価をするときにも合理的に判断することが弱くなった．③プロテスタンティズムが重視した『新約聖書』の福音書には，悪魔の話が多く出てくる．

306) オランダでは，1610年にホラント州で魔女嫌疑者に対する無罪評決があり，その後，魔女狩りはなくなった．後述のように（下巻注18・注55）オランダではカルヴァン派が多数派であり，教会関係者は不寛容で魔女狩りを煽りもした．しかし，各州で行政を担ったレヘント regent 派の人々（都市貴族や内陸部の土地貴族などエリートが主軸で貴族的自由主義の傾向にあった）は，カルヴァン派の中でもアルミニウス派に属し，エラスムスの人文主義的な合理性・わけへだてのない寛容精神の持ち主であったので，魔女狩りに与しなかった（カルヴァン派の地で，この派の狂信性を克服したところに，すなわち冷静化したカルヴァン派の下で，近代の寛容・合理性が定着するという経緯は，注289のアメリカでも同じである）．
　イングランドでは，エリザベスの治世（1558-1603）下で政治的な陰謀が多発し，その不安か

たのはイタリアである（スペインでは魔女狩り自体は多くはなかったが，異端審問が荒れ狂った）．多かった地域内でも，バーゼル，アウグスブルク，ハンブルク Hamburg，フランクフルトなどの国際商業都市には，ほとんど見られなかった（ドイツでもっとも激しかったのは，北部ミッテルゲビルゲ Mittelgebirge，すなわち 1500 メートル以下の山々の間に小さな領邦国家が分立する，現代のヘッセン Hessen 州からザクセン州にかけての地方であった）．

1600 年をはさむ 1 世紀間が頂点であった．時代は，中世後期から近世にかけての，社会の変動期である．魔女狩りの狂乱は，周期的に再燃した．たとえばドイツでは，1590，1630，1660 年に大波が押し寄せた．西ヨーロッパでの最後の魔女狩りは，1782 年にスイスの峡谷の一州であるグラルスであった．しかし魔女の記憶は生々しく，1797 年頃の「魔女の飛翔」をはじめとして，ゴヤ（Francisco José de Goya y Lucientes，1746-1828）の絵の中には，多くの魔女・悪魔がリアル感をもって登場する（かれの絵が上手だから，という面もあるが）．

8-2 魔女裁判の態様

例として，新大陸マサチューセッツ州セーラム Salem で 1692 年 2 月 29 日から 1696 年 1 月 14 日まで展開した有名な魔女裁判を取り上げよう．…事件は，ある裕福な家庭から始まった．家の黒人女奴隷が信奉するブードゥ教の礼拝やその神秘的物語に日頃接していた白人の少女が憑かれた状態になり，まもなくそのヒステリーが他の姉妹に広がった．少女たちは〈魔女の妖術にかかったのだ〉とされ，市当局によって，彼女たちから聴き取りがおこなわれた．彼女たちの妄想・虚言によって，女奴隷が追及された．女奴隷は，「関係者」の名前を次々と「自白」し，それらの人々が追及された．こうしていもづる式に 200 人が逮捕され，裁判のけっか，9 月までに 20 名が絞首刑にされた．魔女妄想

ら魔女の取り締まりが強化され，1563 年の法律によって魔女迫害が本格化した．エリザベスを継いだジェームズ 1 世（James I，在位 1603-25）は，当初魔女狩りに熱心であった（『マクベス』は，この背景下で書かれ演じられた）が，途中から懐疑的になり，その子チャールズ 1 世下では魔女の処刑はなかった（ピューリタン革命後の不安の中で，魔女狩りや拷問が復活したが）．コモン＝ローは，自白に頼らず，また拷問を禁止していた．このため裁判では 5 人中 4 人の割合で無罪となったし，死刑は，絞首刑がほとんどで，火刑はあまり見られなかった．イングランドではまた，魔女狩りに対する批判も強かった．英国国教会も，魔女狩りを煽らなかった．

は他の町や村にも広がり，地域全体がパニックに陥った．

　一般に魔女狩りは，人間や家畜の流産・病気，天候不順，錯覚・思いこみ，対立者を陥れるための虚言などを契機として住民たちが隣人を問題にすることから始まる．住民たちが私刑のかたちで処理してしまうこともあるが，公権力による逮捕・裁判へと進展するばあい，かかわった聖職者や官吏・裁判官といった指導的な人々が——悪魔学にかぶれていたり政治的に利用しようとしたりして——悪乗りし問題を深刻化させる．セーラム事件では，著名な学者コトン＝メーザー（Cotton Mather, 1663-1728．イェール Yale 大学の創立者の一人）や，牧師サムエル＝パリス（Samuel Parris, ?-1720）が，魔女狩りを煽った．

　しかしまた，魔女狩りに効果的に抵抗したのも教養ある指導的な人々である．セーラム事件では，ボストンの織物商人ロバート＝カレフ（Robert Calef, 1648 頃-1719）が反対の声を挙げ，人々に冷静さを求めた．新しい総督フィプス（William Phips, 1651-95）が，自分の妻に魔女の嫌疑がかかるに及び沈静化のイニシアティブをとり，1693 年 5 月に全員が釈放された．裁判官や陪審員も誤りを認め，煽動者パリスは追放された．

　魔女の行為として問題にされるのは，後述するドイツのクラマー（Heinrich Krammer, 1430 頃-1505）が書いた魔女裁判の手引き書『魔女に加える鉄槌』[307]で定式化されているように，悪魔との盟約，悪魔との性交，魔術によって他人に害を加えること，悪魔の集会に参加すること，の四つである．魔女は，魔術によって他人に害を加えたとして嫌疑対象となり，悪魔との性交があったとして身体検査を受け，悪魔との盟約をしたのは反キリスト教的であるとして焚刑に処せられる．しかし魔女裁判にとってもっとも重要な意味をもったのは，〈悪魔の集会に参加した〉ことである．この嫌疑がかなりあると，「集会に参加した」人々の名を挙げるよう拷問で強要される．耐えきれなくなって，でたらめに人々の名前を「自白」する．このことによって追及は，いもづる式に拡大していった[308]．

---

307) *Malleus Maleficarum* (*Der Hexenhammer*), Neuübersetzung, Dtv, 2000.
308) 1950 年代初頭のアメリカでひどかった政治的「魔女狩り」，すなわちマッカーシズム McCarthyism でも同様のことが見られた．たとえば，上院等での査問では，「コミュニスト」の嫌疑をかけられた者に，集会参加者や仲間の名前を自白させることに重点が置かれた．これが，追及される者の数を増大させただけでなく，友人・知人間での相互不信や，友を裏切った人々の

8-3 異端の追及

魔女の歴史は古いが，1200年頃まではカトリック教会でも，俗習・民間治療行為などとして寛大にあつかわれていた．しかし，やがてキリスト教の異端に対する集団的弾圧が始まり，それが魔女狩りを引き起こす一要因となった．すなわち，前述のように (170頁)，1209年に，教皇インノケンティウス3世が，カタリ派に対してアルビジョア十字軍を組織した．また，ワルド派も異端宣告を受けた．こうして，トマス＝アクィナスのような偉大な神学者もが，「教会は，異端者を死の危険から救う必要はない」と言うようになった．

このトラウマ下で，教皇グレゴリウス9世が異端審問 inquisitio haereticorum を導入した．それは，次のようなかたちで機能した．①一人の異端をなくするためには，1000人の無実の人が犠牲になってもしかたがない，とする．②被告人から弁護の機会を奪う．③物的証拠は不要で，自白で十分である，とする．ある程度の疑わしさが確認できれば自白をとるため，拷問を使う．④一切の審問費用は，財産没収で弁済させる．⑤密告とスパイを活用する．⑥教皇庁直属の異端審問官を各地に派遣する．かれらは検察官と裁判官とを兼ねる (＝糾問裁判)，等々である．

教会法には，死刑や凄惨な身体刑はなかった．しかし，異端判決を受けた者は教会によって破門され，そのさい破門は法の保護の外に置かれることを意味したので，判決後，世俗権力の手に引き渡されると，あとは残酷な執行を待つだけの身となった（この点で破門，すなわち教会版「アハト刑」は，武力をもたず残酷刑を使わない教会の，強力で残酷な ultima ratio であった）．

スペインでは，ユダヤ人狩りの一環として，1478年以降，異端審問制度が拡充された．とくに，「大審問官」と称されるトルケマダ (Tomas de Torquemada, 1420-98) の下で異端審問が強化され，類例のない非道がおこなわれた．すなわち，18年間に9万人が禁固され，8000人が火刑に処せられたばかりでなく，ユダヤ人をカスティーリア Castilla から完全追放する王令も出された (1492)．かれらをかくまう者も，「ユダヤ人に同情することは，キリストに対

良心上の苦しみ，を深刻化させた（自白をとるために，一種の拷問が使われさえした．解雇や仕事の取り上げ，社会活動の妨害，村八分やいじめなどの社会的拷問が，である）．

する罪である」として，異端審問を受けた．スペインで異端審問が廃止されたのは，なんと19世紀初頭である．

8-4　魔女の追及

　魔女が異端者であるとされたのは，教皇ヨハネス22世（Johannes XXII，在位1316-34）の教書（1318）以来のことである．魔女狩りが解禁され，その強化令が1323，26，27，30，31年に出ている．〈魔女は異端者である〉とされたことによって，〈異端者は魔女である〉とされる道が開けた．異端論争は民衆受けしないが，魔女として処理すれば，相手を簡単に片づけられた．

　上述の『魔女に加える鉄槌』は，自白，拷問，風説採用，密告奨励を重視している．これらを採り入れて，〈神の名における〉残虐が次のように制度化されていった．

　(i)　拷問　　魔女の嫌疑は，密告・風説・評判・状況証拠・証言・自白などによってかけられたが，裁判では自白が決め手であったので，ある程度の疑わしさが確認できれば，それを得るため予審において拷問が使われた．

　前述のように当時の糾問裁判では裁判官は，今日のように自分の自由な心証形成にもとづいて決定するのでなく，①現場を見た2人から同様の証言を得たばあい，あるいは②本人の自白を得たばあいに，有罪とした（たとえば前述した『カロリーナ刑事法典』第60・67条にこの規定が見られる．こうした法定証拠主義が廃止されだしたのは，フランス革命以降である）．そのさい，同様の現場証言を二つも得るのはむずかしかったから，人々は自白取得に傾斜した．

　(ii)　ウソの活用　　たとえば，「自白をすれば命は助けてやる」というウソの約束が活用された．その約束は，それを信じて自白した者に対して，次のように「履行」された．①しばらくは死刑にせず，あとで死刑にする，②水とパンだけで死ぬまで牢獄に入れておく，③約束した担当裁判官を交代させ，「約束したのは先の裁判官であって自分ではない」として死刑を執行する．

　(iii)　風説　　風説が活用された．風説を活用することは，教会での審問裁判で認められていた（125頁）．なぜならそれは，上官の不正の追及を開始させるのに効果的な手段であったからである（公然と告発し自分で訴追することは，あとで仕返しされるおそれがあるので，できない）．しかし，魔女の嫌疑のばあい，

風説が暴走する危険性は大きい．魔女は，常識を超えた存在であるから正体を現さないので，確証を得ることはむずかしい．そこで，魔女であることが証明できなくとも，風説があれば魔女である可能性が大きい，ということになる．

（iv）弁護者攻撃　魔女を弁護する者に対しては，〈異端者を不当に弁護する弁護人は，異端者だと疑われる〉というかたちでの攻撃があった．

（v）刑　魔女に対する刑は，火刑が通常である．1431年にジャンヌ＝ダルク（Jeanne d'Arc, 1412頃-31）が「魔女」として殺されたときも，火刑であった．

8-5　魔女狩りの克服

すべての人が魔女妄想に取り憑かれていたのではない．魔女狩りの狂乱の中でも，その不合理性を指摘する人々がいた．人文主義のもつ〈合理性・人間性尊重〉の役割が大きかった．しかし，魔女狩りを最終的に克服しえたのは，17世紀末以降，啓蒙主義（本書下巻34頁以下）の成果によってである．そのさいに啓蒙専制君主の役割も大きかった．

（i）アグリッパ（Agrippa von Nettesheim, 1486-1535）　かれは，ケルン生まれの人文主義者で，フランスのメッツ Metz 滞在中に魔女容疑者を弁護した．そのさいかれは，裁判が法的手続きを無視して進められている点を鋭く突いた．かれはまた，〈悪魔を持ち出す者は，神の全能を否定する者だ〉とか，〈キリスト教徒が魔女にとらわれると言う者は，洗礼の効力を否定する者である．それゆえその者こそ，異端だ〉とかといった論法で切り込んだ．

（ii）ヴィール（Johannes Wier, 1515-88）　かれは，オラニエ公（Willem I van Nassau-Oranje, 1533-84）の侍医を務めたオランダ人で，アグリッパに師事したことがある．1563年に『悪霊の眩惑および魔力と毒害について』を出版して，『魔女に加える鉄槌』に反論した．かれはまた，ジャン＝ボダンの魔女妄想をも批判した（前述（注125）のようにボダンは，1576年の『国家論』で，宗教による内乱状態を克服する道として，君主による主権の確立，その下での寛容政策の重要性を説いた．しかしかれは，1580年の『悪霊狂い』で，魔女は恐るべき無神論者だ，無神論は国家の基礎を崩すから危険だとして，魔女に対する拷問・火刑を奨励した）．

（iii）トマジウス　かれは，ハレ Halle 大学法学部教授であったとき，当

初は魔女裁判に賛成した．しかし，同僚の断固たる反対に影響され，徹底した廃止論者になった．かれは啓蒙主義者として，宗教を理性に逆らわないものにする立場から，非合理的な迷信を排除したのであった（トマジウスについては，本書下巻76-77頁参照．）．

　(iv)　啓蒙専制君主たち　　啓蒙専制君主の役割も無視できない．たとえば，①プロイセンのフリードリヒ大王（Friedrich der Grosse, 1712-86, 在位 1740-86）は，ヴォルテールやトマジウスの影響を受けて，即位直後の 1740 年 6 月 3 日の勅令で拷問を廃止した．かれは――古代ローマ法の原則にならって――「1名の罪なき者を犠牲にするよりも，20名の罪ある者をゆるす方がよい」と 1749 年に書いている．②オーストリアのマリア＝テレジア女帝（Maria Theresia, 1717-80. 在位 1740-80）は，1766 年の「魔女裁判の取りあつかい方に関する国の法規」によって魔女裁判を禁止した．1776 年には拷問をも廃止した[309]．

8-6　魔女裁判をめぐる省察

　(i)　人はどういうときに残酷になるか　　人間の歴史は，どの時代においても，差別，組織的暴力，大量虐殺や，他人の不幸に無関心であったり・それを歓んだりする傾向を示している．魔女狩りが起こった，中世後期から近世前期という時代は，他にも，ユダヤ人に対する迫害，中南米のアメリカ先住民に対する虐殺や奴隷化，アフリカ人の奴隷化，宗教に起因する内乱による殺戮（ドイツ農民戦争，ユグノー戦争，三十年戦争），多様な国際戦争などが起こり，とりわけ差別的で血なまぐさかった．

　人が残酷になるのは，次の二つのケースにおいてである．第一のケースは，相手を人間と見ない，あるいは同質の人間とは見ないため，共感をもたず，それゆえ平気で残酷になる場合である．第二のケースは，相手を人間とは見るが，

---

[309]　以上についての参考文献としては，森島恒雄『魔女狩り』（岩波新書，1970）；ミシュレ Jules Michelet, 1798-1874『魔女』（岩波文庫，1983）；バシュビッツ Kurt Baschwitz, 1886-1968『魔女と魔女裁判』（川端豊彦・坂井洲二訳，法政大学出版局，1970）；上山安敏『魔女とキリスト教』（講談社学術文庫，1998）；コーン Cohn, Norman Rufus Colin『魔女狩りの社会史』（山本通訳，岩波書店，1999）；牟田和男『魔女裁判』（吉川弘文館，2000）；バーストウ Anne Llewellyn Barstow『魔女狩りという狂気』（黒川正剛訳，創元社，2001）；Uwe Wesel (fn. 3), Geschichte des Rechts, S. 397 ff. などがある．

自分が高い価値——神・民族・国家・政治原理など——に仕える道具であるとして，その価値を擁護するため，その価値の否定者を攻撃する場合である．

　(a)　第一の場合　　人は，地域的に閉鎖的であったり共同体や身分・ジェンダー・民族・人種に強く拘束されていたりするときには，自分たちに属さない人を人と感じられない．こうしたばあい，仲間の苦痛や死を悲しむ善良な人も，そうしたエイリアンに対しては，かれらが苦痛や悲しみをもつことすら，感じ取れない．かれらの苦痛や悲しみを自分と結びつけられないから，念頭に置かないし，場合によってはかれらが苦しみ悲しんでいる光景を楽しむ．

　このことは，動物のあつかい方において，ヨリ鮮明に出る．多くのアジア人は，動物を平気で殺したり残酷にあつかったりする．これは，アジア人が，多くのヨーロッパ人（なかでもイギリス人）とは対照的に，動物を単に「畜生」としてしか見ず，このため，動物と自分たち人間とが同質性ないし共通性をもっていると認識しないので，動物の苦痛や悲しみに対して共感することがないからである[310]．それが証拠に，動物であっても，自分がかわいがっている家畜やペットに対しては，アジア人も残酷にはなれない．

　(b)　第二の場合　　これはとりわけ，宗教的な関係の中でしばしば生じる．この点は，パスカルが，「人は，思想・信条にもとづいておこなうときほど，喜び勇んで徹底的に悪をおこなうことはない」Jamais on ne fait le mal si pleinement et si gaiement que quand on le fait par conscience.（『パンセ』ブロンシュヴィク版895）と言っているところである．

　これは単に，「神」の名においてすることが，個人道徳にかかわるすべてを正当化する——「異端を改宗させるために起こることはすべて是認される」（トルケマダ）——から，あるいは単に，神の命令だから，残虐行為を平気でおこなう，というかたちをとるだけではない．それはまた，人をして，価値への帰依と，その価値によって結集した集団・組織への忠誠・献身とを背景にして，

---

310)　後述のように（下巻126頁）ベンタムは，人間は快を求め苦痛を避けようとする点ですべて同じだと説いた．かれはさらに，この点では動物もまた，人間と同じ存在だとした．この見方は，人間を動物的存在におとしめるものと映るかもしれない．しかし，この見方——幸福追求を重視しその主体として相手を見る——によってこそ，われわれは，すべての人間に対し共感できるようになるし，さらに動物に対しても共感できるようになる．拙著（前掲注1）『法哲学講義』197頁注146参照（じっさいイングランドは，すでに1800年代初めから，闘犬・闘牛・闘鶏その他の動物虐待を禁止するようになった）．

〈自分は神への奉仕・自己犠牲＝殉教の道徳を実行しているのだ〉などというかたちで残虐行為に向かわせる．この後者の場合には，人は良心的であればあるほど残酷になれる，のである[311]．

この (a) と (b) とがいっしょになるとき，人はもっとも残虐になる．狂信的になりかつ狂信的な組織に結束すると，人は組織の敵を悪魔としてしか見られなくなる．この時には，相手に対する共感も〈相手と同質な存在である〉という意識（これが共感を可能にする）もなくなり，しかも，ある価値に献身している充実感と仲間意識に充たされ，人は平気で，さらには喜び勇んで，残酷に走る．

(ii)　集団的妄想ほど恐ろしいものはない　　とくに，社会的不安がある状況下での，「やつらは組織的陰謀をたくらんでいる」という妄想ほど，制御できない異常行動を人間にもたらすものはない．

集団的妄想がとくに恐ろしいのは，人々がいったんそれに乗っかかると，それに都合のよい論理・説明が一人歩きし，ストップをかけようとする人々，かかわるまいとする人々をも踏みもつぶしてしまう点である．さらには，〈悪魔を退治する目的は，すべてに優先する．面倒な手続きは，悪魔退治の障害物である〉として，やがては，抑制・反省化機能をもつ制度——適正手続きの制度や制度そのもの——もが解体され，一方向への動きがブレーキを失って暴走化する．加えて人は，自分ではおかしいと思っていることでも，みんながやっていることを一人だけで反対するのは，自信がないし，自分が目立つのがこわいので，つい同調してしまう．こうして同調者が増えると，〈たくさんの人がやっていることはごく自然な正当なことだ〉と思えるようになる．自分の行動によって他人は煽られるのだが，その他人たちによって今度は自分が煽られる．

このような集団的妄想は，いつの時代でも（これからの世でも）避けがたい．この害を弱める——なくすことはできないが——には，何が必要か．

(a)　社会全体に自己反省的な合理的精神を涵養することが大切である．それは，第一に，自分たちの「常識」や思考を不断に問い直す姿勢を発達させることである．後述のようにこれが広まるのは，啓蒙の時代（17世紀後半から18

---

311)　われわれは，この点をめぐっては，道徳に二つの次元があることをも，念頭に置いておかなければならない．すなわち個人道徳と集団道徳の区別である．拙著（前掲注1)『法哲学講義』12頁．

世紀にかけて)以降である．第二に，〈自然現象や社会現象，人間行動の背後に神や霊や悪魔が働いている〉という発想を克服することである．これも，啓蒙の時代を待たなければならなかった．それ以前の，中世・ルネッサンス・宗教改革の時代の人々は，メンタリティーの一部となるところまでこの発想に規定されていた（しかしまた，狂った理性がすべてを合理的に構成する（つじつまを合わせる）ところに狂信がある——オカルト・エセ科学がその典型である——のでもあるから，理性に対する感性，すなわち健全な常識と，自然な人間的感情・共感が，理性をチェックできることが欠かせない）．

(b) 一人ひとりに，良識と勇気が重要である．また，とりわけ権力者に自制が必要である．政治家は，敵への憎悪を利用して政権の獲得や拡大に努める．支配的政治家が煽ることによって，集団ヒステリーは，公認されたとして一挙にエスカレートする．政治家は，そのヒステリーを利用してやろうとするが，やがてそれは政治家の思惑をはるかに越え制御不能の力となる．

(c) 多くの人が狂ってもその暴走に自動的にブレーキをかけてくれる装置が必要である．人は，冷静なときには，暴走していないときには，そうしたブレーキ装置を保持し，入念に手入れする．ところがいざ暴走しだして，ブレーキに頼る必要が本当に出て来たときには，逆に〈もっと速く走るために，こんな装置は邪魔だ〉として，それを除去しようとするのだ．このときに，その興奮にも耐えて自動のブレーキ装置を堅持するかどうかが，集団がその身を守れるかどうかの決め手となる．〈人の集団は，いつかは狂うものだ〉ということを考えると，オデュセウスがセイレーンたちのいる海峡を渡る前にしたように[312]，冷静なあいだに，狂ったときのための備えをしておかなければならない．そのような装置としては，次のようなものがある．

① 合理的な法的手続きの定着化　これは，司法を，法にもとづいており，価値中立的であり，物的証拠に根拠を置いたものにすることである．そうした

---

312) ホメロスの『オデュッセイア』第12巻には次の話がある．セイレーン（若い女の姿をした魔物．サイレンの語源）たちの歌声を聞くと船乗りたちは気が狂い海に落ちてしまう．そこでオデュセウスは，2人のセイレーンがいる岩のそばを航行するにあたって，部下たちには耳栓をあてがい，自分は——好奇心からその歌声を聴きたかったが，そのことの危険を予測して——マストにロープでしばりつけさせ，〈自分が狂乱してどんな命令を出しても，それには従うな〉と指図した．セイレーンたちの歌声が聞こえだすと，オデュセウスは狂乱しロープを解くよう激しく命令した．しかし，部下たちは，かれの最初の指図どおり，それには従わず船を進めた．こうしてかれらは，無事その海域を通過できた（どこかの国の9条改憲劇を連想させる）．

司法は，自由主義，拷問，「疑わしいときは被告人の利益に」の不採用などを排除する．

② 「個人の尊重」の定着化　これは，一人ひとりの存在をかけがえのないものとし，その幸福追求を支持する姿勢である．この姿勢から，残酷さを防ぐ共感も生まれてくる．この共感が，政治や司法の過ちに対する最後の防波堤であり，次の③の，究極の基盤である．

③ 諸自由の定着化　表現の自由や集会の自由，寛容や良心・信条の自由——とくに少数派の——が，自分たちの誤りに対する警告として批判者たちの声を聞ける装置となる．

上の①・②・③のうち，①は，形式的正義である．これは，上述のように，広範な人々が狂信化した状況下では「手続きよりも実質が，制度よりも中身が大切だ」という立場から，捨て去られることが多い．しかし，魔女裁判の歴史の教訓は，「手続き・制度」の独自価値を尊ばなければならない，ということである．これに対して②は，実質的価値である．③は，形式的でもあり実質的でもある．①の形式的正義も，実質的価値（個人の尊重や権力の恐しさの自覚等）によって支えられないと，ともすれば，軽くあつかわれてしまう．

(iii)　歴史における女性敵視の根強さ　その基底には，①中世・近世社会の女性蔑視や，②キリスト教が女の性に対してもつ「汚らわしさ」と「弱さ」との観念，③サディズム，などが働いている．

しかし，女性差別が魔女狩りの主因だということはできないだろう．女性差別は，古代からのものであるし，中世中期以降，女性の地位は「洗練化」の進展によって相対的には向上した．魔女狩りを，強くなった女性に対する男性の反撥としてとらえることもできない．「魔女」の観念は，〈強い女性〉でなく，〈悪魔にたぶらかされやすい弱い，罪深い性〉としての女性観が根底にあるからである．魔女狩りが広まった主因は，中世から近世への移行期における社会不安，異端追及の日常化・そのトラウマなどであって，そのしわよせが弱い人々に集中した．女性蔑視は，その補強要因の一つにすぎない．

(iv)　啓蒙主義の光と影　上述のように魔女狩りに見られる残虐さを克服する上で18世紀の啓蒙主義は大きな力を発揮した．それは，①魔女狩りが迷信および狂信的なキリスト教の上に展開したのに対して，啓蒙主義の科学的合理主義がそれらの支配を除去したこと（啓蒙精神の浸透によって，〈魔女と疑われ

る者が異常なのではなく，逆に，他人を魔女呼ばわりする者こそが異常なのだ）とされるようになった），②啓蒙主義が国家・社会生活を合理的に編成しようとして旧い制度の改廃を進めたけっか，司法の合理的整備も進展し，魔女裁判のような問題のある制度が克服されたこと，③啓蒙主義の根底にあった人間性の尊重・ヒューマニズムが，残酷性の克服に貢献したこと，による．

　もっとも，その後の歴史を見る限り，われわれは啓蒙主義の（光の面とともにその）影の面をも無視するわけにはいかない．第一に，啓蒙主義の合理性は，民主主義政治，科学技術や組織編成の発達をもたらしたが，この民主主義や科学や組織が戦争や政治的弾圧に利用され，そのけっか，魔女狩りの時とは比較にならない規模での残虐行為がくりかえされることとなった．

　第二に，啓蒙の時代から19世紀にかけて広まった「紀律化」とポリツァイとの政策のもつ問題性である．それらは，社会の合理的編成をめざし，啓蒙主義と結びつくことによって，人々の上に統制を強め，また「正常」でない人，障害をもった人・病的な人・極貧者——かれらは中世においてはなかば聖なるものであり，かつ自由に移動する民であった——を収容して閉じこめ社会から隔離する傾向を強めた．そのけっか，近代社会には，魔女裁判型の残酷さとは異なる，理性・科学に根拠を置いた残酷さが出て来た．精神病患者やハンセン病患者の非人道的な隔離，救貧施設・監獄での厳しい措置などがそうである．合理性の尊重自体が，「理性的に劣る」女性や下層の人や非西洋人を社会的に劣位に置き，結果的に抑圧したことも，見逃せない．

　これらを考えると，魔女狩りに見られた，人間の残虐性は，啓蒙主義によって克服されたのではなく，啓蒙主義によって，前とは異なるかたちで，さらに大規模に，発現するようになったようにも見える（ただしこれらは，啓蒙主義それ自体の問題というより，個人の尊重や人間的共感や国際主義がまだ定着していないところで啓蒙主義や科学が使われたことが起こした問題，と理解するのが妥当かもしれない）．

事項索引
(目次から拾える事項は，割愛した)

ア 行

愛国心　280
「愛」の目覚め（中世の）　164
アウクスブルク宗教和議　279
アカデメイア　48
アクイリウス法　80, 91, 203, 213
握取行為 mancipatio　88
アゴラ agora　10f.
アジア人は本性上奴隷的　52
アジール　116
アハト刑　28, 118, 282, 307
アメリカ植民地・アメリカ初期　217
　　──の中世色　218
アリストテレス受容（中世の）　182
歩き談義　59
アルミニウス派　299, 304
アルメンデ　128, 150
『アンティゴネ』　11
「家」　12, 25, 31ff., 73, 116f., 133ff., 156
家の平和　116, 219
遺言・遺言の自由　31, 85, 92, 161
イタリア風法学・フランス風法学　206f.
異端審問　296, 304ff., 307
一物一権主義　86, 126, 150, 207
イデア　47, 186
『イリアス』　13
『ヴィルヘルム＝テル』　153
ヴェストファリア条約　219, 281
『ヴェニスの商人』　20
エリート支配・エリート主義　144, 294
演繹　37, 82, 207
オッカムのかみそり　187
『オデュッセイア』　313
オランダ　213, 301f., 304

カ 行

懐疑　35f., 62, 297
回心体験　278, 294
回答権　79
概念　37, 40, 48, 80ff., 186f., 202, 204, 207
解放特許状　143
科学的態度（将帥の）　255ff.
学識法律家　201
学知 episteme　49
隠れて生きよ　64
囲い込み・エンクロージャー　151, 284
家産制国家　8, 132, 135
嫁資　32, 92, 156
我執（自愛）self-love　46, 100, 112, 175
カズイスティック　81f., 88, 181, 213, 254
カタリ派　169f.
家長・家父長　12, 25, 28, 31f., 72ff., 81, 85f., 91, 108, 116ff., 131ff., 134, 156ff., 281
寡頭制　42f., 57, 68, 144, 154, 228
雷とペリクレース　256
神の休戦　140
神の平和　140
『神の国』　103, 174ff., 181
神の存在証明　187
神の道具　103, 111, 277, 293
カロリーナ刑事法典　146, 210
慣習法　137, 150ff., 157, 202, 204f., 208ff., 213
慣習法特許状　143
慣習法の編纂　205
官職売買（売官制）　220
議会主権　217
幾何学（プラトンにおける）　48
危険負担（ローマ法の）　90
騎士道文化　163ff.
帰納　37, 47, 82, 207
『義務について』（キケロ）　61, 238, 258, 264
95ヵ条の意見書　273
『宮廷人』　268
糾問裁判・糾問主義　125, 145, 307f.
教育の力（アリストテレス）　53

317

318　事項索引

教会家族法　157
教会権力と家族　158
教会実務の先駆性　160ff.
教会法（カノン法）　125, 157ff.
教皇庁　124, 157, 170, 173, 201, 273f., 284
行政（ギリシアの）　9
兄弟団　141
共通ドイツ語　283
共同食事団体 phiditia　18, 31
共同体重視（アリストテレス）　55
共同防衛　19, 21, 67, 70, 111, 153, 272
教養専門職　61
距離化の感情 Distanzgefühl　132
共和主義（マキアヴェリの）　253f.
『ギリシアの美術』　24
『キリスト教綱要』　291ff.
『キリスト者の自由』　274ff.
紀律　70, 259ff.
「紀律化」　106, 165, 243ff., 253, 293
議論（ギリシア）　10f.
吟遊詩人　163
国はその本性上一種の多数　53
組合　198
クリエンテス　68
『クリトン』　39
クリュニー修道院　140, 167
クレーロス kleros　14, 18f., 28, 87
グレゴリウス改革　140, 157, 192
啓示（オッカム）　187f.
形相 eidos　48, 186
啓蒙主義　107, 309ff.
啓蒙主義の光と影　314
啓蒙専制君主　310
契約解除の法理　161
ゲヴェーレ　86, 126, 128
毛織物　215, 229, 284
結婚　32, 181, 183
血讐　118
月食とアガトクレス、ガルス　256f.
決闘　118, 142
潔癖主義（道徳上の）　264
ゲルマン法・ゲルマン的所有　126, 128
厳格な形式主義　88
原罪　102, 291f.

元首　72
元首は法律を超えている　72, 200
原子論　63
原典に帰れ ad fontes　206, 224f., 274, 283
ケントゥリア民会　69
原理的思考と結果重視思考　264f.
賢慮（思慮）phronesis　49, 239f., 246ff., 255ff.
元老院　71
高位公職者　70
後期注釈学派（注解学派）　204f.
公共善　183, 189
工場制手工業 manufacture　215
公川と私川　151
高等法院　213, 220
公と私の区別　40f., 64, 235
幸福　37, 40, 41, 54, 62ff.
衡平法 Equity　216
拷問　145, 307f.
告解　110
国民主義　22, 245, 280
個々人の幸福　53
ゴシック様式　148
個人の覚醒　41, 62
コスモポリス　41, 58
コスモポリタニズム　60, 101f.
御成敗式目（貞永式目）　26, 133
国家の諸イメージ　8
『国家』（プラトン）　42ff.
国家法人　8
国家有機体　8
国教会　279
古典期（ローマ法学上の）　79
古典的軍事学の再発見　249ff.
護民官　69
コモン＝ロー法曹　215
ゴルチュン　12, 33
婚姻法　157
混合政体論　57
『コンスタンティヌス帝の寄進状』　227
コンソレ制　143
コンミューン特許状　144

サ　行

債権・債務　29f., 75

事項索引

再洗礼派　278, 295
裁判　26ff., 73ff., 119ff., 140, 144ff., 150, 208ff., 213ff., 304ff.
裁判集会 Ding　119
裁判上の決闘　118, 121
裁判団体　119
債務者監獄　128
錯誤　90
『ザクセン＝シュピーゲル（ラント法）』　124, 127f., 151, 157
サリカ法典　123
サロン　93, 268
残酷刑　120, 124
山上の説教　96
三段櫂船　15
三段論法　10, 37, 63
産婆術　36
三圃制　139
三位一体　188
シヴィック＝ヒューマニズム　22, 230ff., 243f.
ジェントリー　14, 215
ジェントルマン　45, 61, 142, 220
シカーネ禁止　86
自我の覚醒　110
自己制御（克己）　60f.
自制を内在させた自由　56
自然法　34, 51, 60f., 79, 90, 187, 191
　　lex naturalis 自然法則と ius naturale——183f.
私訴と公訴　27, 77, 120
実在論　186
質料 hyle　48
私的自由　19, 21, 85
私闘　117, 140
使徒的生活　168
死について（エピクロス）　63
自由　145, 307f.
事物の論理　263
市民軍　22, 244ff.
市民社会　134ff.
市民法 ius civile　76, 79
『市民法大全』Corpus Iuris Civilis　84
社会契約論　177, 196, 303
自由婚　92

重装歩兵 hoplites　14
集団的妄想　312
集団の優位（アリストテレス）　19
「自由」と「仲間」　16
修道院とプラトンの国家構想　45f.
自由な意志　111, 174ff., 182f., 185, 189
十二表法　66, 74
12世紀のルネッサンス・人文主義　149, 193f.
主権論　135
シュヴァーベンの12ヵ条要求　152
ジュネーヴ　291ff.
遵法精神　11, 72
上位概念の獲得　80
商行為（アクィナス）　185
上訴制度　78
女性の地位　32, 91ff., 156ff., 265ff., 281ff., 290, 314
贖罪金　27, 75, 90, 118, 124
女子修道院　159ff.
女性化 feminization　163f., 267
女性教員（ボローニャ）　199
所有権　28, 73, 85, 87, 126, 128, 190f., 204f., 207, 213
所有は義務をともなう（ギリシア）　29
『神学大全』　180ff., 185, 191
信仰のみ sola fide　275
新古典主義・新人文主義　224, 244
新ストア主義　61, 244, 268
人的結合国家　8, 116
真の知 episteme　36
審判人 iudex　75
人文主義　107, 224ff., 270, 297, 309
人文主義法学　205ff., 211
人民主権　196
神明裁判　121f., 123
スイスの，君主のいない絶対主義　155
スイスの差別構造　156
スイスの全州民集会　154
スイスの直接民主主義　155
スイスの民主化　155
枢要徳　45, 239ff., 262
スコットランド　214, 301f.
ストア主義と西洋エリート　61
スパルタ　16ff., 21, 31f., 56, 58, 68

320　事項索引

性悪説　259, 262, 270
正義　45
　　均分的——と配分的——　56
政教分離　279
制限物権　207
『政治学』　51, 56
星室裁判所　216
聖書のみ sola scripta　274
政体の輪廻（プラトン）　42
政体変化論（プラトン）　42ff.
清濁併せ呑む　264
正統と異端　178
正統の条件　178ff.
清貧の生活　41, 62ff., 170ff.
西洋的なもの　132, 141, 285
西洋の合理性　166
セイレーン　313
セーラムの魔女裁判　305f.
世界の脱魔術化　188, 256
雪冤手続き　121f., 125
『戦史』　21f., 23
『戦術論』　243ff.
宣誓　121
占有　29, 87
　　自主——・他主——　87
「洗練化」　93, 161ff., 267ff.
葬送演説（ペリクレスの）　21f.
相続　31, 92, 117, 126, 157f., 212
双務契約（封主・封臣間の）　131, 133
即物性（ローマ・中世法実務の）　81, 127
ソクラティック＝メソッド　37
『ソクラテスの思い出』　38
訴権 actio　75, 82
訴訟記録の送付 Aktenversendung　210
『孫子』　260ff.

　　　タ　行

大学　196ff., 205ff., 208ff., 214, 283
第三フランチェスコ会（在世会）　160
代表なければ課税なし　219
ダイモーン（ソクラテス）　38
第4回ラテラノ公会議　110, 123
対話的問答 dialegesthai　36
多数決制　26f., 160

脱宗教化（法の）　191
魂の平静さ　40, 62f.
タリオ（十二表法の）　74
単婚小家族　137
男性は自然的に女性よりも指導的　52
知行合一　38, 182
知謀　247ff., 252f., 255
注釈学派　202ff.
中世の産業革命　168
定義は危うい　81
抵抗権思想　192ff., 303
帝国最高法院（帝室裁判所）　142, 209
テルモピュレー　17
伝統の近代力　219
ドイツ永久平和令　142
ドイツ農民戦争　152, 287
当事者主義・当事者本位　25, 75, 118, 121, 133, 219
等族　112, 135f., 142, 215
同等者裁判 iudicium parium　120
道徳性（指導者の）　251ff., 257ff., 262f.
独裁官　71
独立自営農民　13f., 24, 54, 67, 71, 215, 244
都市　8f., 11, 20, 58, 66, 86, 143ff., 147ff., 169, 199, 201, 223, 267, 291
都市（中世）の行政　145
都市（中世）の自治　144ff.
特権　219
友と敵（シュミット）　233ff.
トリブス会　69

　　　ナ　行

仲間と結束して確保する独立性　16ff., 67, 144, 230
ナポレオン刑法典　137
ニカの乱　72
『ニコマコス倫理学』　49
二重の所有権　128
日食とペリクレース　256
日本との比較　25, 61, 117, 133, 140, 141, 142, 164f., 260ff., 279f., 285ff.
人間の尊厳　224ff.
人間の尊厳と個人の尊重　226f.
人間は自然に国的動物である　52

農村コンミューンの運動　150
ノビレス　68

ハ　行

陪審　77f., 123, 156
『パイドロス』　47
売買は賃貸借を破らず　127
売買は賃貸借を破る　87
パッセジャータ　59
破門　282, 307
バリスター・ソリシター　220
パリ大学　200
バロック期　267ff., 270
判断留保 epoche（ピュロン）　62
パンデクテンの現代的適用　212
パンとサーカス　20, 72
万人司祭説　274, 281
万物の尺度は人間である　35
バンベルクの騎士像　148
万民法　79, 90, 184
ビザンツ帝国　72, 112
卑俗法　84, 214
人・物・行為　85
非人間化　106, 112
『緋文字』　294
ピューリタン　294
評議会 boule　9, 13
ファリサイ派　95
ブールジュ大学法学部　206ff.
フェーデ　117ff., 141f.
フェミニズム（ルネッサンスの）　268
普通法 ius commune　201, 211
不法行為　27, 90, 203, 207, 213
フランス民法典　137, 159
分割所有権　205
分類　80
平民会　69
『平和の守護者』　195
ベニン会　160
ペロポンネーソス戦争　21
弁証術　80
弁論術　35f., 50, 76
法学者　78f., 200, 210
『法学提要』（ガイウス）　84

法学の発達（ローマの）　79ff.
法共同体 Rechtsgemeinschaft　120
『暴君放伐論』　302
方式書 formula　76
封臣の自立　131
法人　74
法人擬制説　161, 204
法曹学院 Inns of Court　220
法定証拠主義　145, 308
法の支配　11, 25, 122, 144, 151ff., 193, 195, 217
法の適正手続き（コーク）　216
法判告 Weistum　120
法文　79
法務官　75
法命題と法規則　80
『法律』（プラトン）　11, 45f.
法律家の需要　201ff.
法律家は，悪いキリスト教徒　150
法律訴訟 legis actio　76
法律は欲情を伴わない理知　12, 57
ポデスタ　201
『ポリクラティクス』　193
ポリス polis　8
ポリティーク派　281
ホルテンシウス法　66, 69
ボローニャ大学法学部　196ff.

マ　行

マグナ゠カルタ　143, 214, 216
『マクベス』　305
『魔女に加える鉄槌』　306
マッカーシズム　306
マニエリスム　24, 267, 270
ミニステリアーレ　131
身分から契約へ　176
身分制議会　215
ミュールベルクの戦い　300
民会　9, 18, 68f.
民衆の政治参加　55
民主的なポリス（ギリシアにおける）　9
〈民主ポリス〉のタテマエ　67, 71f., 193, 229
無からの創造　174
矛盾律　37

無知の知　36, 104
無名契約　127
名誉　121, 131f., 142
名誉法　76
メディチ家　230
免罪符　273
目的 finis　182, 186
目的・基本原則をふまえた解釈　80
モンテ＝サクロ　66
問答契約　89
門閥支配（ギリシアの）　20

ヤ 行

約因 causa　158
唯物論　63
唯名論　185, 187f.
有機体説　161
有名契約・無名契約　88, 127
『ユスティニアヌス法典』　81, 84, 196ff.
ユダヤ人狩り・差別　156, 307
善い（正義の）ポリス　44
養子　117
要式行為　88, 127
幼児洗礼　278
要物契約　127
羊毛　215
ヨーマン　14, 215
余暇 schole　14
善き旧き法＝権利　151, 153, 216
予定説　292

ラ・ワ 行

ランゴバルド法　123
ラントの平和　118, 141
理 logos　10
リアルな人間観（アリストテレスの）　233
理科馬鹿　50, 270f.
離婚　12, 32, 92, 137, 156, 158f., 183
リベラル＝アーツ　61, 197f., 200
良心　38, 97, 110, 276f., 298
領邦君主　116, 132, 135
両法博士　203
類一種一亜種　79

類推　63, 76, 80ff., 203
レイデン大学　211, 214, 244
霊肉分離・区別　169, 275
『歴史』　11, 22
レヘント regent　304
労働の評価　165ff., 294
『ローエングリン』　122
ローマ的自由　67, 72
ロココ期　267
ロタール伝説　211
ロマネスク様式　148f., 169
論理性（ローマ法実務の）　82

笑いの制限　166
ワルド派　170

欧　文

ancient constitution　218
autarkeia 徳の自足性　40, 60
bona fides 仁義　89, 127
civitas　8, 66
Codex iustinianus　85
Digesta　85, 197ff.
dikaion＝正義　26
dike　26
dike blabes　29ff.
dominatus　72
gentiluomo（宮廷紳士）　268
Imitatio Christi　171, 298
imperium　70
Institutiones　84
iusta causa　88f., 158
kosmos　59
kyria　28, 31
manus　31
Munt　31, 117, 156
Novellae　85
physis 自然　34, 51
res publica　8, 66, 136
sic-et-non の方法　180, 202
state・stato　135, 246
universitas　198

人名索引
(名前の欧文綴り・生年・死亡年等は，初出箇所で示す)

ア 行

アヴェロエス (Averroes) 173
アウグスティヌス (A. Augustinus) 103, 165, 174ff., 181ff.
アウグストゥス (Augustus) 72
アウレリウス帝 (M. Aurelius A.) 61
アガトクレス (Agathokles) 256
アクィナス (Th. Aquinas) 38, 173, 178ff.
アグリッパ (Agrippa von Nettesheim) 309
アグリピーナ (Agrippina Major) 93
アグリピーナ (Agrippina Minor) 93
アスパシア (Aspasia) 32
アックルシウス (F. Accursius) 199
アナクサゴラス (Anaxagoras) 28, 256f.
アベラルドゥス (P. Abaelardus) 149, 180, 200, 202
アリエノール (Aliénor d'Aquitaine) 162
アリスティーデス (Aristides) 14
アリストテレス (Aristoteles) 11, 37, 47ff, 80, 181ff., 195f., 233
アルキアートゥス (A. Arciatus) 206
アルキダモス (Arkidamos) 34
アルシノエ (Arsinoe II) 32
アルトゥジウス (J. Althusius) 303
アルバ公 (Duque de Alba) 302
アルベルティ (L. B. Alberti) 231
アレキサンデル3世 (Alexander III) 170
アレクサンドロス (大王．Alexandros) 41, 58
アンセルムス (St. Anselmus) 187
アンティステネス (Antisthenes) 40, 64
アンティフォン (Antiphon) 34
アンリ2世 (Henri II) 301
イェーリング (R. von Jhering) 22, 57
イエス (Jesus) 38, 94ff, 159, 171, 272
イザベラ゠デステ (Isabella d'Este) 268
石川武 128

イソクラテス (Isokrates) 27
インノケンティウス3世 (Innocentius III) 110, 123, 125, 170f.
イルネリウス (Irnerius) 198, 202
ヴァカリウス (Vacarius) 205
ヴァーグナー (R. Wagner) 122, 163
ヴァザーリ (G. Vasari) 223
ヴァラ (L. Valla) 227
ヴィール (J. Wier) 309
ウィクリフ (J. Wycliffe) 275
ウィリアム゠ギョーム (William I) 214
ウィリアムズ (R. Williams) 294
ヴィレー (M. Villey) 80
ヴェーバー (M. Weber) 19, 20, 57, 271
ウェゲティウス (F. Vegetius) 194, 249, 254, 260
ヴォルテール (Voltaire) 295, 310
ウルピアーヌス (D. Ulpianus) 61, 80, 87
エーコ (U. Eco) 166
エピクロス (Epikuros) 62f., 175
エラスムス (D. Erasmus) 298
エリアス (N. Elias) 163
エリザベッタ (Elisabetta Gonzaga) 268
荻生徂徠 234f.
オッカム (W. of Occam, Ockham) 173, 177, 185ff.

カ 行

カール5世 (Karl V) 146, 300f.
ガイウス (Gaius) 61, 76, 80f., 84f.
カエサル (G. J. Caesar) 67, 71f.
カスティリオーネ (B. Castiglione) 268
カステリオ (S. Castellio) 111, 296ff.
カトリーヌ (Katherine de Médicis) 269
カピトー (G. A. Capito) 83
カラカラ帝 (Caracalla) 93
カリクレス (Kallikles) 34
ガリレオ (Galileo Galilei) 188

人名索引

カルヴァン（J. Calvin）　102, 189, 206, 277, 291ff.
カント（I. Kant）　35, 38, 48, 97, 180
キアラ（Clara Assisiensis）　160
キケロ（M. T. Cicero）　61, 76, 238
キュジャス（J. Cujas）　206
キュロス2世（Kyros II）　250ff.
ギョーム9世（Guillaume IX）　162
クセノフォン（Xenophon）　38, 249ff.
クセルクセス1世（Xerxes I）　16, 18
グラックス兄弟（T.＆G. S. Gracchus）　71
グラティアヌス（J. Gratianus）　125, 157, 180
クラマー（H. Krammer）　306
クリスティーナ（Christina）　269
クリュシポス（Chrysippos）　60
クレーステネス（Kleisthenes）　9, 13
クレオパトラ7世（Kleopatra VII）　32, 58
クレオン（Kleon）　23
グレゴリウス7世（Gregorius VII）　157, 192, 197
グレゴリウス9世（Gregorius IX）　157, 307
クレッシェル（K. Kroeschell）　123, 128, 152, 205
クレメンス5世（KlemensV）　157
グロティウス（H. Grotius）　52, 213
ゲーテ（J. W. von Goethe）　265
ゲルマニクス（Germanicus）　93, 258
ケルン（F. Kern）　152
コーク（クック, Sir E. Coke）　216, 218
コシモ＝デ＝メディチ（Cosimo de' Medici）　230
ゴヤ（F. J. de Goya y Lucientes）　305
ゴルギアス（Gorgias）　35f.
コルネリア（Cornelia Gracchus）　93
ゴンザーガ（F. Gonzaga）　268
コンリング（H. Conring）　211

サ　行

サヴィニー（F. K. von Savigny）　80
サビーヌス（Sabinus）　83
サルターティ（C. Salutati）　231
澤柳大五郎　24
シェークスピア（W. Shakespeare）　38, 265, 270

ジェファソン（Th. Jefferson）　294
シニバルド（Sinibaldo dei Fiesch）　161
ジャック（J. de Revigny）　207
シャルル8世（Charles VIII）　230
ジャンヌ＝ダルク（Jeanne d'Arc）　309
シュトリュク（S. Stryk）　212
シュミット（C. Schmitt）　233
ジョットー（A. B. Giotto）　148
ジョン（J. Winthrop）　303
シラー（F. von Schiller）　153
親鸞　285ff.
スキピオ（C. Scipio 'Africanus'）　245, 252
スコトゥス（D. Scotus）　173, 187
スコラスティカ（Scolastica）　159
ストーン（L. Stone）　137
スピノザ（B. de Spinoza）　188
スラ（L. C. Sulla）　71, 77
セウェルス帝（S. Severus）　93
セネカ（L. A. Seneca）　61
ゼノン（Zenon）　59
世良晃志郎　152
セルヴェート（Servetus；M. Serveto）　293ff.
セルバンテス（M. de Cervantes）　270
ソールズベリーのジョン（John of Salisbury）　149, 192ff.
ソクラテス（Sokrates）　11, 28, 36ff., 57, 104, 180, 253f.
ソデリーニ（P. Soderini）　230
ソフォクレス（Sophokles）　11
ソロン（Solon）　12, 13, 28, 30

タ　行

ダ＝ヴィンチ（L. daVinci）　269
田川建三　94f.
武田信玄　243, 260
ダレイオス1世（Dareios I）　16
ツァージウス（U. Zasius）　211
ツヴァイク（S. Zweig）　293
ツヴィングリ（U. Zwingli）　278
ツキディデス（Thukydides）　21, 23
ディオクレティアヌス帝（Diocletianus）　72
ディオゲネス（Diogenes）　40f
デカルト（R. Descartes）　36, 38, 188, 270
デモクリトス（Demokritos）　63

人名索引

デモステネス（Demostenes） 25, 27
ドノー（ドネルス H. Donellus） 206f., 214
トマジウス（Ch. Thomasius） 212, 309f.
ドラコン（Drakon） 12
トリボニアヌス（Tribonianus） 84
トルケマダ（T. de Torquemada） 307

ナ 行

ナビス（Nabis） 68
ナポレオン（Napoléon Bonaparte） 15, 44
ナポレオン 3 世（L. Napoléon Bonaparte） 15, 44
ニーチェ（F. W. Nietzsche） 163
ニーブール（B. G. Niebuhr） 84
ニュートン（Sir I. Newton） 48, 188
ノックス（John Knox） 301f.
ノベラ（Novella d'Andrea） 199

ハ 行

ハインリッヒ 4 世（Heinrich IV） 192
ハインリッヒ 5 世（Heinrich V） 199f.
パウロ（St. Paul） 96, 101ff., 278, 281
パスカル（B. Pascal） 270, 311
ハリントン（J. Harrington） 244
ハルス（F. Hals） 267
バルドゥス（Baldus de Ubaldis） 204
バルトールス（Bartolus de S.） 87, 161, 204f.
ハンニバル（Hannibal） 239
ピソ（G. C. Piso） 93
ヒッピアス（Hippias） 34
ヒトラー（Hitler） 44
ヒューム（D. Hume） 35, 62
ピュロン（Pyrrhon） 41, 62, 84
ファチオ（B. Facio） 226
ファン＝アイク兄弟（H. & J. Eyck） 149
フィリップ 4 世（Philippe VI） 206
フィリッポス 2 世（Philippos II） 58
フーコ（M. Foucault） 243
プーフェンドルフ（S. Pufendorf） 52
フェリペ 2 世（Felipe II） 301
福沢諭吉 22, 265
フス（J. Hus） 274
ブラクトン（H. de Bracton） 217
プラケンティヌス（Placentinus） 205
ブラックストーン（Sir W. Blackstone） 218
プラトン（Platon） 10, 36, 39ff., 233
ブラバン（S. de Brabant） 173
フランクリン（B. Franklin） 257, 294
フランソワ 1 世（François I） 206, 301
フランチェスコ（G. Francesco） 106, 171ff.
フリードリヒ 1 世（バルバロッサ，Friedrich I） 143, 200
フリードリヒ 3 世（Friedrich III） 282
フリードリヒ大王（Friedrich der Grosse） 310
ブリューゲル（P. Brueghel） 302
フルウィア（Fulvia） 93
ブルーニ（L. Bruni） 231
ブルクハルト（J. Burckhardt） 269
プルタルコス（Plutarchos） 20
プロクルス（Proculus） 83
プロタゴラス（Protagoras） 28, 34, 36
フロンティヌス（S. Frontinus） 194, 249, 254ff.
ヘーゲル（G. W. F. Hegel） 7, 22, 52f., 57, 94, 180
ベーズ（Th. Bèze） 298
ベケット（Th. Becket） 193
ヘシオドス（Hesiodos） 11, 14
ベティシア（Bettisia Gozzadini） 199
ペトラルカ（T. Petrarca） 224
ペトロ（Petros） 102, 105
ベネディクトゥス（Benedictus） 159, 165, 172
ペポ（Pepo） 198
ヘラクレイトス（Herakleitos） 59
ペリクレス（Perikles） 11f., 14f., 20f., 34, 53, 57f., 256
ヘロデ（Herode） 95
ヘロドトス（Herodotos） 11, 16
ペン（W. Penn） 294
ベンタム（J. Bentham） 215, 311
ヘンリー 2 世（Henry II） 123, 162, 193, 214
ヘンリー 3 世（Henry III） 123
ヘンリー 7 世（Henry VII） 216
ヘンリー 8 世（Henry VIII） 215f.
ホイジンガ（J. Huizinga） 124, 135, 149, 163, 265, 270

326　人名索引

ホーソーン（N. Hawthorne）　294
ボーマノワール（Ph. de Beaumanoir）　205
ボダン（J. Bodin）　135, 309
ホッブズ（Th. Hobbes）　64, 177, 189, 191, 270
ボナヴェントゥラ（Bonaventura）　173
ホメロス（Homeros）　13

マ　行

マキアヴェリ（N. Machiavelli）　22, 194, 231, 232ff.
マクシミリアン（Maximillian I）　142
マティルデ（Mathilde）　199
マネゴルト（Manegold von Lautenbach）192f.
マネツィ（Giannozzo Manetti）　225
マリ（Marie, Comtesse de Champagne）　162
マリア＝テレジア女帝（Maria Theresia）310
マルシリウス（Marsilius of Padua）　55, 192
丸山眞男　234ff., 271
ミランドーラ（P. della Mirandola）　225
村上淳一　120, 152
メアリー（Mary of Tudor）　301f.
メイスン（G. Mason）　218
メイン（Sir H. Maine）　176
メーザー（C. Mather）　306
モア（Th. More）　270
モデスタ＝ポッツォ（Modesta Pozzo）　268
モンテーニュ（M. I. Montaigne）　62, 265, 270
モンテスキュー（C. L. de Montesquieu）　7, 156
モンフォール（S. de Montfort）　215

ヤ　行

ヤウォレヌス（I. Priscus）　81

ヤコブ（Yaaqob）　97
柳宗悦　289
ユゴー（V. Hugo）　110
ユスティニアヌス帝（Iustinianus）　72, 84, 197
ユダ（Iudas, Iskariotes）　105
ユリア＝ドムナ（Iulia Domna）　93
ヨハネス 22 世（Johannes XXII）　308

ラ・ワ　行

ラエルティウス（D. Laertius）　62
ラスキ（H. Laski）　64
ラベオ（M. A. Labeo）　79, 83
リエンツィ（Cola di Rienzi）　225
リプシウス（J. Lipsius）　61, 244
リュクルゴス（Lykourgos）　12, 68
ルイ 7 世（Louis VII）　162
ルーベンス（P. P. Rubens）　267
ルクレツィア＝マリネッリ（Lucrezia Marinelli）268
ルソー（J.-J. Rousseau）　52, 163
ルター（M. Luther）　108, 189, 272ff., 304
レオ 10 世（Leo X）　273
レオ 13 世（Leo XIII）　178
レオニダス（Leonidas）　18
レプゴー（E. von Repgow）　124
蓮如　287
レンブラント（H. van R. Rembrandt）　267
ローズヴェルト（F. D. Roosevelt）　218
ロタール 2 世（Lothar II）　211
ロック（J. Locke）　35, 191, 297, 299
ロベール（Robertus）　167
ロレンツォ＝デ＝メディチ（Lorenzo de' Medici）230

ワルド（Peter Valdez, Waldo）　170

著者略歴

1947年　兵庫県に生まれる
1970年　東京大学法学部卒業
現　在　早稲田大学法学部教授

主要著書

『近代ドイツの国家と法学』1979年，東京大学出版会
『丸山真男論ノート』1988年，みすず書房
『法の歴史と思想』（共著）1995年，放送大学教育振興会
『新現代法学入門』（共編）2002年，法律文化社
『法哲学講義』2002年，東京大学出版会
『丸山眞男の思想世界』2003年，みすず書房

法思想史講義　上　古典古代から宗教改革期まで

2007年10月 5 日　初　　版
2009年 3 月27日　第 2 刷

［検印廃止］

著　者　笹　倉　秀　夫

発行所　財団法人　東京大学出版会

代表者　岡本和夫

113-8654　東京都文京区本郷 7-3-1 東大構内
電話 03-3811-8814　Fax 03-3812-6958
振替 00160-6-59964

印刷所　株式会社三陽社
製本所　牧製本印刷株式会社

Ⓒ 2007 Hideo Sasakura
ISBN 978-4-13-032340-6　Printed in Japan

Ⓡ〈日本複写権センター委託出版物〉
本書の全部または一部を無断で複写複製（コピー）することは，著作権法上での例外を除き，禁じられています．本書からの複写を希望される場合は，日本複写権センター(03-3401-2382)にご連絡ください．

笹倉秀夫 著	法思想史講義 下 絶対王政期から現代まで	A5	(予)3800 円
笹倉秀夫 著	法哲学講義	A5	4200 円
井上達夫 嶋津　格　編 松浦好治	法の臨界［全3巻］ Ⅰ 法的思考の再定位 Ⅱ 秩序像の転換 Ⅲ 法実践への提言	A5	各3200 円
井上達夫 著	法という企て	A5	4200 円
碧海純一 伊藤正己 編 村上淳一	法学史	A5	3500 円
村上淳一 著	〈法〉の歴史	46	2700 円
村上淳一 著	仮想の近代 西洋的理性とポストモダン	46	3200 円
村上淳一 著	現代法の透視図	46	3000 円
大木雅夫 著	比較法講義	A5	4600 円
来栖三郎 著	法とフィクション	A5	5800 円
福田歓一 著	政治学史	A5	5000 円

ここに表示された価格は本体価格です．ご購入の際には消費税が加算されますのでご了承下さい．